BNCC
fácil

Dados Internacionais de Catalogação na Publicação (CIP)
(Câmara Brasileira do Livro, SP, Brasil)

Carneiro, Moaci Alves
  BNCC fácil : decifra-me ou te devoro : 142 questões e respostas para esclarecer as rotas de implementação da BNCC e mais 31 textos no modo Leituras Complementares / Moaci Alves Carneiro. – 2. ed. - Petrópolis, RJ : Vozes, 2024.

  Bibliografia.
  ISBN 978-85-326-6393-1

  1. BNCC – Currículos 2. Educação – Brasil 3. Educação básica 4. BNCC-LDB-PNE 5. Pedagogia 6. Política e educação 7. Prática de ensino 8. Professores – Formação 9. Projeto pedagógico I. Título.

19-31830   CDD-375.0981

Índices para catálogo sistemático:
1. Brasil : Base Nacional Comum Curricular : Educação 375.0981

Maria Alice Ferreira – Bibliotecária – CRB-8/7964

MOACI ALVES CARNEIRO

BNCC
fácil
Edição revista e ampliada

DECIFRA-ME OU TE DEVORO

BNCC, Novo Normal e Ensino Híbrido

142 QUESTÕES E RESPOSTAS PARA ESCLARECER AS ROTAS DE IMPLEMENTAÇÃO DA BNCC E MAIS 31 TEXTOS NO MODO LEITURAS COMPLEMENTARES

EDITORA VOZES

Petrópolis

© 2020, 2024, Editora Vozes Ltda.
Rua Frei Luís, 100
25689-900 Petrópolis, RJ
www.vozes.com.br
Brasil

Todos os direitos reservados. Nenhuma parte desta obra poderá ser reproduzida ou transmitida por qualquer forma e/ou quaisquer meios (eletrônico ou mecânico, incluindo fotocópia e gravação) ou arquivada em qualquer sistema ou banco de dados sem permissão escrita da editora.

CONSELHO EDITORIAL

Diretor
Volney J. Berkenbrock

Editores
Aline dos Santos Carneiro
Edrian Josué Pasini
Marilac Loraine Oleniki
Welder Lancieri Marchini

Conselheiros
Elói Dionísio Piva
Francisco Morás
Gilberto Gonçalves Garcia
Ludovico Garmus
Teobaldo Heidemann

Secretário executivo
Leonardo A.R.T. dos Santos

PRODUÇÃO EDITORIAL

Aline L.R. de Barros
Marcelo Telles
Mirela de Oliveira
Otaviano M. Cunha
Rafael de Oliveira
Samuel Rezende
Vanessa Luz
Verônica M. Guedes

Conselho de projetos editoriais
Isabelle Theodora R.S. Martins
Luísa Ramos M. Lorenzi
Natália França
Priscilla A.F. Alves

Editoração: Fernando Sergio Olivetti da Rocha
Diagramação: Sheilandre Desenv. Gráfico
Revisão gráfica: Nilton Braz da Rocha
Capa: Herio Estratégias Visuais

ISBN 978-85-326-6393-1

Este livro foi composto e impresso pela Editora Vozes Ltda.

Ao Conselho Nacional de Secretários de Educação (Consed) e à União Nacional dos Dirigentes Municipais de Educação (Undime) pelo compromisso permanente com **uma educação voltada para a formação humana integral e para a construção de uma sociedade justa, democrática e inclusiva (BNCC).**

Abreviaturas e siglas

Anfop – Associação Nacional de Formação de Professores

AVA – Ambiente Virtual de Aprendizagem

BNCC – Base Nacional Comum Curricular

BNC-Formação – Base Nacional Comum para a Formação Inicial de Professores da Educação Básica

CEB – Câmara de Educação Básica (do CNE)

CEE – Conselho Estadual de Educação

Cenper – Centro de Estudos e Pesquisas em Educação, Cultura e Ação Comunitária

CME – Conselho Municipal de Educação

CNE – Conselho Nacional de Educação

CF – Constituição Federal

Consed – Conselho Nacional de Secretários de Educação

CP – Conselho Pleno (do CNE)

DA – Dificuldade de Aprendizagem

DCN – Diretrizes Curriculares Nacionais

DCNG-EB – Diretrizes Curriculares Nacionais Gerais para a Educação Básica

Dcnem – Diretrizes Curriculares Nacionais para o Ensino Médio

DF – Distrito Federal

DO – Desenvolvimento Organizacional

DOA – Direitos e Objetivos de Aprendizagem

Dore-BNCC – Documento de Referência da Base Nacional Comum Curricular

DPI – Desenvolvimento da Primeira Infância

EaD – Educação a Distância

EB – Educação Básica

EI – Educação Infantil

EF – Ensino Fundamental

EM – Ensino Médio

Enem – Exame Nacional do Ensino Médio

ETI-PRO – Escola em Tempo Integral/Programa

FNDE – Fundo Nacional de Desenvolvimento da Educação

Fundeb – Fundo Nacional de Desenvolvimento da Educação Básica

GPS – Global Positioning System (Sistema de Posicionamento Global)

Ideb – Índice de Desenvolvimento da Educação Básica

Inep – Instituto Nacional de Estudos e Pesquisas Educacionais Anísio Teixeira/Inep

IOH – Índice de Oportunidades Humanas (Banco Mundial)

IQA – Índice de Qualidade Acadêmica (Fundeb)

IQC – Índice de Qualidade Conceitual

Lace – Laboratório de Currículo Escolar

LBI – Lei Brasileira de Inclusão

LDB – Lei de Diretrizes e Bases da Educação Nacional

MEC – Ministério da Educação e Cultura

OAI – Observatório de Acompanhamento de Implementação da BNCC

Ocde – Organização para a Cooperação do Desenvolvimento Econômico

OIT – Organização Internacional do Trabalho

ONU – Organização das Nações Unidas

Orealc – Oficina Regional de Educação para a América Latina e Caribe (Orealc/Unesco)

PAR – Plano de Ações Articuladas

PCN – Parâmetros Curriculares Nacionais

Pcnem – Parâmetros Curriculares Nacionais para o Ensino Médio

PD – Parte Diversificada (do Currículo)

PDE – Plano de Desenvolvimento da Educação

Pirls – Progress in International Reading Literacy Study

PPP – Proposta Político-Pedagógica

ProBNCC – Programa de Apoio à Implementação da Base Nacional Comum Curricular

Profic – Programa de Formação Inicial e Continuada para Professores da Educação Básica (Capes)

Saeb – Sistema de Avaliação da Educação Básica

SDH/PR – Secretaria de Direitos Humanos da Presidência da República

Tdic – Tecnologias Digitais da Informação e Comunicação

Timms – Trends in International Mathematics and Science Study

UnB – Universidade de Brasília

Undime – União Nacional dos Dirigentes Municipais de Educação

Unesco – Organização das Nações Unidas para a Educação, Ciência e Cultura

Unicef – Fundo das Nações Unidas para a Infância

Sumário

Nota do autor, 17

Prefácio, 19

Capítulo 1   Para compreender a Base Nacional Comum Curricular, 23
Questões 1 a 3

Capítulo 2   A BNCC, o pacto interfederativo e a sociedade, 27
Questões 4 a 11

Capítulo 3   Delineamentos de conformidades da BNCC, 36
Questões 12 a 14

Capítulo 4   Os marcos legais da BNCC, 39
Questões 15 a 17

Capítulo 5   Os fundamentos pedagógicos da BNCC, 44
Questões 18 a 25

Capítulo 6   A estrutura geral da BNCC para as três etapas
da Educação Básica (Educação Infantil, Ensino
Fundamental e Ensino Médio), 53
Questão 26

Capítulo 7   A BNCC, a noção de competência e habilidade e o
reflexo na formação docente, 60
Questões 27 a 36

Capítulo 8   Estrutura, organização e funcionamento da Educação
Infantil, 72
Questões 37 a 39

Capítulo 9 Estrutura, organização e funcionamento do Ensino Fundamental, 77
Questões 40 a 42

Capítulo 10 Estrutura, organização e funcionamento do Ensino Médio, 82
Questões 43 a 53

Capítulo 11 A BNCC e o desenvolvimento do currículo, 98
Questões 54 a 69

Capítulo 12 A organização do currículo, o perfil de saída dos alunos e "os recursos complementares para ampliar as diversas possibilidades de interação entre disciplinas e entre as áreas nas quais as disciplinas venham a ser agrupadas" (Complexidade, contextualização, processo de disciplinarização, aprendizagem significativa, cotidiano, interdisciplinaridade, transdisciplinaridade, flexibilidade e articulação dos conhecimentos), 115
Questões 70 a 75

Capítulo 13 A BNCC e as dimensões múltiplas do desenvolvimento cognitivo, 124
Questões 76 a 85

Capítulo 14 A BNCC e a qualidade da educação, da escola, do ensino e do currículo, 137
Questões 86 a 93

Capítulo 15 A BNCC e a formação docente, 154
Questões 94 a 100

Capítulo 16 A BNCC, os contextos local e regional e o envolvimento de Estados e Municípios, 161
Questões 101 a 106

Capítulo 17 A BNCC e o Plano Nacional de Educação/PNE, 170
Questões 107 a 108

Capítulo 18 Proposta de alinhamento de estratégias para a implementação da BNCC e a relevância dos Projetos Juvenis, 173
Questões 109 a 114

Capítulo 19 Nova edição do BNCC Fácil atualizada e em sintonia com as mudanças recentes introduzidas na LDB, 189
Questões 115 a 117

Capítulo 20 Características marcantes do Ensino Médio: Desconformidades e reparametrização de rumo à luz das matrizes de responsabilidade alinhadas na LDB/BNCC, 195
Questões 118 a 121

Capítulo 21 BNCC: elasticidade e complementaridades, 201
Questões 122 e 123

Capítulo 22 Inovações da LDB, anos de 2021, 2022 e 2023, 204
Questões 124 e 125

Capítulo 23 Cenários multidimensionais da atuação central das operações escolares, 211
Questões 126 a 131

Capítulo 24 A atenção dos gestores da educação em face de dispositivos inseridos na LDB, no período 2021-2023, 222
Questões 132 a 134

Capítulo 25 LDB e BNCC em alinhamento: das multideterminações legais às exigências pedagógicas de reorganização da aprendizagem. Angulações:
a) Formas de direcionamento da BNCC
b) LDB e BNCC – Alfabetização plena e leitura: objetivos à vista
c) Formação básica do cidadão e projeto de vida do aluno
d) Noções fundamentais da BNCC
e) Instituição de Conselhos Escolares e de Fóruns dos Conselhos Escolares, 231
Questões 135 a 142

Capítulo 26   Leituras complementares, 249

Texto 1   A BNCC e o *novo normal*, 249

Texto 2   A BNCC, o *novo normal* e o Ensino Híbrido, 258

Texto 3   A Base Nacional Comum Curricular/BNCC em contexto de distorções legais, 264

Texto 4   A Educação Básica na rota de restos a pagar, 270

Texto 5   A escola sem paredes, 274

Texto 6   A escola no acostamento da sociedade do conhecimento, 276

Texto 7   Anéis e dobradiças na implementação da Base Nacional Comum Curricular, 280

Texto 8   Base Nacional Comum Curricular/BNCC: ensaio geral para o clique de sua implementação, 284

Texto 9   A BNCC do Ensino Médio e o desfronteiramento dos currículos da Educação Básica: O que cabe às escolas fazer e por onde começar?, 288

Texto 10   Aprendendo a ser professor, 295

Texto 11   Educação Física, Arte, Sociologia e Filosofia nas entranhas do currículo do Ensino Médio, 299

Texto 12   O papel do professor na sociedade do conhecimento, 308

Texto 13   BNCC: um trem fora dos trilhos, 312

Texto 14	Para refletir, 321
Texto 15	Os influxos da BNCC nas especificidades da idade jovem, 322
Texto 16	Os limites temporais no processo de implementação da BNCC, 338

A – Textos para todos os contextos. Modo: FRAGMENTOS, 345

Texto 17	Fragmento 01: A significação do educar, do educar-se e da vida: Anísio Teixeira, 345
Texto 18	Fragmento 02: Educação não é privilégio: Anísio Teixeira, 346
Texto 19	Fragmento 03: Pactuação e convergências: Moaci Alves Carneiro, 346
Texto 20	Prelúdio Pedagógico: Conto 1: Eu quero uma escola: Moaci Alves Carneiro, 347
Texto 21	Prelúdio Pedagógico: Canto 2: Ensino Médio: a reforma REpensada: Moaci Alves Carneiro, 349
Texto 22	Prelúdio Pedagógico: Canto 3: Essas e outras palavras: Moaci Alves Carneiro, 350
Texto 23	Prelúdio Pedagógico: Canto 4: Para aprender: Moaci Alves Carneiro, 352
Texto 24	Prelúdio Pedagógico: Canto 5: A escola sem paredes: Moaci Alves Carneiro, 353

B – Textos para todos os contextos. Modo: ENSAIOS, 356

Texto 25	Educação Básica e Base Nacional Comum Curricular/BNCC: prolongamentos sociopedagógicos, 357

Texto 26   LDB, BNCC, Educação Digital e Ensino Híbrido! Da sintonia à sincronia com a escola do futuro, 360

Texto 27   O Programa Escola em Tempo Integral a bordo da BNCC/Educação Básica, 363

Texto 28   Alfabetização: o começo do começo, 370

Texto 29   Dobras de relevância da legislação da educação escolar, 373

Texto 30   A contextualização da aprendizagem no eixo LDB-BNCC, 381

Texto 31   Percurso de uma educação para o trabalho à luz da BNCC, 392

Referências, 399

Nota do autor

Vivemos um novo tempo: novo governo, novo MEC, novas políticas para a educação, novos programas de articulação/integração sistêmica e, em decorrência de tudo isto, legislação da educação em processo de mudanças. A LDB puxa o fio! Hospeda novos dispositivos, impregnados de "energias limpas" e indutoras de formas para impulsionar o ensino regular. No fundo deste painel está a escola, inquieta e zelosa, tentando enxergar o mundo – **E a BNCC onde e como fica?** A resposta é tranquilizadora: A BNCC prossegue em sua função de posicionar competências e diretrizes para a Educação Infantil, Ensino Fundamental e Ensino Médio, de **modo a assegurar a formação básica do cidadão.**

O grande desafio da nossa Educação Básica no contexto atual não é a BNCC chegar às escolas, mas entrar nos currículos reconstituídos. A BNCC: **decifra-me ou te devoro** é um passaporte para esta viagem de transição. O plano da obra cobre todo o corpo conceitual – ordenativo das 576 páginas do DOCUMENTO-BASE DA BNCC. Sob o formato de PERGUNTAS E RESPOSTAS, o texto segue um desenho de abordagens elucidativas, destacando os aspectos mais relevantes para a **organização das aprendizagens essenciais.**

Cabe destacar que os documentos-base ora referidos (Diretrizes para a Educação Infantil e Ensino Fundamental e, posteriormente, para o Ensino Médio) foram fontes de referência para a formulação e encorpamento das Resoluções CNE/CP n. 2, 2017; CNE/CEB n. 3, 2018; CNP/CP n. 4, 2018; e CNE/CP n. 2, 2019. Todas com espraiamento no âmbito do Processo de Implementação da BNCC e seus desdobramentos.

O objetivo desta NOVA EDIÇÃO do **BNCC Fácil** é precisamente iluminar o direcionamento a tomar. A motivação permanece: Em viagens pelo país, ao longo de oito meses, dando capacitação, fazendo palestras e participando de debates em seminários e simpósios, no âmbito de escolas públicas e privadas, pude constatar um ambiente de nevoeiro conceitual e operativo, prevalecente na paisagem mental de gestores e professores. Percepção confirmada com a aplicação de mil questionários distribuídos em diferentes contextos.

Aqui, foi sinalizada, de forma induvidosa, haver uma compreensão apenas parcial dos fundamentos pedagógicos da BNCC, sobretudo quando relacionados a uma epistemologia do currículo em reconstituição, de acordo com os novos ordenamentos normativos estabelecidos.

A NOVA EDIÇÃO do **BNCC Fácil** hospeda NOVAS QUESTÕES-RES-POSTA e amplia estrategicamente o corpo de textos que hão de adensar as dobras de compreensão dos docentes e dos setores pedagógicos das escolas, possibilitando uma visão mais pedagogicamente criativa das conexões legais e epistemológicas entre LDB e BNCC.

A implementação da BNCC vai exigir, continuamente, clareza, objetividade e pertinência operativa na gestão da educação (**princípios**), da escola (**procedimentos**) e da sala de aula (**processos**). Em todos estes casos, far-se-á necessária uma programação intensa de FORMAÇÃO CONTINUADA dos professores e de toda a Equipe Escolar. A questão central ultrapassa a preocupação com a remontagem dos currículos e passa a focar, criteriosa e diligentemente, novos direcionamentos no funcionamento da escola, na organização do ensino e nos "parâmetros" de ser professor e de exercer coordenação pedagógica. O Projeto Pedagógico, em contínua revisão, exigirá práticas pedagógicas transitivas porque permanentemente reconceituadas e readequadas.

Com a BNCC – atenção! – a gestão da escola assume ou, pelo menos, agrega uma nova dimensão: a cogestão dos conhecimentos enraizados em ambiente desfronteirado de totalidade tecnológica. O uso de Educação Digital e do Ensino Híbrido deverá passar por processos rápidos de aceleração, finalizando novas rotas de aprendizagem e, em decorrência, a urgência de práticas pedagógicas inovadoras para o acolhimento de uma nova geração de alunos. Igualmente, deverá ocorrer com a expansão da Rede de Escolas de Tempo Integral. Tempo que será tanto mais pedagógico quanto mais projetar os alunos para múltiplos espaços cognitivos, estuários de variedade, de inovações e de "novas funções cognitivas e executivas" (FONSÉCA, 2018:41).

Adicionalmente, cabe realçar as alterações na LDB, com a introdução de uma esteira de dispositivos voltados para a instituição, na forma da Lei n. 14.644/2023, de Conselhos Escolares e Fóruns dos Conselhos Escolares, avanço importante no campo da gestão democrática do ensino público e da liberdade para aprender (LDB, art. 3º, inc. II).

Estas novas paisagens das escolas e das salas de aula exigem maior atenção de GESTORES e SISTEMAS DE ENSINO com a educação cognitiva, circunstância que, por sua vez, requer investimentos continuados com a formação continuada dos(as) professores(as).

Confio que esta NOVA EDIÇÃO DO **BNCC Fácil** contribua para que Sistemas de Ensino e Redes de Escolas se reposicionem na nova arquitetura de *uma escola sem paredes* (Carneiro, 2020).

Prof.-Dr. Moaci Alves Carneiro
Brasília, maio de 2024.

Prefácio

Caminhante, o teu rastro é o caminho, e nada mais;
Caminhante, não há caminho, faz-se caminho ao caminhar.
Antônio Machado

BNCC Fácil, em nova edição, é um prêmio para sistemas de ensino, redes de escolas, professores e educadores em geral. De fato, a versão atualizada do texto facilita as atividades escolares no campo do planejamento da educação para o desenvolvimento de competências e fortalece significativamente as relações professor-aluno em quatro patamares de irradiação pedagógica, assim definidos por Moretto (2014):

a) O patamar dos fundamentos psicossociais;

b) O patamar dos fundamentos epistemológicos;

c) O patamar dos fundamentos didático-pedagógicos e;

d) O patamar dos fundamentos éticos.

Este quadro de transfusões psico-sócio-pedagógicas tem na LDB o território regular de circunscrição imperativa e, na BNCC, o estuário regular de direcionamentos formativos dos alunos. Por isso, é bem-vindo o **BNCC Fácil**, em edição atualizada!

Durante décadas, a definição de uma Base Nacional Comum Curricular foi **uma pedra no caminho**. Os marcos legais estavam postos: a Constituição Federal (art. 210) e a LDB (art. 9º, inc. IV). A Carta Magna sinaliza a necessidade de definição de uma base nacional comum curricular *[...] com a fixação de conteúdos mínimos [...], de maneira a assegurar formação básica comum e respeito aos valores culturais e artísticos, nacionais e regionais* (Brasil, 1988). A Lei de Diretrizes e Bases da Educação Nacional, por sua vez, atribui à União a incumbência de *"estabelecer, em colaboração com os Estados, o Distrito Federal e os Municípios, **competências e diretrizes** para a Educação Infantil, o Ensino Fundamental e o Ensino Médio, que nortearão* *os currículos e seus conteúdos mínimos, de modo a assegurar formação básica comum"* (Brasil, 1996). Este dispositivo é reforçado mais adiante (art. 21), porém, agora, aclarando a relação entre o que é básico-comum e o que é diverso. Põe ênfase, ainda, no conceito implicado de conhecimento curricular contextualizado, no chão da realidade local e social, da escola e do aluno. O ordenamento da LDB é de clareza impositiva meridiana: *os currículos da Educação Infantil, do Ensino Fundamental e do Ensino Médio devem ter **base nacional comum**, a ser complementada, em cada sistema de ensino e em cada estabelecimento escolar, por uma parte diversificada, exigida pelas características regionais e locais da sociedade, da cultura, da economia e dos educandos* (Brasil, 1966).

Dando desdobramento a estes dispositivos, o Conselho Nacional da Educação, ao longo das décadas de 1990, 2000 e 2010 desenvolveu conceitos operativos sobre esta complexa temática, produzindo diretrizes norteadoras. Para enfeixar estas normativas e orientações, o Plano Nacional da Educação, promulgado pela Lei n. 13.005/2014, reitera na Meta 7, Estratégia 7.1, a necessidade de "estabelecer e implantar, mediante **pactuação interfederativa** [União, Estados, Distrito Federal e Municípios], diretrizes pedagógicas para a Educação Básica e a base nacional comum dos currículos, com direitos e objetivos de aprendizagem e desenvolvimento dos(as) alunos(as) para cada ano do Ensino Fundamental e Médio, respeitadas as diversidades regional, estadual e local" (Brasil, 2014).

Assentadas as bases legais para uma formação comum do cidadão brasileiro, resta alargar a compreensão dos fundamentos pedagógicos, que, embora implantados no corpo normativo do DOCUMENTO-BASE da BNCC, são ainda objeto de questionamentos e dúvidas por parte dos Sistemas de Ensino, das Redes de Escolas, dos gestores, professores e da sociedade. Responder a este estuário de aspectos sombreados é a trilha percorrida pelo Prof. Moaci Carneiro, nesta obra cujo título é por si só instigante e motivador: **BNCC Fácil.** Agora, em edição revista e atualizada.

Autor de 41 títulos na área de educação, ex-professor da Faculdade de Educação da UnB, ocupante de diversos espaços funcionais na estrutura do MEC, inclusive no Inep, e consultor de organismos internacionais como Unesco e Pnud, o autor desta obra é reconhecido como emérito intérprete da Legislação da Educação Nacional. Portanto, detém as credenciais de qualificação acadêmico-científica para tratar, com competência intelectual, do complexo universo da Base Nacional Comum Curricular (BNCC). O tema é "apanhado" por ele em suas multifocalidades. Cobre, na abordagem feita, aspectos constitucionais e infraconstitucionais, e, também, normativas presas aos Sistemas de Ensino e às escolas. Vai além: alinha *"approaches"* técnico-científicos nos campos de referência obrigatória da BNCC, como é o caso das áreas epistemológicas, pedagógicas, metodológicas e avaliativas. O foco é sempre o mesmo: como tratar a reconstituição dos currículos da Educação Básica a partir de constituintes integrados e articulados na moldura das aprendizagens essenciais, dos direitos e objetivos de aprendizagem e desenvolvimento e de uma formação humana integral.

O esforço tentativo de responder a esta questão central para gestores e professores produziu uma obra com três importantes marcos, quais sejam: a) Contém uma abordagem legal-normativa ajustada e clara; b) Apoia-se em um alinhamento teórico-conceitual preciso; e, por fim, c) Disponibiliza, às Equipes Escolares, suporte prático e orientações operativo-conceituais seguras para a construção de rotas didático-pedagógicas consentâneas com as expectativas da sociedade, da comunidade e dos alunos. Na prática, significa organizar uma escola cujos programas de ensino estejam lastreados por "**conhecimentos e competências** que se espera que todos os alunos desenvolvam ao longo da escolaridade".

Nesta obra, o autor aponta **o que é** e o **que não é** a BNCC e, com esmero acadêmico, sinaliza como deve ser sua implementação. Ou seja, um LIVRO-GUIA com uma plataforma de ideias úteis aos Sistemas de Ensino e às Escolas para a aplicação das normas e diretrizes dos DOCUMENTOS-BASE da BNCC na busca de uma adequada reconstituição dos currículos escolares e das novas rotas de organização da educação escolar. E, agora, vai além!

Com a atualização do BNCC Fácil, o Professor Moaci Alves Carneiro alarga os níveis de compreensão dos sistemas de ensino e das respectivas escolas, quanto ao grau de autonomia para a ordenação do currículo e para a coordenação federativa, na moldura do envolvimento dos vários ENTES na prestação do serviço educacional, não apenas com acesso universal, porém, mais do que isso, desocultando dobras da QUALIDADE SOCIAL na EDUCAÇÃO.

Brasília, maio de 2024.
Camilo Mussi
Ex-diretor de Tecnologia e Disseminação
de Informações Educacionais do Inep/MEC
(2016 a 2021)

CAPÍTULO 1

Para compreender a Base Nacional Comum Curricular

1   O que é Base Nacional Comum Curricular/BNCC?

Base Nacional Comum Curricular/BNCC é um conceito multiaxial, reflexo da própria concepção de educação, definida na LDB, art. 1º, como o entrelaçamento de *processos formativos que se desenvolvem na vida familiar, na convivência humana, no trabalho, nas instituições de ensino e pesquisa, nos movimentos sociais e organizações da sociedade civil e nas manifestações culturais.* Quando a ela se associa o atributo <u>escolar</u> (educação <u>escolar</u>), agrega-se uma dimensão orgânica e sistêmica, uma vez que, para efeito da organização da educação nacional, a União, os Estados, o Distrito Federal e os Municípios devem organizar, em regime de colaboração, os respectivos sistemas de ensino. Neste sentido, cabe aos entes federados a incumbência de estabelecer competências e diretrizes para a Educação Infantil, o Ensino Fundamental e o Ensino Médio, que nortearão os currículos e seus conteúdos mínimos, de modo a assegurar a formação básica comum. Este tipo de formação é o terreno de germinação da Base Nacional Comum Curricular/BNCC.

2   Pode-se dizer, então, que a BNCC envolve múltiplos aspectos?

Sim, na moldura técnico-legal, a BNCC envolve angulações compreensivas variadas de acordo com a prioridade de enfoque exigida nas diferentes situações de organização e funcionamento da educação escolar, como passamos a ver:

• **Enfoque 01:** Como documento de gestão dos sistemas de ensino e de gestão pedagógica das escolas, a BNCC é um instrumento normativo de balizamento do planejamento do ensino regular no âmbito da Educação Básica. Nesta direção, sinaliza as demarcações para o desenvolvimento e execução do currículo escolar e dos planos de ensino. A ideia é que a BNCC funcione como uma espécie de **agenda de bordo** tanto para os gestores dos sistemas de ensino e equipes técnicas das Secretarias de Educação como para os diretores de escolas, coordenadores pedagógicos e professores. Todos os integrantes das equipes escolares precisam compreender que a gestão da educação pressupõe um certo alinhamento dos níveis de compreensão da gestão do conhecimento. A BNCC aponta exatamente diretrizes pedagógicas e rotas indicativas para o desenvolvimento dos programas referentes aos conteúdos das disciplinas curriculares e, por extensão, de toda a esteira das programações escolares, conduzindo a inserção do aluno no estuário do conhecimento sistematizado. Este é o chão do currículo em ação e a prancha para cada estudante fazer surfar seu programa de estudos.

• **Enfoque 02:** Como fonte normativa de diretrizes voltadas para a parametrização e demarcações dos currículos escolares, a BNCC encorpa conhecimentos temáticos essenciais, acumulados ao longo da história humana e dos múltiplos contextos da História Cultural, da História Política, da História Econômica, da História das Mentalidades e da História da Evolução Técnico-científica das sociedades planetárias. Este enorme pano de fundo é o painel de visualização do processo de evolução do conhecimento escolar, "[...] compreendido assim como constituído por *processos de transposição didática* (Chevallard) e de *disciplinarização* (Goodson) que transformam o conhecimento científico e práticas sociais de referência segundo os objetivos sociais da escolarização" (Lopes, 2002, p. 46). Questões que, por sinal, posicionam-se nos *debates contemporâneos sobre currículos*.

• **Enfoque 03:** Os conhecimentos assim balizados e seletivamente perfilados em doses de certa normatividade, deixando, portanto, o enquadramento de conceito aberto, passam à condição de **conhecimentos essenciais** cujo domínio se torna imprescindível para a aquisição das competências que cada aluno deve desenvolver por corresponderem aos direitos e objetivos da aprendizagem. Por extensão, apontam o que se deve esperar da escola. Na prática, significa que "todos saberão o que deve ser aprendido e cada um saberá o que deve ser ensinado".

• **Enfoque 04:** Como corpo de roteirização de conteúdos das aprendizagens, a BNCC organiza as aprendizagens de forma sistemática, articulada e progressiva, pondo-as ao alcance de todos os alunos ao longo da Educação Básica. *A BNCC cumpre esta função, tendo como foco principal a igualdade, pressuposto de equidade, e a unidade nacional* (Brasil, 2018, p. 11).

• **Enfoque 05:** Como documento conceitual-operativo abrangente no campo de domínio da Educação Básica, a BNCC essencializa conhecimentos, competências e habilidades a serem trabalhados em sala de aula, série a série/ano a ano, pelos professores e alunos. Tais conhecimentos constituem o bloco de direitos e objetivos de aprendizagem/DOA, garantia para o **pleno desenvolvimento do aluno (LDB, art. 22), para sua formação humana integral (LDB, art. 35, § 1º) e para a construção de uma sociedade justa, democrática, inclusiva e solidária (CF, art. 3º).**

• **Enfoque 06:** Como diretriz de política pública do Estado Nacional na área de educação, com incidência direta na organização dos currículos escolares, a BNCC é um documento de caráter normativo, de feição plena e aplicação absoluta. No horizonte de sua destinação, *define o conjunto orgânico e progressivo de* **aprendizagem essencial** *que todos os alunos devem desenvolver ao longo das etapas e modalidades da Educação Básica. Aplica-se à educação escolar, tal como a define o § 1º do Artigo 1º da Lei de Diretrizes e Bases da Educação Nacional* (LDB. Lei n. 9.394/1996), *e indica* **conhecimentos e competências** *que se espera que todos os estudantes desenvolvam ao longo da escolaridade. Orientada pelos princípios éticos, políticos e estéticos traçados pelas Diretrizes Curriculares Nacionais da Educação Básica (DCN), a BNCC soma-se aos propósitos que direcionam a educação brasileira para a* **formação humana integral** *e para a* **construção de uma sociedade justa, democrática e inclusiva** (Brasil, 2018, p. 7).

Estes seis enfoques conceituais, intercomplementares e de angulações convergentes da BNCC oferecem uma compreensão ao mesmo tempo abrangente e pontual das diferentes dobras que compõem o seu corpo normativo. Explicitam, ainda, aspectos constitutivos das coordenadas curriculares, induzidas pela necessidade de superação das dicotomias entre conteúdos, métodos e conexões das aprendizagens com as vivências sociais dos alunos. Prevalece, assim, o conceito dinâmico de currículo como construção social, "o que supõe uma rede múltipla de referenciais para sua interpretação" (Lopes; Macedo, 2002, p. 16). Para tornar ainda mais clara a compreensão da BNCC, convém ir além, aclarando possíveis confusões.

3   O que NÃO é a Base Nacional Comum Curricular/BNCC?

A Base Nacional Comum Curricular/BNCC **não** é currículo, **não** é uma forma inflexível de organização curricular, **não** é um conjunto ilimitado de áreas e tópicos de conhecimento, **não** é um feixe de conteúdos com as respectivas metodologias de ensino, **não** é um roteiro de práticas pedagógicas sequenciais e **não** é um estuário de sinalizações legais para a definição de formas de avaliação da aprendizagem. Todos estes elementos de estruturação e organização obrigatória da educação escolar (currículo, metodologias, práticas pedagógicas e modalidades de avaliação) são regulados pelos respectivos sistemas de ensino, dentro do seu espaço de autonomia, **respeitada a legislação federal** (cf. Questão 68). A BNCC atenta para esta dimensão autonômica dos sistemas e das escolas ao esclarecer que, no caso do Ensino Fundamental, "os critérios de organização das habilidades (com explicitação dos objetos de conhecimento com os quais se relacionam e do **agrupamento desses objetos em unidades temáticas) expressam um arranjo possível (dentre outros). Portanto, os agrupamentos propostos não devem ser tomados como modelo obrigatório para o desenho dos currículos**. Essa forma de apresentação adotada na BNCC tem por objetivo assegurar a **clareza**, a **precisão** e a **explicitação** do que se espera que todos os alunos aprendam [...], fornecendo orientações para elaboração de currículos em todo o país, adequados aos diferentes contextos". Por outro lado, no caso do Ensino Médio, "o uso de numeração sequencial para identificar as habilidades de cada ano ou bloco de anos **não representa** uma ordem hierárquica esperada das aprendizagens. De resto, esta preocupação com os espaços de autonomia dos sistemas de ensino coaduna-se com o conteúdo legal do artigo 23 da LDB.

CAPÍTULO 2

A BNCC, o pacto interfederativo e a sociedade

> **4** Considerando o aspecto essencial BNCC/estrutura federativa do Brasil, por que a tela da BNCC deve ser posta necessariamente na moldura do pacto interfederativo?

De acordo com o art. 18 da CF, os entes federados gozam de autonomia. Significa que Estados e Municípios "têm capacidade de auto-organização, autogoverno, autoadministração e autolegislação" (Lenza, 2018, p. 449).

Embora no art. 22, inc. XXIV, a Carta Magna determine, como uma das competências privativas da União, "legislar sobre diretrizes e bases da educação nacional", no art. 24 está afirmada a competência concorrente dos entes federados de "legislar sobre educação, cultura, ensino e desporto", respeitado o princípio de hierarquia das leis. Acresce o dispositivo constitucional referido (CF, art. 24, § 1º), que "...no âmbito da legislação concorrente, a competência da União limitar-se-á a estabelecer normas gerais", "ficando as competências suplementares para os Estados" (CF, art. 24, § 2º).

A repercussão direta deste dispositivo constitucional incide sobre a Meta 7, Estratégia 7.1, do Plano Nacional de Educação/PNE, que fixa como responsabilidade dos entes federados *estabelecer e implantar, mediante pactuação interfederativa [União, Estados, Distrito Federal e Municípios], diretrizes pedagógicas para a Educação Básica e a Base Nacional Comum dos*

Currículos, com direitos e objetivos de aprendizagem e desenvolvimento dos(as) alunos(as) para cada ano do Ensino Fundamental e Médio, respeitadas as diversidades regional, estadual e local (Brasil, 2014).

Agora, vem o grande desafio da realidade nacional. Como sociedade, o Brasil apresenta uma rica diversidade cultural, ao lado de agudas desigualdades sociais. No amplo "receituário" da *educação escolar* (LDB, art. 1º, § 1º), os sistemas de ensino e as redes de escolas são responsáveis pela construção dos currículos, enquanto cabe a cada escola executar a respectiva *proposta pedagógica* (LDB, art. 12, inc. I), à luz das "necessidades dos alunos, assim como de suas identidades linguísticas, étnicas e culturais" (Brasil, 2018, p. 15). Este processo desenvolve-se sob o direcionamento de dois eixos: a **igualdade** voltada para as singularidades dos sujeitos aprendentes e a **equidade** voltada para o reconhecimento de que os alunos possuem necessidades diferentes. O compromisso com o princípio da equidade deve ser o fio condutor do planejamento escolar que, por seu turno, deve estar maximamente vinculado às decisões curriculares e às alternativas didático-pedagógicas referenciadas pelas Secretarias de Educação de Estados e Municípios. Na prática, significa dizer que, nas diretrizes para a construção dos currículos (tarefa dos órgãos normativos dos sistemas: Conselhos de Educação) e na elaboração das propostas pedagógicas (tarefa das escolas), a BNCC assume relevância ímpar e desempenha papel fundamental à medida que "**explicita** as aprendizagens essenciais", portanto, aquelas aprendizagens que todos os alunos devem desenvolver, e **expressa** o requisito da igualdade educacional em duas direções: as singularidades dos alunos como referência do princípio da igualdade e o acesso e permanência **com êxito** de cada aluno da Educação Básica, *sem o que o direito de aprender não se concretiza*. Ora, todos estes procedimentos implicam a consolidação de sistemas educacionais inclusos e em currículos multirreferenciados, como previsto na Lei Brasileira de Inclusão/ LBI (Lei n. 13.146/2015). Em síntese, **o pacto interfederativo** está para a implementação da BNCC como as turbinas estão para a aeronave. Sem ele, a BNCC não levanta voo e não se sustenta no ar!

5 Sob o ponto de vista de política pública, de quem é a responsabilidade de gerar a BNCC?

Como visto anteriormente, o art. 22, inc. XXIV, da Carta Magna, estabelece, como uma das competências privativas da União, legislar sobre diretrizes e bases da educação nacional. Em decorrência deste dispositivo, a Lei de Diretrizes e Bases da Educação Nacional/LDB (Lei n. 9.394/1996), no título IV que trata da organização da Educação Nacional, estabelece que *caberá à União a coordenação da política nacional de educação, articulando os diferentes níveis e sistemas e exercendo função normativa, redistributiva e supletiva em relação às demais instâncias educacionais (art. 8º, § 1º)*. E adiciona:

§ 1º – Na estrutura educacional haverá um Conselho Nacional de Educação, com funções normativas e de supervisão e atividade permanente, criado por lei.

Portanto, o MEC e o CNE são as instâncias do Estado brasileiro responsáveis pelo enquadramento normativo da BNCC. O primeiro define e baliza a política. O segundo produz e formaliza as diretrizes para homologação do primeiro.

6 Para cumprimento desta incumbência, como foi o processo de elaboração da BNCC?

A LDB disciplina a educação escolar que se desenvolve predominantemente por meio do ensino, em instituições próprias, no caso, as escolas. No caso da aplicação da BNCC, seu campo de incidência operativa são os Sistemas de Ensino e as escolas públicas e privadas, que ofertam ensino regular de Educação Básica. A oferta desta, por sua vez, é atribuição constitucional prioritária de Estados e Municípios (CF, art. 211, § 2º e 3º). Como a União e os dois outros entes subnacionais **devem organizar em regime de colaboração** seus sistemas de ensino (CF, art. 211), o MEC contou com a intensa colaboração de Estados e Municípios, através do Conselho Nacional de Secretários de Educação/Consed e da União Nacional dos Dirigentes Municipais de Educação/Undime, para o cumprimento de suas incumbências neste campo.

---

7   **Houve, também, participação da sociedade para elaboração da BNCC?**

Sim! Esta participação obrigatória decorre de ordenamento assentado na própria Constituição Federal cujo art. 205 está assim formulado: *A educação, direito de todos e dever do Estado e da família, será promovida e incentivada* **com a colaboração da sociedade** *(grifo nosso), visando ao pleno desenvolvimento ao educando, seu preparo para o exercício da cidadania e sua qualificação para o trabalho.*

---

8   **Como se deu esta participação?**

A BNCC foi-se encorpando ao longo do tempo (três anos), através de "um amplo processo de debate e negociação com diferentes atores do campo educacional e com a sociedade brasileira" (Brasil, 2018, p. 15). Esta longa gestação passou por três versões, sendo a primeira delas datada de outubro de 2015 a março de 2016. O documento inicial, posto em consulta pública, recebeu mais de 12 milhões de contribuições – individuais, de organizações e de redes de educação de todo o país – além de pareceres analíticos de especialistas, associações científicas e membros da comunidade acadêmica. Professores e pesquisadores da Universidade de Brasília/UnB e da Pontifícia Universidade Católica do Rio de Janeiro/PUC-RJ procederam à sistematização das contribuições e subsidiaram a elaboração da segunda versão. Em sucessivo, já em maio de 2016, a segunda versão da BNCC passou por um processo de debate institucional, através de agendas pontuais das Secretarias Estaduais de Educação de todo o país. Esta etapa foi coordenada pelo Conselho Nacional de Secretários de Educação/ Consed e pela União Nacional de Dirigentes Municipais de Educação/

Undime. O documento de referência da BNCC (MEC-CNE) esclarece que a *segunda versão da BNCC foi examinada também por especialistas do Brasil e dos outros países. Anexados ao Relatório Consed/Undime, os pareceres analíticos desses especialistas foram encaminhados ao Comitê Gestor da Base Nacional Comum Curricular e Reforma do Ensino Médio, instituído pela Portaria MEC n. 790/2016.*

Também esta versão da BNCC, em distintos momentos de sua elaboração, foi analisada por leitores críticos (especialistas, associações científicas e professores universitários), que produziram pareceres relativos às diferentes etapas da Educação Básica, às áreas e aos componentes curriculares do Ensino Fundamental, no primeiro momento, e do Ensino Médio, no momento seguinte. Fruto desta esteira de negociações, debates, discussões, confrontações de ideias, depuração de textos e avaliações conceituais "das dinâmicas da diferença" na formação dos grupos sociais, dos processos de inclusão/exclusão e da busca de convergências no abrangente estuário de visões ora críticas, ora lineares, a versão final da BNCC consolidou-se em *um documento plural e contemporâneo, resultado de um trabalho coletivo inspirado nas mais avançadas experiências do mundo.*

A partir dela, as redes de ensino e instituições escolares públicas e particulares passarão a ter uma referência nacional comum e obrigatória para a elaboração dos seus currículos e propostas pedagógicas, promovendo a elevação da qualidade do ensino com equidade e preservando a autonomia dos entes federados e as particularidades regionais e locais (Brasil, 2018, p. 5).

9	Em uma visão cronológica abrangente, como foi o processo de construção da Base Nacional Comum Curricular?

Até chegar a sua terceira versão, a BNCC passou por um processo de construção participativo e colaborativo, ao longo de três anos. Sua adoção, no entanto, está prevista desde a Constituição de 1988. Vejamos esta cronologia roteirizada a partir do registrado no Dore-BNCC:

1988	**Constituição** O artigo 210 prevê a criação de uma Base Nacional Comum Curricular com conteúdos mínimos para o Ensino Fundamental.
1996	**Lei de Diretrizes e Bases da Educação** O artigo 26 reforça a necessidade de estabelecer uma Base Nacional Comum Curricular para toda a Educação Básica.
1997-2013	**Diretrizes Curriculares Nacionais** Diferentes diretrizes produzidas pelo CNE se referem a uma Base Nacional Comum com conhecimentos, saberes e valores produzidos culturalmente a serem expressos nas políticas e programas educacionais.
2010	**Conferência Nacional de Educação** Professores, outros profissionais da educação e especialistas salientaram a necessidade da Base Nacional Comum Curricular do Plano Nacional de Educação.
2012-2014	**Primeiros estudos** A Secretaria de Educação Básica do MEC elabora os primeiros estudos sobre uma BNCC.
2014	**Plano Nacional de Educação** Define a Base Nacional Comum como estratégia para cumprimento das Metas 1, 2, 3 e 7 do PNE.
2015 (junho)	**A Portaria MEC n. 592** Institui o grupo de redação responsável pela elaboração da primeira versão da BNCC.
2015 (setembro)	**Lançamento da primeira versão** MEC publica o texto inicial da BNCC.
Outubro de 2015 a março de 2016	**Consulta** A primeira versão da BNCC é aberta para consulta pública online. Em seis meses foram mais de 12 milhões de contribuições da sociedade civil, instituições educacionais e organizações e entidades científicas.
2016 (maio)	**Lançamento da segunda versão** MEC publica a segunda versão do texto da BNCC.

2016 (junho a agosto)	**Seminários** A segunda versão da BNCC, produzida a partir das sugestões da consulta pública, é debatida em seminários estaduais com gestores e professores. Foram 27 encontros e mais de 9 mil participantes que puderam produzir contribuições ao texto.
2016 (setembro)	**Relatório** Consed e Undime entregam ao MEC um relatório das contribuições coletadas nos seminários. O MEC inicia a redação da terceira versão a partir dessas sugestões.
2017 (abril)	**MEC-CNE** O MEC entrega a terceira e última versão da BNCC ao CNE para a devida apreciação.
2017 (junho a setembro)	**Audiências** O CNE realiza cinco audiências públicas, uma em cada região do país, para ouvir a sociedade sobre o texto da BNCC.
2017 (a partir de outubro)	**Parecer e homologação** A partir da análise do texto da BNCC e das contribuições recebidas, a Comissão Bicameral do CNE, que trata da BNCC, emite um parecer e um projeto de resolução, submetidos ao pleno do CNE, para aprovação. Esses documentos seguem, então, para o MEC para homologação.
2018	**Homologação** É aprovado o Documento da BNCC, correspondente às etapas da Educação Infantil e do Ensino Fundamental: Em 6 de março de 2018, educadores do Brasil inteiro se debruçaram sobre a Base Nacional Comum Curricular, com foco na parte homologada do documento, correspondente às etapas da Educação Infantil e Ensino Fundamental, com o objetivo de compreender sua implementação e impactos na Educação Básica brasileira.
2018 (dezembro)	**Homologação** É aprovado o Documento da BNCC, correspondente à etapa do Ensino Médio.

10 Diferentes setores da sociedade foram convidados a contribuir – e o fizeram – para encorpamento da BNCC. Qual o nível de participação, sob a forma quantitativa, e de representação setorial e socioprofissional foi registrado?

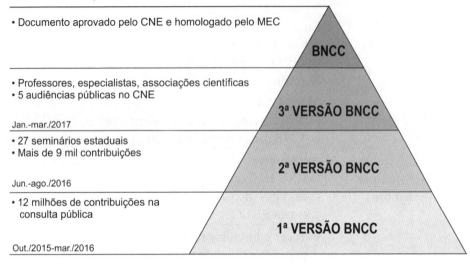

- Documento aprovado pelo CNE e homologado pelo MEC

- Professores, especialistas, associações científicas
- 5 audiências públicas no CNE

Jan.-mar./2017

- 27 seminários estaduais
- Mais de 9 mil contribuições

Jun.-ago./2016

- 12 milhões de contribuições na consulta pública

Out./2015-mar./2016

Fonte: MEC-CNE, 2016.

11 Quais as responsabilidades focais do MEC para a implementação da BNCC?

Se, de um lado, o **pacto interfederativo** é condição *sine qua non* para a viabilização da BNCC, de outro, como se trata de uma política nacional, a atuação diretiva e coordenadora do MEC é fundamental para dar curso ao processo de implementação da BNCC, com operacionalidade nos seguintes níveis:

1) Acompanhamento "em colaboração com os organismos nacionais da área (CNE, Consed e Undime)" (Brasil, 2017, p. 15).

2) Apoio técnico e financeiro, considerando que uma política de Estado como a BNCC somente adquire sustentabilidade em uma linha de tempo de longa permanência (dirige-se à formação de gerações!),

"com a criação e fortalecimento de instâncias técnico-pedagógicas nas redes de ensino, priorizando aqueles com menores recursos tanto técnicos quanto financeiros" (Brasil, 2018, p. 15).

3) Fomento a inovações e a estudos e pesquisas sobre currículos e temas afins.

4) Disseminação de casos de sucesso em âmbito nacional.

5) Acesso a conhecimentos e experiências análogas de outros países.

Esta linha de ativação do MEC, decorrente do encargo de "coordenação da política nacional de educação, articulando os diferentes níveis e sistemas de ensino..." (LDB, art. 8º, § 1º), coaduna-se com a ideia de fortalecimento do processo de construção do Sistema Nacional Articulado de Educação, objeto-foco da Conferência Nacional da Educação (Conae), em 2010, na perspectiva da elaboração do Plano Nacional da Educação, cuja aprovação ocorreria quatro anos depois (2014).

CAPÍTULO 3

Delineamentos de conformidades da BNCC

12 Há um documento com todas as diretrizes, orientações, enfoques legais e coordenadas pedagógicas da BNCC?

Sim, há na verdade dois volumes-documento. O primeiro com foco na Educação Infantil e no Ensino Fundamental e o segundo com foco no Ensino Médio, como podemos ver nas imagens abaixo:

Estes dois documentos serviram de referência para a produção das seguintes Resoluções: Resolução n. 4 CNE/CP, 12/2018; Resolução n. 3 CNE/CP, 11/2018 e Resolução n. 2 CNE/CP, 12/2017. Podem ser acessados no site http://basenacionalcomum.mec.gov.br/

13 Que tipo de detalhamento estes documentos trazem?

Na introdução, os documentos são elucidativos nas delimitações legais e pedagógicas, definindo:

a) Base Nacional Comum Curricular/BNCC.

b) Marcos legais que embasam a BNCC.

c) Vinculações da BNCC e pacto interfederativo.

d) Relações da BNCC com os currículos.

e) Interdependência da BNCC e regime de colaboração.

f) Fundamentos pedagógicos da BNCC.

g) Compromisso da BNCC com a educação integral.

h) Competências gerais da Educação Básica.

i) Quadro de detalhamento de cada etapa de ensino, contendo: Conceitos operativos, estruturação das áreas com enfoque de organização pedagógica, corpo disciplinar com circunscrição das *unidades temáticas, objetos de conhecimento e habilidades* ano a ano, descrição dos princípios e enfoques prevalecentes no estudos das áreas e de cada conteúdo (disciplina), descrição das competências específicas e seu desdobramento em habilidades. Enfim, considerações objetivas e pontuais sobre toda a estrutura BNCC/Currículo e as formas de a escola organizar seu funcionamento por níveis e etapas de ensino.

14 De que consta o feixe de delineamentos sumários da BNCC, de acordo com estes documentos?

A partir dos fundamentos pedagógicos contidos na introdução, a estrutura da BNCC envolve e explicita:

a) As competências a serem desenvolvidas pelos alunos ao longo da Educação Básica e, no interior de cada nível de ensino desta (LDB, art. 21, inc. I), em cada etapa da escolaridade.

b) Bloco das aprendizagens organizadas em cada uma destas etapas.

c) Explicação da composição dos códigos alfanuméricos criados para identificar as referidas aprendizagens. "Cada objetivo de aprendizagem e desenvolvimento é identificado por um **código alfanumérico**."

O exemplo que segue, extraído do documento referencial da BNCC, MEC e CNE (2018: 28), com foco no Ensino Fundamental, é ilustrativo:

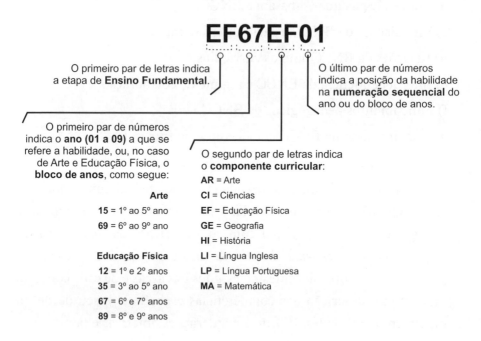

Em relação às etapas, os documentos da BNCC tratam de cada uma delas – Educação Infantil, Ensino Fundamental e Ensino Médio – no contexto da Educação Básica. Em decorrência, cada uma delas é enfocada na perspectiva legal, finalística e dos tipos de aprendizagem a serem oferecidos pelas escolas. Explicitam as demarcações conceituais e operativas do balizamento normativo para a formulação de diretrizes políticas e técnico-pedagógicas no campo da Educação Básica.

CAPÍTULO 4

Os marcos legais da BNCC

15 **Quais são os marcos legais que embasam a BNCC?**

Aqui, há um pressuposto de ordenamento constitucional. Qualquer processo de normatização da Educação Escolar seja em nível de Educação Básica, seja em nível de Educação Superior (LDB, art. 21, inc. I e II), há de estar direcionado para o cumprimento do disposto no art. 214 da Carta Magna, assim formulado:

Art. 214. A Lei estabelecerá o plano nacional de educação, de duração decenal, com o objetivo de articular o sistema nacional de educação em regime de colaboração e definir diretrizes, objetivos, metas e estratégias de implementação para assegurar a manutenção e desenvolvimento do ensino em seus diversos níveis, etapas e modalidades por meio de ações integradas dos poderes públicos das diferentes esferas federativas que conduzam a (EC n. 59/2009):

I. erradicação do analfabetismo;

II. universalização do atendimento escolar;

III. melhoria da qualidade do ensino;

IV. formação para o trabalho;

V. promoção humanística, científica e tecnológica do país;

VI. estabelecimento de meta de aplicação de recursos públicos em educação como proporção do Produto Interno Bruto.

Fora deste enquadramento constitucional, a BNCC poder-se-á conformar em mais uma rota de exclusão social e educacional. Por outro lado, posta no horizonte político de uma educação de qualidade voltada para estes SEIS EIXOS, a BNCC pavimenta o caminho, já de partida, para "a ampliação significativa da capacidade cognitiva dos alunos, como também do seu repertório conceitual e da sua capacidade de articular informações e conhecimentos", nos contextos plurais em que vivem e em sintonia com as demandas da sociedade em rede.

Assentada esta premissa e agregando a ela, em toda a sua amplitude, o disposto no art. 205 da CF, com pertinência absoluta nas formas de organização da educação escolar e, portanto, do ensino regular, encorpam o bloco de marcos legais da BNCC os seguintes ordenamentos legais:

1) *Art. 210. Serão fixados conteúdos mínimos para o Ensino Fundamental, de maneira a assegurar formação básica comum e respeito aos valores culturais e artísticos, nacionais e regionais.*

2) O art. 9º, inc. IV, da LDB que atribui à União a incumbência de *estabelecer, em colaboração com os Estados, o Distrito Federal e os Municípios, competências e diretrizes para a Educação Infantil, o Ensino Fundamental e o Ensino Médio, que nortearão os currículos e seus conteúdos mínimos, de modo a assegurar formação básica comum.*

3) A Lei n. 13.005/2014, do Plano Nacional da Educação/PNE, que reforça, como já visto, na Meta 7, estratégia 7.1, a necessidade de estabelecer e implantar, mediante **pactuação interfederativa** [União, Estados, Distrito Federal e Municípios], diretrizes pedagógicas para a Educação Básica e a base nacional comum dos currículos, com direitos e objetivos de aprendizagem e desenvolvimento dos(as) alunos(as) para cada ano do Ensino Fundamental e Médio, respeitadas as diversidades regional, estadual e local (Brasil, 2014).

4) Em decorrência da Lei n. 13.415/2017, a legislação educacional passa a utilizar dupla nomenclatura para focar as especificidades da BNCC e do currículo, como se pode ver:

I. *Art. 35-A. A Base Nacional Comum Curricular definirá* **direitos e objetivos de aprendizagem** *do Ensino Médio, conforme diretrizes do Conselho Nacional de Educação, nas seguintes áreas do conhecimento [...].*

II. *Art. 36, § 1º. A organização das áreas de que trata o* caput *e das respectivas* **competências e habilidades** *será feita de acordo com critérios estabelecidos em cada sistema de ensino* (Brasil, 2017).

A este respeito diz o Dore-BNCC: *"Trata-se, portanto, de maneiras diferentes e intercambiáveis para designar algo comum, ou seja, aquilo que os estudantes devem aprender na Educação Básica, o que inclui tantos saberes quanto a capacidade de mobilizá-los e aplicá-los".*

16 **Reforçando o marco legal, o que se destaca no art. 9º da LDB, com incidência na BNCC?**

Dois aspectos cabe destacar. O primeiro já hospedado no corpo da CF (art. 210), ressalta o que é básico-comum e o que é diferenciado nos aspectos curriculares: *as diretrizes e competências são comuns e os currículos, são diversos* (Brasil, 2018, p. 9). O segundo aspecto refere-se à necessidade de a escola cuidar do que é a centralidade do currículo sob a forma dos conteúdos ensinados. O foco, neste caso, deve estar no desenvolvimento de competências, o que implica uma distinção programática e operacional (em sala de aula) do que são aprendizagens essenciais e do que são conteúdos mínimos. Essas duas angulações são fundamentais para uma compreensão finalística da BNCC.

17 **De que forma a LDB destaca a ideia de conexão entre o que é básico e o que é diverso para a estruturação do currículo?**

No art. 26, a LDB retoma a dimensão conectiva do que é básico-comum e do que é diverso, frisando, através de ordenamento específico, a forma de organização do currículo, como diretriz sistêmica e como eixo do projeto pedagógico escolar. A definição legal é:

Art. 26. *Os currículos da Educação Infantil, do Ensino Fundamental e do Ensino Médio devem ter Base Nacional Comum, a ser complementada, em cada* *sistema de ensino e em casa estabelecimento escolar, por uma parte diversificada, exigida pelas características regionais e locais da sociedade, da cultura, da economia e dos educandos.*

Este dispositivo tem caráter indutor na aplicação do conceito de contextualização do currículo escolar. Amplia e potencializa os espaços de condominialidade pedagógica, envolvendo o conhecimento multifacetado do mundo real do aluno, conectado à realidade local, social e institucional. Neste entrejogo de enraizamentos e percepções, operam-se as aprendizagens essenciais por meio de processos de navegação cognitiva em que o aluno vai organizando mentalmente escalas de aproximação e de visão crítica entre o conhecimento cotidiano pessoal, o conhecimento escolar, o conhecimento curricular e o conhecimento técnico-científico.

A este respeito cabe relembrar a admoestação de King e Brownel: *Nunca se presuma que os currículos ou estudos organizados sobre grandes temas, domínios extensos, apanhados gerais, simpósios e sínteses de muitos campos produzem uma unidade na mente dos estudantes. A síntese é pessoal* (grifo nosso) (1976, p. 101).

Os condutores pedagógicos da BNCC com incidência sobre os currículos escolares convergem para o objetivo superior de "os alunos deixarem de ser simples consumidores do conhecimento e passarem a ser principalmente produtores de conhecimento". Neste ponto emerge a importância estratégico-pedagógica da interdisciplinaridade e da mediação docente em sala de aula. *"Necessariamente, serão indicados pelos professores problemas relacionados à fragmentação e dissociação, pois eles estão subjacentes a todo processo social e se acham manifestados em todas as dimensões do conjunto cultural humano. Em consequência, irão mostrar a necessidade de busca de diálogo e de integração, sem, no entanto, nesse estágio preliminar, terem os professores alterado sua postura mental e sua orientação em relação ao conhecimento. E é sobre essa limitação que deve ser estabelecida a base da transformação pedagógica.*

Emerge, nesse processo, o desenvolvimento de atitude e consciência de que, trabalhando dentro de um sistema de interdisciplinaridade, o professor produz conhecimento útil, portanto, interligando teoria e prática, estabelecendo relação entre o conteúdo do ensino e a realidade social escolar (Lück, 1994, p. 34).

Esta é, igualmente, a orientação-guia das próprias diretrizes curriculares geradas pelo Conselho Nacional de Educação/CNE, inicialmente em 1990, revistas em 2000 e, por fim, redimensionadas em 2010. Neste último caso, o CNE ressituou a visão sociopedagógica de contextualização, entendendo-a como "a inclusão, a valorização das diferenças e o atendimento à pluralidade e à diversidade cultural, resgatando e respeitando as várias manifestações de cada comunidade".

CAPÍTULO 5

Os fundamentos pedagógicos da BNCC

18 **Qual o horizonte de suporte da BNCC no tocante aos seus fundamentos pedagógicos?**

Os fundamentos pedagógicos da BNCC têm dupla sustentação: **os conteúdos curriculares a serviço do desenvolvimento de competências e o compromisso com a educação integral. Vejamos o nível de compreensão de cada um destes fundamentos.**

Na educação escolar busca-se construir resultados das aprendizagens sobre eixos cognitivos que expressem a possibilidade de uso dos conhecimentos em situações concretas. Diz o documento de referência da BNCC que "a esse conhecimento mobilizado, operado e aplicado em situação se dá o nome de **competência**" (2018: 15). Aqui, surge o dilema da escola destacado por Perrenoud no questionamento: *Vai-se à escola para adquirir conhecimentos ou para desenvolver competências?* A LDB, nos art. 32 e 35 – Do Ensino Fundamental e do Ensino Médio – responde a esta questão, fixando, como um dos objetivos do ensino, o desenvolvimento da capacidade de aprender, tendo em vista a aquisição de conhecimentos e habilidades, a formação de atitudes e valores (art. 32, inc. III) e a compreensão dos fundamentos científico-tecnológicos (art. 35, inc. IV), relacionando a teoria com a prática, no ensino de cada disciplina. Por sua vez, no art. 9º, inc. IV, que trata das diretrizes e competências que direcionam os currículos, a LDB incorpora sistemática e explicitamente o enfoque curricular por competências e, no caso do Ensino Médio, ao definir as diretrizes para o currículo deste nível de ensino, o faz implicitamente nos artigos 35 e 36, "descrevendo os resultados esperados da aprendizagem em termos de competências gerais" (Brasil, 2017, p. 15). No art. 35-A, § 6º, está assim definida esta questão: *A União estabelecerá os padrões de desempenho esperados para o Ensino Médio, que serão referência nos processos nacionais de avaliação a partir da Base Nacional Comum Curricular* (Incluído pela Lei n. 13.415, de 2017; cf. capítulo 7).

19 A organização do currículo por competência já é operada no Brasil e em outros países?

No país inteiro, Estados e Municípios, há muitas décadas, trabalham com a noção de competência na construção dos currículos escolares.

De acordo com pesquisa do Cenpec/2015, 10 entre 16 unidades da federação pesquisadas apresentam documentos curriculares que envolvem uma certa visão de ensino por competência, com variações terminológicas como "habilidade", "capacidade", "expectativa de aprendizagem" ou, ainda, "o que os alunos devem aprender". Acrescenta, ainda, o estudo investigativo do Cenpec: "O ensino por competências aparece mais claramente derivado dos PCN porque eles são o primeiro documento nacional no país que explicita e detalha as competências (desdobradas em habilidades) a ser adquiridas pelos alunos em todas as áreas de conhecimento". O documento informativo encontra-se disponível em http://fvc.org.br/pdf/Cenpec_Relatorio_Pesquisa_Curriculos_EF2_Final.pdf

20 O segundo fundamento pedagógico da BNCC é o seu compromisso com a educação integral, conceito cuja origem mais remota se localiza no movimento dos Pioneiros da Educação Nova, na década de 1930. Ao longo do tempo, este conceito foi sendo reapropriado, embora com variações semânticas no campo socioeducativo. No contexto atual, qual a relação da BNCC com a ideia de educação integral?

O compromisso da BNCC com a educação integral funda-se no pressuposto de que a Educação Básica vincula-se à formação comum inclusiva e ao desenvolvimento humano de todos e da cada um. Este pressuposto desdobra-se em dimensões ativas e propositivas, de alto teor agregador e transformador da organização da educação formal, como:

1) Afastamento da compreensão equivocada de confundir educação integral com educação em tempo integral.

2) Descarte de percepções reducionistas que escalonam dimensão intelectual/cognitiva, dimensão afetiva, dimensão seletiva cultural e outras formas de partição da realidade humana e social.

3) Operação do conceito de interdisciplinaridade dinâmica que consiste em atribuir a cada disciplina uma função transitiva, reposicionando-a em círculos crescentes de conhecimentos e remapeando áreas de saber à luz de múltiplas perspectivas e do confronto incessante de abordagens.

4) Maior busca curricular da integração do heterogêneo e menor adesão à ideia de unidade integral, com perspectiva de mera somatória de conhecimentos. O uno e o múltiplo coabitando o fazer-saber e o saber-fazer, dando ao aluno as ferramentas de transcodificação, "com a manutenção das significações originárias, embora transformadas em sínteses peculiares" (Gatti, 1995, p. 14), ou seja, de contexto e de sinalização de projetos de vida.

Aqui, a BNCC propõe o descarte de conduta linear de gestão burocrática e de formas congeladas da administração da escola e a adoção de procedimentos gestionários criativos em que se retira o máximo pedagógico do individual e se multiplique o máximo pedagógico do coletivo. Cada professor concentra-se – no âmbito da BNCC – no que os alunos devem saber como cidadãos contemporâneos e, sobretudo, como trabalhadores qualificados no contexto da totalidade tecnológica, e o coletivo escolar trabalha com foco na **garantia de que os direitos de aprendizagem e desenvolvimento sejam assegurados a todos os alunos**. Em ambos os casos, a sala de aula transforma-se em um laboratório de desenvolvimento de competência, "utilizada no sentido da mobilização e aplicação dos conhecimentos escolares (preparação para o mundo do trabalho) e entendidos (os conhecimentos) de forma ampla, envolvendo conceitos, procedimentos, valores e atitudes (preparação para a cidadania participativa). Em síntese, os conteúdos curriculares a serviço do desenvolvimento de competências e o compromisso com a educação integral constituem o lastro de sustentação, e, portanto, a teia dos fundamentos pedagógicos da BNCC. A escola jamais pode ser indiferente aos resultados das aprendizagens dos ALUNOS. Igualmente, jamais pode confundir educação integral com educação de tempo integral.

Como explica o Dore-BNCC, o conceito de educação integral independe da duração da jornada escolar (Brasil, 2017, p. 17). A educação de tempo integral reporta-se à extensão da carga horária diária do aluno na escola, com o objetivo de cobrir uma programação escolar enfeixada em uma proposta curricular permeável a atividades variadas e, por isso, exigente da permanência do aluno ao longo do dia (mínimo de 7 horas). De fato, uma e outra constituem fatores reposicionados na legislação da Educação Básica como veiculadores de uma aprendizagem orgânico-articulada no ciclo amplo da educação escolar universal e obrigatória.

21 Os fundamentos pedagógicos da BNCC requerem, para sua estabilidade na escola e para sua fecundação no palco da sala de aula, que estejam enraizados em uma política de educação democrática e inclusiva. Considerando que, durante muito tempo, a educação escolar esteve centrada no conhecimento erudito: aquele voltado para uma suposta "cultura superior", excludente e caracterizada como um fim em si mesma, de que forma o compromisso com a educação integral, um dos conceitos-chave da Lei da Reforma do Ensino Médio e horizonte da BNCC, reintroduz, nos processos educacionais, todos os sujeitos, em contextos de interculturalidade, que dão sustentação à rede de relações de aprendizagem presentes na dinâmica social e na dinâmica escolar?

A ideia de educação democrática, inclusiva e com relevância social se contrapõe ao conceito de cultura escolar erudita. Foca sempre territórios

inter e **multi**culturais na rota de competências em que se destacam conceitos como:

1) Saber transformar a informação em conhecimento.

2) Buscar lucidez para atuar com responsabilidade nos contextos plurais da cidadania e das culturas digitais.

3) Desenvolver percepções consequentes de autonomia para a tomada de decisões.

4) Descobrir formas criativas de aplicar conhecimentos para a solução de problemas.

5) Construir soluções contextuais a partir da identificação de dados pertinentes a cada situação.

6) Contextualizar e significar a aprendizagem.

7) Operar na sala de aula o conceito de educação inclusiva e integral e de currículo flexível.

8) Levar para a vida na escola a escola da vida.

A reintrodução de todos os sujeitos nos processos educacionais da aprendizagem formal é imperativo dos eixos EQUIDADE e IGUALDADE, que apontam para "o estabelecimento de um patamar de aprendizagem e desenvolvimento a que todos têm direito. Decorre disso a necessidade de definir, mediante pactuação interfederativa, direitos e objetivos de aprendizagem essenciais a serem alcançados por todos os alunos da Educação Básica" (Dore-BNCC). O princípio constitucional de que "todos são iguais perante a lei" (CF, art. 5º) explicita-se na escola por uma isonomia de tratamento universal. A sala de aula não pode ser espaço privilegiado de grupos, mas do Brasil.

Esta exigência requer, da escola, uma atenção redobrada à questão da educação intercultural, "tornando o pedagógico mais político e o político mais pedagógico" (Giroux, 1997). Este horizonte é alcançado por Silva (2007, p. 97) na seguinte formulação:

Como tudo isso se traduziria em termos de currículo e pedagogia? O outro cultural é sempre um problema, pois coloca permanentemente em xeque nossa própria identidade. A questão da identidade, da diferença e do outro é um problema pedagógico e curricular. É um problema social porque, em um mundo heterogêneo, o encontro com o outro, com o estranho, com o diferente, é inevitável. É um problema pedagógico e curricular não apenas porque as crianças e os jovens, em uma sociedade atravessada pela diferença, forçosamente interagem com o outro no próprio espaço da escola, mas também porque a questão do outro e da diferença não pode deixar de ser matéria pedagógica e curricular. [...]

A educação integral, compromisso da BNCC, busca ultrapassar qualquer visão reducionista da cidadania brasileira, disponibilizando "uma formação e um desenvolvimento humano global" (Dore-BNCC, 2018, p. 17), e, ao mesmo tempo, reintroduzindo todos os sujeitos nos processos educacionais, como forma de avançar no conceito de unidade nacional. E mais: o paradigma do desenvolvimento humano, fio condutor do conceito de Educação Integral, encorpa-se "na crença de que o desenvolvimento de um país ou de uma comunidade depende fundamentalmente das oportunidades que oferecem para que as pessoas desenvolvam plenamente seus potenciais" (André; Costa, 2004, p. 43).

22 Quais os focos alinhados no conceito de Educação Integral e aninhados no compromisso da BNCC?

A multifocalidade da BNCC neste campo tem larga e precisa abrangência, cabendo pontuar, dentre os focos com maior ímpeto de transbordamento pedagógico:

Foco 1. Processos educativos **intencionados**.

Foco 2. **Independentes** da duração da jornada escolar.

Foco 3. **Sintonizados** com as necessidades básicas da aprendizagem dos alunos.

Foco 4. **Identificados** com suas possibilidades e limitações.

Foco 5. **Articulados** com os desafios da sociedade planetária globalizada.

Foco 6. **Objetivados** na formação para a autonomia, para o exercício do pensamento crítico responsável, para uma atitude resolutiva dos desafios da vida a partir de um elevado nível de consciência e para a aplicação dos conhecimentos escolares em diferentes contextos da vida cotidiana.

> **23** Os fundamentos pedagógicos da BNCC se estribam no eixo conteúdos curriculares a serviço do desenvolvimento de competências/compromisso com a educação integral. Como irradiação deste EIXO, há três outros fatores (elementos que determinam e executam algo) que a BNCC inclui como inseminadores pedagógicos complementares da arquitetura do currículo escolar. Quais são eles?

O campo curricular no Brasil vai se desenvolvendo como um campo fértil na incorporação de multidimensionalidades. Daí, as frequentes formulações por que tem passado. Nesta direção, a BNCC enfatiza a adoção dos conceitos operativos de **complexidade, transversalidade e contextualização,** como condição essencial para "a superação do caráter técnico-prescritivo dominante" na organização do currículo em ação. Nesta perspectiva, a preocupação central dos Sistemas de Ensino e das Escolas deve ser responder às duas seguintes questões propostas por Moreira (1997, p. 12)

- O que deve o currículo conter?
- Como organizar esses conteúdos?

Estas duas indagações estão no alinhamento central das diretrizes da BNCC. Mas é com foco na segunda questão que as categorias de formas de organizar o currículo ora enfocadas ganham expressão pedagógica. De fato, o *modus faciendi* para uma organização curricular adequada sob o ponto de vista técnico-legal e técnico-pedagógico envolve dois fatores determinantes: a) A participação dos professores com envolvimento individual e coletivo e b) A percepção clara e objetiva do valor não absoluto da "cientificidade da atividade curricular" (Moreira, 1990, p. 31). Há no currículo escolar uma marca irradiadora do conceito de controle social, como destacado por Franklin (1990: 30). Controle que se posiciona na perspectiva posta por Boaventura Santos: *"o importante não é o novo conhecimento, mas que alguém se encontre dentro dele"*. Neste sentido, a legislação da educação é de extrema pertinência ao postar, no art. 12, inc. I e VII (LDB), a incumbência de os estabelecimentos de ensino elaborarem e executarem sua proposta pedagógica. E vai além em termos de cuidados pontuais no campo do controle sociocomunitário ao fixar a obrigação de a escola "velar pelo cumprimento do plano de trabalho de cada docente" (LDB, art. 12, inc. IV) e, no caso do professor, a obrigação de "elaborar e cumprir plano de trabalho, segundo a Proposta Pedagógica da Escola" (LDB, art. 13, inc. I), e, ainda, "colaborar com as atividades de articulação da escola com as famílias e a comunidade" (LDB, art. 13, inc. VI).

24 A BNCC e os currículos se orientam por mecanismos conceituais e operativos convergentes. Quais são eles?

A LDB e as Diretrizes Curriculares Nacionais da Educação Básica nutrem-se de uma gama de princípios, valores e procedimentos intencionados que definem o compromisso da educação escolar com "a formação e o desenvolvimento global de TODOS OS ALUNOS, nas dimensões intelectual, física, afetiva, social, ética, moral e simbólica". Por outro lado, a BNCC agrega funções adicionais no campo dos direitos e objetivos da aprendizagem e desenvolvimento dos alunos série a série, etapa a etapa, por via da execução do currículo, e que serão aferidos (estes direitos) nas avaliações nacionais. Por esta razão, às escolas se impõem decisões com previsão legal, envolvendo ações e programações cotidianas e realizações de agendas de culminância pedagógica com foco em atividades institucionais para:

- Contextualizar os currículos.

- Selecionar estratégias e metodologias para a organização disciplinar e interdisciplinar dos conteúdos.

- Diversificar os canais de relação com os alunos, suas famílias e a sociedade.

- Criar procedimentos indutores de motivação permanente dos alunos.

- Disponibilizar materiais de apoio pedagógico a professores e alunos.

- Adotar procedimentos de valorização de atividades extraescolares.

- Desenvolver, adotar, e aperfeiçoar continuamente modalidades diferenciadas de avaliação formativa. Neste caso, considerar sempre a diversidade de contextos e de situações particulares de aprendizagem dos alunos.

- Criar e implementar políticas de aperfeiçoamento contínuo dos docentes.

> **25** A ideia de educação democrática, inclusiva e com relevância social se contrapõe ao conceito de cultura escolar erudita. Foca territórios inter e multiculturais na rota de competências em que se destacam os chamados conceitos pedagógicos de transposição. Em que eles consistem?

Inseridos completamente na operação das salas de aula, estes conceitos apontam para:

1) Saber transformar a informação em conhecimento.

2) Buscar lucidez para atuar com responsabilidade nos contextos plurais das culturas digitais.

3) Desenvolver percepções consequentes de autonomia para a tomada de decisões.

4) Descobrir formas criativas de aplicar conhecimentos para a solução de problemas.

5) Construir soluções contextuais a partir da identificação de dados pertinentes a cada situação.

6) Contextualizar e significar a aprendizagem.

7) Imprimir ao currículo uma feição de dinamismo, atualidade e significação de dimensões vivenciais.

CAPÍTULO 6

A estrutura geral da BNCC para as três etapas da Educação Básica
(Educação Infantil, Ensino Fundamental e Ensino Médio)

26   Qual a estrutura geral para as três etapas da Educação Básica?

Os esquemas gráficos que seguem, acompanhados de esclarecimentos pertinentes extraídos do Dore-BNCC (2019: 25-33), oferecem a estrutura de cada um dos segmentos de *composição dos níveis de ensino* (LDB, art. 21, inc. I):

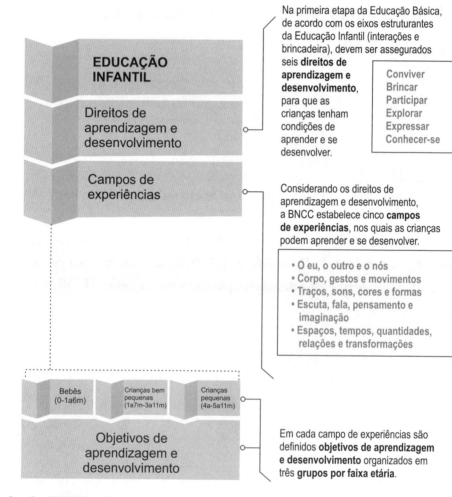

Fonte: Dore-BNCC, 2018, p. 22.

EDUCAÇÃO BÁSICA

COMPETÊNCIAS GERAIS DA EDUCAÇÃO BÁSICA

EDUCAÇÃO FUNDAMENTAL

Áreas do conhecimento

Componentes curriculares	
Anos Iniciais (1º ao 5º ano)	**Anos Finais** (6º ao 9º ano)

Linguagens	Língua Portuguesa
	Arte
	Educação Física
	Língua Inglesa
Matemática	Matemática
Ciências da Natureza	Ciências
Ciências Humanas	Geografia
	História
Ensino Religioso	Ensino Religioso

Na BNCC, o Ensino Fundamental está organizado em cinco **áreas do conhecimento**.

Essas áreas, como bem aponta o Parecer CNE/CEB n. 11/2010[*] "favorecem a comunicação entre os conhecimentos e saberes dos diferentes **componentes curriculares**" (Brasil, 2010).

Elas se intersectam na formação dos alunos, embora se preservem as especificidades e os saberes próprios construídos e sistematizados nos diversos componentes.

Nos textos de apresentação, cada área do conhecimento explicita seu papel na formação integral dos alunos do Ensino Fundamental e destaca particularidades para o Ensino Fundamental – Anos iniciais e o Ensino Fundamental – Anos Finais, considerando tanto as características do alunado quanto as especificidades e demandas pedagógicas dessas fases da escolarização.

Fonte: Dore-BNCC, 2018, p. 27.

[*] BRASIL. Conselho Nacional de Educação; Câmara de Educação Básica. **Parecer n. 11, de 7 de julho de 2010.** Diretrizes Curriculares Nacionais para o Ensino Fundamental de 9 (nove) anos. *Diário Oficial da União*, Brasília, 9 de dezembro de 2010, Seção 1, p. 28. Disponível em: <http://portal.mec.gov.br/index.php?option=com_docman&view=download&alias=6324-pceb011-10&category_slug=agosto-2010-pdf&Itemid=30192>. Acesso em: 23 mar./2017.

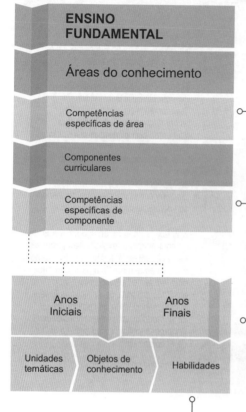

Cada área do conhecimento estabelece **competências específicas de área**, cujo desenvolvimento deve ser promovido ao longo dos nove anos. Essas competências explicitam como as dez competências gerais se expressam nessas áreas.

Nas áreas que abrigam mais de um componente curricular (Linguagens e Ciências Humanas) também são definidas **competências específicas do componente** (Língua Portuguesa, Arte, Educação Física, Língua Inglesa, Geografia e História) a ser desenvolvidas pelos alunos ao longo dessa etapa de escolarização.

As competências específicas possibilitam a **articulação horizontal** entre as áreas, perpassando todos os componentes curriculares, e também a **articulação vertical**, ou seja, a **progressão** entre o Ensino Fundamental – Anos Iniciais e o **Ensino Fundamental – Anos Finais** e a continuidade das experiências dos alunos, considerando suas especificidades.

Para garantir o desenvolvimento das competências específicas, cada componente curricular apresenta um conjunto de habilidades. Essas **habilidades** estão relacionadas a diferentes **objetos de conhecimento** – aqui entendidos como conteúdos, conceitos e processos –, que, por sua vez, são organizados em **unidades temáticas**.

Fonte: Dore-BNCC, 2018, p. 28.

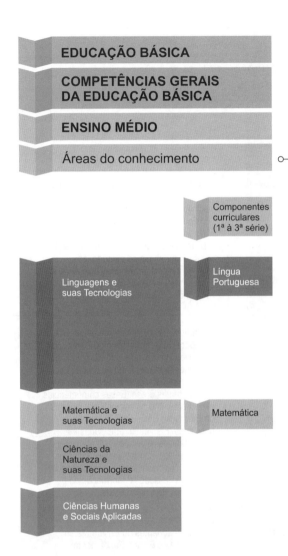

Na BNCC, o Ensino Médio está organizado em **quatro áreas do conhecimento**, conforme determina a LDB.

A organização por áreas, como bem aponta o Parecer CNE/CP n. 11/2009*, "não exclui necessariamente as disciplinas, com suas especificidades e saberes próprios historicamente construídos, mas, sim, implica o **fortalecimento das relações** entre elas e a sua **contextualização para apreensão e intervenção na realidade**, requerendo trabalho conjugado e cooperativo dos seus professores no planejamento e na execução dos planos de ensino" (BRASIL, 2009; ênfases adicionadas).

Em função das determinações da Lei n. 13.415/2017, são detalhadas as habilidades de Língua Portuguesa e Matemática, considerando que esses componentes curriculares devem ser oferecidos nos três anos do Ensino Médio. Ainda assim, para garantir aos sistemas de ensino e às escolas a construção de currículos e propostas pedagógicas flexíveis e adequados à sua realidade, essas habilidades são apresentadas sem indicação de seriação.

Fonte: Dore-BNCC, 2019, p. 32.

* BRASIL. Conselho Nacional de Educação; Conselho Pleno. **Parecer n. 11, de 30 de junho de 2009**. Proposta de experiência curricular inovadora do Ensino Médio. *Diário Oficial da União*, Brasília, 25 de agosto de 2009, Seção 1, p. 11. Disponível em: <http://portal.mec.gov.br/index.php?option=com_docman&view=download&alias=1685-pcp011-09-pdf&category_slug=documentos-pdf&Itemid=30192>. Acesso em: 27 fev. 2018.

EDUCAÇÃO BÁSICA

COMPETÊNCIAS GERAIS DA EDUCAÇÃO BÁSICA

ENSINO MÉDIO

Áreas do conhecimento

Competências específicas de área

Língua Portuguesa   Matemática

Habilidades

Nos textos de apresentação, cada área do conhecimento explicita seu papel na formação integral dos estudantes do Ensino Médio e destaca particularidades no que concerne ao tratamento de seus objetos de conhecimento, considerando as características do alunado, as aprendizagens promovidas no Ensino Fundamental e as especificidades e demandas dessa etapa da escolarização.

Cada área do conhecimento estabelece **competências específicas de área**, cujo desenvolvimento deve ser promovido ao longo dessa etapa, tanto no âmbito da BNCC como dos itinerários formativos das diferentes áreas. Essas competências explicitam como as competências gerais da Educação Básica se expressam nas áreas. Elas estão articuladas às competências específicas de área para o Ensino Fundamental, com as adequações necessárias ao atendimento das especificidades de formação dos estudantes do Ensino Médio.

Para assegurar o desenvolvimento das competências específicas de área, a cada uma delas é relacionado um conjunto de **habilidades,** que representa as aprendizagens essenciais a ser garantidas no âmbito da BNCC a todos os estudantes do Ensino Médio. Elas são descritas de acordo com a mesma estrutura adotada no Ensino Fundamental.

As áreas de Ciências da Natureza e suas Tecnologias (Biologia, Física e Química), Ciências Humanas e Sociais Aplicadas (História, Geografia, Sociologia e Filosofia) e Matemática e suas Tecnologias (Matemática) seguem uma mesma estrutura: definição de competências específicas de área e habilidades que lhes correspondem. Na área de Linguagens e suas Tecnologias (Arte, Educação Física, Língua Inglesa e Língua Portuguesa), além da apresentação das competências específicas e suas habilidades, são defnidas habilidades para a Língua Portuguesa.

Fonte: Dore-BNCC, 2019, p. 33.

Visão de Conjunto da Estrutura Geral da BNCC para a Educação Básica.

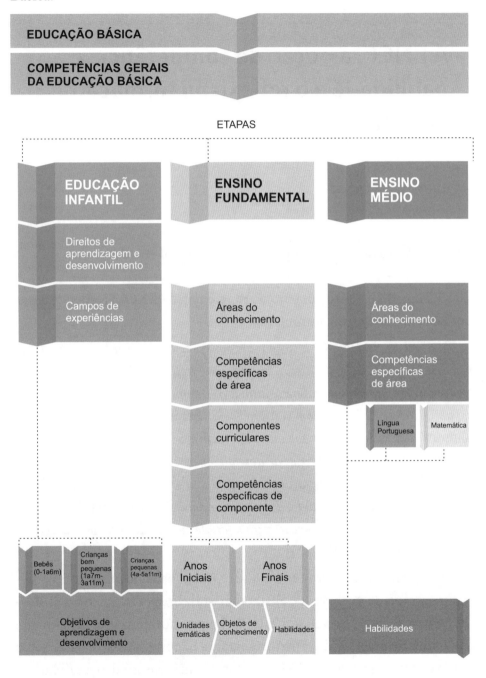

Fonte: Dore-BNCC, 2019, p. 24.

CAPÍTULO 7

A BNCC, a noção de competência e habilidade e o reflexo na formação docente

27 Qual a noção de competência no âmbito da BNCC?

O Dore-BNCC (**Do**cumento de **Re**ferência da BNCC) responde a esta questão com a seguinte formulação:

No âmbito da BNCC, a noção de competência é utilizada no sentido da mobilização e aplicação dos conhecimentos escolares, entendidos de forma ampla (conceitos, procedimentos, valores e atitudes). Assim, ser competente significa ser capaz de, ao se defrontar com um problema, ativar e utilizar o conhecimento construído. A adoção desse enfoque vem reafirmar o compromisso da BNCC com a garantia de que os direitos de aprendizagem sejam assegurados a todos os alunos. Com efeito, a explicitação de competência – a indicação clara do que os alunos devem saber, e, sobretudo, do que devem saber fazer como resultado de sua aprendizagem – oferece referências para o fortalecimento de ações que assegurem esses direitos (Brasil, 2018, p. 16).

Esta definição requer uma atitude reposicionada de professores e alunos no campo do processo de ensino-aprendizagem. **Da parte do professor,** é necessário: a) Avaliar a relação pragmática com o conhecimento como uma relação significativo-irradiadora e, portanto, estratégica sob o ponto de vista motivacional e b) Produzir contínuas mudanças didático--metodológicas para o adequado enquadramento aproximativo dos conhecimentos técnico-científicos, eruditos, informais, convivenciais, laborais e prático-sociais. **Da parte do aluno**, é fundamental migrar da postura presencial-passiva para um comportamento afirmativo de confrontação contínua e intensa, "com situações-problema que mobilizem diferentes tipos de recursos cognitivos" (Mello; Ribeiro, 2003, p. 78). Não por acaso, a BNCC, ao focar a Pedagogia das Competências, centra-se no que é fundamental na interação escola-vida, o que significa, na prática, disponibilizar, ao aluno, "a apropriação de meios para se situar no mundo em que se vive, entendendo as relações que nele se estabelecem, criticando e participando em sua transformação" (Mello; Ribeiro, 2003, p. 78).

28	Como entender, neste contexto, a relação das competências gerais (da Educação Básica), e das competências específicas (das áreas e disciplinas) com as <u>competências transversais</u>?

Em primeiro lugar, é relevante retirar da escola a visão equivocada da oscilação de um projeto pedagógico conduzido por dois paradigmas: ensinar conhecimentos ou desenvolver competências. Essencialmente, todo saber-fazer incorpora uma competência, embora ocasionalmente seu nível de entendimento possa ser mais complexo à medida que exigir conhecimentos teóricos de maior profundidade e abrangência. Em segundo lugar, convém atentar para o fato de que a LDB sinaliza as aprendizagens essenciais e não apenas os conteúdos mínimos. Ou seja, cabe perceber que as competências transversais não resultam do desenvolvimento de aptidões isoladas, mas são alcançadas pela conjugação de conhecimentos articulados, perpassando, portanto, campos de saber, áreas de conhecimento e disciplinas. Como alerta Rey (2002, p. 15), "existem competências que, embora exigidas pelas atividades próprias de uma disciplina, são ensinadas por outras..." Em terceiro lugar, cabe enxergar a conexão existente entre as competências transversais e as competências disciplinares, uma vez que as primeiras carecem do suporte das segundas para ganhar expressão. Perrenoud chama a atenção para esta interconexão:

As competências transversais estão intimamente ligadas às competências disciplinares, pois encontram-se na interseção de diferentes disciplinas. Constituem não só os processos fundamentais do pensamento, transferíveis de uma matéria para outra, como também englobam todas as interações sociais, cognitivas, afetivas, culturais e psicomotoras entre o aluno e a realidade em seu ambiente (2002, p. 15). Portanto, entre estes dois campos de competências não pode haver **tensão**, mas sim, **intenção**. Nesse sentido, cabe aos professores o trabalho em sala de aula e em cada contexto com ecossistemas educativos "que se desenvolvem a partir de diferentes configurações". A pluralidade de espaços, tempos e linguagens deve ser não só reconhecida, como promovida.

A educação não pode ser enquadrada numa lógica unidimensional, aprisionada numa institucionalização específica. "É energia de vida, de crescimento humano e de construção social" (Candau, 2000, p. 13). Em síntese, o enfoque curricular nas competências não se contrapõe à cultura escolar de formação geral, até porque toda competência está conectada a uma prática social que, por definição, envolve certo grau de complexidade e de entrelaçamento.

---

29 Sob o ponto de vista do currículo por competência – um dos fundamentos pedagógicos da BNCC – quais as implicações decorrentes do fator TRANSVERSALIDADE **no desenvolvimento do currículo?**

Os professores precisam ampliar o enfoque pedagógico de sua(s) disciplina(s), à luz de uma visão tripartite de competências:

Visão A – "Competência-comportamento": Vinculada a objetivos pedagógicos, a competência é percebida pelos comportamentos que ela conduz.

Visão B – "Competência-função: Posta na moldura de seu alcance técnico-social, a competência se reveste da função que lhe é atribuída. Tem significação dinâmica e evolutiva.

Visão C – "Competência como poder do conhecimento": Agrega-se à competência a capacidade humana de o indivíduo "adaptar seus atos e suas palavras a uma infinidade de situações inéditas", a exemplo do que ocorre com a *competência linguística de Chomsky* (1969, p. 145). Neste caso, a competência se define como "um poder de geração e de adequação de ações".

Cabe destacar que, nestes três formatos conceituais, os dois primeiros são contíguos seja porque, em ambos, a competência tem um *contorno específico*, seja porque ambos envolvem a configuração de FINALIDADE. Portanto, estão ligados a situações particulares de tarefas específicas. Estes aspectos da função técnico-social da competência são os mais focados pela escola. A BNCC induz o destravamento desta perspectiva, focando a competência como **potência geradora** e, portanto, TRANSVERSAL.

É importante destacar que a BNCC não impõe à escola e aos currículos uma opção conceitual. É fundamental – isto, sim! – que os professores alcancem as implicações teóricas e as dimensões polêmicas da noção de competência, a fim de poderem posicionar adequadamente o Projeto Pedagógico Escolar dentro de uma linha de coerência contextual e interdisciplinar a ser necessariamente estabelecida entre competências e conteúdos curriculares. Estes últimos, conclui Rey (2002, p. 47), *"designam saberes, quer sejam eles concebidos como listas de informações que deveríamos poder reconstituir, ou como conjuntos organizados de noções, tidos como possuidores de uma coerência independente dos sujeitos que os detêm ou que tentam adquiri-los. Inversamente, a competência remete ao sujeito, quer seja na ênfase colocada sobre ações, ou sobre o seu funcionamento cognitivo interno.*

Por conseguinte, traduzir os currículos em lista de competências equivale a solicitar dos professores uma conversão de atitude: a preocupação não deve ser mais de "fechar" a respectiva programação curricular, mas de acompanhar de perto o andamento dos alunos, e mais precisamente, de cada aluno (cf. Questão 32).

> **30** Qual a relação das Habilidades Socioemocionais com os campos da Competência Social e das Habilidades Sociais, ambos objeto de irradiação da BNCC e do currículo escolar no estuário da Educação Básica?

Esta visão de dimensão múltipla requer, da escola e de seus professores, uma atenção especial para o fato de que, no campo da **educação e da prática social**, as habilidades socioemocionais a serem desenvolvidas, via currículo e Projeto Pedagógico Escolar, devem estar conectadas ao estuário aberto das HABILIDADES SOCIAIS, interpostas à convivência humana. Del Prette e Del Prette enfocam estas angulações assim (2017, p. 35):

1) *As Habilidades Sociais são aprendidas ao longo da vida por meio de condições "naturais" dispostas na sua família, na sua escola, em ambientes de trabalho e lazer. Desenvolvem-se por meio de processos formais e informais de interação, influenciadas pela cultura e contingências imediatas do ambiente.*

2) *Quando o ambiente natural não é favorável, podem ocorrer dificuldades [...] na aquisição e aperfeiçoamento de Habilidades Sociais. A superação requer intervenções educativas que envolvem basicamente a reestruturação dos processos de aprendizagem.*

3) *A definição de **Competência Social** deve incluir as características especificadas a seguir:*

Competência Social é um constructo *avaliativo* do desempenho de um indivíduo (pensamentos, sentimentos e ações) em uma tarefa interpessoal que atende aos objetivos do indivíduo e às demandas da situação e cultura, produzindo resultados positivos conforme critérios instrumentais e éticos (p. 36).

Arrematam os autores com uma citação de Joseph Wolpe:

COMPETÊNCIA SOCIAL

Há três modos gerais para conduzir as relações interpessoais. O primeiro é considerar somente a si mesmo, desconsiderando os outros... O segundo é sempre colocar os outros antes de você... O terceiro é a regra de ouro... considerar a si mesmo e também aos demais.

| 31 | **A definição das competências e habilidades para o Ensino Médio guarda direta articulação com as <u>aprendizagens essenciais</u> fixadas para o Ensino Fundamental. Com que objetivo?** |

Precisamente para "consolidar, aprofundar e ampliar a formação integral dos alunos, de um lado, buscando atender as finalidades desta etapa de ensino (LDB, art. 35) e, de outro, para que cada aluno "...possa construir e realizar seus projetos de vida, em consonância com os princípios de justiça, da ética e da cidadania" (Brasil/MEC, 2018, p. 470). Estes enfoques revelam que as competências e habilidades definidas na BNCC do Ensino Médio representam o perfil de saída do aluno ao concluir a Educação Básica (cf. Questão 36).

| 32 | **Por que a transversalidade de saberes é importante para o aluno, como aprendente, e para o professor, como ensinante?** |

A transversalidade não é uma abordagem genérica de conhecimentos. Induz o aluno a desenvolver, em sua bagagem cognitiva, capacidade de operar adequadamente com informação e conhecimentos e, complementarmente, de produzir iniciativas, comportamentos e ações resolutivas apropriados a certas situações e/ou condutas e intervenções consentâneas com "a percepção reflexiva daquilo que faz a diferença na moldura do interesse ético, moral, político, social e de cidadania" (Carneiro, 2008, p. 29). Para Rey (2002: 216), "a ideia de transversalidade serve, ainda, para alimentar a esperança de que o ensino vinculado a uma cultura particular possa ser, no entanto, uma via de acesso ao universal".

Quanto ao professor, a concepção semântico-pedagógica de transversalidade requer não só uma visita contínua aos conteúdos da(s) disciplina(s) que ministra sob o ponto de vista teórico-prático, mas também que estenda esta preocupação aos diversos campos de inalação epistemológica e metodológica do seu entendimento implicativo, uma vez que cobre áreas de conhecimento tão diversas como Psicologia do Desenvolvimento e da Aprendizagem, Teoria do Conhecimento, Antropologia, Filosofia, Pedagogia, Sociologia, Linguística, Teoria do Currículo, Teoria da Prática Pedagógica, Estudos Culturais e Formação Profissional. Se, de um lado, a aprendizagem escolar é fator decisivo para potencializar a aprendizagem sistematizada, de outro, o aporte da razão transversal e, portanto, a transversalidade, envolve o conceito de competência transversal. Daí a necessidade de os professores buscarem adquirir maior clareza sobre esse tipo de competência que tanto perpassa disciplinas como ultrapassa áreas de conhecimento.

A literatura especializada sobre formação docente, tanto nacional como internacional, aponta a urgência de as instituições formadoras darem mais atenção a esta temática. De fato, trata-se de um conhecimento abordado de forma superficial nos cursos de Licenciatura e de Pedagogia, com nítidos prejuízos para o processo de ensino-aprendizagem na Educação Básica e, sobretudo, no Ensino Médio. A formação docente é um estuário de transversalidades. Guy Avanzini, em sua sempre referenciada *Introduction aux sciences de l'éducation*, chama a atenção para esse aspecto ao ressaltar que educação não é uma matéria, não é uma ciência nem é um conhecimento específico. Transborda todas essas dimensões. Assim, deve se falar sempre em **Ciências da Educação**. A denotação plural aponta as multifocalidades das dobras do desenvolvimento humano; de fato, um complexo sistema de transversalidade... Nessa perspectiva, a BNCC presta-se como um importante instrumento de renovação à medida que "acorda" a academia quanto às suas reconhecidas indulgências em face da problemática da formação docente.

A escola precisa estar mais atenta para as mudanças provocadas na economia globalizada e para as transformações rápidas no mundo da produção e na modalidade do trabalho. Este cenário de intensas flutuações acarreta ora o desaparecimento, ora a reestruturação industrial. Consequência: a competência técnica ligada a uma atividade profissional específica vai-se desvalorizando, enquanto, ao mesmo tempo, ganha relevância a capacidade individual de adaptação, ou seja, a adesão e a adequação a uma **competência transversal**. Como destaca Meirieu e Develey (1999, p. 211) – referenciados pela Agence Nationale pour l'Emploi, da França – *"já que descobrimos que os conteúdos e os procedimentos aprendidos na formação não se revelariam por muito tempo úteis durante a vida profissional, seria importante perguntar-nos se, por meio de aprendizados de ordem técnica e na aquisição de habilidades relativamente localizadas, não poderíamos contribuir com a construção de "algo" que tivesse maior durabilidade e que pudesse ser reinvestido em algum outro tipo de emprego"*. Nesta perspectiva, assinala Rey (2002: 53): *"De agora em diante, teremos de considerar a hipótese de que as competências, uma vez adquiridas em uma situação ou em uma gama de situações, podem ser transferidas a outras situações totalmente diferentes e novas. É a esse preço que uma formação ainda tem sentido. A nova figura da transversalidade é a capacidade de poder ser transferível"*.

33	Além de adotar um enfoque norteador de decisões pedagógicas orientadas para o desenvolvimento de competências, a BNCC sinaliza que "as escolas devem se constituir em espaços de construção de uma sociedade mais justa, democrática e inclusiva". Como elas devem funcionar neste sentido?

Tendo como foco a formação para uma cidadania solidária e responsável e o **aprimoramento do educando como pessoa humana**, as escolas devem funcionar como espaços abertos e permeáveis:

a) À não violência e ao diálogo.

b) Ao respeito à dignidade do outro.

c) Ao combate às discriminações.

d) Ao enfrentamento às violações a pessoas ou grupos sociais.

e) À participação-cidadã na vida política e social.

f) À construção de projetos de vida.

g) Ao compromisso com os fundamentos científico-tecnológicos do desenvolvimento dos saberes, concretizado pela promoção da articulação entre as diferentes áreas do conhecimento.

h) À solidariedade humana.

i) Às dimensões da interculturalidade.

---

34 Nesta perspectiva compreensiva, vale refletir sobre *insights*, fontes de motivação pedagógica. Vamos destacar alguns?

---

a) O cérebro é o órgão social por excelência (Vigotsky).

b) Os sentidos se constroem a partir da vivência cultural (Muniz Sodré).

c) A arte suprema do mestre consiste em despertar o gozo da expressão criativa e do conhecimento (Einstein).

d) O currículo escolar se plenifica em sendo currículo da vida e para a vida (Carneiro, 2018, p. 13).

e) A escola não deve ser um ambiente simples repassador de conhecimentos prontos, mas um contexto de aprendizagens integradas e mobilizadas em um clima organizacional propício à iniciação em vivências personalizadas do *aprender a aprender e do aprender a ser* (BNCC, Unesco, Ocde, MEC-Inep).

f) A flexibilidade curricular é uma condição para um conhecimento personalizado e uma ética social democrática (BNCC).

g) Na educação formal, o aluno só aprende se a escola também aprender com ele (Carneiro, 2018, p. 41).

h) Depois de muitos anos como professora, descobri que meus alunos me ensinam sempre que não consigo que eles aprendam (Professora Maria do Socorro Uchoa Carneiro, 2019, p. 29).

i) É preciso operar, na escola, com um PROTOCOLO para garantir o direito ao tempo de aprendizagem (Moura Branco).

j) O aluno precisa acreditar no professor, mas este precisa creditar o currículo (Carneiro, 2019).

k) Uma educação de qualidade e uma boa escola devem ir além dos controles administrativos (Durmeval Trigueiro).

l) Em educação, a simplificação, muitas vezes, se aproxima da indistinção (Tescarolo).

m) As competências não são elas mesmas saberes, *savoir-faire* ou atitudes, mas mobilizam, integram e orquestram tais recursos (Perrenoud).

n) O exercício da competência passa por operações mentais complexas, subentendidas por *esquemas de pensamento* que permitem determinar (mais ou menos consciente e rapidamente) e realizar (de modo mais ou menos eficaz) uma ação relativamente adaptada à situação (Perrenoud).

Este conjunto de enfoques é extremamente relevante porque não há como elevar o nível de aprendizagem dos alunos se os professores não alimentarem sobre eles (alunos) altas expectativas e não perceberem como cada aluno articula as etapas de seu modo de pensar e, em decorrência, visualiza o processo de aprendizagem.

35 Como avançar na direção destes *insights*, considerando que "os objetivos da aprendizagem dos componentes curriculares estabelecidos pela BNCC para toda a Educação Básica visam à aprendizagem e ao desenvolvimento global do aluno"? (Brasil, 2018, p. 17).

A escola deve posicionar, em seu "teleprompter" programático, o compromisso com a integração teoria e prática e com a interdisciplinaridade. Ambas realçam o entendimento de que se a escola é um contexto institucional ímpar para "ensinar a pensar", seu grande desafio continua sendo **como ensinar a pensar** em um quadro cada vez mais complexo de desenvolvimento de competências e habilidades intelectuais e socioafetivas. Neste horizonte, cabe destacar a necessidade de o professor atualizar, em tempo contínuo, seu dicionário básico de atuação em sala de aula, de tal maneira que a aprendizagem significativa, no palco das "aprendizagens essenciais" (BNCC, 2018, p. 12), seja revestida de traços semânticos correspondentes ao "agora" dos alunos. Estas ideias têm a ver com a noção de Hattie (2017) "de como maximizar o impacto da aprendizagem" na esteira da "aprendizagem visível para professores".

36 — Que cuidados os professores devem ter ao trabalhar com o currículo por competência?

Os cuidados docentes e pedagógicos são multifocais, cabendo atentar primordialmente para o seguinte:

1) Cada competência envolve um feixe de habilidades específicas cujo acionamento é alinhado em contextos, ora curriculares focais (referentes a cada discipina), ora em contextos transversais.

2) As habilidades vinculadas a cada competência assumem um papel fundamental na organização do conteúdo da disciplina e requerem, por isso, uma mudança de atitude em relação ao conhecimento, às metodologias de ensino, às aprendizagens essenciais e significativas e à necessidade de assistir ao aluno quanto a ter clareza sobre a própria forma de estudar. Todos estes aspectos estão embutidos no conceito de direitos e objetivos de aprendizagem e desenvolvimento, consagrados na BNCC e, ainda, sediados na compreensão extensiva de protagonismo do aluno. Também é requerida maior cooperação entre os professores e um esforço contínuo de socialização do saber elaborado por via da contextualização, da interdisciplinaridade e das aprendizagens essenciais.

3) A competência específica das atividades de cada disciplina a caracteriza como atividade humana.

4) As habilidades podem ser organizadas por competência ou, também, por unidades temáticas, como proposto para o Ensino Médio.

5) Outras unidades temáticas podem ser aditadas à pauta escolar além das definidas na BNCC, desde que consideradas necessárias e que correspondam a necessidades específicas do contexto e dos alunos e "res-

pondam às demandas dos sistemas de ensino e escolas". Em qualquer hipótese é imprescindível preservar os norteamentos da BNCC.

6) *No Ensino Médio, diferentemente do Ensino Fundamental, não há indicação de anos na apresentação das habilidades, não só em função da natureza mais flexível do currículo para esse nível de ensino, mas, também, como já referido, do grau de autonomia dos estudantes, que se supõe alcançado. Essa proposta não mais impõe restrições e necessidades de estabelecimento de sequências (que já são flexíveis no Ensino Fundamental), podendo cada rede de ensino e escola organizar localmente as sequências e simultaneidades, considerados os critérios gerais apresentados depois de cada campo de atuação* (Dore-BNCC, 2018).

7) Considerando a relevância da área de Linguagens e suas Tecnologias no contexto da Escola de Ensino Médio que deve ser uma ESCOLA JOVEM, os parâmetros para a organização da progressão curricular assentam-se na garantia de espaço ao longo, pelo menos, de três anos, para que os alunos possam desenvolver competências no conjunto dos campos de atuação social, desdobrados em: a) Campo de vida pessoal; b) Campo artístico-literário; c) Campo das práticas de estudo e pesquisa; d) Campo jornalístico-midiático; e) Campo de atuação na vida pública.

CAPÍTULO 8

Estrutura, organização e funcionamento da Educação Infantil

> **37** Sob o ponto de vista conceitual-operativo, como a BNCC estrutura, organiza e põe em funcionamento a Educação Infantil?

Primeira etapa de Educação Básica (LDB, art. 21, inc. I), a BNCC circunscreve as aprendizagens essenciais da Educação Infantil em torno de dois grandes vetores, consentâneos não só com as disposições da LDB (art. 29), mas também com o art. 9º das Diretrizes Curriculares Nacionais da Educação Infantil, encorpadas na Resolução CNE/CEB n. 5/2009, e assim definidas:

A. Comportamentos, habilidades e conhecimentos.

B. Vivências que espelham os diferentes campos de experiências, referenciados a dois eixos estruturantes: a) Interações; b) Brincadeiras.

Este binômio constitui os eixos estruturantes das práticas pedagógicas da Educação Infantil, que devem funcionar como estuário de aprendizagens, rotas de desenvolvimento e empuxos para a cidadania. Relevante destacar que as **interações e brincadeiras** devem viabilizar seis direitos de aprendizagem e desenvolvimento como plataformas para impulsão das etapas evolutivas de todo o processo de construção identitária nos aspectos humano e psicossocial das crianças. A BNCC circunscreve, assim, estes direitos:

a) conviver;

b) brincar;

c) participar;

d) explorar;

e) expressar;

f) conhecer-se.

A partir dos dois eixos estruturantes das práticas pedagógicas (interações e brincadeiras) e das **Dez Competências Gerais da Educação Básica** estabelecidas na BNCC, os seis direitos ora referenciados têm como objetivos primordiais:

a) Assegurar às crianças processos ativos e participativos de aprendizagem que lhes proporcionem enfrentar desafios e tentar resolvê-los.

b) Construir significados sobre si, os outros e, ainda, sobre formas de organização da realidade circundante.

Estes dois objetivos estão enraizados em dispositivos da LDB e do PNE, como se pode ver:

• *LDB, art. 29: A Educação Infantil, primeira etapa da Educação Básica, tem como finalidade o desenvolvimento integral da criança de até 5 anos, em seus aspectos físico, psicológico, intelectual e social, complementando a ação da família e da comunidade.*

• *PNE, Meta 1, Estratégias:*

1.1) Definir, em regime de colaboração entre a União, os Estados, o Distrito Federal e os Municípios, metas de expansão das respectivas redes públicas de Educação Infantil segundo o padrão nacional de qualidade, considerando as peculiaridades locais;

1.2) Preservar as especificidades da Educação Infantil na organização das redes escolares, garantindo o atendimento da criança de 0 (zero) a 5 (cinco) anos em estabelecimentos que atendam a parâmetros nacionais de qualidade e a articulação com a etapa escolar seguinte, visando ao ingresso do(a) aluno(a) de 6 (seis) anos de idade no Ensino Fundamental.

38 Qual a relação entre Educação Infantil e Programa de Desenvolvimento da Primeira Infância (DPI)?

Todos os países paradigmáticos em educação adotam políticas e programas de DPI. Na verdade, trata-se de "campo definido na Convenção das Nações Unidas sobre os Direitos da Criança, Comentário Geral 7 (UN, 2006), e refere-se ao desenvolvimento físico, cognitivo, linguístico e socioemocional das crianças até a transição para a o *Ensino Fundamental* (Naudeau et al. *The World Bank, 2010*. São Paulo: Singular, 2011, p. 5). Os ganhos, ao longo da vida, decorrentes da execução de uma política com foco em DPI estão cientificamente comprovados em todo o mundo. No Brasil, de acordo com Barros e Mendonça (1999), *"as crianças pobres que frequentaram um ano de pré-escola permaneceram em média 0,4 ano mais na escola primária do que as crianças que não a frequentaram. Para cada ano de pré-escola as crianças tiveram um aumento entre 7% e 12% na renda potencial durante a vida, com os maiores aumentos sendo conseguidos pelas crianças de famílias cujos pais tinham a menor escolaridade".* Ou seja, estamos diante de ganhos concretos e duradouros, reveladores de que *"indubitavelmente as intervenções precoces funcionam"* (Young. *Banco Mundial*, 2010).

39 De que forma estes quatro domínios devem ser entendidos?

A publicação retrorreferida, que trata dos **"rumos do desenvolvimento humano e de como investir na Primeira Infância"**, formula assim a compreensão destes quatro domínios do DPI:

O desenvolvimento físico é definido como uma taxa individual de crescimento, aptidão física, habilidades motoras finas, habilidades motoras grosseiras e capacidade de cuidar de si mesmo [...] (2011, p. 6).

O desenvolvimento cognitivo envolve progressos nas habilidades de resolução de problemas mentais, memória, e nas primeiras habilidades matemáticas. Em recém-nascidos e bebês, o desenvolvimento cognitivo precoce e a resolução de problemas, tais como aprender a empilhar ou guardar objetos, e as primeiras noções de aritmética, demonstrados por comportamentos tais como ordenar objetos e saber o que "um" ou "dois" de algo significa. Aos 3 anos de idade, as crianças devem ser capazes de resolver problemas simples e combinar cores e formas, assim como demonstrar ter consciência de conceitos como "mais" e "menos" [...] (2011, p. 7).

O desenvolvimento da linguagem *se manifesta inicialmente no recém- -nascido pelos atos de balbuciar, apontar e gesticular, e depois pelo surgimento das primeiras palavras e frases enquanto bebê, até a explosão de palavras entre as idades de 2 e 3 anos. É importante notar que a capacidade de absorver a linguagem e distinguir sons surge por volta dos 9 meses de idade, muito antes que a criança possa realmente falar, o que indica que é de fundamental importância que os pais/cuidadores interajam verbalmente com as crianças desde o nascimento. Quando as crianças chegam à idade pré-escolar, os indicadores de desenvolvimento da linguagem incluem a produção e a compreensão de palavras, a capacidade de contar histórias e identificar letras e as intimidade e familiaridade com os livros* (2011, p. 8).

O desenvolvimento social e emocional *nos primeiros 2 anos de vida gira em torno do relacionamento das crianças com os cuidadores, quando elas aprendem em que medida podem confiar naqueles ao seu redor para satisfazer as suas necessidades. Na idade pré-escolar, o desenvolvimento social e emocional se constrói sobre as aquisições anteriores e se expande para incluir a competência social (conviver com outras pessoas, inclusive colegas e professores), a gestão de comportamento (seguir instruções e cooperar com os pedidos), a percepção social (identificar pensamentos e sentimentos em si e nos outros), e capacidades de autocontrole (ter controle emocional e comportamental, especialmente em situações de estresse)* (2011, p. 8).

Valem aqui três observações para os cuidadores e para os professores. **Em primeiro lugar,** é necessário perceber que cada um destes domínios é estruturado em competências e habilidades. **Em segundo lugar,** cabe aos professores – sobretudo a eles! – percepcionar, nos termos da BNCC, que "a concepção de criança como ser que observa, questiona, levanta hipóteses, conclui, faz julgamentos e assimila valores e que constrói conhecimentos e se apropria do conhecimento sistematizado por meio da ação e nas interações com o mundo físico e social, não deve resultar no confinamento dessas aprendizagens a um processo de desenvolvimento natural ou espontâneo. Ao contrário, reitera a importância e necessidade de imprimir **intencionalidade educativa** às práticas pedagógicas na Educação Infantil, tanto na creche quanto na pré-escola" (Brasil, 2018, p. 34). **Em terceiro lugar** – não menos importante! –, convém atentar para o fato de que *algumas dessas competências envolvem processos tanto socioemocionais quanto cognitivos e têm sido chamadas de "processos de função executiva"* (Fernald et al., 2009). *Tais competências incluem o controle dos impulsos, a capacidade de iniciar uma ação, a capacidade de concentração e a persistência, os quais exercem influência significativa sobre a capacidade de um indivíduo de ser bem-sucedido na vida. A maioria dos processos cognitivos de função executiva tem sido chamada de processos "frios", tais como recordar regras arbitrárias e outros aspectos não emocionais de uma determinada tarefa, enquanto os processos "quentes" normalmente se referem aos aspectos mais emocionais da função executiva, como os que envolvem a inibição ou a capacidade de adiar a gratificação* (2011, p. 8).

Esta plataforma de domínios é condição inafastável para a criança prosseguir com êxito sua trajetória escolar.

Por esta razão, a BNCC destaca cuidadosamente que [...] "reconhecendo as especificidades dos diferentes grupos etários que constituem a etapa da Educação Infantil, os objetivos de aprendizagem e desenvolvimento estão sequencialmente organizados em três **grupos de faixas etárias**, que correspondem, aproximadamente, às possibilidades de aprendizagem e às características do desenvolvimento das crianças, conforme se pode ver no capítulo 6 desta obra. Todavia, esses grupos não podem ser considerados de forma rígida, já que há diferenças de ritmo na aprendizagem e no desenvolvimento das crianças que precisam ser consideradas na prática pedagógica" (*Documento-Base da BNCC*, 2018, p. 39).

CAPÍTULO 9

Estrutura, organização e funcionamento do Ensino Fundamental

> **40** Sob o ponto de vista conceitual-operativo, como a BNCC estrutura, organiza e põe em funcionamento o Ensino Fundamental?

Segunda etapa da Educação Básica (LDB, art. 21, inc. I), a BNCC formata o Ensino Fundamental com a seguinte estrutura organizativa, tendo como segmentos de irradiação quatro áreas do conhecimento:

- Linguagens;
- Matemática;
- Ciências da Natureza;
- Ciências Humanas.

Embora haja múltiplas possibilidades de organização do conhecimento escolar, esta estrutura organizativa, quando desdobrada nos componentes curriculares que compactam cada uma das áreas, abrange:

- unidades temáticas;
- objetos de conhecimento;
- habilidades.

As **unidades temáticas** podem se vincular a mais de um EIXO. A disciplina Língua Portuguesa, por exemplo, se vincula ao eixo ORALIDADE e ao eixo LEITURA. Podem, também, abranger várias dimensões, consoante a diversidade das formas de expressão. Este é o caso do componente curricular ARTE nas suas diferentes manifestações: Artes Visuais, Dança, Música, Teatro etc.

Por outro lado, as **habilidades** desenvolvidas através de cada componente curricular (disciplina) devem guardar conexão com as competências específicas da respectiva área de conhecimento e, também, com as Competências Gerais da Educação Básica, definidas na BNCC. Cabe destacar, ainda, que "as habilidades mais gerais envolvem a ampliação do domínio contextualizado de conhecimentos ampliados". Daí a BNCC contemplar Competências Gerais e Competências Específicas.

O Ensino Fundamental requer cuidados adicionais no trato docente-pedagógico em decorrência de sua oferta em duas etapas: Anos Iniciais e Anos Finais.

Esta bipartição produz riscos que podem comprometer a compreensão do que é **fundamental no Ensino Fundamental.**

---

41 Por que, à luz das diretrizes da BNCC, o Ensino Fundamental requer atenção redobrada dos professores e das coordenações pedagógicas?

A "doutrina" pedagógica da BNCC, formatada em diretrizes e normas, enraíza-se sobre um lastro de princípios, marcações teóricas, procedimentos e processos encorpados no entrelaçamento de coordenadas de uma visão de aprendizagens integradas. O chão de sustentação deste emaranhado conceitual-operativo é a **Educação Integral**, com o foco na "formação e no desenvolvimento humano global".

Este contexto de constituintes curriculares articulados, integrados e intercomplementares impõe, no caso do Ensino Fundamental, cuidados especiais no trato docente-pedagógico, em decorrência de sua organização em duas etapas, como destacado anteriormente.

Anos Iniciais e **Anos Finais**. Pelo DOCUMENTO-BASE da BNCC, nos Anos Iniciais, o alinhamento progressivo do conhecimento afirma-se mediante **a consolidação das aprendizagens anteriores e a ampliação das práticas de linguagem** e dos contextos experienciais no campo estético e intercultural das crianças, com duplo foco: interesses e expectativas e horizonte do que ainda se lhes apresenta para aprender. Neste contexto de expansão do campo de formação, crescem níveis de autonomia intelectual e de capacidade de julgamento, estende-se a compreensão das normas sociais e dos ordenamentos de conduta e, ainda, multiplicam-se os interesses pela convivência regrada. Esta cadeia de circunstâncias típicas da vida social possibilita, aos alunos em processo de formação humano-acadêmica, *"lidar com sistemas mais amplos que dizem respeito às relações dos sujeitos entre si, com a natureza, com a história, com a cultura, com a tecnologia e com o ambiente"* (Brasil. *Documento-base da BNCC*, 2018, p. 55).

Nos anos finais, a escola deve atentar para a importância ímpar dessa fase de transição. Como aponta o Parecer CNE/CEB, n. 11/2010, *"os alunos, ao mudarem do professor generalista dos anos iniciais para os professores especialistas dos diferentes componentes curriculares, costumam se ressentir diante das muitas exigências que têm que atender, feitas pelo grande número de docentes dos anos finais"* (Brasil, 2010). *Realizar as necessárias adaptações e articulações, tanto no 5º quanto no 6º ano, para apoiar os alunos nesse processo de transição, pode* **evitar ruptura no processo de aprendizagem***, garantindo-lhes maiores condições de sucesso"*, conclui o Documento-base da BNCC.

> **42** A desconexão epistemológica e pedagógica entre níveis, etapas e sequências ano a ano/série a série produz uma desarticulação sistêmica na aprendizagem com prejuízos irreparáveis para a compreensão totalizadora de Educação Básica. Posta esta constatação na moldura do Ensino Fundamental, qual a posição diretiva da BNCC para a escola e seus professores?

O olhar normativo da BNCC sobre este tema estende-se por dois campos perceptivos. O campo institucional-escolar e o campo subjetivo-identitário do aluno. O campo escolar cobre três níveis. O **primeiro** destaca a posição do aluno em relação às aprendizagens formais. De fato, *"ao longo do* **Ensino Fundamental – Anos Finais,** *os estudantes se deparam com* **desafios de maior complexidade,** *sobretudo devido à necessidade de se apropriarem das diferentes lógicas de organização dos conhecimentos relacionados às áreas. Tendo em vista essa maior especialização, é importante, nos vários componentes curriculares,* **retomar e ressignificar as aprendizagens do Ensino Fundamental – Anos Iniciais no contexto das diferentes áreas,** *visando ao aprofundamento e à ampliação de repertórios dos estudantes. Nesse sentido, também é importante* **fortalecer a autonomia** *desses adolescentes, oferecendo-lhes condições e ferramentas para acessar e interagir criticamente com diferentes conhecimentos e fontes de informação"* (*Documento-base da BNCC* – Brasil, 2018, p. 56).

O **segundo** volta-se para as transformações biopsíquicas por que a criança vai passando. Acontece que *"os estudantes dessa fase inserem-se em uma faixa etária que corresponde à transição entre infância e adolescência, marcada por intensas mudanças decorrentes de transformações biológicas, psicológicas, sociais e emocionais. Nesse período de vida,* como bem aponta o Parecer CNE/CEB, n. 11/2010, *ampliam-se os vínculos sociais e os laços afetivos, "intensificando suas relações [dos estudantes] com os pares de idade e as aprendizagens referentes à sexualidade e às relações de gênero, acelerando o processo de ruptura com a infância na tentativa de construir valores próprios* (Brasil, 2010)" (Brasil, 2018, p. 56).

O **terceiro** cinge-se às características intelectivo-abstratas dos alunos. Ocorre que *"se ampliam também as possibilidades intelectuais e intensifica-se a capacidade de raciocínios mais abstratos. Os estudantes tornam-se mais capazes de ver e avaliar os fatos pelo ponto de vista do outro, exercendo a capacidade de descontração, "importante na construção da autonomia e na aquisição de valores morais e éticos* (Brasil, 2010)" (Brasil, 2018, p. 56).

Enquanto o campo institucional-escolar busca a direção aluno-escola, no segundo campo, a BNCC posiciona-se na direção oposta e trata a questão partindo da escola para o aluno, ou seja, como todo o contexto escolar deve se programar e deve funcionar para adequar-se às necessidades próprias do aluno-sujeito em intenso processo de "desenvolvimento humano global". A implicação aqui é óbvia: romper com visões reducionistas que privilegiam a dimensão intelectual (cognitiva) ou a dimensão afetiva, ou, ainda, que confundam "Educação Integral" com "educação ou escola em tempo integral". Por isso, a BNCC posiciona-se e enfatiza: "As mudanças próprias dessa fase da vida implicam a compreensão do adolescente como sujeito em desenvolvimento, com singularidades e formações identitárias e culturais próprias, que demandam práticas escolares diferenciadas, capazes de contemplar suas necessidades e diferentes modos de inserção social. Conforme reconhecem as DCN, é frequente, nessa etapa, observar forte adesão aos padrões de comportamento dos jovens da mesma idade, o que é evidenciado pela forma de se vestir e também pela linguagem utilizada por eles. Isso requer dos educadores maior disposição para entender e dialogar com as formas próprias de expressão das culturas juvenis, cujos traços são mais visíveis, sobretudo, nas áreas urbanas mais densamente povoadas (Brasil, 2010)" (Brasil, 2018, p. 57).

CAPÍTULO 10

Estrutura, organização e funcionamento do Ensino Médio

43 Sob o ponto de vista conceitual-operativo, como a BNCC estrutura, organiza e põe em funcionamento o Ensino Médio?

Terceira etapa da Educação Básica (LDB, art. 21, inc. I), a BNCC demarca a estrutura e o funcionamento do Ensino Médio, levando em conta o perfil de um alunado que caminha para a identidade adulta; portanto, para níveis de autonomia e independência em processo de consolidação.

A BNCC destaca a estreita relação do Ensino Fundamental com o Ensino Médio, dando cumprimento ao disposto no art. 35 da LDB, assim formulado:

Art. 35. O Ensino Médio, etapa final da Educação Básica, com duração mínima de três anos, terá como finalidades:

I. A consolidação e o aprofundamento dos conhecimentos adquiridos no Ensino Fundamental, possibilitando o prosseguimento de estudos.

II. Preparação básica para o trabalho e para o exercício da cidadania.

III. Aprimoramento do aluno como pessoa humana, incluindo: formação ética, desenvolvimento da autonomia intelectual e do pensamento crítico.

IV. Compreensão dos fundamentos científicos e tecnológicos dos processos produtivos, relacionando a teoria com a prática, no ensino de cada disciplina.

E prossegue em absoluta sintonia legal-normativa. Formata o Ensino Médio em quatro áreas de conhecimento. Esta organização, por sua vez, em observância ao que dispõe o Parecer CNE/CP, n. 11/2009, *"não exclui necessariamente as disciplinas, com suas especificidades e saberes próprios historicamente construídos, mas, sim, implica o* **fortalecimento das relações** *entre elas e a sua* **contextualização para apreensão e intervenção na realidade,** *requerendo trabalho conjugado e cooperativo dos seus professores no planejamento e na execução dos planos de ensino"* (Brasil, 2009, ênfases adicionadas).

Em atenção ao que estabelece a Lei n. 13.415/2017 – altera 51 dispositivos da LDB, incluídos aqueles que direcionam a Reforma do Ensino Médio –, as disciplinas Língua Portuguesa e Matemática, de oferta obrigatória ao longo de todo o Ensino Médio, têm as habilidades detalhadas, embora sem hospedá-las na organização do currículo série a série. A preocupação aqui é de dupla natureza: assegurar, aos Sistemas de Ensino e às respectivas escolas, flexibilidade na construção dos currículos e das propostas pedagógicas e, ainda, operar com níveis de adequação às realidades regionais e locais.

Trata-se, de fato, de valorizar a contextualização das aprendizagens, dimensão explicitada no art. 26 da LDB que, ao ordenar a existência de uma **Base Nacional Comum**, determina, igualmente, a coexistência complementar *de uma parte diversificada, para atender às características regionais e locais da sociedade, da cultura, da economia e dos educandos.*

Por oportuno, vale lembrar que a contextualização não pode prescindir da interdisciplinaridade. Esta, por sua vez, visa a "ampliar as possibilidades de interação não apenas entre as disciplinas nucleadas em uma área, como entre as próprias áreas de nucleação.

Para imprimir maior clareza e objetividade ao conteúdo das normas e diretrizes do Ensino Médio, a BNCC alonga os esclarecimentos, pontuando aspectos como:

1) Cada área de conhecimento possui um feixe de diretrizes e competências a ela referidas.

2) O desenvolvimento destas competências deve ocorrer ao longo de todo o Ensino Médio e deve incidir tanto no circuito da BNCC propriamente como no âmbito dos itinerários formativos das diferentes áreas.

3) Estas competências, como apontam as 10 Competências Gerais da Educação Básica, são traduzidas nas áreas: Ainda, "estão articuladas às competências específicas de área para o Ensino Fundamental", feitas evidentemente as adequações reclamadas para o atendimento às particularidades formativas dos alunos do Ensino Médio.

4) A garantia do desenvolvimento das competências específicas de área ocorre pela relação de um feixe de habilidades referidas a cada área.

5) Estas habilidades, que encorpam as aprendizagens essenciais asseguradas a cada aluno do Ensino Médio, no âmbito da BNCC, "são descritas de acordo com a mesma estrutura adotada no Ensino Fundamental".

6) Semelhantemente a procedimento adotado para o Ensino Fundamental, a BNCC explicita a composição dos códigos alfanuméricos criados para identificar as aprendizagens. "Cada objetivo de aprendizagem e desenvolvimento é identificado por um **código alfanumérico.** O exemplo que segue, extraído do documento referencial BNCC, MEC e CNE (2019, p. 34), com foco no Ensino Médio, é ilustrativo:

EM13LGG103

O primeiro par de letras indica a etapa de **Ensino Médio.**

O primeiro par de números (13) indica que as habilidades descritas podem ser desenvolvidas em qualquer série do Ensino Médio, conforme definição dos currículos.

A segunda sequência de letras indica a área (três letras) ou o componente curricular (duas letras):

LGG = Linguagens e suas Tecnologias
LP = Língua Portuguesa
MAT = Matemática e suas Tecnologias
CNT = Ciências da Natureza e suas Tecnologias
CHS = Ciências Humanas e Sociais Aplicadas

Os números finais indicam a competência específica à qual se relaciona a habilidade (1° número) e a sua numeração no conjunto de habilidades relativas a cada competência (dois últimos números).

Vale destacar que o uso de numeração sequencial para identificar as habilidades não representa uma ordem ou hierarquia esperada das aprendizagens. Cabe aos sistemas e escolas definir a progressão das aprendizagens, em função de seus contextos locais.

Fonte: Brasil/BNCC, 2019.

*Segundo esse critério, o código **EM13LGG103**, por exemplo, refere-se à terceira habilidade proposta na área de Linguagens e suas Tecnologias relacionada à competência específica 1, que pode ser desenvolvida em qualquer série do Ensino Médio, conforme definições curriculares.*

*Também é preciso enfatizar que a **organização das habilidades** do Ensino Médio da BNCC (com a explicitação da vinculação entre competências específicas de área a habilidades) tem como objetivo definir claramente as aprendizagens essenciais a serem garantidas aos estudantes nessa etapa.*

44 O Dore-BNCC acende as luzes do currículo do Ensino Médio no campo da preparação básica (do aluno) para o trabalho. Como a escola deve entender a ênfase deste enfoque?

O eixo educação/trabalho/ciência/tecnologia/cultura ganha centralidade no conjunto dos elementos indutores da reforma do EM (Lei 13.415/2017), com desdobramentos na dinâmica operativa da BNCC deste nível de ensino cujo documento norteador assim posiciona a questão:

Em relação à preparação básica para o trabalho que significa promover o desenvolvimento de competências que possibilitem aos estudantes inserir-se de forma ativa, crítica, criativa e responsável em um mundo do trabalho cada vez mais complexo e imprevisível, os projetos pedagógicos e os currículos escolares precisam se estruturar de maneira a: a) explicar que o trabalho produz e transforma a cultura e modifica a natureza – relacionar teoria e prática ou conhecimento teórico e resolução de problemas da realidade social, cultural ou natural; b) revelar os contextos nos quais as diferentes formas de produção e de trabalho ocorrem, sua constante modificação e atualização nas sociedades contemporâneas, em especial no Brasil; e c) explicitar que a preparação para o mundo do trabalho não está diretamente ligada à profissionalização precoce dos jovens – uma vez que eles viverão em um mundo com profissões e ocupações hoje desconhecidas, caracterizado pelo uso intensivo de tecnologias –, mas à abertura de possibilidades de atuação imediata, a médio e a longo prazos e para a solução de novos problemas. Como posiciona Alves Carneiro (2019, p. 429-430), *"estas diferentes dimensões po-*

tencializam o Ensino Médio como direito social de todos os cidadãos brasileiros. É importante perceber que a lei trata o Ensino Médio como conceito completo, semanticamente pleno e pedagogicamente suficiente. Não se fala mais de Ensino Médio profissionalizante e expressões outras que lhe desfiguram a compreensão". A lei é clara: *"O Ensino Médio, etapa final da Educação Básica [...]"* [grifo nosso]. Trata-se de um conceito com identidade epistemológica, com territorialização semântica precisa e com paisagem decifrável. Tanto é assim e tão essencial é este enfoque legal que a Resolução CNE/CEB 2/2012, instrumento normativo definidor das Diretrizes Curriculares Nacionais para o Ensino Médio, declara, em seu art. 2º, de forma impositiva:

Art. 2º – "As Diretrizes Curriculares Nacionais para o Ensino Médio articulam-se com as Diretrizes Curriculares Nacionais Gerais para a Educação Básica e reúnem princípios, fundamentos e procedimentos, definidos pelo Conselho Nacional de Educação, para orientar as políticas públicas educacionais da União, dos Estados, do DF e dos Municípios na elaboração, planejamento, implementação e avaliação das propostas curriculares das unidades escolares públicas e particulares que oferecem o Ensino Médio".

"O conceito de articulação aqui é extenso, intenso e complexo e envolve cinco campos de apreensão na execução curricular e, portanto, na adequada apropriação do Projeto Político-pedagógico. São eles: 1) Aprofundamento de conhecimentos; 2) Apropriação e complementaridade de conceitos e categorias básicos; 3) Equilibração de tempos de organização e ministração de conteúdos; 4) Integração teoria/prática na moldura de conhecimentos gerais e, por fim; 5) Avaliação como processo formativo e cumulativo."

"Convém destacar que se o Ensino Médio tem, entre suas finalidades, a consolidação e o aprofundamento do que foi aprendido no Ensino Fundamental, deve o EM ter como traço marcante a característica de ser uma escola para jovens, ou seja, uma escola que seja ativa na sua concepção psicopedagógica, aberta na sua concepção arquitetônica e contemporânea no seu currículo, de tal sorte que responda, adequadamente, às necessidades bio-sócio-afetivas-culturais--profissionais desta população e que use as novas tecnologias de comunicação e informação no processo de ensino-aprendizagem (multimídia). Mas, por outro

lado, se esta escola deve oferecer condições para a preparação básica para o trabalho, deve também preocupar-se com o trabalhador-estudante, assim que lhe seja oferecido acesso a conteúdos contextualizados, assegurando-se relações concretas e consequentes entre conhecimento e contexto. O fundamental é o estímulo ao protagonismo do aluno, de tal sorte que ele vá ganhando autonomia intelectual e capacidade laboral." E arremata a BNCC com foco nas características do Ensino Médio: *"Etapa final da Educação Básica quer dizer que o Ensino Médio é parte da formação a que todo cidadão brasileiro deve necessariamente ter acesso para poder viver uma cidadania participativa e produtiva. Isto tem duas implicações distintas: o currículo deve ter como base conteúdos voltados para o domínio de competências básicas e, ainda, deve ter vínculo com os diferentes contextos da vida dos alunos (aprendizagem significativa). Uma análise mais detida sobre as finalidades do Ensino Médio vai nos dar, também, uma visão mais objetiva destas duas amplas implicações"*.

A Resolução n. 4/2018, do CNE, que foca a BNCC do Ensino Médio, considerado este como etapa final da Educação Básica, nos termos do Art. 35 da LDB, ressalta a preparação básica para o trabalho e a cidadania do aluno com o enfoque de um aprendizado continuado ao longo da vida, tornando-se, assim, "capaz de se adequar com flexibilidade a novas condições de ocupação e aos desafios e tendências do mundo do trabalho e do mercado de trabalho".

> **45** **Quais as principais mudanças no currículo do Ensino Médio, introduzidas pela Lei n. 13.415/2017, e que estão em sintonia com os direcionamentos normativos da BNCC?**

A chamada Lei da Reforma do Ensino Médio quebrou a espinha dorsal do modelo único de currículo do Ensino Médio, substituindo-o por um modelo não apenas diversificado em seus constituintes, mas, sobretudo, flexível. Prescreve o art. 36 do instrumento legal referido:

O currículo do Ensino Médio será composto pela Base Nacional Comum Curricular e por itinerários formativos, que deverão ser organizados por meio da oferta de diferentes arranjos curriculares, conforme a relevância para o contexto local e a possibilidade dos sistemas de ensino, a saber:

I. Linguagens e suas Tecnologias;

II. Matemática e suas Tecnologias;

III. Ciências da Natureza e suas Tecnologias;

IV. Ciências Humanas e Sociais Aplicadas;

V. Formação Técnica Profissional.

Com centralidade no protagonismo juvenil, tendo em vista o atendimento à multiplicidade de interesses dos alunos, a BNCC converge em suas diretrizes para o campo de itinerários formativos diversos, unindo formação básica comum e formação técnica profissional. A organização do currículo do Ensino Médio por áreas de conhecimento, sem discriminação prévia de todos os componentes curriculares, alarga as possibilidades de Sistemas de Ensino, Redes de Escolas e escolas operarem com a ideia de currículos abertos e de propostas pedagógicas destravadas, assim que as demandas dos alunos e as exigências dos contextos possam ser valorizadas. Como aponta a BNCC, *no Ensino Médio os jovens intensificam o conhecimento sobre seus sentimentos, interesses, capacidades intelectuais e expressivas, ampliam e aprofundam vínculos sociais e afetivos, e refletem sobre a vida e o trabalho que gostariam de ter. Encontram-se diante de questionamentos sobre si próprios e seus projetos de vida, vivendo* **juventudes** *marcadas por contextos culturais e sociais diversos.*

O currículo flexível e o Projeto Pedagógico em processo contínuo de revisão e atualização são as duas vias preferenciais da escola para respostas adequadas a estas expectativas, posicionados no visor de *uma escola sem paredes* (Carneiro, 2002).

46	As quatro áreas de conhecimento estruturantes do currículo do Ensino Médio estendem a substância de cada uma delas às suas correspondentes TECNOLOGIAS. O que a BNCC pretende com esta dimensão extensiva?

Este enfoque tem raízes já no Ensino Fundamental. Nesta etapa da Educação Básica, "a tecnologia comparece como "alfabetização científico-tecnológica", compreendida como a familiarização com o manuseio e com a nomenclatura das tecnologias de uso universalizado, como, por exemplo, os cartões magnéticos" (Menezes, 1998, apud PCN. *Ensino Médio*, 1999, p. 106).

A presença das tecnologias no currículo do Ensino Médio responde a objetivos bem mais pretensiosos. Neste sentido, conclui Menezes:

"A familiarização com as modernas técnicas de edição, de uso democratizado pelo computador, é só um exemplo das vivências reais que é preciso garantir. Ultrapassando assim o "discurso sobre as tecnologias", de utilidade duvidosa, é preciso identificar nas matemáticas, nas ciências naturais, nas ciências humanas, na comunicação e nas artes, os elementos de tecnologia que lhes são essenciais e desenvolvê-los como conteúdos vivos, como objetivos da educação e, ao mesmo tempo, meio para tanto" (Menezes, 1998, apud PCN. *Ensino Médio*, 1999, p. 106).

O aspecto da inclusão das TECNOLOGIAS já fora destacado há duas décadas pelos PCN do Ensino Médio, onde está assentado:

"A presença das TECNOLOGIAS em cada uma das áreas merece um comentário mais longo. A opção por integrar os campos ou atividades de aplicação, isto é, os processos tecnológicos próprios de cada área de conhecimento, resulta da importância que ela adquire na educação geral – e não mais apenas na profissional –, em especial no nível do Ensino Médio. Neste, a tecnologia é o tema por excelência que permite contextualizar os conhecimentos de todas as áreas e disciplinas no mundo do trabalho" (1990, p. 106).

Em síntese, pode-se dizer que a presença das tecnologias no currículo do Ensino Médio tem conexão direta com as atividades centrais nas aplicações dos conhecimentos e no desenvolvimento de competências e habilidades encorpadas ao longo da Educação Básica, "...dando expressão concreta à preparação básica para o trabalho, prevista na LDB". Convém anotar que é a partir das áreas de conhecimento e da formação técnica e profissional que os itinerários formativos devem ser organizados, nos termos do Art. 12 da Resolução CNE/CEB n. 3, 2018. Nos currículos do Ensino Médio, formação básica e itinerário formativo são indissociáveis, porque intercomplementares e interdependentes sobre o ponto de vista da epistemologia do currículo.

47 Qual o horizonte delineado pela BNCC no tocante à oferta de um Ensino Médio reconceituado a partir da reconstituição dos currículos?

A BNCC propõe **recursos** pedagógicos e metodológicos variados para **percursos** individuais diversificados. Trabalhando com processos educacionais intencionados, as Escolas de Ensino Médio devem trilhar rotas pedagógicas que proporcionem uma formação capaz de:

a) Acolher jovens em sua diversidade.

b) Desenvolver capacidade crítica.

c) Estimular a autonomia.

d) Fundar a capacidade de tomar decisões.

e) Garantir aprendizagens necessárias e essenciais.

f) Imprimir respeito à dignidade humana e aos seus direitos.

g) Estimular a solidariedade e a compaixão.

h) Desenvolver aptidões adequadas ao exercício adequado de uma cidadania responsável.

i) Viabilizar a organização dos conhecimentos através da pedagogia de projetos, da inserção formativa de centros de interesse e da evolução progressiva da aprendizagem sintonizada com as demandas do mercado de trabalho e de suas tendências e da sintonia com exigências da sociedade tecnológica.

Para cumprimento deste alinhamento pedagógico, é fundamental a promoção de uma **Educação Integral** no que tange aos "aspectos físicos, cognitivos e socioemocionais" (LDB, art. 35-A, § 7º) *por meio da construção de aprendizagens sintonizadas com as necessidades, as possibilidades e os interesses dos estudantes e, também, com os desafios da sociedade contemporânea,* como definido na introdução da BNCC (p. 14). Este contexto perceptivo requer, da escola, em relação aos alunos, *o estímulo ao desenvolvimento de suas capacidades de abstração, reflexão, interpretação, proposição e ação, essenciais à autonomia pessoal, profissional, intelectual e política, por meio do estímulo ao protagonismo dos estudantes em sua aprendizagem e na construção de seus projetos de vida* (BNCC, 2018, p. 465).

---

48 No contexto da Educação Básica, o Ensino Médio apresenta algumas distorções crônicas não desconsideradas pela BNCC. Quais são elas?

O Ensino Médio fecha o ciclo escolar da Educação Básica (LDB, art. 21, inc. I). Portanto, constitui direito público subjetivo de todo cidadão brasileiro. Vários problemas, porém, se enraízam em suas entranhas, como:

a) O baixo desempenho dos alunos nos Anos Finais do Ensino Fundamental é a antessala de suas desconformidades de aprendizagem ao longo do Ensino Médio, com um fracasso marcante já no primeiro ano, quando se constata uma alarmante taxa de abandono da escola.

b) Organização curricular desconcentrada pelo excesso de componentes curriculares.

c) Trato pedagógico de costas para as culturas juvenis e para as exigências do mundo do trabalho.

d) Desconsideração às aspirações presentes e futuras dos alunos, sem o que não há como garantir sua permanência com êxito nas aprendizagens e na programação geral da escola.

e) Caracterização equivocada do universo do público do Ensino Médio como um **grupo homogêneo** e a **juventude** como uma etapa da vida essencializada apenas em "rito de passagem da infância à maturidade".

> **49** **Considerando que todos estes pontos são desafios crônicos de uma cultura escolar distanciada da vida concreta dos alunos, por que a BNCC os reposicionou?**

A sociedade brasileira, já a partir do descaso do Estado Nacional e dos órgãos de fiscalização, do desalinhamento dos sistemas de ensino e, em decorrência, das instituições, é pouco exigente em termos de acompanhamento do cumprimento das leis, normas, diretrizes e ordenamentos em geral. Talvez a educação seja um dos campos de maior incidência de nossa desatenção consentida. Na verdade, o que a BNCC faz é reposicionar ordenamentos só parcialmente observados e cumpridos, como se pode ver em dois passos normativos das Diretrizes Curriculares Nacionais (DCN):

a) *Com a perspectiva de um imenso contingente de adolescentes, jovens e adultos que se diferenciam por condições de existência e perspectivas de futuro desiguais, é que o Ensino Médio deve trabalhar. Está em jogo a recriação da escola que, embora não possa por si só resolver as desigualdades sociais, pode ampliar as condições de inclusão social, ao possibilitar o acesso à ciência, à tecnologia, à cultura e ao trabalho* (Brasil, 2011, p. 167).

b) *A juventude como condição sócio-histórico-cultural de uma categoria de sujeitos que necessita ser considerada em suas múltiplas dimensões, com especificidades próprias que não estão restritas às dimensões biológica e etária, mas que se encontram articuladas com uma multiplicidade de atravessamentos sociais e culturais, produzindo **múltiplas culturas juvenis ou muitas juventudes*** (Brasil, 2011, p. 155).

É exatamente na busca de dar cumprimento ao que já está normativamente estabelecido que a BNCC reforça a obrigação compreensiva de que *"em lugar de pretender que os jovens apenas aprendam o que já sabemos, o mundo deve lhes ser apresentado como campo aberto para investigação e intervenção quanto a seus aspectos sociais, produtivos, ambientais e culturais. Desse modo, a escola os convoca a assumir responsabilidades para equacionar e resolver questões legadas pelas gerações anteriores, valorizando o esforço dos que os precederam e abrindo-se criativamente para o novo" (Documento-base da BNCC-MEC-CNE, 2019, p. 463).*

50   **Qual o antídoto usado pela BNCC para reverter este cenário distorcido?**

A BNCC trabalha com focos sociopedagógicos assentados no currículo escolar flexível e no Projeto Pedagógico permeável à realidade. Neste sentido, destaca:

1) As intensas transformações sociais em escalas e profundidades diversas (local, regional, nacional e planetária).

2) A repercussão destas transformações no universo juvenil, com a necessidade de reorientação nas rotas de formação humana integral e específica dos alunos.

3) Reavaliação dos tipos de relações sociais entre os jovens, marcados por cenários de totalidade tecnológica e, portanto, exigentes de mudanças nas formas de orientar as rotas de formação, com foco em pedagogias ativas. As abordagens em sala de aula não podem se perder em níveis congelados de abstrações, mas, sim, devem ser e estar vinculadas "ao enfrentamento dos novos desafios sociais, laborais, econômicos e ambientais, acelerados pelas mudanças tecnológicas do mundo contemporâneo" (*Documento-base da BNCC*, 2019, p. 462).

51   **Em relação à *preparação básica para o trabalho* (LDB, art. 35, inc. II), o que estabelece a BNCC?**

Como já vimos, um dos fundamentos pedagógicos da BNCC é posicionar os conteúdos curriculares a serviço do desenvolvimento de competências, portanto, "do conhecimento mobilizado, operado e aplicado em situações que requerem a tomada de decisões pertinentes". Neste horizonte, a BNCC determina que os projetos pedagógicos e os currículos reconstituídos precisam se estruturar de forma a:

1) Esclarecer a essência do trabalho como produtor e transformador da cultura e modificador da natureza.

2) Fazer continuamente conexão entre conhecimento teórico e resolução de problemas de múltiplas faces (sociais, naturais, econômicos, culturais e convivenciais).

3) Desocultar contextos reveladores das diversas formas de produção e de execução de trabalho, indicando, sempre que possível, as tendências de mudanças no mercado de trabalho.

4) Sinalizar que a preparação para o mundo do trabalho não se vincula necessariamente a processo de profissionalização precoce.

5) Enfatizar que a metodologia pedagógica do "aprender a aprender" agrega, no contexto da **preparação básica para o trabalho**, uma dimensão projetiva, "uma vez que os jovens de agora viverão em um mundo com profissões e ocupações hoje desconhecidas, caracterizado pelo uso intensivo de tecnologias e exigente de soluções de novos problemas" (BNCC). No mesmo horizonte da preparação básica para o trabalho, a Resolução CNE/CEB n. 3, 2018, esclarece que "no âmbito do itinerário de formação técnica e profissional, as instituições e redes de ensino devem realizar processo de avaliação, reconhecimento e certificação de saberes e competências adquiridos na Educação Profissional, inclusive no trabalho...

---

52   **O que a BNCC propõe para ensejar o nexo e a articulação entre as áreas de conhecimento, no caso do Ensino Médio?**

As possibilidades são múltiplas e postas em um inventário aberto. Dentre tantas possíveis, a BNCC destaca como meios de articulação entre as áreas de conhecimento (Dore-BNCC, 2018, p. 472):

Laboratórios: supõem atividades que envolvem observação, experimentação e produção em uma área de estudo e/ou o desenvolvimento de práticas de um determinado campo (*línguas, jornalismo, comunicação e mídia, humanidades, ciências da natureza, matemática etc.*).

Oficinas: *espaços de construção coletiva de conhecimentos, técnicas e tecnologia, que possibilitam articulação entre teorias e práticas (produção de objetos/ equipamentos, simulações de "tribunais", quadrinhos, audiovisual, legendagem, fanzine, escrita criativa,* performance, *produção e tratamento estatístico etc.*).

Clubes: *agrupamentos de estudantes livremente associados que partilham de gostos e opiniões comuns (leitura, conservação ambiental, desportivo, cineclube, fã-clube, fandom etc.*).

Observatórios: *grupos de estudantes que se propõem, com base em uma problemática definida, a acompanhar, analisar e fiscalizar a evolução de fenômenos, o desenvolvimento de políticas públicas etc. (imprensa, juventude, democracia, saúde da comunidade, participação da comunidade nos processos decisórios, condições ambientais etc.*).

Incubadoras: *estimulam e fornecem condições ideais para o desenvolvimento de determinado produto, técnica ou tecnologia (plataformas digitais, canais de comunicação, páginas eletrônicas/sites, projetos de intervenção, projetos culturais, protótipos etc.*).

Núcleos de estudos: *desenvolvem estudos e pesquisas, promovem fóruns de debates sobre um determinado tema de interesse e disseminam conhecimentos por meio de eventos – seminários, palestras, encontros, colóquios, publicações, campanhas etc. (juventudes, diversidades, sexualidade, mulher, juventude e trabalho etc.*).

Núcleos de criação artística: *desenvolvem processos criativos e colaborativos, com base nos interesses de pesquisa dos jovens e na investigação das corporalidades, espacialidade, musicalidades, textualidades literárias e teatralidades presentes em suas vidas e nas manifestações culturais das suas comunidades, articulando a prática da criação artística com a apreciação, análise e reflexão sobre referências históricas, estéticas, sociais e culturais (artes integradas, videoarte,* performance, *intervenções urbanas, cinema, fotografia,* slam, hip-hop *etc.*).

> **53** No caso do Ensino Médio, definida a Base Nacional Comum Curricular (BNCC), a reforma para ser implementada requer que cada Sistema de Ensino, através do seu órgão normativo competente (Conselho de Educação), faça a regulamentação de questões identificadas e atribuídas pela Lei da Reforma (do Ensino Médio) à definição dos diferentes contextos do país. Quais são estas questões pendentes?

Estes pontos são:

I. Parâmetros regionais de fixação de carga horária (art. 24, § 5º);

II. Parâmetros de integralização curricular, com a possibilidade de oferta e temas transversais sob a forma de projetos e pesquisas (art. 24, § 7º);

III. Parâmetros de delineamento da parte diversificada dos currículos (art. 3º, § 1º);

IV. Parâmetros para a oferta de itinerários formativos que, ao lado da BNCC, compõem o currículo (art. 36);

V. Critérios para fixação de condições de oferta da educação de jovens e adultos e do ensino regular noturno (art. 24, § 2º);

VI. Critérios para a organização das áreas e do quadro de competências e habilidades (art. 36, § 1º);

VII. Critérios para composição de itinerário formativo integrado que se traduz na composição de componentes curriculares da Base Nacional Comum e dos itinerários formativos (art. 35, § 3º);

VIII. Critérios para o aluno concluinte do Ensino Médio cursar mais de um itinerário formativo (art. 36, § 5º);

IX. Critérios para reconhecimento de competências (art. 36, § 11);

X. Critérios para reconhecimento de professores com notório saber (art. 61, inc. IV);

XI. Critérios para oferta de outras línguas estrangeiras, além do inglês (art. 3º, § 4º);

XII. Estabelecimento de cronograma de implantação das alterações na LDB (art. 12), no 1º ano subsequente à data de publicação da Base Nacional Comum Curricular e procedimento do processo de implementação conforme o cronograma, a partir do 2º ano subsequente à homologação da BNCC (art. 12).

Significa que há cuidados a considerar, riscos a enfrentar, deveres a cumprir, prazos a respeitar e, ainda, definições a aguardar. Por todas estas razões, há necessidade de os Sistemas de Ensino acionarem suas escolas para a aceleração do ritmo de implementação da reforma, sobretudo qualificando os professores.

Este amplo panorama de cuidados para a implementação da BNCC no complexo território do EM requer um olhar especial dos Sistemas de Ensino e das Escolas para os jovens que habitam as malhas das periferias das cidades, sejam elas metrópoles, cidades médias ou pequenas.

CAPÍTULO 11

A BNCC e o desenvolvimento do currículo

54 Quais são as vigas do currículo?

O currículo é estruturado pela Base Nacional Comum Curricular/BNCC e pela Parte Diversificada/PD. Estes dois segmentos se articulam de forma harmoniosa, de acordo com regulações dos órgãos normativos dos sistemas. A BNCC e a PD são as colunas do currículo, as suas vigas de sustentação, como mostra o gráfico abaixo:

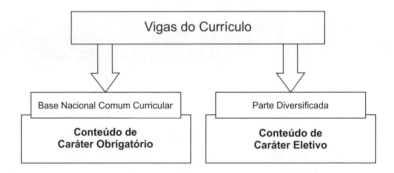

55 O que indica a visão aprofundada dos constituintes epistemológicos e axiológicos que encorpam o currículo em ação?

A visão aprofundada dos constituintes epistemológicos e axiológicos da BNCC indica que a questão não é simplesmente **mexer nos currículos**

nem remexer os currículos, mas, sim, desenvolver uma nova inteligência funcional sobre os constituintes curriculares em ação na sala de aula, sobre o dinamismo dos conhecimentos infusos em cada disciplina e sobre suas articulações e funções socioculturais no contexto complexo da aprendizagem sistematizada. A realidade escolar mostra que os professores da Educação Básica estão medianamente preparados para uma educação focada nessa nova compreensão, mas não o estão para uma compreensão plena da natureza desta nova educação escolar. É neste ponto que a implementação da BNCC pelos sistemas de ensino e respectiva rede de escolas pode se transformar em um trem fora do trilho, em face de agendas distorcidas com foco e alcance subdimensionados para um país plural e regiões tão diversificadas, como é o caso do Brasil.

Não se pode ceder à tentação de trabalhar com um **currículo remontado** apenas. É fundamental evitar a conduta sistêmico-institucional de borboletear sobre os fundamentos epistemológicos e pedagógicos que devem nortear currículos em gestação, entendidos, agora, como uma plataforma flexível de conhecimentos indutores de aprendizagens operadas e perfiladas em dupla escala: de um lado, as Competências Gerais da Educação Básica e as aprendizagens essenciais, e, de outro, as Unidades Temáticas, os Objetivos de Conhecimentos e as Habilidades Específicas.

56 Qual a relação da Base Nacional Comum Curricular com a parte diversificada?

O art. 35-A, § 1º, diz que "a parte diversificada dos currículos de toda a Educação Básica, definida em cada sistema de ensino, **deverá estar harmonizada à Base Nacional Comum Curricular e ser articulada a partir do contexto histórico, econômico, social, ambiental e cultural**". Este dispositivo foi incluído à LDB pela Lei n. 13.415/2017. Significa, na prática, que a BNCC e a parte diversificada dos currículos escolares devem se interpenetrar, traduzindo o conceito de interdisciplinaridade pedagógica e de formação integral do aluno. Para tanto, as práticas pedagógicas deverão operar, permanentemente, com os princípios de intercomplementaridade e contextualização, previstos nas Diretrizes Curriculares Nacionais da Educação Básica.

---

57 **Qual o campo de aplicação focal da BNCC, como referência-base para o desenvolvimento dos currículos escolares?**

A BNCC tem como campo de aplicação o território da Educação Básica. Nessa seara, os objetivos de aprendizagem voltam-se para dois vetores: a aprendizagem com relevância subjetiva e social e o desenvolvimento integral do aluno. Iluminando este duplo horizonte, a BNCC recebe o empuxo de *inputs* e princípios indutores, a saber:

a) Aprendizagem com centralidade no aluno e nos desafios da sociedade moderna.

b) Contexto como elemento de propulsão para fecundar a aprendizagem.

c) Ultrapassagem da fragmentação disciplinar do conhecimento.

d) Articulação das áreas de conhecimento com as áreas de atuação profissional, **ressignificando** a dimensão social dos saberes escolares.

e) Rompimento com as visões reducionistas que privilegiam a dimensão intelectual (cognitiva) no palco da aprendizagem (sala de aula).

---

58 **Qual a origem do equívoco de uma visão que, ao tentar esvaziar o currículo de disciplinas, esvazia igualmente as possibilidades de transbordamento do campo das competências?**

Questão fundamental sobretudo quando posta na moldura do currículo do Ensino Médio. De fato, este entendimento desviante sempre existiu; porém, ganhou corpo nos últimos anos (a partir de 2017), com um certo discurso oficial de que a tendência no mundo não é propor currículo com disciplinas nominais, mas, sim, com conteúdos referenciais, apenas. Uma afirmação danosa para escolas com limitados recursos funcionais e, sobretudo, com oscilante apoio pedagógico-curricular.

A BNCC não estabelece um modelo de organização curricular de renúncia às disciplinas na programação de ensino e de foco nas competências transversais. A questão é saber precisamente a concepção epistemológica do currículo a partir do corpo de disciplinas constituído. Perrenoud (2000) destaca o antagonismo desta visão desviante, pondo este debate em dois patamares opostos, na formulação seguinte:

> • *Por um lado, aqueles que pensam que a escola deve limitar-se a transmitir conhecimentos e desenvolver algumas capacidades intelectuais muito gerais, fora de qualquer referência a situações e práticas sociais;*
>
> • *Por outro lado, aqueles que defendem a construção de competências de alto nível, tanto dentro das disciplinas quanto na sua interação, ou seja, trabalhando-se a transferência e a mobilização dos conhecimentos em situações complexas.*

Estes dois aspectos incidem diretamente em dimensões da FORMAÇÃO DOCENTE.

Qualificados por áreas de conhecimentos através de formações específicas: as Licenciaturas – e contratados por concurso público para ministrar disciplinas –, os professores devem **ter formação específica** para trabalhar, em sala de aula, os **conteúdos específicos** do currículo escolar. Desta forma, para conduzir adequadamente o currículo em ação por via de uma abordagem PLURI, INTER OU TRANSDISCIPLINAR, o docente precisa deter o domínio da(s) disciplina(s) ministrada(s) como meio para trabalhar o desenvolvimento de competências. Esta condição mostra que a Formação Inicial e a Formação Continuada dos professores precisam ser revistas em ambientes de negociação destravada, envolvendo instituições formadoras, Sistemas de Ensino e Escolas. É nelas que os docentes não apenas estão, como são professores, portanto, animadores pedagógico-culturais e mediadores dos processos de aprendizagens essenciais. Estas somente se fazem presentes se ocorrer o desenvolvimento multifacetário das competências. Ou seja, dos resultados esperados da Educação Escolar na dimensão da **Educação Integral** (BNCC). É extremamente relevante que os Sistemas de Ensino olhem com maior cuidado e acuidade sociopedagógica a questão dos Saberes Docentes e da Formação Profissional no momento em que, coincidentemente com o cronograma de implementação da BNCC, o Conselho Nacional de Educação abre debate para uma nova gestação de diretrizes voltadas para a formação de professores. Em qualquer contexto é essencial que "os futuros professores conheçam a fundo os conteúdos que vão ensinar" (Oliveira. *O Estado de S. Paulo*, edição de 6 de outubro de 2019, p. A2: "O futuro da educação e os futuros professores".

Além desta dimensão fundamental, o Documento Direcional da BNCC, com diretrizes para o Ensino Médio, indica pontualmente que *cada área do conhecimento estabelece competências específicas de área, cujo desenvolvimento deve ser promovido ao longo dessa etapa, tanto no âmbito da BNCC como dos itinerários formativos das diferentes áreas. Essas competências explicitam como as Competências Gerais da Educação Básica se expressam nas áreas. Elas estão articuladas às competências específicas de área para o Ensino Fundamental, com as adequações necessárias ao atendimento das especificidades de formação dos estudantes de Ensino Médio. E arremata: Para assegurar o desenvolvimento das competências específicas da área, a cada uma delas é relacionado um conjunto de habilidades, que representa as aprendizagens essenciais a ser garantidas no âmbito da BNCC a todos os estudantes do Ensino Médio. Elas são descritas de acordo com a mesma estrutura adotada no Ensino Fundamental.* Para maior clareza, prossegue nas indicações:

As áreas de Ciências da Natureza e suas Tecnologias (Biologia, Física e Química), Ciências Humanas e Sociais Aplicadas (História, Geografia, Sociologia e Filosofia) e Matemática e suas Tecnologias (Matemática) seguem uma mesma estrutura: definição de competências específicas de área e habilidades que lhes correspondem. Na área de Linguagens e suas Tecnologias (Arte, Educação Física, Língua Inglesa e Língua Portuguesa), além da apresentação das competências específicas e suas habilidades, são definidas habilidades para Língua Portuguesa (2018, p. 33).

Não há de esquecer também que, ao explicitar, no art. 35, a formação básica para o trabalho e, em seu art. 35-A, a formação nas áreas de conhecimento e suas tecnologias, como EIXO DO CURRÍCULO, a LDB [...] *assume a concepção que a aponta como a síntese entre o conhecimento geral e o específico, determinando novas formas de selecionar, organizar e tratar metodologicamente os conteúdos. Essa concepção é significativa por tomar o conceito de trabalho como práxis humana, ou seja, como o conjunto de ações, materiais e espirituais, que o homem, enquanto indivíduo e humanidade, desenvolve para transformar a natureza, a sociedade, os outros homens e a si próprio com a finalidade de produzir as condições necessárias à sua existência. Desse ponto de vista, toda e qualquer educação sempre será educação para o trabalho. [...]*

Tal entendimento é sociopedagogicamente relevante porque toma "o conceito de trabalho como práxis humana" (Kuenzer, 2000, p. 39). Trata-se de um primado educativo amplamente assentado na legislação educacional da Educação Básica. Ou seja, princípio que não se aplica só à formação profissional técnica, mas que, em perspectiva multidisciplinar, repõe o "papel que cabe à educação desempenhar frente à modernização produtiva e os desafios econômicos e políticos interpostos pela nova ordem internacional". A Resolução CNE/CP n. 2, 2019, que trata das Diretrizes Curriculares Nacionais para Formação Inicial de Professores e para a Educação Básica (BNC-Formação) chama atenção, do âmbito das competências específicas, para o professor trabalhar coletivamente, compartilhando experiências profissionais, de tal sorte que o desenvolvimento de competências profissionais possa ser revertido em benefício de um aprendizado integral para o aluno. Significa aproximar maximamente desenvolvimento acadêmico e desenvolvimento profissional, no sentido do professor, mas também na direção do aluno.

59 De que forma o conceito de transversalidade é focado na BNCC, visando à flexibilidade curricular e à fluidez metodológica necessária ao destravamento dos saberes em sala de aula?

Em primeiro lugar, diz o documento de diretrizes e orientações da BNCC – reportando-se ao Ensino Médio – que "a flexibilidade deve ser tomada como princípio obrigatório pelos sistemas e escolas de todo o país, asseguradas as competências e habilidades definidas na BNCC do Ensino Médio, que representam o perfil de saída dos estudantes dessa etapa de ensino". Neste segmento da Educação Básica, a tradução mais acentuada da flexibilidade como mecanismo normativo está na estruturação do currículo com a proposição de itinerários formativos. Isto entendido por toda a Equipe Escolar e sendo *o currículo uma forma de trabalho e cooperação* (Gimeno, 1987), a gramática curricular adotada em cada escola deve respeitar continuamente o princípio da integração das disciplinas. Berger e Liston (1996, p. 41) referem-se a esta condicionalidade quando afirmam ser necessário "transitar de um currículo como racionalismo acadêmico, como repertório de saberes formais, para um currículo como desenvolvimento de processos cognitivos de base metodológica". É nesta direção que surge, na BNCC, o lugar de encaixe para a transversalidade e seus constituintes, os temas transversais. E mais: que estes devem ser acionados no currículo em ação.

Busquets et al. (1997) destacam que "a inclusão e o tratamento pedagógico de temas transversais na educação constituem bases para uma formação integral [...]". E acrescentam esta ponderação relevantíssima: "A questão dos temas transversais proporciona a ponte de união entre o científico e o cotidiano desde que proponha como finalidade os temas que levanta e como meios as matérias curriculares que adquirem, assim, a qualidade de instrumentos cujo uso e domínio levam a obtenção de resultados claramente perceptíveis". Tais resultados são verificáveis através das competências e habilidades desenvolvidas pelos alunos. Não é por acaso que a BNCC estabelece relação direta entre Ensino Fundamental e Ensino Médio na estruturação dos campos de atuação social. Diz o texto normativo:

*Os **campos de atuação social** propostos para contextualizar as práticas de linguagem no Ensino Médio em Língua Portuguesa correspondem aos mesmos considerados pela área. Além disso, estão em relação com os campos propostos nesse componente nas duas fases do Ensino Fundamental, como se pode ver* (Dore-BNCC, 2018, p. 493):

ENSINO FUNDAMENTAL		ENSINO MÉDIO
ANOS INICIAIS	ANOS FINAIS	
Campo de vida cotidiana		Campo da vida pessoal
Campo artístico-literário	Campo artístico-literário	Campo artístico-literário
Campo das práticas de estudo e pesquisa	Campo das práticas de estudo e pesquisa	Campo das práticas de estudo e pesquisa
Campo da vida pública	Campo jornalístico--midiático	Campo jornalístico--midiático
	Campo de atuação na vida pública	Campo de atuação na vida pública

Na prática, significa que a engrenagem curricular, ao tratar o aluno como protagonista de todo o processo de aprender, para ter significação pedagógica na **direção do seu pleno desenvolvimento** (LDB, art. 23), exige nexos epistemológicos e metodológicos entre integração dos conteúdos e transversalidade.

Como se pode deduzir, a transversalidade não está vinculada a uma disciplina específica. Como observa Pierre Gillet (1999, p. 80), "pode-se desenvolver por meio da aquisição de competências próprias a determinadas disciplinas, áreas de conhecimento ou processos de formação profissional". Por esta razão, a transversalidade dos saberes, posta no visor da BNCC, é importante no sentido de o aluno se precaver, como admoesta Meirieu (1992, p. 81), "a não resignar-se ao fato de que o que aprendemos na escola só serve para progredir na própria escola". Quanto ao professor, a concepção semântico-pedagógica de transversalidade é bem mais exigente no contexto da implementação da BNCC. Apresenta-se abrangente e fecunda em convergências na dimensão potencializadora em conexões e integração, no campo do ensino formal.

> **60** A BNCC envolve princípios éticos, políticos e estéticos centrados nas Diretrizes Curriculares Nacionais da Educação Básica e, ainda, adota 10 Competências Gerais. Como estas competências atuam no projeto político-pedagógico da escola (LDB, art. 12, inc. I)?

As Competências Gerais são interpenetráveis e, por isso, se articulam no compacto curricular, perpassando todos os componentes curriculares no **contexto geral da Educação Básica**. Tem, dessa forma, um decisivo poder de irradiação **inter** e **trans**disciplinar, funcionando como LIGA na construção do tecido dos conhecimentos, das habilidades e das atitudes e valores, consoante o que prescreve a LDB (art. 27, inc. I). Como anota o **Caderno de Educação em Direitos Humanos,** da Coordenação Geral de Educação da SDH/PR (disponível em: http://portal.mec.gov.br/index), estas competências constituem "o chamamento à responsabilidade que envolve a ciência e a ética [...]", devendo transformar-se em instrumento para que a sociedade possa "recriar valores perdidos ou jamais alcançados" (Brasil, 2013). Segundo Veiga (1997, p. 14-15), *o projeto político-pedagógico tem a ver com a organização do trabalho pedagógico em dois níveis: como organização da escola como um todo e como organização da sala de aula, incluindo sua relação com o contexto social imediato, procurando preservar a visão de totalidade. Nesta caminhada, será importante ressaltar que o projeto político-pedagógico busca a organização do trabalho pedagógico da escola na sua globalidade. Mas sem desconsiderar que "...buscar uma nova organização para a escola constitui uma ousadia para os educadores, pais, alunos e funcionários [...]. E para enfrentarmos essa ousadia, necessitamos de um referencial que fundamente a construção do projeto político-pedagógico. A questão é, pois,* *saber a qual referencial temos que recorrer para a compreensão de nossa prática pedagógica. Nesse sentido, temos que nos alicerçar nos pressupostos de uma teoria pedagógica crítica viável, que parta da prática social e esteja compromissada em solucionar os problemas da educação e do ensino de nossa escola. Uma teoria que subsidie o projeto político-pedagógico e, por sua vez, a prática pedagógica que ali se processa deve estar ligada aos interesses da maioria da população. Faz-se necessário, também, o domínio das bases teórico-metodológicas indispensáveis à concretização das concepções assumidas coletivamente [...]. Do exposto, o projeto político-pedagógico não visa simplesmente a um rearranjo formal da escola, mas a uma qualidade em todo o processo vivido.*

61 De que forma trabalhar os temas contemporâneos em contexto de implementação da BNCC?

O documento normativo da BNCC, com diretrizes de cumprimento obrigatório para todas as escolas públicas e privadas, é consistentemente indicativo neste particular, ao determinar, inclusive com focos específicos, que *cabe aos sistemas e redes de ensino, assim como às escolas, em suas respectivas esferas de autonomia e competência, incorporar aos currículos e às propostas pedagógicas a abordagem de temas contemporâneos que afetam a vida humana em escala local, regional e global, preferencialmente de forma transversal e integradora. Entre esses temas, destacam-se: direitos da criança e do adolescente (Lei n. 8.069/1990), educação para o trânsito (Lei n. 9.503/1997), educação ambiental (Lei n. 9.795/1999), Parecer CNE/CP n. 14/2012 e Resolução CNE/CP n. 2/2012), educação alimentar e nutricional (Lei n. 11.947/2009), processo de envelhecimento, respeito e valorização do idoso (Lei n. 10.741/2003), educação em direitos humanos (Decreto n. 7.037/2009), Parecer CNE/CP n. 8/2012 e Resolução CNE/CP n. 1/2012), educação das relações étnico-raciais e ensino de história e cultura afro-brasileira, africana e indígena (Leis n. 10.639/2003 e 11.645/2008, Parecer CNE/CP n. 3/2004 e Resolução CNE/CP n. 1/2004), bem como saúde, vida familiar e social, educação para o consumo, educação financeira e fiscal, trabalho, ciência e tecnologia e diversidade cultural (Parecer*

CNE/CEB n. 11/2010 e Resolução CNE/CEB n. 7/2010). Na BNCC, essas temáticas são contempladas em habilidades dos componentes curriculares, cabendo aos sistemas de ensino e escolas, de acordo com suas especificidades, tratá-las de forma contextualizada. Ainda vale lembrar o disposto no art. 32, § 6º, da LDB, que inclui o estudo sobre os símbolos nacionais como tema transversal nos currículos do Ensino Fundamental.

62 A BNCC aponta a comutação pedagógica teoria-prática com que objetivos?

A qualificação para o exercício da cidadania responsável, para progredir no trabalho e para avançar nos estudos ao longo da vida (LDB, art. 22), não ocorre através de processos lineares, mas por via de múltiplas oportunidades de **aprender a aprender** (Unesco). Nesta direção, a BNCC estimula uma concepção curricular que alargue, na sala de aula, as possibilidades de multiplicação de experiências e vivências mais intensas de produções colaborativas, desde cedo, como forma de se evitarem déficits relacionais nos processos e procedimentos da aprendizagem sistematizada. Este aspecto vai exigir qualificação docente sob nova concepção, com base mais comportamental do que intelectual. A comutação aqui referida reporta-se à importância da contextualização, e esta, por sua vez, está relacionada ao conceito de transposição didática através da qual busca-se aproximar os conteúdos das disciplinas das vivências dos alunos. É precisamente nesta perspectiva que *"as Diretrizes Curriculares Nacionais reacendem as dimensões epistemológicas da contextualização já referida, destacando que, quando adequadamente operada, as DCN ensejam que, ao longo do processo de transposição didática, o conteúdo do ensino provoque aprendizagens significativas com dois focos: a) a mobilização do aluno e; b) o estabelecimento entre ele e o objeto do conhecimento de uma relação de reciprocidade"* (1999, p. 91). É sempre oportuno destacar que *a relação entre teoria e prática tem diferentes* **status** *na formação geral e na formação profissional* (Ricardo, 2000, p. 178). A BNCC reforça essa comutação necessária, seja ao destacar a imperatividade de uma formação para o mundo do trabalho, seja ao ressituar epistemológica e didaticamente as condições para *a compreensão dos fundamentos científi-*

cos e tecnológicos dos processos produtivos, como aponta a LDB no art. 35. Na percepção de Sposito e Sposito *não se trata mais de preparar para um novo mundo do trabalho*. Não mais preparar o jovem **tecnicamente**, mas valorizar a sua **capacitação tecnológica**, atualizando o Ensino Médio aos ajustes ocorridos nos sistemas produtivos em nível internacional; isto é, não se trata mais de criar trabalhadores que operam máquinas, mas profissionais que dominem linguagens e tecnologias associadas à Revolução Informacional em curso.

> **63** **Em todo o mundo da economia globalizada, há uma marcante preocupação do setor público com a qualidade e a pertinência da educação profissional. Adicionalmente, há preocupação com o alargamento da oferta de formação voltada para grupos "vulneráveis em termos de integração ao mercado de trabalho, geralmente excluídos também das oportunidades formativas tradicionais" (Ranios, 2001, p. 76). De que maneira a BNCC transpira na lei da Reforma do Ensino Médio e atende a este contexto de preocupação do setor público?**

Com a reestruturação horizontal das áreas de conhecimento do Ensino Médio, via conexão com áreas de atuação profissional, fica evidente que a ideia prevalecente é "sacudir" as escolas para a formação profissional, lançando mão da qualificação laboral encorpada em competência profissional para produzir a migração de estruturas em funcionamento baseadas em oferta para uma outra organização mais fluida, menos onerosa e mais rápida, centrada e concentrada no mercado de trabalho. Por outro lado, o currículo do Ensino Médio cobre as Competências Gerais da Educação Básica – formação integral do aluno –, as competências específicas das áreas e as habilidades das disciplinas. Por isso, arremata o Dore-BNCC: "Em cenário cada vez mais complexo, dinâmico e fluido, as incertezas relativas às mudanças no mundo do trabalho e nas relações sociais representam um grande desafio para a formulação de políticas e propostas de organização curricular para a Educação Básica, em geral, e para o Ensino Médio, em particular" (2019, p. 462).

A BNCC valoriza esse tipo de preocupação ao definir uma estrutura curricular composta por **Formação Geral Básica e Itinerário Formativo, indissociáveis**. Significa que a estrutura curricular inclui o regime de coexistência desses dois enfoques, como determina a Resolução CNE/CP n. 3/2018.

Na perspectiva da BNCC essa dupla segmentação da estrutura curricular contribui para atender à diversidade de expectativas dos jovens quanto à sua formação. Torna-se assim imprescindível reinterpretar as finalidades do Ensino Médio, conforme as assentadas no art. 35 da LDB. Vale acrescentar, por fim, que, para os itinerários formativos, a escola pode fazer parcerias com instituições previamente credenciadas pelos sistemas de ensino.

64 Qual a função da BNCC e do currículo em relação aos itinerários formativos?

Ambos têm conexão direta com as trilhas pedagógicas e os itinerários formativos dos alunos. Por isso, a BNCC e o currículo, ao lado dos arranjos curriculares, definidos em função de itinerários formativos hospedados nos setores de formação e atuação profissional, formatam os cinco componentes-fonte do percurso de formação do aluno. O gráfico abaixo alinha estes cinco componentes, pondo-os em sentido de interdependência:

Desenho Evolutivo do Processo de Articulação entre os quatro componentes de estruturação do percurso de formação geral do aluno e os itinerários formativos:

- Áreas de Conhecimento
    - Linguagens e suas Tecnologias;
    - Matemática e suas Tecnologias;
    - Ciências da Natureza e suas Tecnologias;
    - Ciências Humanas e Sociais Aplicadas.

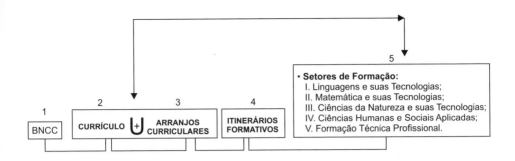

Como assinala Carneiro (2019, p. 442):

As quatro novas áreas de conhecimento definidas em lei são circunscrições da Base Nacional Comum Curricular (BNCC) dos currículos de todas as escolas de Ensino Médio, cujas propostas pedagógicas devem fixar, a partir de critérios estabelecidos pelo respectivo sistema de ensino:

a) A participação proporcional de cada área no conjunto do currículo.

b) As disciplinas com as respectivas competências a serem incluídas em cada uma delas.

c) As disciplinas e competências da parte diversificada, à luz dos critérios estabelecidos pelo respectivo sistema e em sintonia com a BNCC e articulada "com o contexto histórico, econômico, social, ambiental e cultural", como previsto na norma pertinente.

65 Qual o grande objetivo dos arranjos curriculares?

A Lei da Reforma de Ensino Médio tenta resgatar, de forma concreta, o princípio da autonomia na educação escolar. E nada traduz melhor a concretização deste princípio do que dar ao aluno a possibilidade de ele fazer a escolha do seu percurso formativo. Para tanto, é necessário a escola trabalhar com uma proposta de currículo flexível, assim que possa operar formatações curriculares diversas para atender os diferentes itinerários formativos. Estas formatações, assim concebidas, são os arranjos curriculares voltados para assegurar, aos alunos, o direito de fazerem os percursos de formação de acordo com seus interesses focados em projetos de vida.

O gráfico abaixo mostra, de maneira clara, a posição e a proposição dos arranjos curriculares.

Desenho Evolutivo do Processo de Construção do Currículo com Base na Lei n. 13.415/2017, a partir dos Setores de Formação:

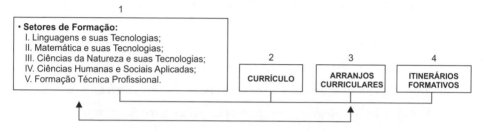

> **66** A par dos saberes advindos das ciências da educação, há outros tipos de saberes sociais balizados e selecionados pela "inteligência universitária" que são incorporados à prática docente por via dos processos de formação inicial e continuada dos professores no campo das disciplinas acadêmicas. Quais são estes saberes?

Originários da tradição cultural, vários saberes como literatura, história, matemática, tecnologia etc. são ofertados pelas universidades, mesmo fora das Faculdades de Educação e dos cursos de formação docente. Isto considerado, Tardif (2014, p. 38-39) apresenta um painel com três tipos de saberes encampados como **saberes sociais** e expressão de rotas de formação no horizonte da cultura erudita. São eles:

A – Os saberes disciplinares:

São saberes que correspondem aos diversos campos do conhecimento, aos saberes de que dispõe a nossa sociedade, tais como se encontram integrados às ofertas de ensino das universidades, sob a forma de disciplinas, no interior de faculdades e de cursos distintos.

B – Os saberes curriculares:

Apresentam-se concretamente sob a forma de programas escolares (objetivos, conteúdos e métodos) que os professores devem aprender a aplicar.

C – Os saberes experienciais:

Os professores desenvolvem saberes específicos, a partir de suas próprias experiências no ambiente escolar e nos recintos das salas de aula.

---

67 Um currículo impermeável, fechado e de costas para a vida dos alunos, produz separações e partições entre as pessoas. De que forma?

A ausência de referenciais, o sombreamento dos horizontes, o apequenamento do desenvolvimento humano, reduzindo-o ao econômico e condenando-o ao abismo crescente entre a tecnoburocracia e a cidadania, entre a tecnociência hiperespecializada e o humano holístico, dão enraizamento à primazia da dualidade sem limite entre os que conhecem e *cujo conhecimento é de resto parcelado e incapaz de contextualizar e globalizar* e "os que não sabem". Na verdade, significativa parte do universo dos cidadãos. Consequência: estes cidadãos são excluídos do campo da cidadania sociopolítica, dominado cada vez mais pelos *experts*, contendo-se, assim, a extensão e o alargamento da democratização do conhecimento.

---

68 BNCC, currículo proposto e currículo em ação encorpam um alinhamento sistêmico com várias consequências. Quais são elas?

A BNCC não é currículo, mas baliza o currículo. Este não é uma "fantasia" da escola, mas uma **rota** funcional para evitar a **derrota** social do aluno no futuro. A BNCC serve, também, como plataforma de lançamento da nave do planejamento dos sistemas de ensino. É no seu interior que o **comum e o específico** (LDB, art. 26) ganham relevância dialógica e chegam à escola onde está o chão de germinação do currículo proposto a ser transformado, na sala de aula, em currículo em ação, sob o influxo das finalidades do ensino. Esta cadeia sistêmica vai assegurar uma aprendizagem que há de capacitar o aluno para a vida em sociedade, a atividade produtiva, o prosseguimento de estudos e, não menos importante, a experiência subjetiva ressignificada dentro do perfil esperado do aluno da Educação Básica.

69 Quais as implicações da reforma curricular para o ensino, o Projeto Pedagógico Escolar e, objetivamente, para professores e alunos?

Reforma curricular implica redirecionamento de fluxos seletivos de conhecimentos. Mudanças neste campo hospedam, não raro, interesses subliminares e objetivos calculados. Como consequência, impõe-se a necessidade de se reavaliarem transbordamentos inevitáveis, como a relação escola-sociedade, as conformidades das escolas públicas e privadas, o conteúdo dos discursos pedagógicos, a formação docente, as pertinências das práticas de ensino e, *last but not least*, a "musculatura" da BNCC. Emoldurado tudo isso pelas esferas tematizadas dos desafios da *sociedade líquida*, dos *remodelos do mundo do trabalho* e do domínio às vezes excludente da produção técnico-científica que quer globalização alta com baixo condomínio de conhecimentos. A transferência e venda de tecnologia requer o domínio de competências e de estratégias de avanços tecnológicos com reserva de mercado. O que é a globalização senão a tentativa de um só mundo para todos, desde que o benefício seja direcionado apenas para alguns? Não são raros os casos em que a educação escolar pode ser pinçada para viabilizar rotas de simulação sociopolítica. De qualquer sorte, o ensino, o Projeto Pedagógico, os professores e alunos podem ser largamente beneficiados com a impulsão dos currículos via BNCC. Esta contribuirá para reposicionar saberes e suas articulações, revolvendo limitações crônicas da sociedade brasileira, onde predominam trabalhadores com níveis críticos de escolaridade e de reduzidas competências laborais. Ou seja, a reforma dos currículos se coloca na rota de uma maior qualificação da própria sociedade brasileira.

CAPÍTULO 12

A organização do currículo, o perfil de saída dos alunos e "os recursos complementares para ampliar as diversas possibilidades de interação entre disciplinas e entre as áreas nas quais as disciplinas venham a ser agrupadas" (Complexidade, contextualização, processo de disciplinarização, aprendizagem significativa, cotidiano, interdisciplinaridade, transdisciplinaridade, flexibilidade e articulação dos conhecimentos)

Como a BNCC orienta e ilumina a organização dos currículos da Educação Básica, apoiando-se na extensão compreensiva de complexidade?

A aproximação conceitual de complexidade com o campo da educação escolar passou a ganhar expressão e, ao longo do tempo, crescente relevância internacional, com a proposta de Edgar Morin ao Ministro da Educação da França, Claude Allègre, formalizada na ideia de **A religação dos saberes – O desafio do século XXI** (1998). A seguir, Morin compactou o eixo de suas ideias no texto exponencial **Os sete saberes necessários à educação do futuro** (Unesco, 1999). Destaca, dentre estes saberes, **os princípios do conhecimento pertinente** e, dentre estes, a ideia de **complexo** assim definido:

[...]

1.4 O complexo

O conhecimento pertinente deve enfrentar a complexidade. Complexus significa o que foi tecido junto; de fato, há complexidade quando elementos diferentes são inseparáveis constitutivos do todo (como o econômico, o político, o sociológico, o psicológico, o afetivo, o mitológico), e há um tecido interdependente, interativo e inter-retroativo entre o objeto de conhecimento e seu contexto, as partes e o todo, o todo e as partes, as partes entre si. Por isso, a complexidade é a união entre a unidade e a multiplicidade. Os desenvolvimentos próprios a nossa era planetária nos confrontam cada vez mais e de maneira cada vez mais inelutável com os desafios da complexidade. [...] Em consequência, a educação deve promover a "inteligência geral" apta a referir-se ao complexo, ao contexto, de modo multidimensional e dentro da concepção global.

O horizonte ora apontado plasma a ideia-matriz de MORIN, de **religação dos saberes**, e aponta a necessidade de uma educação escolar reconceituada, de currículos abertos e permeáveis à vida concreta dos alunos. Nesta perspectiva, a BNCC, desde que adequadamente implementada, pode ser um importante fator de propulsão de articulação e integração dos conhecimentos, via currículo reconstituído e desde que observadas certas condicionalidades. Como posicionam Weller, Laranjeiras, Carneiro e Gauche (2017, p. 9-10), *"[...] articular diferentes conhecimentos e saberes de forma a constituir um 'todo integrado' requer, dentre outras coisas, preparação do corpo docente, disposição para o trabalho em equipe e condições reais de efetivação".* A este respeito, DRUCK observa:

"Um currículo integrado – e integrador – só pode acontecer se cada educador da escola estiver convicto não apenas da sua relevância para a formação dos jovens, mas também das reais condições da equipe e de cada um em particular para a condução das ações que venham a ser planejadas. E não esqueçamos que a função primordial de um currículo não é a de conduzir as atividades de ensino, mas, sim, a de propor os caminhos que melhor possibilitem o aprendizado dos estudantes na direção da formação humana integral pretendida [...]".

71   Em que consiste a complexidade neste caso?

Sendo a complexidade *a união entre as partes e o todo, o todo e as partes e as partes entre si*, é fundamental perceber que o conhecimento curricular, aquele vazado nas diretrizes da BNCC, deve enfrentar o *desafio da globalidade* (Morin, 1999, p. 14) que consiste em enfrentar *"um saber fragmentado em elementos desconjuntados e compartimentados nas disciplinas"* e, adicionalmente, entre *"as realidades multidimensionais globais, [...] e os problemas cada vez mais transversais, polidisciplinares e até mesmo transdisciplinares"*. Em consequência, há de se atentar para *"a não pertinência de nosso modo de conhecimento e de ensino, que nos leva a separar os objetos de seu meio e as disciplinas uma das outras. [...] A inteligência que só sabe separar, espedaça o complexo do mundo em fragmentos, do mundo desconjuntado, fraciona os problemas"*. O currículo focado nas diretrizes da BNCC repõe a questão de a sala de aula resgatar a finalidade do ensino que é ajudar o aluno a se reconhecer em sua própria humanidade, "situando-a no mundo e assumindo-a". Por essa razão, a missão do professor já não é levar o aluno a acumular e a memorizar conhecimentos congelados, mas, sim, ajudá-lo a organizar seu próprio pensamento [...], *"favorecendo a aptidão natural do espírito humano de contextualizar e globalizar"*.

Este é o horizonte epistemológico do currículo escolar, constituído pela escola para trabalhar o conhecimento sistematizado, sem tornar as especialidades das disciplinas uma trava à especialidade cognitiva da realidade enquanto um constituinte holístico. Nela, as partes não são formas de segmentação, mas nexos de integralidade. É assim que a escola deve percebê-los na perspectiva da formação humana integral. O corpo das disciplinas escolares, sob o influxo da BNCC, convoca as questões essenciais e globais da vida real para dentro da sala de aula que passa a ser um laboratório da vida e, não, um "refeitório" de conhecimentos escolares, estanques e congelados.

---

72 Como a BNCC, posta no desenho curricular de cada Estado (perspectiva regional) e de cada Município (perspectiva local-comunitária), resguarda as dimensões de uma aprendizagem significativa e contextualizada?

A resposta a esta questão envolve os seis seguintes enfoques:

ENFOQUE 1 – O sistema de ensino define os resultados esperados. **Implicação:** As aprendizagens essenciais e os direitos e objetivos de aprendizagem e desenvolvimento se posicionam de forma correlata.

ENFOQUE 2 – O currículo escolar é uma fotografia das expectativas da sociedade. **Implicação:** "A escola deve atender as necessidades básicas de aprendizagem dos alunos" (JOMTIEN, Tailândia, Declaração Mundial sobre Educação para Todos, 1990).

ENFOQUE 3 – À sociedade em geral e às comunidades em particular, assiste o direito de se fazerem refletidas no currículo em ação. **Implicação:** O Projeto Político-pedagógico é construído coletivamente com ampla participação da comunidade externa e de representantes dos setores socioculturais e dos segmentos produtivos (LDB, art. 12, inc. IV).

ENFOQUE 4 – O currículo reconstituído a partir das normativas e diretrizes da BNCC deve contemplar expectativas, projeções e rotas de encaminhamento das aprendizagens. **Implicação:** Toda equipe escolar, com destaque para os professores, deve conhecer o direcionamento destas expectativas, a extensão das projeções, sua natureza e o balizamento do encaminhamento das aprendizagens assentadas no Projeto Pedagógico das Escolas elaborado coletivamente. **Implicação:** Adoção de um processo de planejamento participativo, tomando como princípio que a reconstituição do currículo deve ser feita não apenas por submissão a um formalismo legal, mas também porque, para o alcance dos fins da educação, conforme inscritos no art. 3º, da LDB, é impositivo trabalhar com pedagogias ativas assentadas em rotas colaborativas, e com recursos e formatações que lhes deem sustentabilidade enraizada no conceito irradiante de **educação integral** (Dore-BNCC, 2018).

ENFOQUE 5 – O processo de crescente democratização do acesso à educação foi cristalizando a ideia de currículo escolar como de domínio público. **Implicação:** Gestores e professores precisam redescobrir o currículo como um sistema de representação social, envolvendo a dupla visão assentada por Pedra (1979, p. 21) e assim formulada: **Representação Social** > Conceito 1: *"A elaboração psicológica complexa onde se integram, em uma imagem significante, experiências de cada um, os valores e as informações circulantes na sociedade"* (p. 23). *Entende-se, pois, que as representações sociais não refletem somente o lugar do indivíduo ou da classe na estrutura social; elas exprimem, fundamentalmente, o modo como o indivíduo ou a classe toma consciência e responde à própria estrutura social.*

Representação Social > Conceito 2: A expressão *"refere-se à realidade para a qual o conceito pretende apontar: um tipo de realidade social que 'costura' um conjunto de elementos de diferentes naturezas – processos cognitivos, inserções sociais, fatores efetivos, sistema de valores, ideologias..."*

ENFOQUE 6 – Diz o art. 1º da LDB que a educação abrange os processos formativos que se desenvolvem na vida familiar, na convivência humana, no trabalho, nas instituições de ensino e pesquisa, nos movimentos sociais e organizações da sociedade civil e nas manifestações culturais. E arremata: *A educação escolar deverá vincular-se ao mundo do trabalho e à prática social.*

Com base nesta definição legal, fica evidente que a educação escolar extrapola o currículo e, por isso, as escolas devem incluir, em sua programação diária, o estímulo ao desenvolvimento de aptidões não cognitivas. **Implicação:** Em suas pautas programáticas cotidianas, os professores, juntamente com toda a Equipe Escolar, devem trabalhar habilidades socioemocionais e projetos de vida dos alunos. Portanto, colocando nas preocupações além dos conteúdos acadêmicos, devem exponencializar a carga valorativa das DEZ Competências Gerais da Educação Básica, fixadas pela BNCC. Assim, tanto na sala de aula como fora dela, por via das atividades integradoras e da articulação de **base unitária**, envolvendo as dimensões **trabalho, ciência, tecnologia e cultura e convivência**, devem reposicionar as atenções para o campo multifocal das habilidades socioemocionais. E fazê-lo, adotando metodologias multirreferenciadas em diversos formatos contextuais, fecundados pela articulação **teoria** e **prática**, "vinculando o trabalho intelectual com atividades práticas e experimentais" (Parecer CNE/CP n. 11/2009).

Em um mundo no qual a interatividade é intensa e em uma sociedade na qual a aproximação das pessoas é um traço marcante e definidor das qualidades das relações intersubjetivas, a escola precisa dar mais atenção ao campo das habilidades socioemocionais. O primeiro passo é reconhecer que inteligência cognitiva e inteligência emocional operam em conjunto e que o desenvolvimento de ambas deve estar no centro das finalidades da educação.

73 Como devem ser entendidos os elementos abaixo de plasmação do currículo, no campo epistemológico e metodológico?

Complexidade, transversalidade, interdisciplinaridade, contextualização e cotidiano são conceitos estratégicos na seara do desenvolvimento da aprendizagem. Os dois primeiros habitam o mesmo campo semântico, enquanto, originariamente, pertencem ao dicionário da Matemática. Os três seguintes ajudam a descortinar as chaves epistemológicas e pedagógicas de cada um destes conceitos no horizonte da reorganização curricular. Este processo para ser bem-sucedido não pode ficar adstrito à mera racionalidade cognitivo-instrumental. Não se trata só de reorganizar o currículo. É preciso atentar para uma nova subjetividade docente, disponível à formulação estimulante de ações, "desenvolvidas entre a linguagem da crítica e a linguagem da possibilidade". Como aponta Santos (1995, p. 287), "não basta um novo conhecimento, é preciso que alguém se reconheça nele".

74 A concepção de cotidiano é importante para "inflar" a aprendizagem e tornar a sala de aula mais atrativa e agregadora. Por quê?

Para Heller (1992), "a vida cotidiana é o palco onde o indivíduo põe todos os seus sentidos, todas as suas capacidades intelectuais, suas habilidades manipulativas, seus sentimentos, paixões, ideias, ideologias e sonhos". É precisamente neste amplo estuário de germinação de capacidades individuais que ganham fecundação pedagógica os **temas transversais**, elementos vinculantes de uma **Educação Integral** e rotas curriculares estratégicas para a multiplicação de nexos entre formação, sujeito, cidadania, educação para o desenvolvimento e qualificação para o trabalho. Fora deste imenso palco, a aprendizagem formal escolar, via sala de aula, se transforma em ambientação para colocar silicone na cabeça dos alunos de hoje e cidadãos produtivos de amanhã. Cotidiano tem a ver com o conceito de contextualização, um dos elementos mobilizadores do currículo e das chamadas aprendizagens essenciais, como veremos adiante.

75 Partindo do pressuposto de que as Dez Competências Gerais da BNCC guardam conexão direta com a Educação Integral e com a ideia de aprendizagens essenciais, como a educação escolar deve proceder para superar a superespecialização dos conhecimentos formulados no recorte das disciplinas?

Morin (2000, p. 39) chama a atenção para o fato de que, *contrariamente à opinião difundida, o desenvolvimento das aptidões gerais da mente (inteligência geral) permite melhorar o desenvolvimento das competências particulares ou especializadas. Quanto mais poderosa é a inteligência geral, maior é sua faculdade de tratar de problemas especiais. A compreensão dos dados particulares também necessita da ativação de inteligência geral, que opera e organiza a mobilização dos conhecimentos do conjunto em cada caso particular.* Por esta razão, a escola deve trabalhar um planejamento pedagógico que contemple saberes plurais que são interativos, pois mobilizados e moldados no âmbito de interações e, por isso, conduzidos por uma inteligência geral. Esta inteligência é uma plataforma de assentamento do sistema cognitivo em cadeia, que não pode ser posto no acostamento das rotas da aprendizagem em sala de aula. Assim, como propõe lapidar e didaticamente Fonseca (2018, p. 212-213), "é importante atender algumas estratégias metacognitivas no contexto da aprendizagem", como por exemplo:

- *"Induzir os estudantes a compreender que a aprendizagem das estratégias metacognitivas não é rápida, nem imediata, daí a urgência do suporte contínuo dos professores e da permanente reutilização das estratégias aprendidas até se atingir a automaticidade necessária, se possível, parando a leitura frequentemente para fazer resumos e sínteses, para dar dicas e táticas de leitura, de reler cuidadosamente os textos não compreendidos".*

- *"Fazer perceber aos estudantes que eles têm que estar motivados para usar estratégias metacognitivas, e que o seu uso sistemático tende atingir sucesso e consequências positivas em suas aprendizagens na medida em que permitem apontar objetivos e ter procedimentos para os satisfazer."*

- *"Encorajar os estudantes a usar não só uma estratégia, mas múltiplas, de modo a encontrar formas metacognitivas que operem bem, recorrendo, por exemplo, a processo de leitura silenciosa primeiro e as discussões abertas depois, para que eles se habituem a reportar o seu pensamento ativo e a desfrutar as suas estratégias."*

- *"Estimular a aprendizagem permanente de novas estratégias metacognitivas (mnemônicas, acrônimos, mapas conceituais, planos, lista de tarefas urgentes e importantes etc.)."*

- *"Fazer perguntas que guiem o pensamento dos estudantes, em vários tipos de conteúdo e em várias disciplinas."*

• *"Explicar como o cérebro funciona, fornecendo informação básica como o órgão da aprendizagem opera e que eles permanentemente experienciam em seu dia a dia escolar, pode ajudar a que os estudantes alcancem mais autopercepção e autocontrole e pode ajudar a maximizar a sua aprendizagem."*

Este feixe de estratégias aponta a necessidade de uma formação reconceituada, com fulcro *no quadro de potencialidades de um enfoque curricular orientado pelas "Necessidades Básicas de Aprendizagem"*. Esta perspectiva supõe, na ótica de Torres (1995, p. 69-70):

A – *Formular uma interpretação de aprendizagem e de saber;*

B – *Incorporar conhecimento e ação numa unidade (competência);*

C – *Restituir ao aluno o lugar prioritário que lhe corresponde dentro do sistema educativo e do processo pedagógico;*

D – *Reconhecer que todos têm necessidades básicas de aprendizagem e repensar a sala de aula a partir destas necessidades;*

E – *Articular os saberes do currículo com os saberes do professor, do aluno e com os saberes comuns e os saberes elaborados;*

F – *Reconhecer e valorizar a diversidade;*

G – *Recuperar a dimensão do individual (o papel da motivação e os interesses individuais) no conjunto do processo educativo, muito frequentemente subordinado à dimensão do coletivo...*

H – *Vincular explicitamente processos educativos e processos sociais (escola e vida, escola e lar, cultura escolar e cultura social, educação e trabalho, currículo escolar e realidade local, teoria e prática), abrindo a possibilidade de novas articulações ou de novas formas de entendê-las.*

Este conjunto de rotas curricular-formativas está enfeixado nas Resoluções CNE/CP n. 2, 2017, CNE/CEB n. 3, 2018 e CNE/CP n. 4, 2018. Esse universo normativo requer que os sistemas de ensino promovam agendas permanentes de formação continuada dos seus professores, a fim de que internalizem princípios e orientações indispensáveis à compreensão operativa de Educação Integral e de aprendizagens essenciais no contexto do cotidiano escolar e na dinâmica do manejo das disciplinas.

CAPÍTULO 13

A BNCC e as dimensões múltiplas do conhecimento cognitivo

76 A que se reporta o desenvolvimento cognitivo?

O desenvolvimento cognitivo e emocional dos indivíduos, objeto da educação cognitiva, é um componente indutor e essencial da sala de aula. Envolve **ferramentas psicológicas** voltadas para maximizar "a capacidade de aprender a aprender, de aprender a pensar [...], de aprender a transferir e a generalizar conhecimentos e de aprender a estudar e a comunicar, muito mais do que a memorizar e reproduzir informação" (Fonseca, 2007, p. 10). Ou seja, estamos diante da possibilidade de melhorar o equilíbrio pessoal e de aprimorar as relações interpessoais na escola, reduzindo as chances de multiplicação dos espaços de exclusão social.

77 O que é cognição?

Fonseca, em sua obra lapidar *Cognição, neuropsicologia e aprendizagem – Abordagem neuropsicológica e psicopedagógica* (Vozes, 2007), define assim a *natureza da cognição*:

> *Compreende os processos e produtos mentais superiores (conhecimento, consciência, inteligência, imaginação, criatividade, produção de planos e estratégias, resolução de problemas, inferência, conceptualização e simbolização etc.), através dos quais percebemos, concebemos e transformamos o envol-*

vimento... Não é uma coleção, mas um sistema complexo de componentes (2007, p. 31).

Em uma compreensão-síntese e evocando sistemas cerebrais, a cognição é definida por Flavell (1993) como "ato ou processo de conhecimento".

---

78 **Qual o horizonte de inovação pedagógico-conceitual que a BNCC traça para uma educação escolar reconceituada via marcas do currículo reconstituído?**

A BNCC propõe novos rumos para a Educação Básica seja no plano de sua concepção e organização, seja no plano do seu funcionamento cotidiano. Neste último caso, as mudanças explícitas no currículo devem externar as mudanças implícitas no modo de operar os saberes e na capacidade de mobilizá-los e aplicá-los. Ou seja, a escola e seus docentes se põem diante de implicações que requerem "introduzir e desenvolver, nos planos de ensino e nas salas de aula, o estudo das características cerebrais, mentais, culturais das rotas de formação do conhecimento e, por extensão dos saberes humanos, de seus processos e modalidades e das disposições, tanto psíquicas quanto culturais e subjetivas que os conduzem" (Morin, 2002, p. 14). Na prática, a BNCC sinaliza a necessidade de os professores aprofundarem o conhecimento no campo da educação cognitiva. A aplicação dos seus conceitos no ambiente do ensino regular e em todas as etapas da Educação Básica ganha crescente relevância. Como anota Fonseca (2007), "infelizmente a sociedade em geral e a escola em particular, assim como todos os seus agentes que lidam direta ou indiretamente com o desenvolvimento do potencial humano, ainda desconhecem as vantagens e os benefícios da intervenção psicopedagógica no domínio da cognição.

---

79 **Surge, agora, a questão: O que é METACOGNIÇÃO?**

A metacognição expressa a ideia de que todo indivíduo, em processo de aprendizagem e onde quer que esteja, é depositário de uma esteira de experiências, de um feixe de sensibilidades, de uma gama de saberes não formais e de um articulado de conhecimentos formais que o capacitam a "raciocinar e refletir por si próprio". Isto não descarta a relevância do professor como apoio mediatizador fundamental no desenvolvimento sociointelectual dos alunos, no caso da aprendizagem sistematizada, como ocorre na sala de aula do ensino regular. Este, é sempre conveniente relembrar, é o foco das diretrizes da BNCC. Na direção da Educação Integral e na centralização do protagonismo do aluno no palco escolar da sala de aula, é de todo necessário "...dotar os estudantes ou mediatizados de bons processos de pensamento, de processos de construção de conhecimento bem dominados e mais profundamente processados e não passivamente compreendidos, envolve que eles tenham controle de algo transformador que está ocorrendo em seu próprio organismo, pois, monitorizando o seu pensamento e controlando as suas funções cognitivas mais implicadas na aprendizagem, eles terão melhores condições de atingir mais autoeficácia (*self-efficacy*), o que é uma característica estruturante da metacognição" (Fonseca, 2007).

Desse modo, "os estudantes avaliam-se e controlam-se melhor, envolvem-se mais e praticam conceitualizações e estratégias metacognitivas e dão mais importância aos objetivos a atingir, quando e como; por isso, aprendem com mais motivação, são mais persistentes e esforçam-se mais para alcançar; em síntese, acabam por materializar maior responsabilidade pela sua própria aprendizagem" (Fonseca, 2018, p. 214). Aqui, estamos diante da necessidade de mudar o cenário da sala de aula, convocando cada aluno ao exercício de um protagonismo edificante, a partir de dois enfoques norteadores das ações pedagógicas. São eles: A) Selecionar e aplicar metodologias e estratégias didático-pedagógicas diversificadas, reconhecendo ritmos diferenciados e aditando conteúdos complementares, sempre que necessário, para trabalhar com diferentes grupos de alunos, suas famílias, suas comunidades, seus pares de socialização, entre outros fatores. B) Conceber e pôr em prática situações e procedimentos *para motivar e engajar os estudantes nas aprendizagens* (Resolução CNE/CP n. 2, 2017, Art. 9º, Inc. II e IV).

80 Por que a escola deve preocupar-se com as relações entre mudanças no mundo do trabalho e funções cognitivas superiores?

Pensar é um processo inerente à condição humana, fato que torna cada indivíduo não apenas "cognitivamente hábil", mas também capaz de refletir sobre seu próprio pensamento e, ainda, de "ir além dele" (*going meta*), na perspectiva de Bruner (1973). Significa, como ressalta Fonseca (2018, p. 187), que esta visão "ilustra a capacidade dos alunos de ir além sobre seus próprios conhecimentos e perspectivas, ou seja, são capazes de pensar em seu pensar". O ato de conhecer a dinâmica do conhecimento e os processos mentais são pilotados pelas funções cognitivas. A sociedade do conhecimento – pautada pela economia do conhecimento e pela totalidade tecnológica – é caracterizada por processos de mudanças contínuas e generalizadoras. Neste contexto, a única coisa que parece permanente é a mudança! Vão sumindo os empregos permanentes, traço da cultura laboral do passado, o que faz com que as pessoas sejam submetidas a exigências de maior mobilidade funcional-ocupacional, portanto, sujeitas a múltiplos contextos de empregabilidade. Este cenário socioeconômico cultural de exigências mudancistas intensas "ilustra bem que as pessoas têm que ser dotadas de funções cognitivas superiores, pois logo vão necessitar de educabilidade cognitiva em sua educação de base e em sua formação profissional para melhorar o seu pensamento crítico, o seu pensamento criativo e a sua METACOGNIÇÃO" (Fonseca, 2018, p. 185). Estes três fatores são condicionantes fundamentais para o êxito escolar e para o êxito nos projetos de vida do aluno de hoje e do cidadão de amanhã. Nesse horizonte, é imperativo que o Projeto Pedagógico Escolar considere como eixo condutor dos programas de ensino, "a articulação entre teoria e prática, vinculando o trabalho intelectual às atividades práticas ou experimentais e, ainda, operando a integração com o mundo do trabalho. Por fim, e, não menos importante, agregando atividades complementares ao conceito de Educação Integral, tendo em vista a superação de dificuldades de aprendizagem e o êxito por parte do aluno em seus estudos" (CNE/CP n. 3, 2018, Art. 27, Inc. VI).

81 O que os professores devem saber sobre os processos metacognitivos?

Em primeiro lugar, adotando a perspectiva de McGregor (2007), as instituições formadoras, as escolas e os professores precisam trabalhar mais e melhor o conhecimento dos processos cognitivos. Por quê? Exatamente porque deles advêm processos de aprendizagem mais qualificados, rendimento escolar superior e mais amplas possibilidades de êxito nas formas de trabalho e na evolução da vida. É nesta compreensão de uma formação escolar cidadã que sobressai a METACOGNIÇÃO como um dos novos paradigmas da educação cognitiva. **Em segundo lugar**, os professores devem despertar os alunos para conhecerem melhor o funcionamento do cérebro, enquanto "órgão por excelência da aprendizagem". Ele tem melhor funcionamento quando o conhecimento apresenta-se de forma organizada, "...tendo que, para tal, envolver funções cognitivas autoengendradas, desde a atenção do processamento, da memória até à planificação e à autorregulação. Todas estas competências cognitivas funcionam por passos sequenciais ou em paralelo, tornando possível que os estudantes rechamem a informação com mais eficácia e precisão do que a mobilizar de forma randomizada, desplanificada, episódica e assistemática, exatamente porque a memória humana de curto termo é limitada em sua capacidade de integração, de alocação e de recuperação de informação" (Fonseca, 2018, p. 214).

Em terceiro lugar, cada professor deve embasar sua perspectiva metodológica em princípios claros de aprendizagem, a partir dos dois com maior poder de irradiação no processo, a saber: a) As pessoas podem aprender mais solidariamente aquilo que já é do seu conhecimento e b) A etapa de aprendizagem seguinte torna-se mais fácil quando levados em conta os processos de aquisição de conhecimentos assimilados anteriormente. Estes dois princípios funcionam tanto referenciados a um novo tema do conteúdo de qualquer disciplina quanto reportados ao desenvolvimento de uma habilidade específica de natureza prática.

Em quarto lugar, os docentes, trabalhando interdisciplinarmente, devem ter clareza que a sala de aula não é lugar de "treinamento" onde se preparam alunos para responder a testes, provas, exames e avaliações episódicas (Ideb, Enem, Pisa etc.), mas, sim, é um ambiente de transposições didáticas dos conhecimentos essenciais à cidadania, e que favoreçam uma aprendizagem ativa, significativa e implicativa em face das demandas e desafios da existência humana em diferentes fases do desenvolvimento biopsíquico dos indivíduos. A ativação pedagógica deste ambiente de aprendizagem requer, para sua adequação, blocos de atividades de ensino exigidas por uma gama de "capacidades" desejáveis no aluno. De acordo com Bordenave e Pereira (1983, p. 127), esta lista de "capacidades" é um inventário em aberto, mas que deve contemplar, pelo menos, as seguintes "capacidades" cognitivas inafastáveis e pedagogicamente interpenetráveis no conjunto dos procedimentos em sala de aula:

1) Capacidade de OBSERVAR

Inclui as operações: Perceber a realidade, descrever situações e adquirir conhecimentos e informações.

2) Capacidade de ANALISAR

Inclui as operações: Decompor objetos ou sistemas em elementos constitutivos; enumerar qualidades e propriedades; distinguir pontos-chave, relações e partes de um todo, fatores variáveis e parâmetros de uma situação; discriminar elementos...

3) Capacidade de TEORIZAR

Inclui as operações: Repensar a realidade; associar, generalizar, inferir, deduzir, construir modelos, formular hipóteses, explicar ou desenvolver conceitos e proposições; pesquisar, extrapolar, predizer, transpor e transformar, interpretar segundo critérios vários.

4) Capacidade de SINTETIZAR

Inclui as operações: Julgar, avaliar, discutir valores, apreciar, criticar, debater, tomar decisões, resolver problemas.

5) Capacidade de APLICAR **e transferir o aprendido**

Inclui as operações: Planejar, organizar, dirigir, executar, realizar, construir, produzir.

Todas estas "capacidades" propõem a otimização dos processos de metacognição e pressupõem que os alunos sejam acionados cognitivamente todo o tempo em sala de aula.

Em quinto lugar, os professores devem fazer um cuidadoso **controle executivo** de seus Planos de Ensino, de tal sorte que ensejem, a cada aluno, espaços contínuos de autoavaliação. O objetivo é alinhar "a percepção das competências cognitivas". Desta conduta, derivará uma outra função de **controle executivo**, agora, de parte dos alunos. Como anota Fonseca (2018, p. 216): "A metacognição e as **funções executivas** influenciam-se mutuamente e, porque ativam e aperfeiçoam as funções executivas dos alunos, devem explicitamente ser ensinadas pelos professores em plena sala de aula [...]". Desta forma, cria-se uma plataforma de consequências positivas no campo da **inteligência geral**, da aprendizagem progressiva e da educação integral (eixo da BNCC), fazendo com que os alunos:

1) Vivam, na sala de aula, um ambiente de motivação propositiva, individual e coletivamente.

2) Sejam mais resilientes e eficientes como sujeitos aprendentes.

3) Tenham mais prontidão mental e disposição pessoal para a execução das atividades e tarefas escolares, dentro de um clima de saudável emulação de desenvolvimento pessoal.

4) Tornem-se mais criativos na busca de estratégias e alternativas para o enfrentamento dos desafios escolares, no dia a dia, traduzindo assim, sob o ponto de vista do comportamento individual: "mais persistência, melhor planificação, organização, priorização, verificação, intenciona-

lidade etc., que em seu conjunto apresentam uma elevada correlação com um melhor desempenho escolar" (Fonseca, 2018, p. 220).

5) Deem mostras de uma motivação mais robusta, tomando consciência de que o seu sucesso escolar advém das energias pessoais investidas.

6) Reconheçam as utilidades das metodologias e práticas de ensino no desenvolvimento da escolaridade presente e da escolaridade futura.

7) Iniciem atividades de aprendizagem e tentem construir respostas fundamentadas no progresso de seu desenvolvimento cognitivo e no avanço do domínio dos conhecimentos curriculares.

8) Exibam postura positiva do conhecimento sistematizado, seja nos testes e provas, seja na participação em aulas e grupos de estudos e equipes de trabalho, "revelando mais atração intelectual e mais poder de reflexão em todas as tarefas em que estejam envolvidos".

9) Vão-se habituando a usar uma estrutura cada vez mais sistêmica do conhecimento.

10) Sintam-se confortáveis para avaliações e para diferentes tipos de aferição da aprendizagem por conhecerem as rotas cognitivas da programação escolar e os fluxos sequenciais de abordagem dos conteúdos disciplinares.

Estas rotas de comportamento que põem os aprendentes em estado contínuo de prontidão mental e de envolvimento autodiretivo explicitam a condução de várias tochas de iluminação do desenvolvimento de competências e habilidades focadas na BNCC e, nela, igualmente referenciadas como eixos paradigmáticos de uma escola com variedade e flexibilidade, fontes de reflexo direto nas salas de aula. Nessa escola, o processo de aprendizagem depende da clareza e das convicções dos professores e dos alunos sobre os direitos e objetivos de aprendizagem e desenvolvimento **série a série/ano a ano** (PNE).

As tochas de iluminação deste novo cenário escolar e da organização do ensino são, nos termos da BNCC:

a) O aluno é o protagonista do *continuum* da aprendizagem.

b) O currículo é um inventário aberto de rotas de conhecimento voltadas para a aprendizagem sistematizada. Como tal, baliza direções, mas não controla direcionamentos.

c) A escola tem como responsabilidade social garantir *o pleno desenvolvimento do aluno, seu preparo para o exercício da cidadania e sua qualificação para o trabalho.*

d) *A BNCC e os currículos têm papéis complementares para assegurar as aprendizagens definidas para cada etapa da Educação Básica. Estas aprendizagens somente se materializam mediante o conjunto de decisões que caracterizam o currículo em ação.*

(Cf. Textos 6, 7 e 10 no capítulo de Leituras Complementares.)

---

82 **No caso do desenvolvimento das aptidões não cognitivas, qual o papel central dos professores consoante disposições da BNCC?**

Os docentes neste campo devem trabalhar em íntima relação com as famílias e a comunidade de quem são aliados no processo de oferta de uma educação integral. Como mediadores, são figuras centrais para a superação das dicotomias entre humanismo e tecnologia, entre formação teórica geral, prática técnico-instrumental e adequação de parâmetros de conduta para empuxar as vivências cotidianas. É fundamental e é corresponsabilidade da escola estimular, nos alunos, valores como: autonomia, responsabilidade, disciplina, respeito, coerência, ética, independência, iniciativa, resiliência, saber ouvir, saber discordar, saber argumentar, saber distinguir, saber interferir, saber comportar-se com equilíbrio, agir com discernimento e sensibilidade, saber respeitar o direito alheio, saber responder adequadamente, saber agregar valor em diferentes contextos, ser solidário etc. Este bloco de competências é um inventário aberto e está sumarizado nos quatro pilares da aprendizagem da Unesco: **aprender a aprender, aprender a ser, aprender a fazer e aprender a viver juntos,** trilha sócio-psico-pedagógica que calça a *educação como um tesouro a descobrir* (*Relatório para a Unesco da Comissão Internacional sobre Educação para o Século XXI*, 1996).

83 Como consequência, qual o próximo passo em relação aos educadores?

Como decorrência deste novo cenário propício ao cultivo escolar de uma **inteligência geral**, espelhada na proposta de um **currículo flexível**, amplia-se o horizonte da necessidade de refundação das bases para o delineamento dos "saberes docentes e a formação profissional" (Tardif, 2014), seja em nível de formação inicial, seja em nível de formação continuada. Neste último caso, é urgente que o MEC e os Sistemas de Ensino, de forma colaborativa, desenvolvam agendas de capacitação profissional com foco nos conceitos fundantes e operacionais da BNCC. Cada professor deve ir-se sentindo possuído dos sentimentos de competência para operar o currículo espelhado nos fluxos diretivos desta nova legislação.

E este processo deve desenvolver-se de forma confortável e sem custos existenciais. Como fator de remodelagem da identidade pessoal e profissional, este processo intenso e extenso não deve ser percebido simplesmente como um "dado", mas também como um "constructo" (Dubar, 1991, p. 14). Os responsáveis pela gestão da educação, em diferentes níveis da administração, precisam compreender, de forma objetiva, que a **cognição do professor está condicionada a sua atividade**; "ela está a serviço da ação" (Durand, 1996, apud Tardif, 2014, p. 205). E mais: impõe-se perceber, igualmente, que a conexão saberes docentes, BNCC e currículo escolar não é uma questão de observar simplesmente um novo contexto normativo em processo de transição, mas, sim, requer a efetividade de "procedimentos de interpretação de situações rápidas, sustentáveis e complexas", conectadas à dimensão temporal dos saberes docentes; "*[...] saberes esses que não somente são adquiridos no e com o tempo, mas são também temporais, pois são abertos, porosos, permeáveis e incorporam, ao longo do processo de so-*

cialização e da carreira, experiências novas, conhecimentos adquiridos durante esse processo e um saber-fazer remodelado em função das mudanças de prática e de situações de trabalho. Compreender os saberes dos professores é compreender, portanto, sua evolução e suas transformações e sedimentações sucessivas ao longo da história e carreira essas que remetem a várias camadas de socialização e de recomeços" (Durand, 1996, apud Tardif, 2014, p. 205).

> **84** Quais são as possibilidades de desvio do conhecimento, circunstância objeto de cuidados pela escola, que, com base na BNCC, deve comprometer-se com a EDUCAÇÃO INTEGRAL, ou seja, com uma Educação Básica que "visa à formação e ao desenvolvimento humano global"?

Inicialmente, cabe considerar que conhecimento aqui não é o puro ato de conhecer, ou seja, o domínio teórico-prático de um assunto ou de um tema, mas, sim, a atividade processual de conhecer por intermédio do funcionamento da razão e da engrenagem cerebral. Esta atividade conecta-se "ao papel do cérebro na aprendizagem e, por extensão, vincula-se também ao conceito de **dificuldade de aprendizagem (DA)**". Como assinala Fonseca (2007, p. 139), "a condição de DA [...] é um problema que tende a provocar sérias dificuldades de adaptação à escola e frequentemente projeta-se ao longo da vida adulta". Conhecimento, nas referências multifocais da BNCC, vai além do conceito de "saberes escolares" e estende-se ao campo de operações mentais do pensamento, envolvendo capacidades múltiplas, como abstração, classificação, comparação, singularização, generalização, identificação, combinações e tipos de pensamento (indutivo e dedutivo) etc. Considerada esta plataforma de entendimento vale relembrar as colocações de Morin (2000, p. 19-20) sobre "as cegueiras do conhecimento: o erro e a ilusão". Estas são duas ameaças permanentes no processo de desenvolvimento do conhecimento. Os cuidados a serem adotados pela educação, segundo este extraordinário pensador francês, são:

1) Todas as percepções são traduções e reconstruções cerebrais, a partir de estímulos e sinais captados e codificados pelos sentidos.

2) Os erros de percepção originam-se de nosso sentido mais confiável: a visão.

3) O erro de percepção desdobra-se em erro intelectual: o conhecimento, sob forma de palavra, de ideia, de teoria, é fruto de uma tradução/reconstrução por meio da linguagem e do pensamento e, por conseguinte, está sujeita ao erro...

4) Toda mente humana é dotada de um potencial de mentira para si própria (self-deception), *condição que é fonte permanente de erros e ilusões. A própria memória é também fonte de erros inúmeros.*

5) No mundo humano, o desenvolvimento da inteligência é inseparável do mundo da afetividade... Esta pode tanto fortalecer como asfixiar o conhecimento.

6) O conhecimento científico é poderoso meio de detecção dos erros e da luta contra as ilusões. Porém, os paradigmas que controlam a ciência podem desenvolver ilusões e nenhuma teoria científica está imune para sempre contra o erro. Além disso, o conhecimento científico não pode tratar sozinho dos problemas epistemológicos, filosóficos e éticos.

7) A educação deve se dedicar à identificação da origem de erros, ilusões e cegueiras.

Por todas estas razões, é fundamental que a educação escolar opere a partir do princípio organizativo fundante segundo o qual a rota primeira dos programas escolares deve ser ajudar o aluno a pensar e levá-lo cada dia a compreender **mais** como funciona o pensamento.

---

85 **O que é requerido da educação para entender o funcionamento de *compreensão*, ou seja, do processo de compreender?**

Antes de tudo, é necessário esclarecer que o termo compreensão aqui refere-se à faculdade humana caracterizada por processos de funcionamento de dispositivos cerebrais. Portanto, refere-se às entradas e saídas dos sistemas neurocerebrais que colocam o organismo em conexão com o mundo exterior.

A *compreensão* pré-condiciona a condição humana. Ela é, simultaneamente, meio e fim. A convivência, por exemplo, é uma mutualidade compreensiva. Daí a importância de uma educação para a compreensão "quase sempre ausente do ensino" (Morin, 2000, p. 16). Este deve ser um dos objetivos da educação escolar em todas as etapas de formação e em todas as faixas etárias dos alunos, o que requer uma refundação das mentalidades dos gestores, educadores e da própria família dos alunos. Por esta razão, a escola deve se preocupar também em incluir, em seus programas de ensino, o estudo da incompreensão "a partir de suas raízes, modalidades e efeitos" (2000, p. 16). Este estudo é tanto mais necessário por centrar a atenção não nos sintomas, mas na origem de problemas como: racismo, xenofobia, homofobia, machismo, feminicídio, desprezo, indiferença, falta de solidariedade, *bullying* e tantas outras formas de violência da sociedade atual. A escola não pode deixar de lado a grande responsabilidade de trabalhar, em toda a sua programação, com foco na formação humana integral, incluindo o conceito concreto de educação para a paz, a que estamos vinculados por essência, vocação e por um dos compromissos do Estado brasileiro (CF, art. 4º, inc. VI).

CAPÍTULO 14

A BNCC e a qualidade da educação, da escola, do ensino e do currículo

86 Quais sãos os traços definidores de uma Educação Básica de qualidade?

De forma genérica, pode-se dizer que uma Educação Básica de qualidade é aquela que se enquadra plenamente nos ditames da legislação. Esta definição, porém, legalista e cartorial, é insuficiente e denota uma visão congelada e burocrática do funcionamento e da organização da escola. De fato, é necessário ir além dos aspectos administrativos e gerenciais, quase sempre prevalecentes, e adentrar as dimensões de transcendência pedagógica do Projeto Escolar. A Unesco destaca quatro traços definidores de uma Educação Básica de qualidade, a saber (2017, p. 12, 13 e 14):

A – **A Relevância** – *A relevância responde ao quê e para quê da educação. A partir de um enfoque de direitos, além de enfrentar a exclusão, tem que perguntar-se quais são as finalidades da educação e se estas representam as aspirações do conjunto da sociedade e não apenas de determinados grupos de poder. Uma educação é de qualidade se promove o desenvolvimento das competências necessárias à participação nas diferentes áreas da vida humana, enfrentamento dos desafios da sociedade atual e desenvolvimento do projeto de vida em relação com o outro. O desenvolvimento integral da personalidade é uma das finalidades que são atribuídas à educação em todos os instrumentos de caráter internacional e nas legislações dos países da re-*

gião. A educação também é condizente se está orientada para as finalidades que são fundamentais em determinados momentos e contextos, como projeto político e social.

A seleção dos processos de aprendizagens mais significativos adquire especial valor na atual sociedade do conhecimento, onde os conteúdos se duplicam a grande velocidade e muitos perdem força rapidamente. A sobrecarga dos currículos atuais exige que se decida de maneira urgente quais são as aprendizagens significativas que deverão compor a Educação Escolar. A seleção deve ser feita, considerando-se de que maneira contribuem para se alcançar os fins da educação, buscando um equilíbrio entre as exigências derivadas das demandas sociais e as exigências do desenvolvimento pessoal, além das do projeto social e cultural que se deseja promover mediante a Educação Escolar. Os quatro pilares do Relatório DELORS para a aprendizagem do século XXI – aprender a conhecer, a fazer, a ser e a viver juntos – constituem uma referência indispensável para se estabelecer quais devem ser as aprendizagens básicas e mais relevantes na educação.

O desenvolvimento de um currículo relevante e significativo para toda a população enfrenta uma série de dilemas que deveriam ser mais considerados como equilíbrios a serem alcançados: entre o mundial e o local, ou entre o universal e o singular; ou seja, converter-se em cidadão do mundo e participar ativamente na comunidade de origem; entre as necessidades do mercado de trabalho e as do desenvolvimento pessoal; entre o comum e o diverso; e entre o disciplinar e a integração de conteúdos.

B – **A pertinência** *– A pertinência da educação alude à necessidade de que esta seja significativa para pessoas de diferentes extratos sociais e culturais, e com diferentes capacidades e interesses, de forma que possam apropriar-se dos conteúdos da cultura mundial e local – e construir-se como sujeitos, desenvolvendo sua autonomia, autogoverno e sua própria identidade. Para que haja pertinência, a educação tem que ser flexível e adaptar-se às necessidades e características dos estudantes e dos diversos contextos sociais e culturais.*

Isto exige que se encaminhe de uma pedagogia da homogeneidade para uma pedagogia da diversidade, utilizando-se desta como oportunidade para enriquecer os processos de ensino e aprendizagem e otimizar o desenvolvimento pessoal e social.

C – **A eficácia**

D – **A eficiência**

A eficácia e a eficiência são dois atributos básicos da educação de qualidade para todos os que haverão de constituir-se em foco da ação pública no terreno da educação. É preciso identificar em que medida se é eficaz na conquista de aspectos que traduzam em termos concretos o direito a uma educação de qualidade para toda a população. É necessário analisar em que medida a operação pública é eficiente, respeitando o direito do cidadão para que seu esforço material seja adequadamente reconhecido e retribuído. A eficiência não é um imperativo economicista, senão uma obrigação derivada do respeito à condição e direitos individuais universais.

Gestores e professores precisam fazer, no âmbito do Projeto Pedagógico da escola, uma conexão direta e continuada entre estes quatro traços e as Dez Competências Gerais da Educação Básica. Como já assinalado em outra parte desta obra, ao definir estas competências a BNCC reconhece que "a educação deve afirmar valores e estimular ações que contribuam para a transformação da sociedade, tornando-a mais humana, socialmente justa e, também, voltada para a preservação da natureza" (Brasil, 2013), e mostrando-se também alinhada à Agenda 2030 da Organização das Nações Unidas (ONU) e relembrada pelo Dore-BNCC.

As características da escola de qualidade exigem que as Competências Gerais da Educação Básica sejam inter-relacionadas e que se desdobrem no tratamento didático proposto para as três etapas da educação. E mais: que estas etapas (Educação Infantil, Ensino Fundamental e Ensino Médio) articulem-se na construção de conhecimentos, no desenvolvimento de habilidades e na formação de atitudes e valores, como estabelece a LDB. Os padrões da escola de qualidade guardam íntima relação com uma formação docente que tem como fundamentos norteadores as diretrizes normativo-conceituais da BNCC, contidas nas várias Resoluções a ela referentes. Como expresso no Art. 3º da Resolução CNE/CP n. 2, 2019, "*com base nos mesmos princípios das competências gerais estabelecidas pela BNCC, é requerido do licenciando o desenvolvimento das correspondentes competências gerais docentes*". Além das Competências Gerais Docentes constantes da Base Nacional Comum para Formação Inicial dos Professores da Educação Básica (BNCC-Formação), é requerido também o desenvolvimento de competências específicas encorpadas em três dimensões fundamentais: 1) Conhecimento profissional; 2) Prática profissional; e 3) Engajamento profissional.

87 Considerando que BNCC e currículo são conceitos distintos, embora interdependentes, quais são as conexões e convergências existentes entre ambos?

A LDB e as DCN são norteadas por valores e princípios consubstanciados no TÍTULO II da Lei n. 9394/1996, assim encimados: DOS PRINCÍPIOS E FINS DA EDUCAÇÃO NACIONAL (seguem as especificidades e detalhamentos nos artigos 2º, 3º, 22, 29, 32 e 35). É no amplo estuário destes dispositivos circundantes de toda a Educação Básica que a BNCC e os currículos se interconectam no reconhecimento de que a *educação escolar* (LDB, art. 1º, § 1º) tem "um compromisso com a formação e o desenvolvimento humano global em suas dimensões intelectual, física, afetiva, social, ética, moral e simbólica" (Brasil, 2018, p. 16). Esta gama de aspectos de natureza axiológica tem desdobramentos no corpo textual do Plano Nacional da Educação/PNE (Lei n. 13.005/2014), quando estabelece a contiguidade principiológica, conceitual e operativa no alinhamento LDB-BNCC-currículo-PNE.

Cabe destacar, outrossim, que BNCC e currículo alongam-se nos níveis conceitual-operativos de uma certa intercomplementaridade orgânico-epistemológica, de um lado, para garantir as aprendizagens essenciais no campo da Educação Básica e, de outro, para viabilizar a concretização destas aprendizagens através do feixe de decisões estratégicas da gestão escolar e da gestão pedagógica, que dão sentido ao currículo em ação: "São essas decisões que vão promover a adequação das proposições da BNCC aos contextos locais", levando sempre em conta não só a autonomia dos sistemas de ensino e das redes de escolas, mas também o contexto e o perfil dos alunos. É sempre oportuno relembrar que estas decisões devem resultar de processos de ampla participação das famílias e das comunidades na elaboração do Projeto Pedagógico Escolar (LDB, art. 12, inc. VI e VII e art. 13, inc. VI) e no seu contínuo acompanhamento, tendo em vista a altíssima carga dialógica inerente a ações destacadas no Dore-BNCC e apresentadas na sequência abaixo:

A – Contextualizar os conteúdos dos componentes curriculares, conectá-los às diferentes formas de vivência social e torná-los significativos em face da realidade local, dos contextos circundantes e, ainda, do momento de vida em que cada aluno se encontra.

B – Decidir sobre as formas de integração dos conteúdos (interdisciplinaridade) e sobre a ampliação das estratégias de interatividade e de colaboração no âmbito da gestão do ensino e da aprendizagem dos alunos.

C – Operar a sala de aula com metodologias multirreferenciadas e inovar as estratégias didático-pedagógicas, valorizando a diversidade de grupos de alunos, de suas famílias e comunidades diferentes e reconhecendo a importância convivencial da identificação dos diversos grupos de socialização.

D – Mobilizar os alunos por intermédio de procedimentos motivadores que ensejem o engajamento coletivo em múltiplas formas de aprendizagem, aproximando, por via de nexos culturais e pedagógicos, o formal, o não formal e o informal.

E – Criar rotas procedimentais contínuas para a melhoria da aprendizagem dos alunos. Nesse sentido, sobrevalorizar a gestão pedagógica, reposicionando-a na direção da equipe multiprofissional escolar, em vez de uma relação predominante professor a professor.

F – Enquadrar o processo de ensinar a aprender em vias apropriadas ao uso de tecnologias e da *metabolização da diversidade cognitiva com o apoio do BIOS VIRTUAL* (Sodré). Não há como esquecer que alunos, professores, famílias e sociedade vivem todos igualmente em tempos de interatividade e de midiatização. O documento-texto da BNCC, com foco no Ensino Médio, mais do que indicativo nesta direção, é incisivo e determinativo, como se pode constatar: "*[...] propostas de trabalho que possibilitem aos estudantes o acesso a saberes sobre o mundo digital e as práticas da cultura digital devem também ser priorizadas, já que impactam seu dia a dia nos vários campos de atuação social. Sua utilização na escola não só possibilita maior apropriação técnica e crítica desses recursos, como também é determinante para uma aprendizagem significativa e autônoma pelos estudantes. Nessa perspectiva, para além da cultura do impresso (ou da palavra escrita), que deve continuar tendo centralidade na educação escolar, é preciso considerar a cultura digital, os multiletramentos, os novos letramentos, entre outras denominações que procuram designar novas práticas sociais e de linguagem. Em que pese o potencial participativo e colaborativo das Tdic, a abundância de informações e produções requer, ainda, que os estudantes desenvolvam habilidades e critérios de curadoria e de apreciação ética e estética, considerando, por exemplo, a profusão de notícias falsas* (fake news)*, de pós-verdades e de discursos de ódio nas mais variadas instâncias da internet e demais mídias*" (Brasil, 2018, p. 479). Cabe à escola acionar o currículo em ação por via de *estratégias sensíveis*, destacando, assim, a relevância da sensibilidade humana na construção de processos de aprendizagem, cuidando continuamente para que o uso de tecnologias de apoio na escola não esmaeça a necessidade de distinguir onde termina e onde começa a aprendizagem significativa.

G – Direcionar os recursos didáticos e tecnológicos, incidentes diretamente nos resultados da aprendizagem, para viabilizar propostas de construção da identidade dos alunos e de seus projetos de vida.

H – Incluir, no planejamento escolar, agendas contínuas de aperfeiçoamento docente com foco em práticas pedagógicas inovadoras. Aqui, vale lembrar "que didática é importante, mas o conteúdo é fundamental" (Machado, 2017, p. 63). A formação continuada dos professores é exigência para uma longa e adequada implementação da BNCC em cujas diretrizes perfilam novos conteúdos e novas metodologias. Como aponta Carvalho (2017, p. 4), *o documento da "Base Nacional Comum Curricular" ampliou ainda mais o entendimento do conteúdo escolar e de como ensiná-lo. Visando desenvolver o projeto de renovação e aprimoramento do ensino básico, seus organizadores definiram, para cada uma das disciplinas escolares, os eixos de aprendizagem, os objetivos específicos e as unidades de conhecimento. Nessa proposta, os conteúdos específicos propriamente ditos são mostrados em tabelas que relacionam essas três variáveis.*

Esta perspectiva requer o desenvolvimento de programações formativas, presenciais e a distância, em regime permanente, assim que os docentes destravem a compreensão equivocada de que capacitar-se é participar da semana de planejamento no começo do ano e antes do início das aulas. A escola é um ambiente de fluxos contínuos de comunicação interprofissional, o que requer que todos os que nela vivem, convivem e trabalham compreendam "o fundamento das diferentes linguagens, sejam capazes de mobilizar esses conhecimentos nos diferentes contextos de convivência social e suas diferentes mídias", visando a cinco objetivos no campo do comportamento individual, coletivo e institucional, a saber:

a) Ampliação das formas de participação social.

b) Alargamento do entendimento e das possibilidades de explicação e interpretação crítica da realidade.

c) Multiplicação e aprofundamento das competências para o cidadão--aluno continuar aprendendo ao longo da vida (educação permanente).

d) Incidência, nos planos de aula de cada dia, de visões articuladas de aprendizagens essenciais nas conformidades da BNCC. Os planos devem estar referenciados ao Projeto Pedagógico Escolar e ao tratamento pedagógico das áreas de conhecimento, com desdobramento na abordagem programática de cada disciplina, **para evitar ruptura no processo de aprendizagem** (Brasil, 2018, p. 55). Assim, garantem-se adaptações e articulações nos processos de transição, série a série, etapa a etapa e nível a nível de ensino. E, ainda, assegura-se o conceito operativo de Educação Básica, tratada normalmente como uma totalidade desarticulada de entrepartes. Esta reversão de entendimento epistemológico por parte da escola, além de atender "a Base Nacional Comum Curricular/BNCC no seu conjunto orgânico e progressivo de **aprendizagens essenciais** que todos os alunos devem desenvolver ao longo das etapas e modalidades da Educação Básica", igualmente, volta-se às **dez competências gerais** adotadas pela BNCC, "que se inter--relacionam e perpassam todos os componentes curriculares ao longo da Educação Básica, sobrepondo-se e interligando-se na construção de conhecimentos, habilidades e formação de atitudes e valores, nos termos da LDB" (Brasil, 2018, p. 18).

e) Revisão profunda dos procedimentos de avaliação, valorizando sua natureza pedagógico-formativa. Esta postura institucional exige redirecionar o foco dos processos de aprender, reposicionando cada professor para considerar os contextos e as condições de ensino e aprendizagem vivenciados por toda a equipe escolar, e "[...] tomando tais registros como referência para melhorar o desempenho docente e os níveis de aprendizagem dos alunos" (Brasil, 2018, p. 17).

A incidência condominial destes cinco objetivos vincula-se, diretamente, aos marcos referenciados, convergentemente, pela BNCC, pela doutrina curricular e pelo conteúdo legal do Projeto Pedagógico Escolar. A garantia destas conexões requer que, aos alunos, sejam disponibilizadas formas de desenvolvimento de **competências específicas** e, relacionadas a cada uma delas, formas de desenvolvimento de habilidades. Destaca-se que, no caso do Ensino Médio, o alinhamento destas formas de conexão "possibilita operar a flexibilização curricular tanto no que concerne às aprendizagens definidas na BNCC, já que as escolhas são possíveis desde que contemplem os diferentes campos, como também as articulações da BNCC com itinerários formativos" (Brasil, 2018, p. 481).

88 Qual o campo de abrangência e de cobertura destas decisões?

Estas decisões vão além do território pedagógico dos níveis e etapas de ensino. Estendem-se igualmente à organização das modalidades educativas inseridas na estrutura geral da Educação Básica à luz das orientações das Diretrizes Curriculares Nacionais/DCN (Educação Especial, Educação de Jovens e Adultos, Educação do Campo, Educação Escolar Indígena, Educação Quilombola e Educação a Distância). No registro documental do MEC-CNE, sobre as diretrizes e demarcações da BNCC, isto significa, *no caso da Educação Escolar Indígena, por exemplo, assegurar competências específicas com base nos princípios da coletividade, reciprocidade, integralidade, espiritualidade e alteridade indígena, a serem desenvolvidas a partir de suas culturas tradicionais reconhecidas nos currículos dos sistemas de ensino e propostas pedagógicas das instituições escolares. Significa, também, em uma perspectiva intercultural, considerar seus projetos educativos, suas cosmologias, suas lógicas, seus valores e princípios pedagógicos próprios (em consonância com a Constituição Federal, com as Diretrizes Internacionais da OIT – Convenção 169 e com documentos da ONU e Unesco sobre os direitos indígenas) e suas referências específicas, tais como: construir currículos interculturais, diferenciados e bilíngues, seus sistemas próprios de ensino e aprendizagem, tanto dos conteúdos universais quanto dos conhecimentos indígenas, bem como o ensino da língua indígena como primeira língua* (Brasil, 2018, p. 17). Por outro lado, no caso da Educação Quilombola, o enfoque é análogo, ou seja, *consideração com a diversidade étnico-racial* (LDB, art. 3º, inc. XII), aportando, ao currículo, as especificidades culturais dos grupos afrodescendentes, muitas vezes resguardadas no invólucro de territórios circunscritos e isolados, numa espécie de defesa dos impulsos ancestrais. Como assinala o documento da BNCC, *"todo conhecimento sobre o passado é também um conhecimento do presente elaborado por distintos sujeitos [...]. A relação passado/presente não se processa de forma automática, pois exige o conhecimento de referências teóricas capazes de trazer inteligibilidade aos objetos [...]. Portanto, o que nos interessa no conhecimento histórico é perceber a forma como os indivíduos construíram, com diferentes linguagens, suas narrações sobre o mundo em que viveram e vivem, suas instituições e organizações sociais"* (Brasil, 2017, p. 347).

Daí a importância da educação intercultural que, posta na moldura de políticas de educação inclusiva, abre espaços "à realização de atividades que auxiliam na superação do fracasso escolar, sem discriminar nem rotular os envolvidos..." Iguais enfoques e cuidados escolares devem ser deferidos aos estuários plurais de concepção social e de organização da vida e de padrões culturais remanescentes dos fluxos migratórios que o Brasil recebeu, no período pós-guerra, e que se fixaram sobretudo no sul e no sudeste do país.

---

89 Sob o enfoque de uma concepção dinâmico-operativa, articulada e interativa dos constituintes curriculares, como a escola deve promover seus novos formatos de funcionamento?

À luz de uma regeneração epistemológica e metodológica voltada para a escola trabalhar o currículo integrado, é impositivo reconvocar toda a Equipe Escolar para dar espaço à aptidão natural da mente, objetivando concentrar a atuação dos alunos em questões essenciais pertinentes à vida e aos contextos e, de forma conativa, estimular o uso total da inteligência geral. Aqui é necessário relembrar que uma das funções da sala de aula é induzir os alunos a irem **aprendendo inteligência** (Piazzi, 2007).

Este uso total da inteligência incita o livre-exercício das faculdades mentais, como a curiosidade, a imaginação e a criatividade, marcantes e estendidas durante a infância e a adolescência e que a escola, com alguma frequência, tende a frear, quando, na verdade, deveria estimular e imprimir dinamicidade para seu despertar, sempre que adormecidas. Aqui, vale relembrar a observação de Einstein: "A criatividade é mais importante do que a inteligência". Não há dúvida de que existe uma relação, "uma correlação entre a mobilização dos conhecimentos de conjunto e a ativação da inteligência geral" (Morin, 2000, p. 39). Diante disso, é fundamental que a escola opere um planejamento pedagógico sustentado por atividades integradas que, de um lado, assegure o desenvolvimento de aptidões gerais da mente na perspectiva posta por Recanati: "A compreensão dos **enunciados**, longe de se reduzir a mera decodificação, é um processo não modular de interpretação que mobiliza a inteligência geral e faz amplo apelo ao conhecimento do mundo"; do outro lado, a programação escolar, desenvolvida à base de propósitos e metodologias plurais e mesmo considerando que "o problema da constituição de *sujeitos coletivos de enunciação* é um dos mais árduos da filosofia e da prática política", a escola deve valorizar e operar, com clareza objetiva, a inteligência coletiva, entendida como *"uma inteligência distribuída por toda parte, incessantemente valorizada, coordenada em tempo real, que resulta em uma mobilização efetiva das competências. Acrescentemos à nossa definição este complemento indispensável: a base e o objetivo da inteligência coletiva são o reconhecimento e o enriquecimento mútuos das pessoas, e não o culto de comunidades fetichizadas ou hipostasiadas [...]. Ninguém sabe tudo, todos sabem alguma coisa. Todo saber está na humanidade. Não existe nenhum reservatório de conhecimento transcendente, e o saber não é nada além do que o que as pessoas sabem. A luz do espírito brilha mesmo onde se tenta fazer crer que não existe inteligência: 'fracasso escolar', 'execução simples', 'subdesenvolvimento' etc. O juízo global de ignorância volta-se contra quem o pronuncia. Se você cometer a fraqueza de pensar que alguém é ignorante, procure em que contexto o que essa pessoa sabe é ouro.*

Uma inteligência incessantemente valorizada. A inteligência é distribuída por toda parte, é um fato. Mas deve-se agora passar desse fato ao projeto. Pois essa inteligência tantas vezes desprezada, ignorada, inutilizada, humilhada, justamente por isso não é valorizada. Numa época em que as pessoas se preo-cupam cada vez mais em evitar o desperdício econômico ou ecológico, parece que se dissipa alegremente o recurso mais precioso, a inteligência, recusando-se a levá-la em conta, desenvolvê-la e empregá-la. Do boletim escolar às grades de qualificação nas empresas, de modos arcaicos de administração à exclusão social pelo desemprego, assiste-se hoje uma verdadeira organização da ignorância sobre a inteligência das pessoas, um terrível pastiche de experiência, savoir-faire e ri-queza humana. Em um coletivo inteligente, a comunidade assume como objetivo a negociação permanente da ordem estabelecida, de sua linguagem, do papel de cada um, o discernimento e a definição de seus objetivos, a reinterpretação de sua memória [...]. ...os atos são coordenados e avaliados em tempo real, segundo um grande número de critérios constantemente reavaliados e contextualizados” (Lévy, 2000, p. 28-30).

> **90** **Que implicações as crônicas disfunções de nossa Educação Básica têm sobre o entendimento reconceituado de escola à luz da BNCC?**

Em tempos de sociedade em rede, de economia do conhecimento, de totalidade tecnológica e de interatividade planetária, é cada vez mais ne-cessário e urgente que os professores compreendam que a escola não é uma forma (FÔRMA) para modelar pessoas, mas um estuário de formas de incor-poração de múltiplos saberes e de indução de conexões entre eles. Bruner (1961, p. 39) já chamara a atenção para este aspecto ao registrar que “A escola é uma das matrizes da modernidade, enquanto separa a transmis-são cultural de qualquer suporte fixo, radicando-a no próprio processo de escolarização. O princípio educativo moderno é a escola como tal, não os suportes preferenciais que ela usa para inculcar conhecimento”. Em outras palavras, “é o processo interativo acionado pela forma cultural que define a escolarização” (Sodré, 2012, p. 83). Por esta razão, é fundamental que a Pro-posta Pedagógica da Escola seja resultado das contribuições de uma inte-ligência geral que, além dos conhecimentos particulares de cada professor, seja a percepção integral e compartilhada dos saberes coletivos de toda a Equipe Escolar. Saberes que ultrapassam os conteúdos específicos de cada disciplina do currículo e formatam um extenso lençol de conhecimentos qualificados, experimentados e confrontados nas práticas docentes.

> **91** **Nesta visão mutacional da compreensão de escola, o conceito de educação requer igualmente agregar novos *insights* de percepção. Mas... por onde começar?**

Os linguistas dizem que nós não pensamos através de ideias, mas, sim, através de palavras. Sendo assim, é necessário que os professores passem e repassem agendas específicas de FORMAÇÃO CONTINUADA, como condição de uma aterrissagem pedagógica adequada no território crítico-compreensivo da BNCC.

Não padece dúvida de que as inovações curriculares a serem introduzidas pelas escolas exigem que os docentes tenham uma linguagem comum no campo da inter-relação dos conteúdos, da compreensão objetiva das aprendizagem essenciais e dos direitos e objetivos de aprendizagem e desenvolvimento, tendo o aluno na centralidade do processo de aprender e, portanto, de toda a programação escolar. Por esta razão, tudo na escola deve ser demarcado "pela intencionalidade do processo educativo, o que pressupõe o monitoramento das práticas pedagógicas e o acompanhamento da aprendizagem e do desenvolvimento dos alunos, com registro na observação sistemática pelo educador dos efeitos e resultados de suas ações [...], a fim de aperfeiçoar ou corrigir suas práticas, quando for o caso" (Brasil, 2018, p. 35). Muitas vezes, o aluno, na busca do rumo certo, caminha por rumos incertos, daí a necessidade da mediação docente. Como posicionam as diretrizes da BNCC, na construção de novos conhecimentos, cabe, ao professor, "selecionar, organizar, refletir, planejar, mediar e <u>monitorar</u> (grifo nosso) o conjunto das práticas e interações" (Brasil, 2018, p. 35). É oportuno relembrar que o professor é desafiado, a todo instante, a rever os procedimentos metodológicos em face de ocorrência-surpresa (imprevistos) no desenvolvimento das aulas. Por essa razão, é fundamental sua formação continuada para garantir que o aluno seja continuamente ressituado em rotas de aprendizagem adequadas. Perrenoud chama a atenção para essas situações-desafios, pondo-as como título de uma de suas mais conhecidas obras, a saber: **Ensinar: agir na urgência, decidir na incerteza** (Porto Alegre: Artmed, 2001). De fato, a complexidade da escola se estende à sala de aula. A escola possui um recorte da vida social e cultural de todos nós; a sala de aula, por requerer continuamente a substituição de rotas de aprendizagem, a fim de assegurar ao aluno os resultados esperados. "Urgência implica que o professor tem de valorizar o momento para mobilizar os recursos/saberes do plano de ensino. Incerteza implica que o professor tome decisões fora das coordenadas pedagógicas planejadas, embora indispensáveis, porque em favor das necessidades reais do aluno. Este enfoque coincide com o art. 1 da Declaração Mundial sobre Educação para Todos: **Satisfação das Necessidades Básicas de Aprendizagem**, relacionadas a **cada pessoa** (Pnud; Unesco; Unicef; Banco Mundial. Jomtien (Tailândia), 1990).

> **92** Esta constatação tem a ver com as reorientações sobre a engrenagem epistemológica e pedagógica dos constituintes curriculares?

Certamente, porém, mais do que isto, uma vez que estamos diante de uma semântica pedagógica transformadora. As inovações curriculares a serem introduzidas pelas escolas exigem que os docentes construam visões convergentes e adotem linguagem comum no terreno da integração dos conteúdos, das metodologias, das modalidades de avaliação e, sobretudo, da compreensão objetiva do que significam direitos e objetivos de aprendizagem e desenvolvimento, tendo o aluno na centralidade do processo de aprendizagem. Para alcançar este último aspecto – o do protagonismo do aluno na sala de aula – é interessante conhecer o modelo CAAMP, de RANDY SPRICK, com cinco elementos de aulas de qualidade: **conversa, ajuda,**

atividade, movimento e participação. Sobre este direcionamento, diz Stumpenhorst (2018, p. 32): "Quando você cria expectativas de aprendizado ou de comportamento, pode fazê-lo de várias maneiras, mas descobri que o melhor método é por meio de conversas com a classe. Organize uma reunião de classe e esboce as normas para a sala de aula e quais devem ser as expectativas. Essa é uma tática usada por muitos professores dos cursos básicos, mas não parece ser tão popular com as séries mais avançadas".

É sempre conveniente considerar que, em contextos de currículos reconstituídos e redirecionados, o currículo só muda se os professores também mudarem. E onde se situam as mudanças? Exatamente, nas formas de operar os procedimentos para **inovar** a engrenagem epistemológica e pedagógica dos constituintes curriculares. Aqui, é de todo necessário, a cada professor, proceder a "revolução da atenção" (B. ALAN WALLACE), lembrando que "novo não é o que nunca existiu, mas o que é refeito, com uma nova forma para um novo fim". A BNCC sinaliza **mudar** a escola, transformando o trato curricular.

No Brasil, o individualismo exacerbado dos professores no contexto do manejo da sala de aula impede que haja uma evolução positiva nos procedimentos de recompensas pedagógicas nas classes (salas de aula). O objetivo será sempre ampliar as conversas como mecanismo didático e "estender o diálogo sobre comportamentos e expectativas". A origem desta disfunção pedagógica é a ausência de uma cultura **institucional-escolar** que leve as **equipes docentes** a discutirem sugestões e definirem regras e posturas para a **gestão de sala de aula.** Há até quem pense que proceder assim é ser autoritário! A questão é: cada professor deve saber o que vai funcionar em uma sala de aula, coletivamente, porém, TODOS OS PROFESSORES são responsáveis pelo monitoramento e acompanhamento do comportamento dos alunos!!

O protagonismo do aluno – um dos focos da BNCC – está ligado à ideia das expectativas do seu desenvolvimento como ser integral no contexto de uma educação integral e com foco em uma cidadania integrada. Este processo faz parte também da mobilização de operações cognitivas cada vez mais complexas ao longo da escolarização e "contribui para cada estudante aprender o mundo, expressar sobre ele e nele atuar de acordo com exigências das normas que balizam as relações dos sujeitos entre si e da própria sociedade" (BNCC).

> **93**   **Qual a relação do perfil de saída dos alunos do Ensino Médio com as políticas educacionais desdobradas em diretrizes pelos sistemas de ensino e pelas escolas?**

Definido o perfil de saída dos alunos – de preferência com base nas características da sociedade do conhecimento, dos sistemas em rede e em estudos de mercado e sinalizações de tendências do mundo do trabalho – entendido este como "a reunião do conjunto de todas as atividades geradoras de produtos e serviços", os Sistemas de Ensino e suas escolas devem construir e adotar uma organização curricular compatível com suas condições estruturais e de funcionamento. Entenda-se por isto: "a articulação das áreas, intra-áreas, componentes, projetos, centros de interesse e a própria realidade dinamicamente tecida" (Tescarolo, 2004, p. 23). Esta visão de uma multifocalidade de elementos articulados requer, dos professores, o domínio de uma nova percepção epistemológica que se situa "muito mais no campo das investigações interdisciplinares do que na reflexão especulativa isolada" (Piaget, 1980, p. 24). Por outro lado, ressitua a escola, deixando de ser uma unidade funcional-administrativa e passando a ser um sistema complexo que se performa "como um tecido de constituintes heterogêneos dinâmica e inseparavelmente conectados, e por isso capazes de "conhecer-se em ação e não apenas de reagir reflexivamente" (Tescarolo, 2004, p. 66).

Na perspectiva irradiadora ora assinalada, convém ressaltar que a sala de aula perde sua feição de espaço congelado e homogêneo e se ressitua como um ambiente de emergências do conhecimento com seus desdobramentos implicativos. O professor, por sua vez, deixa de ser um mero repassador de conhecimentos e se reposiciona como uma fonte de animação e de investigação das fases evolutivas de trânsito do conhecimento flutuante no interior das estruturas das unidades curriculares, entendidas como elementos com carga horária pré-definida, formadas pelo conjunto de estratégias cujo objetivo é desenvolver competências específicas, podendo ser organizadas em áreas de conhecimento, disciplinas, módulos, projetos, entre outras formas de oferta.

CAPÍTULO 15

A BNCC e a formação docente

> Considerando que a BNCC passa a ser a fonte legal de referência para a formação docente, para a formatação do currículo escolar e para as definições pedagógicas da aprendizagem dos alunos, que tipo de cuidados especiais os professores devem ter para ajustar os procedimentos pedagógicos da escola, levando em conta o percurso curricular dos alunos na moldura do desenvolvimento humano-cognitivo?

Esta questão é crucial porque é da tradição de nossa Educação Básica a atuação de forma isolada dos professores. Há baixíssima interlocução pedagógica entre os profissionais da educação atuantes em diferentes séries, etapas e níveis de ensino.

Os professores do Ensino Médio não possuem ideias claras sobre entrelaçamentos epistemológicos e pedagógicos envolvidos na Educação Infantil e no Ensino Fundamental. Todos estão embarcados no mesmo avião, embora isolados na classe específica que o bilhete aéreo lhes assegura! No dia a dia da escola, constata-se a prática descrita por um notável ex-reitor da Universidade Federal do Rio de Janeiro: "Em educação, é cada um por si e os demais contra". Este isolacionismo denuncia fatos graves para colocar o currículo escolar em ação. Quais são eles? É fácil constatar que:

a) **Os professores** operam o currículo como uma mera justaposição de disciplinas.

b) **As Coordenações Pedagógicas** não apoiam adequadamente os professores seja porque confundem interdisciplinaridade com transdisciplinaridade, tratando ambos como uma simples comunicação de ideias e uma mera transposição epistemológica, seja porque não possuem suficiente autoridade transcendente, pedagogicamente fundada, para desconstituir "a suposição de que o domínio do conteúdo seria o bastante para fazer um bom professor" (Candau, 2014, p. 13).

c) **As Equipes Escolares** indiferenciam aspectos cognitivos, didático-pedagógicos e sociorrelacionais de conteúdo técnico e avaliativo-cultural. Tudo é tratado sob um esquadro homogêneo, uma medida uniforme para assegurar a estabilidade aparente dos processos de ensino-aprendizagem. Esse aspecto passa a ganhar relevância exponencializada por força do contexto de excepcionalidade ora vivido em decorrência da Covid-19. Em decorrência, os sistemas de ensino e respectivas escolas deverão reorganizar o seu esquema de funcionamento rotineiro, o que incluirá o uso mais adensado de tecnologias no ensino. Espera-se, assim, que a EaD e o Ensino Híbrido deverão passar a constar da "cesta" de recursos de apoio pedagógico a ser adotada pelas escolas.

d) **Os Sistemas de Ensino** administram MEIOS, exercendo pouca vigilância sobre a quantificação de metas e a qualificação de resultados. Em consequência, se descuidam de políticas permanentes de formação continuada dos professores e, pior, confundem o tema com agendas de planejamento e de montagem do CALENDÁRIO ESCOLAR.

e) A consequência de tudo isso é que o **Projeto Pedagógico de cada escola** e os Planos de Ensino disponibilizam uma baixa visão da força propositiva das **metodologias** e **técnicas** de ensino multirreferenciadas à especificidade dos diferentes conteúdos.

95 O que estas disfunções têm a ver com os Parâmetros Curriculares Nacionais (PCN)?

É sempre conveniente relembrar que, com a introdução dos PCN, o conceito de conteúdo foi ampliado com repercussão sobre o Planejamento Pedagógico e os Planos de Ensino. Os conteúdos passaram a ser trabalhados de forma sintonizada em tríplice enfoque, a saber: a) Conteúdos específicos da disciplina e seu inter-relacionamento nas áreas de conhecimento; b) Conteúdos procedimentais; e c) Conteúdos atitudinais. Espera-se que os conteúdos específicos evoluam articuladamente com os conteúdos procedimentais. Representam estes o estuário de habilidades voltadas para quatro focos: o conteúdo conceitual, as atitudes, os valores e os ordenamentos legais, "...pois sem eles, os outros tipos de conteúdo (os conceitos e os procedimentos) não podem ser aprendidos" (Carvalho, 2012, p. 4).

96 Sob o ponto de vista da formação dos professores, que preocupação de ordem prática emerge para calçar o território de sustentação efetiva da qualidade de ensino no dia a dia do desempenho docente em sala de aula?

Inicialmente, cabe entender que, em contexto de implementação da BNCC para toda a Educação Básica, a formação docente não pode continuar a ser percebida como uma simples qualificação formal de um ser individual que ensina – o professor – e de um ser individual que aprende – o aluno. Os processos pedagógicos no contexto da sociedade do conhecimento e da totalidade tecnológica requerem ir além da concepção de Comênio cuja obra de referência *Didática magna* (1657) – ainda hoje com algum sombreamento de percepção na sociedade –, considera como **bom professor** aquele que domina "a arte de ensinar tudo a todos". Esta compreensão absolutiza o valor do método, entendido este como um conjunto de prescrições para ensinar. E mais: superdimensiona a importância das técnicas de ensino. Na verdade, métodos e técnicas assim vistos ressaltam a compreensão puramente instrumental da educação, deixando de lado o desenvolvimento integral do aluno como projeto de cidadania. Esta perspectiva inclui o desenvolvimento do conjunto das potencialidades de cada indivíduo-aluno e envolve: *aprender a pensar, autonomia, memória, capacidade crítica, raciocínio, sentido estético, capacidades físicas e psicológicas, aptidão para comunicar-se, senso ético, enredamento social, criatividade e consciência histórico-social* (Delors, 1999, p. 101, 102, 116).

Em síntese, o professor deve conhecer as técnicas de ensino, mas não pode ter sua prática pedagógica estreitada em mera função técnica, uma vez que Pedagogia e Educação não se reduzem a operações tecnicistas, metodológicas, educacionais e a técnicas de ensino. Envolvem "conhecer educação e tudo o que a ela se acha implicado" (Vasconcelos, 1988, p. 100).

97 No manejo do currículo em ação, o que se constata no dia a dia da sala de aula?

Os blocos de disciplinas são formatados com visão totalizante, porém são operacionalizados com abordagem especializada, com ênfase em formas particulares de abstração. Resulta daí que a especialização exacerbada retira o objeto de conhecimento do seu contexto e do seu conjunto articulado. Na prática, significa que "rejeita os laços e as intercomunicações (interdisciplinaridade) com o seu meio, introduz o objeto no setor conceitual abstrato que é o da disciplina compartimentada, cujas fronteiras frequentam arbitrariamente a sistematicidade (relação da parte com o todo) e a multidimensionalidade dos fenômenos; conduz à abstração matemática que opera em si própria uma cisão com o concreto, privilegiando tudo que é calculável e possível de ser formalizado" (Morin, 2000, p. 41-42). Em perspectiva oposta, diz a BNCC: "...é fundamental que sejam garantidas, aos estudantes, oportunidades de experenciar fazeres cada vez mais próximos das práticas da vida acadêmica, profissional, pública, cultural e pessoal e situações que **demandem a articulação de conhecimentos,** o planejamento de ações, a auto-organização e a negociação em relação a metas. [...] e a uma aprendizagem significativa e autônoma pelos estudantes (Brasil/Dore-BNCC, 2018, p. 478).

> **98** Ao observar cada disciplina de *per si,* o que os professores precisam perceber sob os influxos da BNCC e suas diretrizes para toda a Educação Básica?

Três constatações surgem de imediato. **Primeiro:** O contexto humano total, com suas implicações fundamentais, e o contexto coletivo de envergadura planetária, com seus problemas globais, estão fora do alcance das "ciências disciplinares" e, portanto, das abordagens cotidianas da sala de aula. Cada disciplina espelha-se em si mesma, descartando o aporte articulado das ciências. **Segundo:** Deste insulamento conceitual-perceptivo resulta que "as mentes formadas pelas disciplinas perdem suas aptidões naturais para contextualizar os saberes, do mesmo modo que para integrá-los em seus conjuntos naturais" (Morin, 2000, p. 40). **Terceiro:** A percepção totalizadora esmaecida leva a uma espécie de diluição de responsabilidades. Cada professor e cada agente escolar sente-se responsável unicamente por sua tarefa especializada. Circunstância representada exponencialmente na expressão: "Em minha sala de aula, quem manda sou eu!..."

Diante deste cenário de desconformidades epistemológico-pedagógicas, diz Morin (2000, p. 41 e 42): "...cultura científica e técnica disciplinar **parcela, desune e compartimenta** os saberes, tornando cada vez mais difícil a sua contextualização [...]. Por isso, enormes obstáculos somam-se para impedir o exercício do conhecimento pertinente no próprio seio dos nossos sistemas de ensino".

99 Como a escola deve funcionar e conduzir o agir institucional e regenerar a antropoética obscurecida e minimizada pelas éticas do não-humanismo?

Os currículos escolares precisam deixar de ser unidirecionados e focados apenas em testes, provas e exames, na busca pura e simples de aprovação. Esta tendência prevalecente com foco só em aprovação – passar nas avaliações! – enxerga exclusivamente a especialização do conhecimento e, não, a sua complexidade. Se a BNCC aponta para a necessidade de uma **formação humana integral**, as operações curriculares pressupõem o trato integrado dos conteúdos.

100 Neste horizonte, que cuidados cada professor deve ter em relação ao "dicionário" de suas convicções funcional-pedagógicas?

O glossário básico de atuação docente exige ser ressignificado, agregando novas matrizes ao Projeto Pedagógico Escolar e aos Planos de Ensino. Matrizes com matizes capazes de reencantar a sala de aula e, sobretudo, de "entrelaçar o tempo escolar e o tempo vivo dos sujeitos aprendentes" (Assmann, 1999, p. 234). Neste sentido, as diretrizes e coordenadas da BNCC reacendem a atenção docente para o fato de que aprender é o enlace entre processos vitais, processos cognitivos e processos histórico-sociais. É nesta moldura que deve ressurgir continuamente, em sala de aula, o caráter plurissensual do conhecimento (força ligada ao prazer), conduzindo este espaço, apenas visualmente circunscrito, a valorizar "outros contextos" e a aclarar o entrejogo do saber com sua transitoriedade, circunstâncias que ressaltam a importância do "aprender a aprender". Como ressalta Carvalho (2017, p. VIII), *"...Não sendo mais possível transmitir às novas gerações tudo o que foi produzido pelas gerações anteriores, temos de fazê-las compreender o essencial de cada área, como o conhecimento é construído em cada uma delas e como essas áreas interagem entre si, modificando-se e modificando a compreensão do mundo.*

Entretanto, os professores precisam se atualizar, também e principalmente, nas metodologias de ensino específicas de seus conteúdos, uma vez que conhecer o conteúdo que vai ensinar, embora seja condição necessária a qualquer professor, está longe de ser suficiente. Trazer para a sala de aula esses novos conteúdos em uma linguagem acessível aos alunos, por meio de atividades intrigantes e motivadoras que os ajudem a construir um conhecimento duradouro e significativo, é a principal função do professor. E isso é o que a sociedade e a escola esperam desse profissional".

CAPÍTULO 16

A BNCC, os contextos local e regional e o envolvimento de Estados e Municípios

101 Que tipo de relação há entre implementação da BNCC e os contextos local e regional, envolvendo ESTADOS E MUNICÍPIOS?

Na verdade, há uma relação direta decorrente das inter-relações entre educação e desenvolvimento, postos nos contextos local e regional. Esta dimensão é de tamanha relevância que, há quase cinco décadas (1979), a Ocde publicou um alentado estudo sobre este tema, com foco nas implicações do ensino sobre o **desenvolvimento regional** dos países-membro com maior presença socioeconômica no continente europeu. O documento, indicativo e preciso, é de uma pertinência temática induvidosa, como se pode ver:

"A comunidade é um contexto integrador e irradiador de vida e sua participação nas decisões educativas constitui condição para responder aos grupos de interesses locais e produtivos e para harmonizar as visões no campo do planejamento e da administração local das políticas públicas". E prossegue: "A região, por sua vez, aparece como um nível privilegiado (ou, ao menos, mais apropriado que os níveis central e local) para a integração de medidas adotadas nos diversos setores sociais, de participação dos representantes de grupos e interesses sociais e profissionais, de coordenação das ações públicas e privadas, de ajuste e adaptação das ofertas do sistema educativo às necessidades econômicas e culturais do MEIO. Desta forma, o Relatório Técnico n. 3 (sobre a França) mostra como '...o despertar para os problemas das disparidades regionais fez aparecer progressivamente a ne-

cessidade de arranjos do território e de uma reflexão sobre a contribuição possível do ensino às políticas de desenvolvimento regional. A característica unitária e igualitária do ensino, que tende a manter as normas nacionais [...] e os correspondentes serviços travam uma regionalização indutora dos programas de ensino"' (*Tradução do autor*) (Para saber mais, cf.: *L'enseignement et le développement regional* – Rapport Général. Vol. I. Paris: Organisation de Coopération et de Développement Économique, 1979, p. 11-23).

Esta perspectiva valorativa dos contextos local e regional, posta no alinhamento da relação educação, desenvolvimento e integração econômica, foi retomada, a partir de 2016, pela ONU/Ocde, no consagrado documento-compromisso TRANSFORMANDO NOSSO MUNDO: A AGENDA 2030 PARA O DESENVOLVIMENTO SUSTENTÁVEL. Trata-se de fonte referenciada pelo texto-base da BNCC. Com 17 Objetivos e 169 Metas, enfeixados em uma Nova Agenda Universal, propõe, no **Objetivo 10**: *"reduzir a desigualdade dentro dos países e entre eles"*. Desta forma, consigna, na **Meta 21**: [...] *"reconhecemos a importância das dimensões regionais e sub-regionais, a integração econômica regional e a interconectividade do desenvolvimento sustentável. Marcos regionais e sub-regionais podem facilitar a tradução eficaz de políticas de desenvolvimento sustentável em ações concretas em âmbito nacional"*. Na **Meta 45**, reforça este enfoque: *"Reconhecemos também o papel essencial dos parlamentos nacionais quando da promulgação de legislação e adoção de orçamentos e por meio do seu papel na garantia da responsabilização para a implementação efetiva de nossos compromissos. Governos e instituições públicas também trabalharão em estreita colaboração com autoridades regionais e locais, instituições sub-regionais, instituições internacionais, academia, organizações filantrópicas, grupos de voluntários e outros na implementação dos objetivos"*.

102   O que diz a Unesco a este respeito?

A Unesco aponta nesta mesma direção e apresenta um enfoque ainda mais profundo, posto na moldura de **educar para o desenvolvimento humano**. As dimensões em destaque que seguem, esclarecem a posição da entidade das Nações Unidas:

Dimensão 1

Um dos principais papéis reservados à educação consiste, antes de mais, em dotar a humanidade da capacidade de dominar o seu próprio desenvolvimento. Ela deve, de fato, fazer com que cada um tome o seu destino nas mãos e contribua para o progresso da sociedade em que vive, baseando o desenvolvimento na participação responsável dos indivíduos e das comunidades.

Dimensão 2

O desenvolvimento humano, pelo contrário, junta, à produção e distribuição de bens e serviços, a amplificação e utilização das potencialidades humanas. O conceito de desenvolvimento humano engloba e ultrapassa as preocupações citadas anteriormente. Analisa todas as questões relativas à sociedade – crescimento econômico, trocas, emprego, liberdades políticas, valores culturais etc. – na perspectiva da pessoa humana. Concentra-se, pois, na ampliação das possibilidades de escolha – e aplica-se tanto aos países em desenvolvimento como aos países industrializados (PNUD. *Rapport mondial sur le développement humain 1995.* Paris: Econômica, 1995, p. 13-14).

Dimensão 3

O princípio geral de ação que deve presidir a esta perspectiva de um desenvolvimento baseado na participação responsável de todos os membros da sociedade é o do incitamento à iniciativa, ao trabalho em equipe, às sinergias, mas também ao autoemprego e ao espírito empreendedor: é preciso ativar os recursos de cada país, mobilizar os saberes e os agentes locais, com vista à criação de novas atividades que afastem os malefícios do desemprego tecnológico. Nos países em desenvolvimento endógeno, os elementos da estratégia educativa devem, pois, ser concebidos de uma forma coordenada e complementar, tendo por base comum a busca de um tipo de ensino que, também, se adapte às circunstâncias locais.

Dimensão 4

Na conformidade do dever, da parte de cada Estado, de responder adequada e positivamente ao direito a uma educação de qualidade para todos e de dar efetividade à Agenda de Educação 2030 – referenciada pela BNCC – a Unesco posicionou ampla convocação dirigida aos jovens da América Latina e Caribe para se manifestarem na consulta DILES QUE QUIERES APRENDER (Informações disponíveis em http://www.dilesquequieresaprender.org/) Esta iniciativa reforça e repotencializa a ideia do envolvimento socioco-munitário na definição e enfoques das diretrizes e operações da educação escolar, que deve ir, portanto, além do visor de especialistas e educadores, dando empuxo às comunidades e à sociedade em geral, no sentido de suas responsabilidades no campo do balizamento dos objetivos das aprendiza-gens essenciais a serem objeto das funções sociais da escola. Aqui, vale re-gistrar a lúcida e oportuna colocação de Max Moder (2017, p. 11): *"A forma mais eficaz de elaboração e desenvolvimento de projetos educacionais envolve o debate em grupo e no local de trabalho"*.

Em síntese, o adequado enquadramento do planejamento escolar e das ações e atividades curriculares no eixo educação e desenvolvimen-to depende do nível de participação das comunidades e da sociedade na definição dos currículos à luz do contexto de cada escola. É fundamental lembrar que a escola está onde está a escola!

---

103 Corresponsáveis pela implementação da BNCC, como Estados e Municípios podem e devem aproveitar a experiência curricular existente em suas respectivas áreas de administração geoeducacional?

Os entes subnacionais têm desenvolvido, nas duas últimas décadas, esforços reconhecidamente positivos no campo de elaboração dos currí-culos dos seus sistemas de ensino. Igualmente, redes de escolas públicas e privadas, com o apoio de consultorias universitárias, têm desenvol-vido materiais de apoio ao currículo. É de se esperar que este longo ciclo experiencial não seja abandonado, mas, ao contrário, venha a ser reavaliado em seus aspectos positivos e negativos. A implementação da BNCC, com a recriação de novas propostas curriculares, é, assim, uma oportunidade para a germinação de processos inovadores de gestão da Educação Escolar e de gestão pedagógica. Aqui vale ressaltar que, no contexto da Pós-modernidade, ganha novas dimensões o caráter polissêmico de cultura, com repercussões diretas na organização e funcionamento da educação escolar, notadamente com fortes irradiações sobre as configurações curriculares em formação/reformação.

Para mudar a lógica de elaboração e execução do currículo, as escolas devem partir do que existe e, sobre o existente, produzir outras navegações institucionais, deslizando cuidadosamente todo o planejamento pedagógico no eixo BNCC – PROPOSTA CURRICULAR – PRÁTICAS PEDAGÓGICAS. A expectativa é focar, na programação diária de aulas, novas formatações de ensinar e aprender, assim que, aos alunos, caiba o protagonismo do processo e a todos eles caiba igualmente "um patamar comum de aprendizagens, tarefa para a qual a BNCC é instrumento fundamental" (Brasil, 2018, p. 8). Tais aprendizagens pressupõem o acesso a conceitos, dados e informações que funcionem como canais desbloqueadores de inserção nas áreas de conhecimento e na estrutura significativa das disciplinas, e operem como dutos de desenvolvimento das **habilidades específicas**. Desta forma, os alunos poderão utilizá-los (os canais) intencionalmente "[...] para a compreensão, a crítica e o enfrentamento ético dos desafios e impasses vivenciais do dia a dia, de determinados grupos e de toda a sociedade" (Brasil, 2018, p. 550).

104 Qual o horizonte geral e normativo da BNCC, sob o ângulo de expectativas?

Estas expectativas estão definidas em diferentes ordenamentos legais de cumprimento obrigatório universal, no âmbito da educação escolar, no Brasil (CF, LDB, PNE e Diretrizes Curriculares Nacionais para a Educação Básica). Em uma visão síntese e objetiva, podemos anotar como compactação das expectativas do documento norteador da BNCC:

1) Usar conhecimentos historicamente construídos, relacionados ao mundo físico, social e tecnocultural, como forma de **iluminar** a compreensão dos processos densos de formação da sociedade humana, nas

diferentes dobras do tecido histórico-cultural, sociolinguístico, econômico-científico e humano-existencial.

2) Estimular a curiosidade intelectual e o potencial criativo dos alunos.

3) Aprender e aplicar o método científico na análise de situação e solução de problemas, na abordagem adequada e interpretação de fenômenos, na formulação e testagem de hipóteses e no estabelecimento de canais de interlocução, envolvendo campos multidisciplinares.

4) Ajustar os programas de ensino às exigências de uma educação integral.

5) Articular os níveis e etapas de ensino de tal maneira que os direitos e objetivos de aprendizagem e desenvolvimento sejam assegurados aos alunos série a série, como ordena o Plano Nacional da Educação/PNE.

6) Reorientar o planejamento do ensino, transformando-o em instrumento capaz de "maximizar o impacto da aprendizagem e de aferir as evidências desse impacto, que devem ir além da aprovação dos alunos nos testes escolares" (Hattie, 2017).

7) Possibilitar, à Equipe Multidisciplinar da Escola, uma visão positiva do desenvolvimento cognitivo e socioemocional dos alunos, o que pressupõe tornar a *aprendizagem visível* (*Visible Learning*: tema do livro primeiro de Hattie, 2009 para professores).

8) Aplicar, em dimensão exponencial, *o princípio da garantia do padrão de qualidade*, um dos componentes fundantes do processo de ministração do ensino (LDB, art. 3º, inc. IX).

9) Executar a Meta 7 do PNE, desdobrada em 36 estratégias voltadas para o aprimoramento da aprendizagem, melhoria dos padrões de funcionamento das escolas, ressignificação do conceito operativo de qualidade do ensino e, principalmente, decantação pedagógica dos processos formativos via Educação Básica.

10) Articular, epistemológica e dinamicamente, este conjunto de expectativas assim que o projeto pedagógico de cada escola (LDB, art. 12, inc. I), em sua execução diária, contribua para a oferta de uma

educação baseada nos quatros pilares de transcendência da aprendizagem sistematizada escolar, como proposto no Relatório Delors/Unesco, 1998:

- aprender a ser;
- aprender a conhecer;
- aprender a fazer;
- aprender a conviver.

105 À luz das diretrizes pedagógicas da BNCC, qual a função da contextualização?

A contextualização tem função pedagogicamente estratégica na melhoria da qualidade do ensino. Por isso não há currículo DESCONTEXTUALIZADO. Quando isso acontece, desaparece a educação e aparece o treinamento. Some o professor e ressurge o instrutor. A BNCC, por esta razão, em todo o seu corpo normativo, enfatiza a interdisciplinaridade e a **contextualização** "como recursos complementares para ampliar as inúmeras possibilidades de interação entre as disciplinas e entre as áreas nas quais as disciplinas venham a ser agrupadas". Nesse sentido, a BNCC acolhe o que consta da LDB:

Art. 26. Os currículos da Educação Infantil, do Ensino Fundamental e do Ensino Médio devem ter Base Nacional Comum, a ser complementada, em cada sistema de ensino e em cada estabelecimento escolar, por uma parte diversificada, exigida pelas características regionais e locais da sociedade, da cultura, da economia e dos educandos.

Ampliar o campo de possibilidades de interação entre as disciplinas e as áreas de conhecimento é um dos objetivos da contextualização. Nesse processo, ela ajuda a focar três aspectos indispensáveis ao funcionamento da "didática" escolar.

Primeiro: Todo conhecimento envolve uma relação entre sujeito e objeto.

Segundo: O conteúdo do ensino, para retirar o aluno da condição de espectador passivo, deve produzir aprendizagens significativas. São elas que mobilizam *o aluno e fixam, entre ele e o objeto de conhecimento, uma relação de reciprocidade.*

Terceiro: A contextualização evoca as áreas, âmbitos ou dimensões presentes na vida pessoal, social e cultural e mobiliza competências cognitivas já adquiridas. Estes são os **contextos** mais próximos do aluno. Evidentemente, deve haver o cuidado para que estes contextos funcionem como referências positivas da aprendizagem e que, portanto, não comprometam o que a BNCC define como aprendizagens essenciais. A sala de aula não pode ficar aprisionada no espontaneísmo e na cotidianidade do "tudo vale"! Como aponta o Parecer CEB-CNE n. 15/98, que trata das Diretrizes Curriculares Nacionais para o Ensino Médio/Dcnem, "[...] Contextualizar os conteúdos escolares não é liberá-los do plano abstrato da transposição didática para aprisioná-los no espontaneísmo e na cotidianidade. Para que fique claro o papel da contextualização, é necessário considerar, como no caso da interdisciplinaridade, seu fundamento epistemológico e psicológico" (1998, p. 95). A BNCC retoma este enfoque e *"propõe a superação da fragmentação radicalmente disciplinar do conhecimento, o estímulo à sua aplicação na vida real, a importância do contexto para dar sentido ao que se aprende e o protagonismo do estudante em sua aprendizagem e na construção de seu projeto de vida"* (Brasil, 2018, p. 15).

> **106** Neste caso, como perfilar o currículo do Ensino Médio em sua dupla face com áreas de conhecimento e com áreas de formação profissional?

O currículo nada mais é do que um subsistema de integração da organização e funcionamento da escola. Nesse contexto, o currículo, sob o influxo da BNCC, é a LIGA deste complexo sistema de elementos articulados e responsáveis pela malha funcional da escola. Malha que envolve diversos subsistemas de natureza específica como: gestão dos meios (administração), planejamento pedagógico, perfil de entrada e de saída dos alunos, conteúdos, itinerários formativos, metodologias, recursos didáticos, qualificação docente e modalidades de avaliação. Tudo isso assentado em uma infraestrutura físico-funcional. Nesta rede de subsistemas, os docentes não são agentes especiais, mas fontes permanentes de ação educativa intencional e de dinamismo pedagógico. Como lembra Tescarolo (2004, p. 95), ressaltando aspectos do magistério da ação, do currículo e do conhecimento: *"Quando falamos do magistério da ação, não estamos apenas nos referindo à qualidade do currículo, da formação dos formadores, do planejamento, da mediação ou da avaliação. Tampouco nos limitamos às condições de trabalho ou aos recursos materiais; nem ao parque arquitetônico e tecnológico. Estamos, sim, falando principalmente da ação comunicativa e do poder, e de como essa ação e esse poder condicionam e realizam a escola".*

Todas as dimensões enfocadas neste capítulo apontam a importância dos chamados contextos locais como fonte de dinamização e potencialização da aprendizagem. Aqui ressalte-se a relevância da comunidade como contexto integrador e irradiador de vida, além de mecanismo indutor de participação no delineamento e decisões relacionados ao Projeto Pedagógico Escolar.

CAPÍTULO 17

A BNCC e o Plano Nacional de Educação/PNE

107 Que tipo de conexão existe entre BNCC e PNE?

A Lei 13.005/2014, do Plano Nacional de Educação/PNE, reforça, na Meta 07, estratégia 7.1, a necessidade de estabelecer e implantar, mediante **pactuação interfederativa** (União, Estados, Distrito Federal e Municípios), Diretrizes Pedagógicas para a Educação Básica e a Base Nacional Comum dos Currículos, com direitos e objetivos de aprendizagem e desenvolvimento dos(as) alunos(as) para cada ano do Ensino Fundamental e Médio, respeitadas as diversidades regional, estadual e local (Brasil, 2014). Portanto, a conexão entre BNCC e PNE é direta e objetiva. As interseções conceituais e técnico-legais têm como estrado "a religação dos saberes" e o princípio da complexidade com seus desafios. Neste sentido, pode-se dizer que a BNCC abre um extenso arco de possibilidades para a execução do PNE via currículo escolar reconstituído. Este conecta-se ao largo campo das novas ciências polidisciplinares com inegável influência nos componentes da Educação Básica e do ensino em geral. Nesta perspectiva, a BNCC não só ajuda a aproximar as diretrizes dos sistemas de ensino às 20 metas e 254 Estratégias do PNE, como contribui para operacionalizar o currículo não como um feixe de saberes, mas, sim, como um estuário de conhecimentos intercomunicantes.

108 Quais os focos de irradiação inter/intrassistêmica da META 7 do PNE, com vinculação à BNCC?

A Meta 7 do PNE está assim formulada: *Fomentar a qualidade de Educação Básica em todas as etapas e modalidades, com melhoria do fluxo escolar e da aprendizagem [...]. A partir desta "ordem geral"*, ganham energia irradiadora no interior dos sistemas de ensino e além de cada um deles, as estratégias seguintes [...]:

7.4) *Induzir processo contínuo de autoavaliação das Escolas de Educação Básica, por meio da constituição de instrumentos de avaliação que orientem as dimensões a serem fortalecidas, destacando-se a elaboração de planejamento estratégico, a melhoria contínua da qualidade educacional, a formação continuada dos(as) profissionais da educação e o aprimoramento da gestão democrática;*

7.5) *Formalizar e executar planos de ações articuladas, dando cumprimento às metas de qualidade estabelecidas para a Educação Básica pública e às estratégias de apoio técnico e financeiro voltadas à melhoria da gestão educacional, à formação de professores e professoras e profissionais de serviços e apoio escolares, à ampliação e ao desenvolvimento de recursos pedagógicos e à melhoria e expansão da infraestrutura física da rede escolar;*

[...]

7.9) *Orientar as políticas das redes e sistemas de ensino, de forma a buscar atingir as metas do Ideb, diminuindo a diferença entre as escolas com os menores índices e a média nacional, garantindo equidade da aprendizagem [...];*

7.10) *Fixar, acompanhar e divulgar bienalmente os resultados pedagógicos dos indicadores do sistema nacional de avaliação da Educação Básica e do Ideb, relativos às escolas, às redes públicas de Educação Básica e aos sistemas de ensino da União, dos Estados, do Distrito Federal e dos Municípios, assegurando a contextualização desses resultados, com relação a indicadores sociais relevantes, como os de nível socioeconômico das famílias dos(as) alunos(as), e a transparência e o acesso público às informações técnicas de concepção e operação do sistema de avaliação;*

7.11) *Melhorar o desempenho dos alunos da Educação Básica nas avaliações da aprendizagem do Programa Internacional de Avaliação de Estudantes – Pisa, tomando-o como instrumento externo de referência, internacionalmente reconhecido [...].*

O grande estuário da Meta 7 do PNE é a melhoria da qualidade da educação escolar e da aprendizagem dos alunos. Como destaca Demo (1996, p. 14), *qualidade formal e qualidade política*. O conhecimento vincula-se à primeira, enquanto a educação prende-se à segunda. Aqui, o vínculo PNE/BNCC: ambos os textos normativos buscam induzir os sistemas de ensino e as escolas ao exercício de um compromisso com a **qualidade da educação,** em três níveis:

a) Construir condições do aprender a aprender e do saber pensar com qualidade.

b) Promover qualidade educativa, percorrendo processos convergentes de qualidade na totalidade do fazer educação integral.

c) Focar a prática da qualidade no aprender a aprender, no interior de cujo processo se elabora e reelabora "a cidadania fundada na competência, mas decisiva que manejar e produzir conhecimento" (Demo, 1996, p. 62).

A Constituição Federal (art. 206, inc. VII) e a LDB (art. 3º, inc. IX) focam "a garantia do padrão de qualidade como um dos princípios de ministração do ensino. Por outro lado, a LDB comete, ao Estado brasileiro, a responsabilidade de "assegurar o processo nacional de avaliação do rendimento escolar no Ensino Fundamental, Médio e Superior, em colaboração com os sistemas de ensino, objetivando a definição de prioridades e a melhoria da qualidade do ensino (art. 9º, inc. VI). As estratégias da META 7, do PNE concentram-se no EIXO da MELHORIA do ENSINO, cobrindo aspectos como: a) Avaliação; b) Articulação sistêmica; c) Formação docente; d) Gestão educacional; e) Garantia de equidade; f) Acompanhamento de resultados; g) Contextualização da aprendizagem; h) Conexão dos resultados da aprendizagem com diferentes indicadores sociais. Este feixe de estratégias tem relação direta com a BNCC em 6 campos de obrigatória convergência, a saber:

1) Pacto interfederativo.

2) Comunhão de princípios e valores.

3) Regime de colaboração.

4) Fundamentos pedagógicos.

5) Compromisso com a educação integral.

6) Feixe das Dez Competências Gerais da Educação Básica.

CAPÍTULO 18

Proposta de alinhamento de estratégias para a implementação da BNCC e a relevância dos Projetos Juvenis

109 É possível um alinhamento de estratégias pelos sistemas de ensino e escolas para um processo adequado de implementação da BNCC?

Não apenas é possível, como recomendável. Com o apoio do respectivo Conselho de Educação, cada sistema de ensino deve desenhar uma rota executiva com tal finalidade. Apresentamos uma proposta possível, à guisa de sugestão, passo a passo:

Passo 1 – Produção de um conjunto de diretrizes e orientações para conhecimento das escolas e dos seus professores, valorizando sempre os contextos local e regional.

Passo 2 – Criação do Observatório de Acompanhamento de Implementação da BNCC (OAI-BNCC).

Passo 3 – Realização de agendas de capacitação docente, envolvendo professores e escolas por região.

Passo 4 – Implantação na Secretaria de Educação de um Laboratório de Currículo Escolar (Lace) para consultas e orientações. Cada escola deve ter um núcleo do Lace com quatro objetivos: a) Mobilização permanente dos professores em torno dos aspectos de transição curricular; b) Equacionamento de questões suscitadas em nível de áreas de ensino e disciplinas; c) Troca de experiências institucionais exitosas e; d) Valorização da participação docente no dia a dia do processo de implementação da BNCC.

Passo 5 – Definição de um cronograma para a implementação da BNCC, respeitando-se as singularidades das escolas.

Passo 6 – Construção e divulgação de um glossário básico de termos e expressões definidores dos rumos da BNCC.

Passo 7 – Montagem de um feixe de normativas destinado às escolas, articulando:

- legislação federal;
- legislação estadual;
- legislação distrital;
- legislação municipal.

Passo 8 – Definição de parâmetros institucionais inovadores de avaliação formativa.

Passo 9 – Criação de um portal online para consultas gerais sobre a BNCC.

Obs.: A sequência desses passos pode ser alterada de acordo com as características de organização dos sistemas de ensino e das respectivas escolas. Ou seja, a sequência adotada gera consequências na execução.

Este alinhamento de estratégias é fundamental por duas razões. Primeiro, porque o currículo é sempre "um território em disputa" (Arroyo, 2011) e, segundo, porque, sem a intensa participação dos professores e gestores escolares, as mudanças perderão o rumo. Aqui, vale lembrar que o planejamento da educação não é uma questão técnica, mas uma questão de direcionamento executivo da qualidade das aprendizagens dos alunos e dos resultados esperados. A BNCC requer uma nova forma de gestão e novos parâmetros para o FAZER DOCENTE. Gestores e professores precisam estar no radar do processo de implementação da BNCC, cuja dimensão finalística não é um jogo de troca de disciplinas, mas um conjunto de processos inovadores de integração de saberes e aprendizagens, conduzidos por enfoques sociopedagógicos, epistemológicos e organofuncionais do ensino regular e das escolas. No centro do palco desses processos devem operar articuladamente gestores, professores, alunos, familiares e comunidade, evitando-se assim mudanças meramente burocráticas de natureza legal e formal, sem repercussão no aprimoramento das aprendizagens dos alunos.

> **110** À luz da BNCC, no Ensino Médio, é fundamental incorporar, na metodologia do "aprender a aprender", o trabalho com PROJETOS JUVENIS. Para tanto, qual deve ser o novo posicionamento da Escola de Ensino Médio?

Os **Projetos Juvenis** devem estar incorporados ao **Projeto Pedagógico** e, portanto, ao **Projeto Escolar**. Entre estes projetos não há compartimentalizações, senão um processo de fecundo enredamento. São espaços que se entrecruzam, se interpenetram e se complementam, a exemplo de uma árvore frondosa sob cujo tronco estão entrançados feixes de raízes para lhe dar sustentação e alimentar, de seiva, os galhos alongados, múltiplos e multiformes. Aliás, DESCARTES usou a imagem da árvore para explicar a totalidade do conhecimento humano. Conhecimento que, na escola, assume a feição de saber curricular, mas longe da ideia de formalização rígida, em grade, e identificado em ser *"...espaço de encontro com os signos, espaço com que os pontos relevantes se retomam uns nos outros, estruturando e modificando relações entre os signos instituídos"* (Deleuze, 1974, p. 152; 1988, p. 54).

Estamos, portanto, diante de uma compreensão estratégica de saber em que forças diversas e diferentes trabalham sob permanente tensão no campo da construção curricular. Construção que se constitui em tempos contínuos e, portanto, expressão legítima da forma visível de corresponsabilidade na organização do trabalho pedagógico que, como assinala Veiga (1997, p. 11), *"tem no aluno, sua base, e, no trabalho coletivo e intencional, seu balizamento"*.

Pode-se dizer, assim, que o currículo escolar nada mais é do que uma experiência aberta, encorpada em processo inclusivo, variando de contexto para contexto, em gradação e intensidade. A cada escola cabe elaborar a sua Proposta Pedagógica (LDB, art. 12, inc. I) com sensibilidade na concepção e pertinência na formulação, de tal sorte que se substitua a detenção dos anseios juvenis pela distensão dos receios juvenis, ajudando os alunos a recodificarem suas experiências, dentro da visão de que "...*é defrontando-se com o heterogêneo, com o estranho, com o desconhecido, que os jovens podem dar vazão à insatisfação, fundamento de qualquer aprendizagem. Mas não é passando apressadamente do heterogêneo ao homogêneo, por uma suposta continuidade de experiência e conhecimento, que eles podem acolher o múltiplo e salvar o uno. Todo o problema está na possibilidade e nas maneiras de eles se apoderarem dos signos das experiências para dominar situações e modificar relações vigentes nos signos instituídos – posicionando-se como uma espécie de 'egiptólogos', pois 'aprender é, de início, considerar uma matéria, um objeto, um ser, como se emitissem signos decifrados, interpretados'"* (Deleuze, 1987, p. 4).

Esta visão evidencia a dimensão de uma prática pedagógica balizada por referências plurais e, por conseguinte, divorciada de uma preocupação homogeneizante nos processos e unificadora nos resultados. Na verdade, a ideia da *formação comum* (LDB, art. 22) e da *Base Nacional Comum Curricular* (LDB, art. 26) não implica a programação curricular reunificadora das experiências dos alunos, mas, certamente, implica a possibilidade de recuperar, sem repetir, a historicidade do cotidiano dos alunos e dos seus projetos. Para tanto, é urgente rever a preocupação radical da escola de trabalhar e de se "organizar" em torno de um consenso curricular para a formação dos alunos. Esta preocupação traduz uma compreensão equivocada de ideia de *Formação Integral*.

Trabalhar adequadamente na sala de aula significa buscar o abrandamento dos esquemas curriculares rígidos em favor da valorização pedagógica de elementos da vida cotidiana dos principais atores da escola: os alunos com seus projetos. Para trabalhar nesta perspectiva é necessário reconsiderar um conjunto de convicções formadoras e de percepções sociopedagógicas que circundam a sala de aula, a escola e os multiplicados espaços de aprendizagem cotidiana. Convicções e percepções que vão condicionar, certamente, os **Projetos Juvenis** e sua formulação. À luz desse entendimento, haverá lugar para se dizer que o currículo pode ser o ponto de vista unificador do Projeto Escolar, desde que os alunos jovens tenham a possibilidade de se libertar de uma tendência escolar universal e absoluta: a da submissão à homogeneidade. A escola igual é a escola da exclusão e do recrudescimento das desigualdades.

Para delinear uma trajetória bem-sucedida de Projeto Pedagógico e de Projeto Escolar, dentro de cujas molduras os **Projetos Juvenis** têm presença afirmativa e consistência epistemológica, a escola de Ensino Médio deverá se reposicionar face ao que segue:

1) Nova compreensão do conceito de juventude – Já não é possível encarar a "juventude" como uma realidade única. Este sentido de pluralidade do termo – **Juventudes** – constitui, hoje, a marca registrada do universo jovem. O discurso tradicional trata o conceito de juventude como de uma realidade homogênea e compacta. Na verdade, a categoria conceitual juventude é polissêmica e, portanto, carregada de desafios epistemológicos. Como assinala Bourdieu (1990), o uso do fator idade para marcar uma realidade social complexa é manipulação de cientistas sociais. E arremata: *"A juventude e a velhice não se dão, mas constroem-se socialmente entre jovens e velhos [...]. A idade é um dado manipulado e manipulável, mostra que o fato de se falar dos jovens como de uma unidade social, de um grupo constituído, possuidor de interesses comuns e, ainda, referir esses interesses a uma idade definida biologicamente, constitui em si uma manipulação evidente".*

A temática juvenil, assim, afasta-se da visão de juventude como uma simples etapa da vida para mergulhar numa epistemologia do juvenil ancorada no reconhecimento da heterogeneidade do mundo juvenil. Com sua diversidade de desejos, sonhos, necessidades, estilos de vida, modos de falar, julgar e expor-se e formas de agrupamento e de confrontação.

O reconhecimento da existência de juventudes conduz, igualmente, ao reconhecimento de suas diferentes estéticas.

Para os sistemas de ensino e para as escolas, o grande desafio, como destaca Quapper (2001, p. 73), consistirá em reconstruir categorias e epistemologias que possibilitem um reposicionamento face à existência de *juventudes,* circunstância que exige a superação das barreiras que a matriz adultocêntrica nos impõe. *Para isso, só uma força política relevante assegurará o reconhecimento de juventudes em nossas sociedades.*

2) Nova compreensão de moratória social – Se é impositiva a reconstrução social do conceito de juventude à medida que sobre ele incidem inúmeras variáveis, na base das quais está a diversidade social, convém anotar que o conceito de moratória social precisa ser revisto.

Como assinala Margulis (2001, p. 43), *"a moratória tem a ver com a necessidade de ampliar o período de aprendizagem. [...] É uma etapa de indulgência em que não recai sobre os jovens o rigor das pressões e exigências que pesam sobre as pessoas adultas".*

Vista na acepção em tela, a moratória, evidentemente, deve afastar-se de suas referências históricas e sociais à medida que, a exemplo do que ocorre com o conceito clássico de juventude, se reduz à aplicação a uma classe de jovens bastante restrita: os que possuem condições econômicas e socioculturais que lhes asseguram **um tempo de espera** antes de sua inserção no mercado de trabalho.

Conclui-se, assim, que o conceito de juventude, com foco no conceito de moratória social, exclui grande parte de nossos jovens, dado que são desempregados, subempregados e, portanto, vivem uma moratória **não de espera, mas de exclusão**.

Estas circunstâncias lançam os nossos jovens em uma situação de incerteza e indeterminação, geram contextos conflitivos permanentes, dificultam o desenvolvimento de identidades individuais equilibradas e de identidades sociais solidárias. Por isso, mais do que disciplinas escolares, exigem, da escola, apoio no desenvolvimento de projetos capazes de responder às energias juvenis descoordenadas e ao potencial criativo de cada jovem. Nesse sentido, o currículo escolar deve assumir a função de instrumento de construção de novas estruturas de significação, incorporando novos sentidos a códigos preexistentes. Ou seja, o currículo transforma-se em instrumento veiculador da *razão comunicativa* (Habermas, 1976), faz-se microfone de uma comunidade argumentativa (os jovens) e, por fim, assume a feição de redes de comunicação.

Em suma, a desconstrução do conceito de moratória social não busca negar a importância que este conceito teve, ampliando o entendimento jovem e de juventude – saindo da dimensão meramente biológica para uma dimensão histórica –, mas realça a necessidade de a Escola de Ensino Médio agudizar a percepção de que trabalhar com um conceito fechado implica excluir desta condição a maioria dos jovens que frequentam sobretudo os estabelecimentos públicos de ensino.

3) Nova compreensão do ícone JOVEM: O nosso mundo é o mundo da imagem, decorrência do processo de exacerbação da sociedade de consumo. A comunicação social dos *mass media* é, sobretudo, a comunicação visual. O mercado vive do espetáculo e não há "espetacularização" sem imagem.

Neste cenário, a divinização do corpo jovem assume o centro da plataforma estética da sociedade atual. Mas esta divinização está plantada em padrões excludentes, pois que pilotada por paradigma hegemonicamente europeu ou, se quiser, do *homo americanus*, tipo galã. A estética dominante é a do corpo esbelto, atlético, de olhos azuis e, portanto, de cor branca. Ser jovem é bom, mas se tiver essas características é ótimo! Na TV, no cinema e no teatro e nas publicidades em geral, esta é a marca jovem de prestígio. Ou seja, estamos diante de um mundo que se desvia da essência e se guia pela aparência!...

Pode-se dizer que o discurso publicitário trabalha com uma beleza emblemática presumida, pois que só parcialmente representativa da média da população brasileira e, por isso, alimenta, de forma implícita, *"um processo de expropriação simbólica e de desqualificação social dos valores estéticos, históricos e culturais dos setores dominados"*.

Evidentemente, associam-se, a este padrão estético prevalecente, aspectos de conduta, de comportamento e de aspirações que nutrem todo o processo de construção de identidades.

As consequências são evidentes: todos querem ser jovens e todos querem **parecer** com os jovens que **aparecem** na mídia.

Em geral, os recursos materiais e os recursos simbólicos se expressam de formas diferentes na sociedade de consumo. Porém, essa multiplicidade de formas de expressão apenas ratifica a necessidade de extroversão humana, mesmo que, para tanto, símbolos de consumo e de identificação menos onerosos sejam usados. Os grupos juvenis, nas suas variadas expressões de tribos urbanas, criam códigos corporais e símbolos estéticos que, de alguma forma, traduzem a busca de afinidades entre si, independentemente de suas geografias. As roupas, tatuagens, os *piercings* e brincos nada mais são do que tendência à construção de semelhanças afirmativas.

Neste cenário de tanta propulsão imitativa, ilusionista e consumista, cabe à escola compreender que os jovens dos chamados setores populares trazem imagens, símbolos, emblemas e ícones nas cabeças que são como que presenças impostoras depositadas pela mídia, sob a forma de propaganda, e que, por isso, esses jovens têm enormes dificuldades de articular elementos e meios que lhes possibilitem caminhar na direção de uma identidade genuína.

Impossibilitados de colocar em rota de diálogo suas necessidades e seus valores individuais, eles se tornam vítimas da chamada razão mercantil e se desestruturam à medida que não conseguem responder, às vezes, nem minimamente, às seduções do mercado, *regulador supremo da vida social* (Margulis, 2001, p. 53).

À escola cabe dar os instrumentos de inteligibilidade, de criatividade e visão crítica para que os jovens não se revelem alheios a sua herança genética predominante, não se sintam incapazes de trabalhar e conviver com seus marcos culturais e com suas referências estéticas genuínas e não se digam desmotivados a buscar formas construtivas de reestruturação da vida comunitária e social.

Para redescobrir estes caminhos, os sistemas de ensino devem estimular, através de políticas de apoio institucional, as iniciativas juvenis, a formação de grupos, as organizações e movimentos associativos nas escolas, dando, a estas, diferentes expressões de afirmação identitária e de reconhecimento acadêmico. Reconhecimento que significa objetivamente:

a) Destacar os benefícios pessoais que a participação nestes grupos oferece no sentido de desenvolver a autoestima, a autonomia, a aptidão para o trabalho coletivo e o processo de formação de ações articuladoras e solidárias.

b) Realçar a compreensão de que o currículo escolar e os Projetos Juvenis são mecanismos importantes de desenvolvimento de identidades alicerçadas no que o estudante jovem faz e não só no que a mídia e a sociedade de consumo disponibilizam como padrões ideais de conduta e como ícones para o jovem.

c) Contabilizar, na avaliação individual, os progressos feitos em decorrência do envolvimento nestes espaços de participação, valorizando, assim, a educação da sensibilidade do ponto de vista das iniciativas e dos **Projetos Juvenis.**

4) Nova compreensão do conceito de juventude rural – A juventude, como vimos, constitui hoje realidade multiforme e, portanto, passou a ser um referente conceitual com múltiplas dimensões, desde as suas condições mais usuais (etapa da vida biológica, grupo social, condição psicológica, estado de espírito) até as acepções extensivas (modo de encarar os desafios, estilo de vida etc.).

Para a Escola de Ensino Médio é fundamental o reconhecimento dos diversos *approaches* sobre a juventude e sobre o jovem, como precondição de se decodificarem, com o apoio curricular, os diversos painéis mentais e culturais que os jovens possuem e, desta forma, se oferecerem alternativas de construção de projetos pessoais e coletivos, mas sempre, **Projetos Juvenis!** – capazes de possibilitar, de um lado, a satisfação às necessidades básicas de aprendizagem (UNDP; Unesco; Bird, 1990) e, de outro, o seu reconhecimento social.

Juventude rural hoje não é mais só aquela que habita o campo, mas são todos os jovens que carregam os traços culturais e características de ser e de proceder ligadas à realidade rural, seja habitando centros urbanos marcados por territórios adensados de "bairros rurais" (Queiroz, 1973, p. 51), seja o universo de jovens que, mesmo usando tecnologias sofisticadas em projetos e programas de agronegócio, moram no campo e dele vivem. Evidentemente, os colocados no primeiro grupo exigem uma atenção especial da escola. Como destaca Carneiro (2002, p. 57), *"pode-se dizer que hoje os bairros rurais são hóspedes invasores das cidades. Seus habitantes, tangidos pela sombra da miséria crescente nos ambientes de onde chegam, são lançados na aventura da vida nas periferias das cidades. Ali, formam agregados, amontoados de casas em terrenos vomitados pela especulação imobiliária. Isto no caso dos bairros rurais estendidos no solo desprezado das grandes cidades. No caso das pequenas e médias cidades, os bairros rurais assumem uma configuração menos dramática, embora seus moradores sejam, também, habitantes estranhos de um território que os recebem, mas não os absorvem cultural e imediatamente".*

111 **Em que consiste a ideia de <u>pluritemporalidade</u> a ser adotada pela Escola de Ensino Médio em sua "nova" organização funcional-pedagógica?**

É fato que nossas escolas não têm biodisponibilidade para lidar com o jovem, mas é fato, também, que há um esforço nacional no âmbito da política educacional para a escola de Ensino Médio apagar as impressões digitais do Ensino Fundamental e, assim, assumir sua própria identidade. Esse esforço passa por uma compreensão diferente de tempo e de espaço acadêmicos, mediante a adoção do conceito de pluritemporalidade: os diversos tempos do aluno jovem e de seus projetos. Um tempo que irrompe o seu conceito físico e se enraíza nas circunstâncias plurais de cada um. Na verdade, um tempo que são tempos culturais, tempos que vão aquém e além do horário das aulas e que, por isso, são do tamanho do relógio da vida. Esse tempo e este espaço "descalendarizados" precisam dialogar com o tempo e o espaço escolares por via da aproximação das utopias juvenis: a liberdade de um projeto e um projeto de liberdade!

112 De que forma, em contexto de <u>novo normal</u>, a BNCC permanecerá em processo de implementação?

As vigas de sustentação da BNCC estão na Constituição Federal e na legislação infraconstitucional, com foco especialmente na LDB, no PNE e nas Diretrizes Curriculares Nacionais exaradas pelo CNE. Seu foco é a educação escolar, a quem cabe assegurar as aprendizagens essenciais para todos os alunos da Educação Básica, sob a forma de garantia de direitos de aprendizagem e desenvolvimento. Sem o cumprimento desses conceitos operativos e delineamentos legais a escola estará funcionando no acostamento das rotas inafastáveis das prescrições legais. "As decisões da BNCC devem ser consideradas necessariamente na organização de currículos e nas propostas adequadas às diferentes modalidades de ensino", sob pena de as definições pedagógicas adotadas pelos sistemas de ensino e respectivas escolas estarem referenciadas a um estado de anomia. Sem observar o caráter normativo na BNCC, que define o conjunto orgânico e progressivo das aprendizagens essenciais, as escolas estarão entregues a um voluntarismo pedagógico descaracterizado do conceito de ensino regular. A implementação da BNCC integra o campo dos deveres do Estado à medida que compõe o entendimento de "mínimo essencial" na oferta da Educação Básica, correspondente ao conceito de direitos e objetivos de aprendizagem e desenvolvimento do aluno. Essa é a razão por que a Lei n. 14.040, de 18 de agosto de 2020, ao conter normas educacionais excepcionais a serem adotadas durante o estado de calamidade pública – reconhecido pelo Decreto legislativo n. 6, de 21 de março de 2020 – faz salvaguardas às Diretrizes Curriculares Nacionais/DCN-CNE, à **Base Nacional Comum Curricular/ BNCC** e às normas dos respectivos sistemas de ensino.

113 Quais são os aspectos indutores da irradiação da BNCC sob a organização e funcionamento dos sistemas de ensino e respectivas escolas e, por isso, incidentes sobre seus planejamentos, respeitada a autonomia prevista em lei?

Aqui há muitos aspectos a considerar. Vamos destacar os principais:

1) Sob o ponto de vista de estrutura e de sua natureza imperativa, a BNCC é um corpo normativo com dispositivos articulados e estruturantes, voltados para a organização epistemológico-formativa dos alunos na Educação Básica e como conjunto orgânico e progressivo das aprendizagens essenciais. É uma *NORMA* que exponencializa os currículos escolares, pondo-os na moldura da *educação integral* e do caráter de pessoalidade da educação (Machado, 2000, p. 61).

2) A estrutura da BNCC está definida em documento homologado pela Portaria MEC n. 1.570, publicada no *DOU* de 21/12/2017.

3) Como referência normativa obrigatória para a formulação dos currículos dos sistemas e das redes escolares dos Estados, do Distrito Federal e dos Municípios e, em consequência, das propostas pedagógicas das escolas, pode-se dizer que a BNCC tem direcionamento bifronte:

a) Integra a Política Nacional da Educação Básica e;

b) Referencia o alinhamento de outras políticas e ações em âmbito federativo.

4) O horizonte teleológico da BNCC, em consequência, busca iluminar 5 rotas do planejamento das Políticas Públicas da Educação Básica:

a) O fortalecimento do regime de colaboração entre as três esferas de governo;

b) Não fragmentação das políticas educacionais;

c) Aprimoramento da qualidade da Educação Escolar;

d) Garantia do acesso e permanência, com êxito, do aluno na escola;

e) Asseguramento, a todos os alunos, de um patamar comum de aprendizagem; daí o desenvolvimento impositivo das *DEZ COM-*

PETÊNCIAS GERAIS da Educação Básica, que, inter-relaciona-das, "desdobram-se no tratamento didático proposto para as três etapas que a compõem: Educação Infantil, Ensino Fundamental e Ensino Médio, *articulando-se*:

- Na construção de conhecimentos;
- No desenvolvimento de habilidades; e
- Na formação de atitudes e valores, nos termos da LDB (BRASIL. *Base Nacional Comum Curricular/Educação é a Base*, 2018, p. 9).

Como ressaltado na abertura desta obra, a BNCC alinha objetiva-mente:

1) Marcos legais;

2) Princípios, valores e estratégias (educação integral, igualdade, equi-dade, inclusão, diversidade, interdisciplinaridade, aprendizagem sig-nificativa, metodologias multirreferenciadas e contexto);

3) Blocos de competência por áreas de conhecimento e por compo-nentes curriculares;

4) Focos de responsabilidades da União, Distrito Federal, Estados e Municípios;

5) No caso da União discriminam as seguintes responsabilidades:

a) Revisão das diretrizes de formação inicial e continuada de pro-fessores para alinhá-las à BNCC;

b) Coordenação de políticas em âmbito federal, distrital, estadual e municipal referentes a:

- Monitoramento do processo de implementação da BNCC, em colaboração com os organismos nacionais da área (CNE, Consed e Undime); e
- Apoio técnico e financeiro, incluindo:

c) Fomento a inovações e a estudos e pesquisas sobre currículos e temas afins;

d) Disseminação de casos de sucesso.

Este corpo de sinalizações é uma espécie de trilha para orientação do planejamento integrado da educação escolar. Esta é uma das razões para a BNCC não ser descartada, tampouco para ser desconsiderada em contexto de *novo normal*. A Lei n. 14.040, de 18 de agosto de 2020, confirma de maneira induvidosa essa dimensão de permanência obrigatória da BNCC. De fato, ela a mantém em sua plenitude de eficácia absoluta, que trata de normas educacionais a serem adotadas durante o estado de calamidade pública. Destaca salvaguardas à **Base Nacional Comum Curricular/ BNCC,** às Diretrizes Curriculares Nacionais/DCN e às normas dos respectivos sistemas de ensino, como destacado na questão anterior.

Os aspectos de irradiação positiva da BNCC sobre o funcionamento de toda a escolarização no âmbito da Educação Básica ganharão adicional relevância com a execução da ideia do **Novo Saeb,** em processo de implementação pelo Inep. Com essa ideia inovadora, o Brasil dará um passo gigantesco em termos de maior densidade e consistência no campo da avaliação da Educação Básica. Estaremos em um outro patamar. Se, de um lado, o Plano Nacional de Educação/PNE reconhece, em cada aluno, o direito de alcançar, **ano a ano,** o nível suficiente de aprendizagem e desenvolvimento, e, de outro, a BNCC fixa as competências e habilidades referenciadas **a cada ano escolar,** impõe-se a necessidade de uso de um instrumento de aferição desse patamar de convergência entre desenvolvimento cognitivo e padrão de qualidade do processo de ensino. Aprendizagem ano a ano, série a série. Portanto, BNCC, PNE e Novo Saeb estão alinhados em perspectiva de aprimoramento da qualidade da educação, posta em patamar elevado de natureza conceitual, normativa e pedagógica.

114 De que forma a BNCC guarda convergência com a ideia de Ensino Híbrido?

Os sistemas educacionais são "criaturas" móveis, submetidas a lógicas variáveis, reflexo da evolução dos contextos socioculturais e, portanto, dos avanços do conhecimento. Na sociedade que recebe esse atributo (*Knowledge Society*), a velocidade das mudanças ocorre de forma constante; circunstância que determina, igualmente, contínuas regulações dos sistemas educativos cujo funcionamento vai sedimentar novas lógicas e novas práticas. O horizonte desejado é, de um lado, a adequação dos atos de ensinar e aprender aos novos tempos e, de outro, a reorientação da organização da escola, tornando-a porosa aos acenos e sinalizações da sociedade. O foco passa a ser os resultados a colimarem com base em padrões reconceituados. Lessard e Carpentier (2016, p. 154) denominam esse processo de ***mudança de ordem paradigmática***. Para alcançar essa moldura conceitual, porém, é necessário que se trabalhe no campo das políticas educacionais. Quando as políticas permanecem e a elas se agregam apenas recursos tecnológicos associados, o que há, de fato, é a criação de rotas motivacionais e a multiplicação de mediações da aprendizagem, configurando uma situação típica de "tecnologia de mudança", como arranjo "**facilitador de um agir institucional**" (p. 154).

A BNCC é um vetor de transformação da vida da escola pela sua abrangência; atinge os patamares da filosofia pedagógica (pedagogia das competências), da estrutura e organização curricular, da formação docente, das metodologias e práticas de ensino e das modalidades de avaliação. Tudo isto enraizado no conceito operacional de educação integral e aprendizagem significativa; portanto, na relação teoria-prática, sob o influxo dos princípios da igualdade, da equidade e da diversidade. Outro não é o alcance da necessidade de intensificação do uso de tecnologias na educação formal. Como apontado por Lessard e Carpentier (2016, p. 157), *a tecnologia visa a transformar o núcleo institucional da escola*.

Não paira dúvida de que a instrumentalização tecnológica como apoio à aprendizagem amplia os recursos de adesão aos saberes escolares, facilitando o entendimento do aluno no curso do processo. E este enfoque tem tudo a ver com a BNCC, *comprometida com aprendizagens sintonizadas com as necessidades e interesses dos alunos e com suas formas de existir*. Neste sentido, torna-se um instrumento de impulsão de mudanças no complexo campo da cultura escolar, contribuindo para a escola transformar-se em um verdadeiro "santuário" pedagógico e a sala de aula em um nicho para a prática do Ensino Híbrido. Consequência: o que a escola já faz hoje de forma reduzida poderá começar a fazer amanhã em dimensões multiplicadas, e, dessa forma, sair da "situação de incerteza e ambiguidade" (Sanderson, 2006) em que vive.

CAPÍTULO 19

Nova edição do BNCC Fácil atualizada e em sintonia com as mudanças recentes introduzidas na LDB

115 Esta nova edição do BNCC Fácil apresenta-se atualizada, ou seja, está em sintonia com as mudanças recentes introduzidas na Lei 9.394/1996, a LDB?

A resposta a esta questão é SIM! No entanto, para respondê-la de forma plenamente adequada, é necessário relembrar e ter clareza sobre cinco dimensões-fonte interligadas e, ao mesmo tempo, incidentes no corpo de diretrizes, delineamentos e demarcações da BNCC. São elas:

- Dimensão A: Constituição Federal
- Dimensão B: Lei de Diretrizes e Bases da Educação/LDB
- Dimensão C: Plano Nacional de Educação/PNE
- Dimensão D: Diretrizes Curriculares Nacionais Gerais Para a Educação Básica
- Dimensão E: DCN e Regulamentos outros.

Relembrando:

a) Enquanto lei fundamental, a Constituição é fonte dos direitos e garantias individuais. Como assinalam (Führer, M.C.A.; Führer, M.R.C.), *direitos são finalidades legais atribuídas aos indivíduos*, e *garantias são disposições que asseguram os direitos*.

b) Regulamento: Ato normativo unilateral, inerente à função administrativa.

Norma jurídica geral, abstrata e impessoal, estabelecida pelo Poder Executivo da União, dos Estados e Municípios, para desenvolver uma lei, minudenciando suas disposições, facilitando sua execução ou aplicação e disciplinamento do modo de aplicação da lei (Diniz, 2010, p. 501).

> **116** Algumas recentes e significativas mudanças na LDB, com reflexos nas diferentes dobras da BNCC e, em decorrência, com necessidade de ajustes na Proposta Pedagógica, fator que produzirá rebates na organização e funcionamento da escola e do ensino e, ainda, terá repercussão na geografia da sala de aula, posicionam-se com que direcionamentos principais?

Antes da formulação da resposta à indagação posta, um esclarecimento: a visão aqui é posicionada por capítulo, conforme hospedada na LDB. O mesmo enfoque será retomado na QUESTÃO 124, porém, em visão temporal. No primeiro caso, destacam-se formas dimensionais do direito a uma educação de qualidade, enquanto, no segundo caso, aflora a aderência do legislador a uma compreensão mais abrangente do dispositivo legal da educação socioinclusiva. Retornemos aos ângulos da questão artigo a artigo:

• **Na área de Princípios Básicos de Ministração do Ensino:**

Art. 3º
Inc. XIV – Respeito à diversidade humana, linguística, cultural e identitária das pessoas surdas, surdo-cegas e com deficiência auditiva (incluído pela Lei n. 14.191, de 2021).

• **Na área do Direito à Educação e do Dever de Educar:**

Art. 4º		
Inc. IX	Inc. XI	Inc. XII
2022	2022	2022
✓ Padrões mínimos de qualidade do ensino: definição.	✓ Alfabetização plena e capacitação gradual para leitura ao longo da Educação Básica.	✓ Educação digital adequada para o uso pedagógico.

• **Na área da Organização da Educação Nacional:**

Art. 10
Inc. VIII
2023
✓ Instituição de Conselhos Escolares e dos correspondentes Fóruns Escolares (Estados).

Art. 11
Inc. VII
2023
✓ Instituição dos Conselhos Escolares e dos Fóruns dos Conselhos Escolares (Municípios).

Art. 12
Inc. XII
2023
✓ Instituição dos respectivos Conselhos Escolares (Escolas).

Art. 14
Inc. I a V e § 1º e 2º
2023
✓ Definição das normas da Gestão democrática do ensino público na Educação Básica.

• **Na área da Educação Bilíngue de Surdos:**

Art. 60-A		
• **Educação Bilíngue de Surdos: definição.**		
§ 1º	§ 2º	§ 3º
2021	2021	2021
✓ Serviços de apoio educacional especializado.	✓ Início da oferta de Educação Bilíngue de Surdos.	✓ Acesso a tecnologias assistivas...

Art. 60-B
• Tipos de apoio dos sistemas de ensino
§ único
2021
✓ Condições para contratação e avaliação periódica de professores.

Art. 78-A
• Desenvolvimento de programas integrados de ensino e pesquisa para oferta de educação escolar e intercultural aos estudantes surdos...
Inc. I e II
2021
✓ Objetivos do conteúdo da ALÍNEA C.

Art. 79-C
2021
• Tipos de apoio da União aos sistemas de ensino no provimento da Educação Bilíngue e intercultural às comunidades surdas, como forma de suporte ao desenvolvimento de programas integrados de ensino e pesquisa.

• **Na área da Educação Profissional e Tecnológica:**

Art. 42-A	
§ 1º e 2º	§ 3º e 4º
2023	2023
✓ Eixos Tecnológicos/Itinerários Formativos Contínuos e Trajetórias progressivas de formação.	✓ Organização do Catálogo Nacional de Cursos Técnicos (CNCT) e do Catálogo Nacional de Cursos Superiores e Tecnologia (CNCST).

Art. 42-B
2023
• Marco de orientação da Oferta de Educação Profissional Técnica e Tecnológica e elementos fundamentais a considerar.

• **Na área dos Recursos Financeiros:**

Art. 70	
Inc. IX	Atente: Aqui, abre-se uma janela de reorganização pedagógica, com a ampliação de possibilidades para a realização de atividades curriculares complementares como se pode constatar no texto legal:
2023	
Novas formas de destinação de recursos que passam a ser considerados despesas como de manutenção e desenvolvimento do ensino.	*Art. 70. Considerar-se-ão como de manutenção e desenvolvimento do ensino as despesas com vistas à consecução dos objetivos básicos das instituições educacionais de todos os níveis, compreendendo as que se destinam a:* *[...]* *IX – realização de atividades curriculares complementares voltadas ao aprendizado dos alunos ou à formação continuada dos professores da educação, tais como exposições, feiras ou mostras de ciências da natureza ou humanas, matemática, língua portuguesa ou língua estrangeira, literatura e cultura (incluído pela Lei n. 14.560 de 2023).*

117 Quais são e como operam os dois grandes eixos da BNCC em movimento e execução?

Estes dois grandes eixos posicionam-se em duplo contexto de patamares inter-relacionados e integrados. São eles:

• Patamar 01: Os marcos legais que embasam a BNCC (CF, PNE e DCN (CNE).

• Patamar 02: Os fundamentos pedagógicos da BNCC (Inseridos no texto da LDB, com o estabelecimento das finalidades gerais do Ensino Fundamental e do Ensino Médio (art. 32 e 35), e cujo **FOCO é o desenvolvimento de competências.**

Fica, assim, claro que as diretrizes da BNCC permanecem vinculadas a este duplo circuito de "cursores", cabendo, aos Sistemas de Ensino, às respectivas redes e a cada escola, a incumbência de direcionar, via processos e procedimentos compatíveis e harmônicos, o conteúdo de novos dispositivos da LDB e as diretrizes da BNCC. Em caso da necessidade de novas diretrizes da BNCC, é atribuição do Conselho Nacional de Educação/CNE baixar REGULAMENTO complementar à BNCC, através de Parecer e correspondente RESOLUÇÃO. Foi exatamente o que ocorreu com a RESOLUÇÃO CNE/CEB n. 1, de 4/10/2022, cujo foco é o alinhamento de normas sobre computação na Educação Básica.

CAPÍTULO 20

Características marcantes do Ensino Médio: Desconformidades e reparametrização de rumo à luz das matrizes de responsabilidade alinhadas na LDB/BNCC

118 O Ensino Médio tem duas características marcantes: i) Etapa final da Educação Básica e ii) Direito público subjetivo de todo cidadão brasileiro. Na prática, porém, a realidade educacional brasileira o identifica como um gargalo na garantia do direito à educação. Quais são os principais fatores que explicam esta situação?

Dentre tantos fatores, dez explicam mais proximamente este cenário. Vejamos com óptica pedagógica:

1) O desempenho crítico e insuficiente dos alunos nos anos finais do Ensino Fundamental. Em termos de reajuste das políticas do Estado brasileiro no campo educacional é relevante perceber que a implantação do Ensino Fundamental de 9 anos em nada mudou este cenário. Ou seja, expandimos o tempo de escolarização do aluno, porém, não conquistamos melhoria de PADRÃO DE QUALIDADE. Um verdadeiro efeito colateral indesejável!!!

2) Escolas despossuídas de condições estruturais para o seu funcionamento adequado.

3) Escolas que estacionaram em um conceito de aluno de perfil único.

4) Escolas de organização curricular com excesso de disciplinas e com formato inflexível.

5) Escolas com número insuficiente de professores e, muitos deles, atuando fora do seu alinhamento de formação.

6) Salas de aula com uma abordagem pedagógica apartada das culturas juvenis e do mundo do trabalho.

7) Ausência de *"adoção, pela escola, de uma noção ampliada e plural de juventude, entendida como diversa, dinâmica e participante ativa do processo de formação que deve garantir a inserção autônoma e crítica do aluno no mundo"* (BNCC).

8) Não reconhecimento pela escola, *"dos jovens como seus interlocutores legítimos sobre currículo, ensino e aprendizagens"* (BNCC).

9) Falta de assegurar, *"aos estudantes, uma formação que, em sintonia com seus percursos históricos, faculta-lhes **definir seus projetos de vida***" (BNCC).

10) Visão congelada da escola quanto à compreensão de *"adesão intensa e extensa às orientações das Diretrizes Curriculares Nacionais/DCN e aos direcionamentos da BNCC, compactados no conceito de juventude como condição sócio-histórico-cultural de uma categoria de sujeitos que necessita ser considerada em suas múltiplas dimensões, com especificidades próprias que não estão restritas às dimensões biológica e etária, mas que se encontram articuladas por uma variedade de atravessamentos sociais e culturais, **produzindo múltiplas culturas juvenis ou muitas juventudes***" (Brasil, DCN-BNCC).

---

119 O que a LDB e a BNCC – alinhamento legal e direcional – propõem para reverter este cenário de tantas desconformidades?

Em primeiro lugar, além de garantir a permanência e as aprendizagens dos alunos, fazê-lo respondendo às suas aspirações presentes e qualificando o ensino para as suas aspirações futuras. Block já chamava a atenção neste sentido, sugerindo, aos professores, que se preocupassem com a seguinte questão: *Com que base de futuro eu estou ensinando os meus alunos?*

Em segundo lugar, colocar as finalidades do Ensino Médio (art. 35, 35-A e 36), fazendo associações entre estes dispositivos... e **promovendo a educação integral** dos estudantes no que concerne aos aspectos físicos, cognitivos e socioemocionais.

Em terceiro lugar, conduzir a implantação em ritmo mais acelerado da Escola de Tempo Integral tanto para o Ensino Fundamental como para o Ensino Médio assim que a articulação e integração entre os dois níveis de ensino ocorram com a garantia do padrão mínimo de qualidade, o que requer:

a) Currículos que levem em conta a formação integral do aluno.

b) Proposta pedagógica que tenha total aderência à formação (do aluno) nos aspectos físicos, cognitivos e socioemocionais, como reiteradamente situado na legislação.

c) No âmbito do Ensino Médio, a parte diversificada dos currículos de que trata o *caput* do art. 26 da LDB, definida em cada sistema de ensino, esteja harmonizada à Base Nacional Comum Curricular/BNCC e seja articulada a partir de oito contextos, a saber:

I. Contexto histórico;

II. Contexto econômico;

III. Contexto social;

IV. Contexto ambiental;

V. Contexto cultural;

VI. Contexto da produção moderna;

VII. Contexto das formas contemporâneas de linguagem;

VIII. Contextos diversificados de tipificação do perfil do aluno.

120 Como são e estão definidas estas categorias encorpadas em contextos?

A LDB e a BNCC acenam com focos de intercomplementaridade de tais categorias com irradiação nas áreas epistemológico-formativa e socio pedagógica, reposicionando um conceito dinâmico de educação para a vida individual e social – educação integral – por meio de **cinco** tipos de indutores. São eles:

- **01 – Convicção: em quê?**

...na capacidade que todos os estudantes têm de aprender e de alcançar objetivos que, à primeira vista, podem parecer além de suas possibilidades (LDB/BNCC).

- **02 – Construção: de quê?**

...de "aprendizagens sintonizadas com as necessidades, as possibilidades e os interesses dos estudantes e, também, com os desafios da sociedade contemporânea", como definido na introdução da BNCC (p. 14) (LDB/BNCC).

- **03 – Favorecimento: a quê?**

...à atribuição de sentido às aprendizagens, por sua vinculação aos desafios da realidade e pela explicitação dos contextos de produção e circulação dos conhecimentos (LDB/BNCC).

- **04 – Estímulo: de quê?**

...de atitudes cooperativas e propositivas para o enfrentamento dos desafios da comunidade, do mundo do trabalho e da sociedade em geral (LDB/BNCC).

- **05 – Inovação: de quê?**

a) ...das formas de ensinar, de aprender e de avaliar a aprendizagem;

b) ...das formas de organizar o funcionamento da escola;

c) ...das formas de colocar o currículo em ação;

d) ...das formas de relacionar teoria e prática;

e) ...das formas de assegurar espaços mais amplos de participação dos alunos no cotidiano escolar, sobretudo através da funcionalidade dos Conselhos Escolares (LDB, art. 1º, inc. VII/2023, art. 11, inc. VII/2023, art. 12, inc. XII/2023 e art. 14/2023).

Este conjunto de categorias nada mais é do que desdobramento do bloco de finalidades do Ensino Médio. Assim, está em dobras conceituais e operativas que servem de LIGA para a organização pedagógica da escola e do seu planejamento funcional. E mais: *no contexto de toda a Educação Básica, estas categorias se impregnam de relevância taxionômica na concretização dos direitos e objetivos de aprendizagem e na concretização do desenvolvimento dos indivíduos* (2022), *"fortalecendo os papéis de docência e aprendizagem do professor e do aluno e criando espaços coletivos de mútuo desenvolvimento"* (2023).

121 Quais são as consequências concretas e processuais desta perspectiva?

O próprio corpo de documentos conceitual-operativos da BNCC esclarece:

No Brasil, um país caracterizado pela autonomia dos entes federados, acentuada diversidade cultural e profundas desigualdades sociais, os sistemas e redes de ensino devem construir currículos, e as escolas precisam elaborar propostas pedagógicas que considerem as necessidades, as possibilidades e os interesses dos estudantes, assim como suas identidades linguísticas, étnicas e culturais.

Nesse processo, a BNCC desempenha papel fundamental, pois explicita as aprendizagens essenciais que todos os estudantes devem desenvolver, e expressa, portanto, a igualdade educacional sobre a qual as singularidades devem ser consideradas e atendidas. Essa igualdade deve valer também para as oportunidades de ingresso e permanência em uma escola de Educação Básica, com identidade, sem o que o direito de aprender não se concretiza.

O Brasil, ao longo de sua história, naturalizou desigualdades educacionais em relação ao acesso à escola, à permanência dos estudantes e ao seu apren-

dizado. São amplamente conhecidas as enormes desigualdades entre os grupos de estudantes definidos por raça, sexo e condição socioeconômica de suas famílias. Diante desse quadro, as decisões curriculares e didático-pedagógicas das Secretarias de Educação, o planejamento do trabalho anual das instituições escolares e as rotinas e os eventos do cotidiano escolar devem levar em consideração a necessidade de superação dessas desigualdades. Para isso, os sistemas e redes de ensino e as instituições escolares devem se planejar com um claro foco na equidade, que pressupõe reconhecer que as necessidades dos estudantes são diferentes.

De forma particular, um planejamento com foco na equidade também exige um claro compromisso de reverter a situação de exclusão histórica que marginaliza grupos – como os povos indígenas originários e as populações das comunidades remanescentes de quilombos e demais afrodescendentes – e as pessoas que não puderam estudar ou completar sua escolaridade na idade própria. Igualmente, requer o compromisso com os alunos com deficiência, reconhecendo a necessidade de práticas pedagógicas inclusivas e de diferenciação curricular, conforme estabelecido na Lei Brasileira de Inclusão da Pessoa com Deficiência (Lei n. 13.146/2015).

Conclusão: Em perspectiva de funcionamento de uma ESCOLA DE QUALIDADE (*apoio à escola, apoio ao professor e apoio aos alunos* (Gortázar, 1990), a BNCC propõe:

• Superação da fragmentação disciplinar do conhecimento;

• Estímulo à aplicação do conhecimento na vida concreta e cotidiana;

• Importância do contexto para significar o que se aprende;

• Protagonismo do aluno em sua aprendizagem e em seu projeto de vida;

• Planejamento refundado permanentemente e com claro foco na EQUIDADE;

• Formação continuada de professores como agentes formadores de alunos;

• Formação inicial e continuada de docentes na moldura das competências gerais previstas na BNCC;

• Projeto político-pedagógico e referenciais curriculares.

CAPÍTULO 21

BNCC: elasticidade e complementaridades

122 A longa esteira de competências posicionadas nas "múltiplas prateleiras" da BNCC é uma espécie de inventário fechado ou pode incorporar complementaridades?

No horizonte de sua destinação, a BNCC conta com previsão legal para uma elasticidade. Tal circunstância exige duas condições legais:

• Aprovação pelo Conselho Nacional de Educação/CNE. Este é um caso típico de complementaridade, como se pode verificar na Resolução CNE/CEB n. 1, de 04/10/2022, cujo foco é o alinhamento de normas sobre Computação na Educação Básica.

• Reconhecimento de competências **pelos sistemas de ensino**. A formulação do dispositivo incluído na LDB, pela Lei n. 13.415, de 2017, é a seguinte:

Art. 35-A

[...]

§ 8º Os conteúdos, as metodologias e as formas de avaliação processual e formativa serão organizados nas redes de ensino por meio de atividades teóricas e práticas, provas orais e escritas, seminários, projetos e atividades on-line, de tal forma que ao final do Ensino Médio o educando demonstre (incluído pela Lei n. 13.415, de 2017):

I - domínio dos princípios científicos e tecnológicos que presidem a produção moderna (incluído pela Lei n. 13.415, de 2017);

II - conhecimento das formas contemporâneas de linguagem (incluído pela Lei n. 13.415, de 2017).

Art. 36. *O currículo do Ensino Médio será composto pela Base Nacional Comum Curricular e por itinerários formativos, que deverão ser organizados por meio da oferta de diferentes arranjos curriculares, conforme a relevância para o contexto local e a possibilidade dos sistemas de ensino, a saber (redação dada pela Lei n. 13.415, de 2017).*

[...]

§ 11. Para efeito de cumprimento das exigências curriculares do Ensino Médio, os sistemas de ensino poderão reconhecer competências e firmar convênios com instituições de educação a distância com notório reconhecimento, mediante as seguintes formas de comprovação (incluído pela Lei n. 13.415, de 2017).

123	Em face deste painel de dimensões, quais são os aspectos e os pontos a considerar?

Aqui, sete pontos que devem ser considerados:

• **Ponto 01:** A BNCC está prevista na Constituição Federal/1988, na LDB/1996 e no PNE/2014.

• **Ponto 02:** Cabe ao MEC a sistematização final do texto da BNCC.

• **Ponto 03:** Compete ao CNE a aprovação final e eventual.

• **Ponto 04**: *A BNCC e os currículos se identifcam na comunhão de princípios e valores que, como já mencionado, orientam a LDB e as DCN. Dessa maneira, reconhecem que a educação tem um compromisso com a formação e o desenvolvimento humano global, em suas dimensões intelectual, física, afetiva, social, ética, moral e simbólica.*

- **Ponto 05:** *Além disso, BNCC e currículos têm papéis complementares para assegurar as aprendizagens essenciais defnidas para cada etapa da Educação Básica, uma vez que tais aprendizagens só se materializam mediante o conjunto de decisões que caracterizam o currículo em ação. São essas decisões que vão adequar as proposições da BNCC à realidade local, considerando a autonomia dos sistemas ou das redes de ensino e das instituições escolares, como também o contexto e as características dos alunos. Essas decisões, que resultam de um processo de envolvimento e participação das famílias e da comunidade, referem-se* à esteira de ações seriadas e explicitadas na QUESTÃO 130.

- **Ponto 06:** *Essas decisões precisam, igualmente, ser consideradas na organização de currículos e propostas adequadas às diferentes modalidades de ensino (Educação Especial, Educação de Jovens e Adultos, Educação do Campo, Educação Escolar Indígena, Educação Escolar Quilombola, Educação a Distância), atendendo-se às orientações das Diretrizes Curriculares Nacionais/DCN (MEC-CEB-CNE).*

- **Ponto 07:**

A atualização, no caso, diz respeito a **três enfoques,** a saber:

a) Referenciamento do texto da BNCC Fácil aos aditamentos recentes do corpo de dispositivos da LDB.

b) Conexões entre tais aditamentos e a BNCC em seu formato e direcionamentos atuais.

c) Como fazer os enquadramentos e as adequações positivas para colocar a BNCC a bordo do barco estendido da LDB, sem qualquer tipo de limitação de caráter executivo e, igualmente, sem qualquer tipo de desconformidade para o regular funcionamento da escola, tampouco de apreensão para gestores, coordenadores pedagógicos, professores e alunos.

Todos estes aspectos estão assegurados na presente edição da BNCC Fácil.

CAPÍTULO 22

Inovações da LDB, anos de 2021, 2022 e 2023

> Em uma visão temporal mais abrangente, quais as inovações da LDB, inseridas nos anos 2021, 2022 e 2023 com implicações: a) Na gestão escolar; b) No planejamento pedagógico; c) No campo de ajustes curriculares; d) No desenvolvimento de novas rotas para novos enfoques de redirecionamento de ensino, e, por fim, e) Nas políticas e coordenadas de formação continuada dos professores?

Em uma linha temporal, as principais inovações da LDB no período referenciado são:

Em 2021		
Art. 3,	Inc. XIV	Respeito à diversidade humana, linguística, cultural e identitária das pessoas surdas, surdo-cegas e com deficiência auditiva (Incluído pela Lei n. 14.191, de 2021).
Art. 60-A	§ 1º, 2º e 3º	Educação Bilíngue de Surdos.
Art. 60-B		Deveres dos sistemas públicos de ensino com os educandos surdos... ou com outras deficiências associadas.
Art. 70		Novos tipos de despesas consideradas como de manutenção e desenvolvimento do ensino.

Art. 78 e Art. 79	Desenvolvimento de programas integrados de ensino e pesquisa para a oferta de Educação Escolar Bilíngue e intercultural aos povos indígenas, voltados para objetivos específicos.
Art. 79-C	Desenvolvimento de programas integrados de ensino e pesquisa para oferta de Educação Escolar Bilíngue aos estudantes surdos... voltados para objetivos específicos.

Em 2022		
Art. 4º	Inc. IX	Padrões mínimos de qualidade do ensino, definidos como a variedade e a quantidade mínimas, por aluno, de insumos indispensáveis ao desenvolvimento do processo de ensino-aprendizagem adequados à idade e às necessidades específicas de cada estudante, inclusive mediante a provisão de mobiliário, equipamentos e materiais pedagógicos apropriados (redação dada pela Lei n. 14.333, de 2022).
	Inc. XI	Alfabetização plena e capacitação gradual para a leitura ao longo da Educação Básica como requisitos indispensáveis para a efetivação dos direitos e objetivos de aprendizagem e para o desenvolvimento dos indivíduos (incluído pela Lei n. 14.407, de 2022).
Art. 22		A Educação Básica tem por finalidades desenvolver o educando, assegurar-lhe a formação comum indispensável para o exercício da cidadania e fornecer-lhe meios para progredir no trabalho e em estudos posteriores.
	§ Único	São objetivos precípuos da Educação Básica a alfabetização plena e a formação de leitores, como requisitos essenciais para o cumprimento das finalidades constantes do *caput* deste artigo (incluído pela Lei n. 14.407, de 2022).

Em 2023		
Art. 3º	Inc. VIII	Gestão democrática do ensino público, na forma desta Lei e da legislação dos respectivos Estados e Municípios e do Distrito Federal (redação dada pela Lei n. 14.644, de 2023).
Art. 4 § Único	Inc. XII	Educação digital, com a garantia de conectividade de todas as instituições públicas de Educação Básica e superior à internet em alta velocidade, adequada para o uso pedagógico, com o desenvolvimento de competências voltadas ao letramento digital de jovens e adultos, criação de conteúdos digitais, comunicação e colaboração, segurança e resolução de problemas (incluído pela Lei n. 14.533, de 2023) (vide Decreto n. 11.713, de 2023).
		Para efeitos do disposto no inciso XII do *caput* deste artigo, as relações entre o ensino e a aprendizagwem digital deverão prever técnicas, ferramentas e recursos digitais que fortaleçam os papéis de docência e aprendizagem do professor e do aluno e que criem espaços coletivos de mútuo desenvolvimento (incluído pela Lei n. 14.533, de 2023).
Art. 9	Inc. VII-A	Assegurar, em colaboração com os sistemas de ensino, processo nacional de avaliação das instituições e dos cursos de educação profissional técnica e tecnológica (incluído pela Lei n. 14.645, de 2023).
Art. 10	Inc. VIII	Instituir, na forma da lei de que trata o art. 14, Conselhos Escolares e Fóruns dos Conselhos Escolares (incluído pela Lei n. 14.644, de 2023).
Art. 11	Inc. VII	Instituir, na forma da lei de que trata o art. 14, Conselhos Escolares e Fóruns dos Conselhos Escolares (incluído pela Lei n. 14.644, de 2023).
Art. 12	Inc. XII	Instituir, na forma da lei de que trata o art. 14, os Conselhos Escolares (incluído pela Lei n. 14.644, de 2023).

Art. 14

Lei dos respectivos Estados e Municípios e do Distrito Federal definirá as normas da gestão democrática do ensino público na Educação Básica, de acordo com as suas peculiaridades e conforme os seguintes princípios (redação dada pela Lei n. 14.644, de 2023):

I - participação dos profissionais da educação na elaboração do projeto pedagógico da escola;

II - participação das comunidades escolar e local em conselhos escolares ou equivalentes;

III - participação das comunidades escolar e local em Conselhos Escolares e em Fóruns dos Conselhos Escolares ou equivalentes (redação dada pela Lei n. 14.644, de 2023).

§ 1º O Conselho Escolar, órgão deliberativo, será composto do Diretor da Escola, membro nato, e de representantes das comunidades escolar e local, eleitos por seus pares nas seguintes categorias (incluído pela Lei n. 14.644, de 2023).

I - professores, orientadores educacionais, supervisores e administradores escolares; (Incluído pela Lei n. 14.644, de 2023).

II - demais servidores públicos que exerçam atividades administrativas na escola (incluído pela Lei n. 14.644, de 2023);

III - estudantes (incluído pela Lei n. 14.644, de 2023);

IV - pais ou responsáveis (incluído pela Lei n. 14.644, de 2023);

V - membros da comunidade local (incluído pela Lei n. 14.644, de 2023).

§ 2º O Fórum dos Conselhos Escolares é um colegiado de caráter deliberativo que tem como finalidades o fortalecimento dos Conselhos Escolares de sua circunscrição e a efetivação do processo democrático nas unidades educacionais e nas diferentes instâncias decisórias, com vistas a melhorar a qualidade da educação, norteado pelos seguintes princípios (incluído pela Lei n. 14.644, de 2023).

§ 3º O Fórum dos Conselhos Escolares será composto de (incluído pela Lei n. 14.644, de 2023).

I - 2 (dois) representantes do órgão responsável pelo sistema de ensino (incluído pela Lei n. 14.644, de 2023);

II - 2 (dois) representantes de cada Conselho Escolar da circunscrição de atuação do Fórum dos Conselhos Escolares (incluído pela Lei n. 14.644, de 2023).

	Art. 36-B
§ 1º	A educação profissional técnica de nível médio deverá observar (redação dada pela Lei n. 14.645, de 2023): *I - Os objetivos e definições contidos nas diretrizes curriculares nacionais estabelecidas pelo Conselho Nacional de Educação (incluído pela Lei n. 11.741, de 2008).* *II - As normas complementares dos respectivos sistemas de ensino (incluído pela Lei n. 11.741, de 2008).* *III - As exigências de cada instituição de ensino, nos termos de seu projeto pedagógico (incluído pela Lei nº 11.741, de 2008).*
§ 2º	As formas referidas nos incisos I e II do *caput* deste artigo poderão também ser oferecidas em articulação com a aprendizagem profissional, nos termos da Lei n. 10.097, de 19 de dezembro de 2000 (incluído pela Lei n. 14.645, de 2023).
§ 3º	Quando a educação profissional técnica de nível médio for oferecida em articulação com a aprendizagem profissional, poderá haver aproveitamento (incluído pela Lei n. 14.645, de 2023): *I - Das atividades pedagógicas de educação profissional técnica de nível médio, para efeito de cumprimento do contrato de aprendizagem profissional, nos termos de regulamento (incluído pela Lei n. 14.645, de 2023).* *II - Das horas de trabalho em aprendizagem profissional para efeito de integralização da carga horária do Ensino Médio, no itinerário da formação técnica e profissional ou na educação profissional técnica de nível médio, nos termos de regulamento (incluído pela Lei n. 14.645, de 2023).*
	Art. 42-A
§ 1º	O itinerário contínuo de formação profissional e tecnológica é o percurso formativo estruturado de forma a permitir o aproveitamento incremental de experiências, certificações e conhecimentos desenvolvidos ao longo da trajetória individual do estudante (incluído pela Lei n. 14.645, de 2023).
§ 2º	O itinerário referido no § 1º deste artigo poderá integrar um ou mais eixos tecnológicos (incluído pela Lei n. 14.645, de 2023).
§ 3º	O Catálogo Nacional de Cursos Técnicos (CNCT) e o Catálogo Nacional de Cursos Superiores de Tecnologia (CNCST) orientarão a organização dos cursos e itinerários, segundo eixos tecnológicos, de forma a permitir sua equivalência para o aproveitamento de estudos entre os níveis médio e superior (incluído pela Lei n. 14.645, de 2023).

Art. 42-B
A oferta de educação profissional técnica e tecnológica será orientada pela avaliação da qualidade das instituições e dos cursos referida no inciso VII-A do *caput* do art. 9º desta Lei, que deverá considerar as estatísticas de oferta, fluxo e rendimento, a aprendizagem dos saberes do trabalho, a aderência da oferta ao contexto social, econômico e produtivo local e nacional, a inserção dos egressos no mundo do trabalho e as condições institucionais de oferta (incluído pela Lei n. 14.645, de 2023).

125 Como já destacado, as inovações da LDB distribuem-se em um QUADRO amplo e diversificado. Vamos relembrar: Educação digital; Alfabetização plena e capacitação gradual para leitura ao longo da vida; Diversidade humana e aspectos identitários das pessoas surdas, surdo-cegas...; Pedagogia hospitalar; Direitos do aluno no exercício da liberdade religiosa; Deveres da escola em relação à cultura de paz e a promoção de ambiente escolar seguro; Objetivos precípuos da Educação Básica; Novos temas transversais; Eixos tecnológicos; Educação Intercultural e acesso das populações indígenas à Educação Básica; Computação na Educação Básica /Complemento à BNCC/RES CNE/CEB n.| 1/2022; EaD: faces e formas... Diante deste cenário de natureza institucionalmente impulsiva, como os sistemas de ensino e respectivas redes devem planejar, organizar e operar seu funcionamento?

Como esclarecido em outro passo desta obra, cabe aos entes federados a incumbência de estabelecer competências e diretrizes para a Educação Infantil, o Ensino Fundamental e o Ensino Médio, que nortearão os currículos e seus conteúdos mínimos, de modo a assegurar a formação básica comum. Este tipo de formação é o terreno de germinação da Base Nacional Comum Curricular/BNCC. Neste relevantíssimo processo, sistemas de ensino e escolas devem estar atentos para:

a) As competências específicas de CADA ÁREA DO CONHECI-MENTO e de cada componente curricular;

b) As áreas "favorecem a comunicação entre os conhecimentos e saberes dos diferentes componentes curriculares";

c) Elas se intersectam na formação dos alunos, embora se preservem as especificidades dos componentes;

d) "Para garantir o desenvolvimento das competências específicas, cada componente curricular apresenta um conjunto de habilidades";

e) "As habilidades estão relacionadas a diferentes objetivos de conhecimento, entendidos como conteúdos, conceitos e processos – que por sua vez são organizados em UNIDADES TEMÁTICAS/UT";

f) "As UT definem um arranjo dos objetivos de conhecimento... adequado às especificidades dos diferentes componentes curriculares".

O que expressam as habilidades? (Relembrando):

"As habilidades expressam as aprendizagens essenciais, que devem ser asseguradas aos alunos nos diferentes contextos escolares". Destaque-se que os critérios de organização das habilidades descritos na BNCC (com explicitação dos objetos de conhecimento aos quais se relacionam e do agrupamento desses objetos em unidades temáticas) expressam um arranjo possível (dentre outros). À guisa de ilustração, vejamos o exemplo que segue:

CIÊNCIAS – 1º ANO

UNIDADES TEMÁTICAS	OBJETOS DE CONHECIMENTO	HABILIDADES
Vida e evolução	Corpo humano Respeito à diversidade	**(EF01CI02)** Localizar, nomear, representar graficamente (por meio de desenhos) partes do corpo humano e explicar suas funções. **(EF01CI03)** Discutir as razões pelas quais os hábitos de higiene do corpo (lavar as mãos antes de comer, escovar os dentes, limpar os olhos, o nariz, as orelhas etc.) são necessários para a manutenção da saúde. **(EF01CI04)** Comparar características físicas entre os colegas, reconhecendo a diversidade e a importância da valorização, do acolhimento e do respeito às diferenças.

Fonte: Documento de referência da BNCC-MEC-SEB-Dore/BNCC.

CAPÍTULO 23

Cenários multidimensionais de atuação central das operações escolares

> **126** Em face do presente contexto de mudanças legais e considerando o ambiente do microssistema do ensino regular — a escola — é básico que toda a equipe escolar tenha clareza em que dimensões funcionais?

O olhar da equipe escolar deve estar permanentemente direcionado para 20 dimensões constituintes das respectivas incumbências funcionais, a saber:

1. O que deve ser **legalmente** priorizado;

2. O que dever ser **epistemologicamente ressaltado;**

3. O que deve ser **curricularmente replanejado;**

4. O que deve ser **pedagogicamente considerado;**

5. O que deve ser **formativamente reajustado;**

6. O que deve ser **vivencialmente pesquisado;**

7. O que deve ser **individualmente estimulado;**

8. O que deve ser **coletivamente induzido;**

9. O que deve ser **institucionalmente aprimorado;**

10. O que deve ser **processualmente operado;**

11. O que deve ser **interdisciplinarmente revisto;**

12. O que deve ser **procedimentalmente ajustado;**

13. O que deve ser **instrumentalmente mobilizado** para:

a) Aperfeiçoar *o uso de habilidades de leitura que exigem processos mentais necessários e progressivamente mais demandantes, passando de processos de recuperação de informação (identifcação, reconhecimento, organização) a processos de compreensão (comparação, distinção, estabelecimento de relações e inferência) e de reflexão sobre o texto (justifcação, análise, articulação, apreciação e valorações estéticas, éticas, políticas e ideológicas)* (BNCC).

b) Valorizar *a diversidade cultural, de maneira a abranger produções e formas de expressão diversas, a literatura infantil e juvenil, o cânone, o culto, o popular, a cultura de massa, a cultura das mídias, as culturas juvenis etc., de forma a garantir ampliação de repertório, além de interação e trato com o diferente* (BNCC).

14. O que deve ser **especificamente trabalhado nos espaços das salas de aula e laboratórios** para (por exemplo):

Na área de Linguagens e suas Tecnologias, desenvolver a COMPETÊNCIA ESPECÍFICA: *Compreender o funcionamento das diferentes linguagens e práticas culturais (artísticas, corporais e verbais) e mobilizar esses conhecimentos na recepção e produção de discursos nos diferentes campos de atuação social e nas diversas mídias, para ampliar as formas de participação social, o entendimento e as possibilidades de explicação e interpretação crítica da realidade e para continuar aprendendo* (BNCC).

No Bloco das HABILIDADES: Desenvolver, dentre outras, as seguintes:

✓ (EM13LGG101) Compreender e analisar processos de produção e circulação de discursos, nas diferentes linguagens, para fazer escolhas fundamentadas em função de interesses pessoais e coletivos.

✓ (EM13LGG102) Analisar visões de mundo, conflitos de interesse, preconceitos e ideologias presentes nos discursos veiculados nas diferentes mídias, ampliando suas possibilidades de explicação, interpretação e intervenção crítica da/na realidade.

✓ (EM13LGG103) Analisar o funcionamento das linguagens, para interpretar e produzir criticamente discursos em textos de diversas semioses (visuais, verbais, sonoras, gestuais).

✓ (EM13LGG104) Utilizar as diferentes linguagens, levando em conta seus funcionamentos, para a compreensão e produção de textos e discursos em diversos campos de atuação social.

✓ (EM13LGG105) Analisar e experimentar diversos processos de remidiação de produções multissemióticas, multimídia e transmídia, desenvolvendo diferentes modos de participação e intervenção social (BNCC).

Fundamental a seguinte anotação diretiva da BNCC, reforçando a conexão Ensino Fundamental/Ensino Médio e destacando a necessidade de continuidade formativa entre os níveis de Educação Básica:

Essas habilidades mais gerais envolvem a ampliação do domínio contextualizado de gêneros já considerados em outros campos – palestra, apresentação oral, comunicação, notícia, reportagem, artigo de opinião, cartaz, spot, anúncio (de campanhas variadas) – e de outros gêneros, como discussão oral, debate, programa de governo, programa político, lei, projeto de lei, estatuto, regimento, projeto de intervenção social, carta aberta, carta de reclamação, abaixo-assinado, petição on-line, requerimento, fala em assembleias e reuniões, edital, proposta, ata, parecer, recurso administrativo, enquete, relatório etc. (BNCC).

15. O que deve ser **culturalmente** ampliado;

16. O que deve ser **comunitariamente renegociado**;

17. O que deve ser **extensivamente reconfigurado,** como precondição para ampliação do repertório de experiências, práticas e conhecimentos, nas novas situações de leitura e de cultura das mídias;

18. O que deve ser **progressivamente aumentado** na área de demanda cognitiva das atividades de leitura, desde os anos iniciais do Ensino Fundamental até os anos finais do Ensino Médio;

19. O que deve ser **articuladamente acionado** para reposicionar, no planejamento escolar, a consideração da cultura digital e das Tdic;

20. O que dever ser **integradamente conduzido** para propiciar aos estudantes experimentar diferentes tipos de pesquisa, inclusive propondo projetos de livre-escolha, articulados com diferentes áreas do conhecimento.

> **127** O horizonte legal (LDB-PNE) e o horizonte normativo-
> -direcional (BNCC-DCN) exigem desdobramentos em dois
> blocos intercomplementares de atuação, no nível sistêmico
> (envergadura ampla) e no nível escolar (envergadura local).
> Quais são eles?

Inicialmente, inovar nos processos de envolvimento e participação dos alunos e respectivas famílias, da comunidade com sua disponível rede de serviços, empresas, associações, sindicatos profissionais e diferentes tipologias de pessoas e grupos empreendedores existentes. Também, de equipamentos culturais em funcionamento. **Concomitantemente,** reposicionar os procedimentos de formação continuada dos docentes, à luz do seguinte alinhamento de ações, sob o influxo das DCN –, que tratam do tema – e em sintonia com as sinalizações direcionais da doutrina pedagógica da BNCC:

I. **Reorganizar** o currículo;

II. **Refacetar** a proposta pedagógica;

III. **Reposicionar** o regimento escolar;

IV. **Contextualizar** os conteúdos curriculares;

V. **Desenvolver** estratégias para apresentá-los, tornando-os significativos;

VI. **Parametrizar** formas de organização interdisciplinar;

VII. **Diversificar** as metodologias e as formas de apoio de natureza tecnológica para implementar os níveis de qualidade do ensino;

VIII. **Conceber** e operar situações e procedimentos para motivar e engajar os alunos na aprendizagem;

IX. **Criar** uma metodologia "cromatizada" com os níveis da cultura pedagógica de cada escola, voltada para a pesquisa e para o campo da ludicidade e das práticas de atividades lúdicas. A pesquisa perpassa todas as áreas de conhecimento e correspondentes componentes. De que forma? *Em ações de busca, seleção, validação, tratamento e organização de informação envolvidas na curadoria de informação, devendo também estar presente no tratamento metodológico dos conteúdos* (BNCC). A ludicidade, por sua vez, como muito bem observa Luckesi (2022, p. 21), está presente em todas as fases da vida humana, constituindo-se uma experiência interna do sujeito. As práticas associadas de outra forma, são "fenômenos externos ao sujeito": A BNCC refere-se a esta diretividade pedagógica como capaz de:

1. **Produzir** interações;

2. **Ampliar** relacionamentos;

3. **Multiplicar** as rotas de comunicação;

4. **Estimular** a espontaneidade;

5. **Desenvolver** múltiplas linguagens;

6. **Ensejar** crescente inserção do indivíduo no coletivo;

7. **Ressituar** o trabalho como o *cursor* de atividades, considerado pelo repertório de práticas, letramentos e culturas que se pretende que sejam contemplados;

8. **Mobilizar** o coletivo escolar, em forma grupal, para atividades de pesquisa, integrando áreas de conhecimento e espaços de socialização;

9. "**Disponibilizar** ferramentas de transformação social por meio de apropriação dos letramentos da letra dos novos e multiletramentos,

os quais supõem maior e mais adensado protagonismo por parte dos estudantes, orientados pela estética e política..." (BNCC).

10. Realçar os direitos humanos que igualmente *perpassam todos os campos de diferentes formas: seja no debate de ideias e organização de formas de defesa dos direitos humanos (campo jornalístico-midiático e campo de atuação na vida pública), seja no exercício desses direitos – direito à literatura e à arte, direito à informação e aos conhecimentos disponíveis* (BNCC).

11. *(EM13LP43)* **Atuar** *de forma fundamentada, ética e crítica na produção e no compartilhamento de comentários, textos noticiosos e de opinião, memes, gifs, remixes variados etc. em redes sociais ou outros ambientes digitais* (BNCC).

12. *(EM13LP45)* **Analisar, discutir, produzir e socializar,** *tendo em vista temas e acontecimentos de interesse local ou global, notícias, fotodenúncias, fotorreportagens, reportagens multimidiáticas, documentários, infográficos, podcasts noticiosos, artigos de opinião, críticas da mídia, vlogs de opinião, textos de apresentação e apreciação de produções culturais (resenhas, ensaios etc.) e outros gêneros próprios das formas de expressão das culturas juvenis (vlogs e podcasts culturais, gameplay etc.), em várias mídias, vivenciando de forma signifcativa o papel de repórter, analista, crítico, editorialista ou articulista, leitor, vlogueiro e booktuber, entre outros* (BNCC).

128 Diante deste amplo circuito de inovações integradas, o que cabe a cada escola fazer?

Cabe alinhar alternativas de passos, como:

I. Realizar um programa de capacitação continuada dos docentes. Objetivo: apresentar e discutir os novos dispositivos da legislação.

II. Distribuir material com os novos dispositivos e propor uma leitura prévia.

III. Desenhar uma sequência de tópicos que requerem execução via:

✓ Gestão

✓ Coordenação Pedagógica

✓ Núcleo de professores:

 i. Por áreas de conhecimento;

 ii. Por conteúdos específicos;

 iii. Por nível de ensino;

 iv. Por turno.

IV. Setorizar as intervenções a fazer, assim:

✓ Reajustes na programação escolar em geral

✓ Recomposição dos espaços

✓ Levantamento de meios/instrumentos

✓ Construção de currículos flexíveis

✓ Desenvolvimento de estratégias e métodos de ensino diversificados e voltados para:

 a) A heterogeneidade dos alunos, de suas condições, interesses e aspirações

 b) A promoção da inclusão de duas categorias de componentes, a saber:

  i. Componentes centrais obrigatórios previstos na legislação (LDB/PNE/DCN) e nas normas educacionais (DCN/BNCC) e;

  ii. Componentes flexíveis e variáveis de enriquecimento curricular, que atuem como canais de estímulo ao desenvolvimento das capacidades dos alunos, nos campos de: abstração, reflexão, interpretação, proposição, ação e autorregulação, essenciais à autonomia pessoal, profissional, intelectual e política e, ainda, do estímulo ao protagonismo dos estudantes em sua aprendizagem e na construção de seus projetos de vida.

Tudo isto, com direcionamento à promoção de atividades cooperativas e propositivas para o enfrentamento dos desafios dos contextos pessoais, da comunidade e da sociedade contemporânea (BNCC).

> **129** Como as escolas devem revigorar e reacender os delineamentos pedagógicos destes patamares, considerando que: a) A BNCC indica claramente as rotas conducentes ao que os alunos devem saber e; b) ...ao que os alunos devem fazer?

No primeiro caso, a preocupação do planejamento pedagógico deve orientar-se para a constituição e conformação de:

i. Conhecimentos e contextos;

ii. Competências, habilidades, atitudes e valores.

No segundo caso, os planos de aula devem ser desenvolvidos e organizados com centralidade na mobilização desses "constituintes" (i e ii) para resolver demandas complexas da vida cotidiana, do pleno exercício da cidadania e do mundo do trabalho. Neste sentido, a explicitação das competências estendidas, mercê dos novos dispositivos da LDB, disponibiliza referências para o fortalecimento de ações que asseguram as aprendizagens essenciais definidas na BNCC e correspondentes aos direitos e objetivos de aprendizagem e desenvolvimento.

> **130** No campo do replanejamento pedagógico escolar há providências a tomar. Como alinhar estas novas situacionalidades do cotidiano escolar sob o influxo da BNCC?

A partir desta longa esteira das inovações de dispositivos novos na LDB, cabe aos sistemas de ensino e aos órgãos normativos respectivos a iniciativa de selecionar, em ritmo progressivo, os conteúdos normativos que exigem revestimento pedagógico, dando, assim, formas e direcionamentos a toda a "doutrina" da BNCC. Sobretudo, envolvendo aqueles conteúdos legais que requerem aplicação imediata e direta da Base Nacional Comum Curricular (BNCC), enquanto:

A Base Nacional Comum Curricular (BNCC) é um documento de caráter normativo que define o conjunto orgânico e progressivo de aprendizagens essenciais que todos os alunos devem desenvolver ao longo das etapas e moda-

lidades da Educação Básica, de modo a que tenham assegurados seus direitos de aprendizagem e desenvolvimento, em conformidade com o que preceitua o Plano Nacional de Educação (PNE).

À guisa de reforço, vale ressituar que:

Este documento normativo aplica-se exclusivamente à educação escolar, tal como a defne o § 1º do Artigo 1º da Lei de Diretrizes e Bases da Educação Nacional (LDB, Lei n. 9.394/1996)1, e está orientado pelos princípios éticos, políticos e estéticos que visam à formação humana integral e à construção de uma sociedade justa, democrática e inclusiva, como fundamentado nas Diretrizes Curriculares Nacionais da Educação Básica (DCN).

Na prática, a questão básica é como a BNCC vai alimentar as diferentes dobras de execução destes novos dispositivos, voltados para as dimensões finalísticas da educação escolar e para o atendimento com qualidade aos preceitos da educação integral e inclusiva, com foco continuado na operacionalidade de dois conceitos decisivos para o desenvolvimento adequado do currículo em movimento: **o que é o básico-comum e o que é diverso.** Vamos relembrar:

✓ As competências e diretrizes são comuns.

✓ Os currículos são diversos.

✓ Os conteúdos curriculares estão a serviço do desenvolvimento de competências, razão por que "a LDB orienta a definição das aprendizagens essenciais e não apenas dos conteúdos mínimos a ser ensinados. Estas são duas noções fundamentais na BNCC". Aqui, estamos na seara da concepção indutora do conhecimento curricular contextualizado pela realidade local, regional, social e individual da escola e dos alunos. Como anota o Dore-BNCC, em dois planos:

a) No plano das DCN, com a definição pelo CNE, ao conceito operativo de **contextualização**, ampliado e, assim, formulado:

Em 2010, o CNE promulgou novas DCN, ampliando e organizando o conceito de contextualização como "a inclusão, a valorização das diferenças e o atendimento à pluralidade e à diversidade cultural resgatando e res-

peitando as várias manifestações de cada comunidade", conforme destaca o *Parecer CNE/CEB n. 7/2010.*

b) No plano do PNE (Lei n. 13.005/2014), ao reiterar a necessidade de *estabelecer e implantar, mediante pactuação interfederativa [União, Estados, Distrito Federal e Municípios], diretrizes pedagógicas para a Educação Básica e a base nacional comum dos currículos, com direitos e objetivos de aprendizagem e desenvolvimento dos(as) alunos(as) para cada ano do Ensino Fundamental e Médio, respeitadas as diversidades regional, estadual e local* (Brasil, 2014).

---

131 Esta formulação do segmento do enunciado (O QUE DEVE SER...), acompanhada do advérbio (LEGALMENTE, CURRICULARMENTE ETC.), visa a que primordialmente?

A resposta a esta questão oferece a escola (professores e gestores) a oportunidade de revisitação das finalidades da educação enquadrada no circuito dos **direitos e objetivos** de aprendizagem. Como posicionado no DORE-BNCC, em condomínio de visão LDB/DCN/BNCC:

Nesse sentido, consoante aos marcos legais anteriores, o PNE afirma a importância de uma base nacional comum curricular para o Brasil, com o foco na aprendizagem como estratégia para fomentar a qualidade da Educação Básica em todas as etapas e modalidades (meta 7), referindo-se a direitos e objetivos de aprendizagem e desenvolvimento.

Em 2017, com a alteração da LDB por força da Lei n. 13.415/2017, a legislação brasileira passa a utilizar, concomitantemente, duas nomenclaturas para se referir às finalidades da educação:

Art. 35-A. A Base Nacional Comum Curricular defnirá direitos e objetivos de aprendizagem do Ensino Médio, conforme diretrizes do Conselho Nacional de Educação, nas seguintes áreas do conhecimento [...]

Art. 36. § 1º. A organização das áreas de que trata o caput *e das respectivas competências e habilidades será feita de acordo com critérios estabelecidos em cada sistema de ensino* (Brasil, 2018; ênfases adicionadas).

Trata-se, portanto, de maneiras diferentes e intercambiáveis para designar algo comum, ou seja, aquilo que os estudantes devem aprender na Educação Básica, o que inclui tanto os saberes quanto a capacidade de mobilizá-los e aplicá-los.

CAPÍTULO 24

A atenção dos gestores da educação em face de dispositivos inseridos na LDB, no período 2021-2023

> 132 Incursionando, mais uma vez, na linha do tempo, vamos revisitar os dispositivos inseridos na LDB, período 2021-2023? O objetivo é postar, em nosso painel mental, o texto legal em versão contínua e atualizada. Vamos... então?!

Vários dispositivos incluídos na LDB, na linha temporal 2021/2023, exigem pronta e imediata atenção dos gestores da educação porque incidem diretamente:

a) Na redefinição de políticas;

b) Na reorientação e apoio imediato dos sistemas de ensino;

c) Na reorganização e replanejamento do funcionamento das escolas;

d) Na requalificação dos professores;

e) Na revisão da proposta pedagógica escolar, e;

f) No rearranjo do currículo, referenciado ao Quadro de Componentes e Habilidades assentadas na BNCC.

Vamos destacar à guisa de ilustração?

- Dispositivos inseridos em 2021.

1. Art. 3º, inc. XIV

Foco: Princípio de ministração do ensino às pessoas surdas.

2. Art. 26, § 9º

Foco: Conteúdos diversos incluídos como temas transversais.

3. Art. 60-A, 60-B, 78-A, 79-C

Foco: Educação Bilíngue de surdos em contexto de multidimensões.

- Dispositivos inseridos em 2022.

1. Art. 4º, inc. IX

Foco: Aditamento ao conceito de padrões mínimos de qualidade.

2. Art. 4º, inc. XII, § único

Foco: Educação digital adequada ao uso pedagógico.

3. Art. 22, § único

Foco: Objetivos precípuos da Educação Básica.

4. Art. 44, inc. XI

Foco: Alfabetização plena e capacitação gradual para leitura ao longo da Educação Básica.

- Dispositivos inseridos em 2023.

1. Art. 9º, inc. VII-A

Foco: Incumbência da União, em colaboração com os sistemas de ensino; assegurar processo nacional de avaliação das instituições e dos cursos de EPT e Tecnologia.

2. Art. 10º, inc. VIII, Art. 11º, inc. VII e Art. 12, inc. XII

Foco: Instituição dos Conselhos Escolares e dos Fóruns dos Conselhos Escolares.

3. Art. 14, incisos e parágrafo

Foco: a) Normas da gestão democrática do ensino público na Educação Básica; b) Princípios aplicáveis, categorias representadas e finalidade do Fórum dos Conselhos Escolares; c) Horizonte: melhorar a qualidade da educação.

4. Art. 36-B, § 1º, inc. I, II e III, § 2º, § 3º, inc. I e II

Foco: a) Parâmetros organizacionais da Educação Profissional Técnica de Nível Médio; b) Aproveitamento de estudos e de carga horária.

5. Art. 42-A

Foco: a) Educação Profissional e Tecnológica e eixos tecnológicos; b) Princípio da integração curricular; c) Itinerários formativos e d) Evolução das trajetórias progressivas da formação.

6. Art. 70, inc. IX

Foco: Novas formas de despesas consideradas como de manutenção e desenvolvimento do ensino, "realizadas com vistas à conservação dos objetivos básicos das instituições educacionais de todos os níveis".

7. Art. 78, inc. I e II

Foco: Desenvolvimento de programas integrados de ensino e pesquisa, voltados para a oferta de Educação Escolar Bilíngue e Intercultural aos Povos Indígenas, à luz de objetivos pré-definidos.

8. Art. 78-A, inc. I e II

Foco: Desenvolvimento de programas integrados de ensino e pesquisa, voltados para a oferta de Educação Escolar Bilíngue e Intercultural aos estudantes surdos, surdo-cegos, com deficiência cognitiva, sinalizantes surdos com altas habilidades ou superdotação ou com outras deficiências associadas, à luz de objetivos predefinidos.

---

133 Os saberes escolares, "cartografados" por estes novos dispositivos da LDB, sinalizam uma carga multiface e multifatorial de atribuições. Quem está incluído compartilhadamente nela?

Estão incluídos gestores, professores, alunos e toda a equipe escolar, como atores presenciais do palco da escola e, por extensão, do espaço e do tempo de ensinar-aprender. Como posiciona Castelo (1998, p. 53), "...*o espaço e o tempo são dimensões materiais fundamentais na vida humana*". E, nesta direção, arremata Callai (1999, p. 29): "*Como pensar a educação nesta perspectiva? [...]. A educação em geral e o ensino têm sido lentos na incorporação desta nova realidade. Vão-se adequando aos poucos, mas ainda sem que os envolvidos consigam perceber o verdadeiro alcance desta nova realidade. E, na tentativa de desenvolver a criticidade, tem sido muitas vezes conservadores nas mudanças, na capacidade de uso dos benefícios da tecnologia, o que na verdade pode causar outros problemas, decorrentes de que, quem tem o poder, vai interferir na organização de modo que os envolvidos passam a ser conduzidos. Há muito a se fazer e muito o que pensar a respeito da educação, pois o espaço da escola, da aprendizagem, que interessa não é mais aquele espaço em si apenas, mas este novo espaço de relações, de fluxos, de informação.*"

No palco referenciado, os atores citados são convocados "*à adoção contínua de disponibilidade e estratégias mais dinâmicas, interativas e colaborativas no circuito da gestão do ensino e da aprendizagem*" (BNCC). Como dito em outra passagem desta obra, é fundamental colocar em operação, nos alinhamentos sociopedagógicos, os conceitos fundamentais do ato de ensinar-aprender com garantia do padrão de qualidade, o que pressupõe a adequação das proposições da BNCC à realidade local, considerando sempre:

a) A autonomia dos sistemas/redes de ensino/escolas;

b) O contexto;

c) As características dos alunos (consideração com diversidade étnico-racial);

d) A formação continuada dos docentes.

Neste direcionamento, é fundamental operar com os seguintes focos em conteúdos de:

✓ Legislação do ensino.

✓ Epistemologia (dobras).

✓ Pedagogia (pluralismo de ideias e de concepções pedagógicas).

✓ Currículo (em ação).

✓ Institucionalidade.

✓ Formação.

✓ Individualidade.

✓ Coletividades (contextos da diversidade).

✓ Processos (valorização da experiência extraescolar).

✓ Procedimentos.

✓ Interdisciplinaridade.

✓ Especificidades.

✓ Comunidade.

✓ Cultura.

✓ Relação teoria/prática.

✓ Integração/articulação.

✓ Desenvolvimento humano global, em suas dimensões: intelectual, física, afetiva, social, ética, moral e simbólica.

✓ Processos cognitivos diferentes.

✓ Construção de modelos.

✓ Educação Cognitiva.

✓ Educação Digital.

✓ Ensino Híbrido.

✓ Aprendizagem Visível.

✓ Psicologia da aprendizagem.

✓ Sociologia da Educação e Currículo.

✓ Educação Pós-moderna.

✓ Inovação, desenvolvimento e políticas educativas.

Este inventário de campos de conhecimento e de focos temáticos está sempre em aberto no contexto escolar, cabendo, a cada escola, distinguir o que é **prioridade** e o que é **precedência**, dependendo de:

a) Qualificação dos professores e tempo de experiência docente.

b) Perfil sócio-econômico-cultural dos alunos.

c) Relação da escola com a comunidade.

d) Direcionamento do alinhamento de elementos que a escola considera como básicos sob a forma de ponto de partida do aprendizado do aluno e, portanto, como aprendizagem escolar, dentro do "modelo pedagógico" em construção. Em qualquer contexto, dois fatores apresentam-se como divisores pedagógicos da QUALIDADE DA ESCOLA. São eles:

1. O ambiente escolar > Fatores-chave:

a. Valorização do trabalho em equipe.

b. Valorização das metodologias plurais usadas na escola.

2. Desenvolvimento didático-pedagógico das aulas >

a. Resultados escolares alcançados pelos alunos, disciplina a disciplina e no conjunto das áreas de conhecimento.

b. Nível de cumprimento pelos alunos das tarefas didáticas.

c. resultados escolares alcançados ano a ano.

Estes focos põem-se em inventário aberto e, igualmente, sem sequência, uma vez que o ponto crucial não é **seguir** uma ordem, mas **prosseguir**, sempre, com ordenamento. A escola não é um supermercado com prateleiras setoriais, mas um laboratório de cruzamento de saberes e de operações no eixo competências, habilidades e direitos e objetivos de aprendizagem e desenvolvimento. A escola não revolve, DESENVOLVE!

> **134** Esta longa relação de dimensões constituintes das incumbências funcionais das diferentes áreas de atuação das equipes escolares está hospedada no corpo de competências e habilidades circunscritas a quê?

Diretamente circunscritas ao desenvolvimento das áreas de conhecimento e dos correspondentes componentes curriculares da Educação Básica (Educação Infantil, Ensino Fundamental e Ensino Médio). Põe-se, portanto, em ativação no contexto das diretrizes, orientações e angulações da BNCC em cujo horizonte de sua destinação *"define o conjunto orgânico e progressivo das* **aprendizagens essenciais** *que todos os alunos devem desenvolver ao longo das etapas e modalidades da Educação Básica"*. Põe-se, igualmente, na esteira de múltiplos aspectos referenciados nas considerações da QUESTÃO n. 2. Evidentemente, no curso deste processo e, como já destacado, "...a LDB, a BNCC e os currículos se identificam na Comunhão de Princípios e Valores". Pode-se dizer, então, que o currículo escolar em ação constitui um processo permanente, com o apoio insubstituível dos professores, de transformação da opacidade dos conteúdos curriculares em transparência. Esta é uma condição inerente aos processos formativos, constituintes da educação escolar, via áreas de conhecimentos de toda a Educação Básica, com contextualização de saberes, sobretudo, no EIXO EPISTEMOLÓGICO Ensino Fundamental/Ensino Médio. Por isso, a BNCC posiciona, com atenção redobrada, os cuidados que a escola deve ter com as fases de transição entre as diversas etapas de escolarização. "Esta articulação precisa prever tanto a progressiva sistematização das experiências quanto o desenvolvimento, pelos alunos, *de* **novas formas de relação** *com o mundo, novas possibilidades de ler e formular hipóteses sobre os fenômenos, de testá-las, de refutá-las, de elaborar conclusões, em uma atitude ativa na construção de conhecimentos"* (Base Nacional Comum Curricular). Esta mesma perspectiva enraíza-se com clareza na resolução n. 4 – CNE/2010, do CNE, como centralidade no corpo de Diretrizes Curriculares Nacionais Gerais da Educação Básica, conforme podemos constatar:

TÍTULO VI
ORGANIZAÇÃO DA EDUCAÇÃO BÁSICA

Art. 18. Na organização da Educação Básica, devem-se observar as Diretrizes Curriculares Nacionais comuns a todas as suas etapas, modalidades e orientações temáticas, respeitadas as suas especificidades e as dos sujeitos a que se destinam.

§ 1º As etapas e as modalidades do processo de escolarização estruturam-se de modo orgânico, sequencial e articulado, de maneira complexa, embora permanecendo individualizadas ao longo do percurso do estudante, apesar das mudanças por que passam:

I - a dimensão orgânica é atendida quando são observadas as especificidades e as diferenças de cada sistema educativo, sem perder o que lhes é comum: as semelhanças e as identidades que lhe são inerentes;

II - a dimensão sequencial compreende os processos educativos que acompanham as exigências de aprendizagens definidas em cada etapa do percurso formativo, contínuo e progressivo, da Educação Básica até a Educação Superior, constituindo-se em diferentes e insubstituíveis momentos da vida dos educandos;

III - a articulação das dimensões orgânica e sequencial das etapas e das modalidades da Educação Básica, e destas com a Educação Superior, implica ação coordenada e integradora do seu conjunto.

§ 2º A transição entre as etapas da Educação Básica e suas fases requer formas de articulação das dimensões orgânica e sequencial que assegurem aos educandos, sem tensões e rupturas, a continuidade de seus processos peculiares de aprendizagem e desenvolvimento.

As equipes escolares devem atuar em Grupos de Estudos Coletivos para um aprofundamento articulado do conteúdo desta Resolução com o lastro das 10 (dez) COMPETÊNCIAS GERAIS DA BASE NACIONAL COMUM CURRICULAR. Avaliações realizados por Noemi Longman (2023), no contexto dos seus estudos de doutorado, mostraram que dos 500 (quinhentos) professores consultados, 69% revelaram dificuldade em realizar o cruzamento destes dois tipos de nexos diretivo-normativos. Este fato comprova que nossas escolas, em geral, sentem-se desafiadas a "ligar esse processo do currículo". Como bem situa Tomaz Tadeu da Silva (1996, p. 179), *"o currículo pode ser considerado o primo pobre da teorização educacional. Quando se pensa e fala em educação, imediatamente se destacam questões de política educacional, de organização do sistema escolar, de financiamento e administração de recursos, às vezes de métodos de ensino e de pedagogia (como demonstram as recentes discussões sobre construtivismo, por exemplo). Discussões sobre currículo só ganham o centro das atenções quando surge alguma proposta de introdução de uma nova disciplina (Educação Ambiental, Educação para o*

Trânsito) ou a volta de uma disciplina antiga e abandonada (Filosofia, Latim). De resto, o currículo é tomado como algo dado e indiscutível, raramente sendo alvo de problematização, mesmo em círculos educacionais profissionais". O currículo constitui o núcleo de processo institucionalizado da educação.

Com a BNCC em movimento e o clima de aditamentos à LDB, em contexto de mudanças, os sistemas de ensino devem estimular as escolas para pôr em funcionamento um **laboratório de currículo,** centrado na dosimetria pedagógica da adequação dos conteúdos, incluindo inovações e, em certos contextos, o estudo de temas transversais, que representam "janelas para o mundo e para a vida". Esta direcionalidade tem como prévia exigência o fortalecimento de instâncias técnico-pedagógicas nas redes de ensino, como sinaliza a diretiva dos documentos da BNCC. Vamos conferir?

Por se constituir em uma política nacional, a implementação da BNCC requer, ainda, o monitoramento pelo MEC em colaboração com os organismos nacionais da área – CNE, Consed e Undime. Em um país com a dimensão e a desigualdade do Brasil, a permanência e a sustentabilidade de um projeto como a BNCC dependem da criação e do fortalecimento de instâncias técnico-pedagógicas nas redes de ensino, priorizando aqueles com menores recursos, tanto técnicos quanto financeiros. Essa função deverá ser exercida pelo MEC, em parceria com o Consed e a Undime, respeitada a autonomia dos entes federados. (Para saber mais, cf.: Texto 27, enfoque: Programa Escola em Tempo Integral – Posição 4.)

CAPÍTULO 25

LDB e BNCC em alinhamento: das multideterminações legais às exigências pedagógicas de reorganização da aprendizagem. Angulações:

a) Formas de direcionamento da BNCC

b) LDB e BNCC – Alfabetização plena e leitura: objetivos à vista

c) Formação básica do cidadão e projeto de vida do aluno

d) Noções fundamentais da BNCC

e) Instituição de onselhos Escolares e Fóruns dos Conselhos Escolares

> **135** Uma das finalidades da educação escolar é criar e processar espaços intencionados do educando (LDB, art. 2º), enquanto um dos direcionamentos da BNCC é criar e processar situações de aprendizagem para o(a) aluno(a) aprender pensando e pensar aprendendo. De que forma?

A aprendizagem sistematizada desenvolve-se em contextos de "multivias", dentre os quais estão os contextos sociais do desenvolvimento cognitivo" (Wood, 2002). Estes contextos envolvem, na visão de Bernstein (1960, 1961, 1970), códigos restritos e códigos elaborados. Por isso, conclui o autor citado: "Essas variações de linguagem levam as crianças a diferentes visões do mundo", aspirações, atitudes e aptidões para a aprendizagem e, por fim, a diferentes níveis de desempenho escolar. As coordenações pedagógicas das escolas precisam apoiar os professores para um alargamento de compreensão de que *"os alunos podem não conseguir resolver um problema ou, ainda, podem não internalizar (aprender) conteúdos curriculares que lhes estão sendo apresentados ou ensinados não por lhes faltarem certas capacidades intelectuais, mas por não entenderem o que lhes está sendo dito".* Estas angulações perceptivas estão no visor do desenvolvimento cognitivo e socioexpressional da BNCC a ser executada, via trato curricular, planos de aula e proposta pedagógica escolar. "A escola é o lugar-espaço próprio para multiplicar os fluxos de comunicação e para cada aluno encontrar-se com e em diferentes áreas de conhecimento. Desta forma, "[...] *Em todas as etapas de escolarização, mas de modo especial entre os estudantes dessa fase do Ensino Fundamental, esses fatores frequentemente dificultam a convivência cotidiana e a aprendizagem, conduzindo ao desinteresse e à alienação e, não raro, à agressividade e ao fracasso escolar. Atenta a culturas distintas, não uniformes nem contínuas dos estudantes dessa etapa, é necessário que a escola dialogue com a diversidade de formação e vivências para enfrentar com sucesso os desafios de seus propósitos educativos. A compreensão dos estudantes como sujeitos com histórias e saberes construídos nas interações com outras pessoas, tanto do entorno social mais próximo quanto do universo da cultura midiática e digital, fortalece o potencial da escola como espaço formador e orientador para a cidadania consciente, crítica e participativa"* (BNCC).

> **136** Quais são os dois novos componentes inseridos na LDB, art. 4º, que, tratando do direito à educação e do dever de educar, exigem interlocução reflexiva e operativa por parte de toda a equipe escolar, sob orientação dos setores de gestão e de coordenação pedagógica?

Esta é uma questão de altíssima pertinência formativo-pedagógica e que requer uma resposta mais detalhada. Vejamos!

A Constituição Federal, no art. 205, reconhece a educação como direito de todos e como dever do Estado e da família. Como desdobramento, inclui, então, os novos princípios de ministração do ensino (educação escolar), a garantia do direito à educação e a aprendizagem ao longo da vida (art. 206, inc. 78).

No alinhamento do princípio da hierarquia das leis, a LDB replica esta dimensão fundamental da educação, e recentemente, inseriu os três seguintes dispositivos no rol dos deveres do Estado com a educação escolar pública:

Art. 4º, incisos XI e XII
XI - Alfabetização plena e capacitação gradual para a leitura ao longo da Educação Básica como requisitos indispensáveis para a efetivação dos direitos e objetivos de aprendizagem e para o desenvolvimento dos indivíduos (incluído pela Lei n. 14.407, de 2022).
XII - Educação digital, com a garantia de conectividade de todas as instituições públicas de Educação Básica e superior à internet em alta velocidade, adequada para o uso pedagógico, com o desenvolvimento de competências voltadas ao letramento digital de jovens e adultos, criação de conteúdos digitais, comunicação e colaboração, segurança e resolução de problemas (incluído pela Lei n. 14.533, de 2023) (vide Decreto n. 11.713, de 2023).

Destaque-se que o inciso XI, ora enfocado, reaparece de forma exponencializada, no CAPÍTULO II, da LDB, que trata da Educação Básica, como podemos ver, ressaltando o conteúdo-foco do parágrafo único:

CAPÍTULO II – DA EDUCAÇÃO BÁSICA
Seção I – Das Disposições Gerais
Art. 22. A Educação Básica tem por finalidades desenvolver o educando, assegurar-lhe a formação comum indispensável para o exercício da cidadania e fornecer-lhe meios para progredir no trabalho e em estudos posteriores.
Parágrafo único. São objetivos precípuos da Educação Básica a alfabetização plena e a formação de leitores, como requisitos essenciais para o cumprimento das finalidades constantes do caput deste artigo (incluído pela Lei n. 14.407, de 2022).

Os três dispositivos identificados EXIGEM:

a) Da parte da gestão escolar:

Um olhar cuidadoso no cotidiano funcional escolar, assim que a qualificação da escola concentre-se continuamente no desenvolvimento organizacional (DO) da instituição, mediante um esforço interrupto e sistematicamente planejado de autoestudos e aprimoramento, visando, explicitamente, à mudança formal e informal de: a) procedimentos; b) processos; c) normas; d) estruturas; equipamentos; f) estratégias sustentadas por conceitos e resultados de pesquisas nas ciências de comportamento, especialmente na psicologia social. O objetivo não pode ser outro que não seja "a melhora da saúde e do funcionamento da escola como organização". A arquitetura da gestão da educação e seu correspondente desenho não podem ficar entregues aos espontaneísmos e às improvisações do dia a dia, tampouco a projetos pessoais institucionalmente congelados. Aqui, vale lembrar que *...a palavra desenho tem originalmente um compromisso com a palavra desígnio. Ambas se identificavam. Na medida em que restabelecermos, efetivamente, os vínculos entre as duas palavras, estaremos também recuperando a capacidade de influir em nosso viver. Assim o desenho se aproximará de noção de projeto (pró-jet), de uma espécie de lançar-se para frente* (Freire, 1980).

b) Da parte dos setores de coordenação pedagógica:

Uma supervisão e acompanhamento das atividades dos professores no contexto do cotidiano escolar, de tal sorte que lhes sejam disponibilizadas formas variadas de apoio técnico-pedagógico alinhadas ao processo de reflexão sobre suas práticas, incluindo:

a. Currículo em ação;

b. Estilos de ensino/aprendizagem e;

c. Estratégias, mecanismos e materiais pedagógicos de apoio para melhorar as experiências de aprendizado de cada aluno e de todos os alunos.

Estes novos dispositivos da LDB, plenamente sintonizados com exigências de uma pedagogia ativa, harmonizam-se com formalizações legais e programáticas internacionais, lembrando, à guisa de ilustração, as seguintes iniciativas experienciais:

a. Bélgica – 1988 > Programa de Qualificação em Escolas de Ensino Fundamental e Médio;

b. Austrália – 1980 > Programa de Qualificação Escolar Centrado na Escola;

c. Inglaterra e País de Gales – 1991 > Projeto Melhora Educacional Para Todos (IQEA).

Avaliações e análises de todas estas experiências concluem que:

1. Normas legais sem apoio político-programático e adesão institucional têm alcance meramente burocrático: não compensam debilidades, não potencializam aspectos positivos e ficam à margem do desenvolvimento interno da escola.

2. Cada escola precisa desenvolver sua escala de indicadores para aferir o grau de adequação de sua organização, do seu funcionamento geral e, ainda, **desenhar** alternativas para possíveis propostas de aprimoramento funcional.

3. A qualificação da escola tem que ligar 4 (quatro) pontos:

a) Serviços de apoio ao ensino adequadamente coordenados.

b) Formação continuada dos professores.

c) Elevação contínua do nível de aprendizado de cada aluno e de todos os alunos.

d) Padrões sociopedagógicos de gestão compartilhada.

Somente uma escola com gestão, geral e pedagógica, integrada, pode realizar o seu compromisso com a *educação integral, se ela mesma funcionar de forma integrada, o que exige compreender a complexidade e não a linearidade do seu desenvolvimento* (BNCC).

137 Que tipo de aporte elucidativo-pedagógico a BNCC oferece para adensar as dobras da organização escolar com base no alinhamento integração/articulação/compartilhamento sistêmico?

Na própria composição conceitual-operativa e funcional da BNCC, acha-se formulada a resposta a esta questão através de 3 (três) diretivas, quais sejam:

1. Referência nacional para a formulação dos currículos dos sistemas e das redes escolares dos Estados, do Distrito Federal e dos Municípios e das propostas pedagógicas das instituições escolares, a BNCC integra a política nacional da Educação Básica e vai contribuir para o alinhamento de outras políticas e ações, em âmbito federal, estadual e municipal, referentes à formação de professores, à avaliação, à elaboração de conteúdos educacionais e aos critérios para a oferta de infraestrutura adequada para o pleno desenvolvimento da educação.

2. Nesse sentido, espera-se que a BNCC ajude a superar a fragmentação das políticas educacionais, enseje o fortalecimento do regime de colaboração entre as três esferas de governo e seja balizadora da qualidade da educação. Assim, para além da garantia de acesso e permanência na escola, é necessário que sistemas, redes e escolas garantam um patamar comum de aprendizagens a todos os estudantes, tarefa para a qual a BNCC é instrumento fundamental.

3. Ao longo da Educação Básica, as aprendizagens essenciais definidas na BNCC devem concorrer para assegurar aos estudantes o desenvolvimento de dez competências gerais, que consubstanciam, no âmbito pedagógico, os direitos de aprendizagem e desenvolvimento.

Na BNCC, competência é definida como a mobilização de conhecimentos (conceitos e procedimentos), habilidades (práticas, cognitivas e socioemocionais), atitudes e valores para resolver demandas complexas da vida cotidiana, do pleno exercício da cidadania e do mundo do trabalho.

Ao definir essas competências, a BNCC reconhece que a "educação deve afirmar valores e estimular ações que contribuam para a transformação da sociedade, tornando-a mais humana, socialmente justa e, também, voltada para a preservação da natureza" (Brasil, 2013), mostrando-se também alinhada à Agenda 2030 da Organização das Nações Unidas (ONU)[1].

> **138** **Em matriz legal e conceitual-operativa, a LDB e a BNCC consideram a alfabetização plena e capacitação gradual para a leitura ao longo da Educação Básica requisitos essenciais em face de dois objetivos. Quais são eles?**

• Objetivo 01 – Efetivação dos direitos e objetivos de aprendizagem.

• Objetivo 02 – Pleno desenvolvimento dos indivíduos.

Estes dois objetivos estão em conexão com as finalidades da **educação nacional** (art. 2º), com as finalidades da **Educação Básica** (art. 22) e com os **objetivos precípuos**, também, da Educação Básica (art. 22, § único).

Cabe esclarecer que o termo **finalidade** tem uma carga axiológica preponderante, enquanto o termo **objetivo** corresponde a uma dobra de gradualidade do conteúdo semântico de finalidade. Na prática, um termo contém o outro. Vejamos como Bloom et al., em sua por longo tempo referenciada obra, **Taxionomia dos Objetivos Educacionais: domínio cognitivo,** define objetivo educacional:

> *"Entendemos por objetivos educacionais formulações explícitas das mudanças que, se espera, ocorram nos alunos mediante o processo educacional; isto é, dos modos como alunos modificam seu pensamento, seus sentimentos e suas ações".*

Este conceito de amplitude epistemológica e executiva tem repercussão direta e contínua no planejamento do ensino e da avaliação, máxime se o coletivo de professores da escola, na **determinação e fixação**

---

1. ONU. Organização das Nações Unidas. Transformando Nosso Mundo: a Agenda 2030 para o Desenvolvimento Sustentável. Disponível em: <https://nacoesunidas.org/pos2015/agenda2030/>

de objetivos puser, em seu painel de ocupações e preocupações pedagógicas, as seguintes questões propostas por San'ana Enricone, Andre e Turra (1998, p.30):

Determinação dos Objetivos

• *"Do ensino que organizamos para o aluno, resultou alguma mudança de comportamento?*

• *Como se comportava o aluno antes que começássemos a ensiná-lo e como se comporta agora que concluiu sua aprendizagem conosco?*

• *Qual é o valor real da situação de aprendizagem criada pelo professor para o educando?*

• *Quais são os conhecimentos, destrezas e atitudes que possui agora e não possuía antes de trabalhar com o professor?*

• *Por que tantas perguntas para introduzir o estudo de objetivos?*

• *Porque necessitamos de métodos, procedimentos e/ou conhecimentos acerca das disciplinas ou áreas de estudo. Carecemos também de uma análise das modificações de comportamento que nosso aluno pode apresentar ao final do nosso ensino.*

• *Ao professor cabe responsabilizar-se pelos resultados de seu ensino.*

Esses resultados estão relacionados ao seu sistema de ensino, que toma como base a descrição específica do que espera que o estudante possa fazer depois de viver o processo de ensino-aprendizagem. Precisa, portanto, basear-se em objetivos.

Como a BNCC afirma, de maneira explícita e reiterada, seu compromisso com a **educação integral**, vale fortalecer o foco na circunscrição de OBJETIVOS ESPECÍFICOS, assim compreendidos (id., ib.):

São mais simples, concretos, alcançáveis em menor tempo; explicitam desempenhos observáveis. Por exemplo: objetivos da disciplina, da unidade e da aula, quanto ao domínio:

• OBJETIVOS COGNITIVOS – relacionados ao conhecimento e habilidades intelectuais dos alunos.

• OBJETIVOS AFETIVOS – relacionados aos interesses, atitudes e apreciação.

• OBJETIVOS PSICOMOTORES – relacionados às habilidades motoras.

Este direcionamento metodológico da atividade docente, calçando os PLANOS DE ENSINO, canalizam aprendizagens constituídas como OBJETIVOS DE APRENDIZAGEM E DESENVOLVIMENTO (BNCC).

> **139** No plano das finalidades da educação escolar (art. 1º, § 1º), a formação básica do cidadão é um horizonte referencial e indutor do projeto de vida do(a) aluno(a), presente desde o início do seu percurso de escolarização. De que forma a BNCC, atendendo aos objetivos do Ensino Fundamental (LDB, art. 32), responde pedagogicamente a esta dimensão projetiva?

Ao posicionar o Ensino Fundamental no contexto da Educação Básica, a BNCC assenta a seguinte diretiva para as escolas conduzirem adequadamente a elaboração de currículos nessa etapa de escolarização:

> *Nessa direção, no Ensino Fundamental – Anos Finais, a escola pode contribuir para o delineamento do projeto de vida dos estudantes, ao estabelecer uma articulação não somente com os anseios desses jovens em relação ao seu futuro, como também com a continuidade dos estudos no Ensino Médio. Esse processo de reflexão sobre o que cada jovem quer ser no futuro, e de planejamento de ações para construir esse futuro, pode representar mais uma possibilidade de desenvolvimento pessoal e social.*

> **140** Quais são as duas noções fundantes da BNCC? Com as recentes alterações na LDB, estas noções permanecem?

Esta questão em dose dupla tem caráter reforçativo, uma vez que reproduz, de alguma forma, a questão introdutória deste novo circuito de esclarecimentos da edição atualizada da BNCC Fácil, dentro de uma esteira longa de alinhamentos elucidativos desdobrados em um extenso percurso de 25 novos "módulos" de aditamentos à obra, no modo PERGUNTA-RESPOSTA. Passemos às considerações pertinentes.

A BNCC é construída a partir de MARCOS LEGAIS e de FUNDAMENTOS PEDAGÓGICOS estabelecidos. **Os primeiros** têm enraizamento na Constituição Federal, art. 210: "Serão assegurados conteúdos mínimos [...], de maneira a assegurar formação básica comum e respeito aos valores culturais e artísticos, nacionais e regionais". Estes marcos constitucionais embasam o art. 9º, da LDB:

Art. 9º A União incumbir-se-à de (Regulamento):
IV - estabelecer, em colaboração com os Estados, o Distrito Federal e os Municípios, competências e diretrizes para a Educação Infantil, o Ensino Fundamental e o Ensino Médio, **que nortearão os currículos e seus conteúdos mínimos, de modo a assegurar formação básica comum** (grifo nosso).

Aqui, é imprescindível recorrer ao próprio texto da BNCC, caminhando passo a passo:

• Passo 1

*Nesse artigo nono, a LDB deixa claros dois conceitos decisivos para todo o desenvolvimento da questão curricular no Brasil. O primeiro, já antecipado pela Constituição, estabelece a relação entre o que é básico-comum e o que é diverso em matéria curricular: **as competências e diretrizes são comuns, os currículos são diversos**. O segundo se refere ao foco do currículo. Ao dizer que os conteúdos curriculares estão a serviço do desenvolvimento de competências, a LDB orienta a definição das aprendizagens essenciais, e não apenas dos conteúdos mínimos a ser ensinados. Essas são duas noções fundantes da BNCC.*

*A relação entre o que é básico-comum e o que é diverso é retomada no artigo 26 da LDB, que determina que os currículos da Educação Infantil, do Ensino Fundamental e do Ensino Médio devem ter **base nacional comum**, a ser complementada, em cada sistema de ensino e em cada estabelecimento escolar, por uma parte diversificada, exigida pelas características regionais e locais da sociedade, da cultura, da economia e dos educandos* (Brasil, 1996; ênfase adicionada).

• Passo 2

Essa orientação induz à concepção do conhecimento curricular contextualizado pela realidade local, social e individual da escola e do seu alunado, que foi o norte das diretrizes curriculares traçadas pelo Conselho Nacional de Educação (CNE) ao longo da década de 1990, bem como de sua revisão nos anos 2000.

• Passo 3

Em 2010, o CNE promulgou novas DCN, ampliando e organizando o conceito de contextualização como "a inclusão, a valorização das diferenças e o atendimento à pluralidade e à diversidade cultural resgatando e respeitando as várias manifestações de cada comunidade", conforme destaca o Parecer CNE/CEB n. 7/2010.

• Passo 4

Em 2014, a Lei n. 13.005/2014 promulgou o Plano Nacional de Educação (PNE), que reitera a necessidade de estabelecer e implantar, mediante pactuação interfederativa [União, Estados, Distrito Federal e Municípios], diretrizes pedagógicas para a Educação Básica e a base nacional comum dos currículos, com direitos e objetivos de aprendizagem e desenvolvimento dos(as) alunos(as) para cada ano do Ensino Fundamental e Médio, respeitadas as diversidades regional, estadual e local (Brasil, 2014).

Nesse sentido, consoante os marcos legais anteriores, o PNE afirma a importância de uma base nacional comum curricular para o Brasil, com o foco na aprendizagem como estratégia para fomentar a qualidade da Educação Básica em todas as etapas e modalidades (meta 7), referindo-se a direitos e objetivos de aprendizagem e desenvolvimento.

• Passo 5

Em 2017, com a alteração da LDB por força da Lei n. 13.415/2017, a legislação brasileira passa a utilizar, concomitantemente, duas nomenclaturas para se referir às finalidades da educação:

Art. 35-A. A Base Nacional Comum Curricular definirá direitos e objetivos de aprendizagem do Ensino Médio, conforme diretrizes do Conselho Nacional de Educação, nas seguintes áreas do conhecimento [...]:

Art. 36. § 1º A organização das áreas de que trata o caput *e das respectivas competências e habilidades será feita de acordo com critérios estabelecidos em cada sistema de ensino* (Brasil, 2017; ênfases adicionadas).

Trata-se, portanto, de maneiras diferentes e intercambiáveis para designar algo comum, ou seja, aquilo que os estudantes devem aprender na Educação Básica, o que inclui tanto os saberes quanto a capacidade de mobilizá-los e aplicá-los.

• Passo 6

Os segundos (Fundamentos Pedagógicos) têm foco no desenvolvimento de competências, conceito adotado pela BNCC. Ao adotar esse enfoque, a BNCC indica que as decisões pedagógicas devem estar orientadas para o desenvolvimento de competências. Por meio da indicação clara do que os alunos devem "saber" (considerando a constituição de conhecimentos, habilidades, atitudes e valores) e, sobretudo, do que devem "saber fazer" (considerando a mobilização desses conhecimentos, habilidades, atitudes e valores para resolver demandas complexas da vida cotidiana, de pleno exercício da cidadania e do mundo do trabalho), a explicitação das competências oferece referências para o fortalecimento de ações que assegurem as aprendizagens essenciais definidas na BNCC.

Para concluir: Os aditamentos e as novas inserções na LDB não subtraem, minimamente que seja, a função diretiva da BNCC, seja porque os marcos legais e os fundamentos pedagógicos que embasam a BNCC permanecem inalterados, seja porque temáticas inovadoras como letramento digital, alfabetização plena e formação de leitores etc. não têm desvios na estrutura e organização dos níveis de ensino, na engenharia e arquitetura curricular e no desenho das áreas de conhecimento, seja porque, na eventualidade de adequações requeridas, caberá ao Conselho Nacional de Educação/CNE exarar regulamentos. Vale lembrar que os regulamentos funcionam como extensores diretivos.

O que resta aos sistemas de ensino, às redes de escolas, aos gestores, às equipes escolares e, sobretudo, aos professores? Nada além de um mergulho nos novos dispositivos da LDB e uma leitura detida dos novos programas do MEC. Tudo isto se resolve com a intensificação de **agendas de formação continuada dos docentes,** no rumo de uma semântica pedagógico-integrativa da organização e do funcionamento da escola e, como assinalam Carvalho et al., de uma germinadora "releitura das áreas de conteúdo" (2017). Ou seja, nada de feudalização de interesses, tendência que contraria a ideia de BASE NACIONAL COMUM CURRICULAR/BNCC.

As mudanças recentes na LDB incorporam novos focos, mas permanecem as diretivas e os direcionamentos da BNCC. Mãos à obra para sua implementação em ritmo de regularidade, sem que isto implique no equivocado entendimento de que educação e desenvolvimento estão reduzidos a estrita dimensão escolar. A Unesco faz sinalizações significativas para potencializar as perspectivas da educação, posicionando-a sobre os EIXOS:

A. Educação e Cultura

B. Educação e Cidadania

C. Educação e Coesão Social

D. Educação, Trabalho e Emprego

E. Educação e Desenvolvimento

F. Educação, Pesquisa e Ciência

(UNESCO. *Que educação para que tipo de sociedade? – 1995).*

---

141 Em 2023, a Lei n. 14.644 altera vários dispositivos da LDB para prever a instituição de Conselhos Escolares e de Fóruns dos Conselhos Escolares. Normativas alteradas:

- Art. 3º, inc. VIII / Art. 10, inc. VIII / Art. 11, inc. VII / Art. 12, inc. XII / Art. 14, inc. I, II, § 1º, inc. I, II, III, IV, V, § 2º , inc. I, II, III, § 3º, inc. I e II. QUESTÃO BASILAR: Quais os níveis de articulação da BNCC com estes novos dispositivos da LDB?

A BNCC está em sintonia absoluta com este conjunto de dispositivos, via incidências distribuídas nos seguintes níveis de educação escolar:

A. <u>Nível teleológico</u> > Finalidades da educação: "...pleno desenvolvimento do educando e... preparo para o exercício da cidadania," entre outras.

B. <u>Nível principiológico</u> > Princípio de ministração do ensino: "...gestão democrática do ensino público, nas formas da Lei (CF, LDB, PNE e BNCC) e da legislação dos respectivos Estados, Municípios e do Distrito Federal".

C. <u>Nível sistêmico</u> > "Assegurar a formação básica comum no modo INTRA e INTERSISTÊMICO, com garantia de padrão de qualidade".

D. <u>Nível de autonomia dos sistemas e das escolas</u> > "Fixar normas de conduta no âmbito da natureza específica, observando a diversidade configurativa das respectivas estruturas".

E. <u>Nível Funcional</u> > "Substituir os excessos formais das cadeias de comando por processos plurais de maior participação de professores, alunos, famílias, comunidades e setores organizados de sociedade".

F. <u>Nível Pedagógico</u> > "Trabalhar com currículo como um "cursor" que direciona aprendizagens FORA do compasso da SUBMISSÃO e da ALIENAÇÃO".

G. <u>Nível da autorrealização do aluno</u> > "Encontrar, na sala de aula, um ambiente atraente e de bem-estar onde o extraescolar é sempre curricular e onde cada um se percebe autor de si".

H. <u>Nível sociopedagógico</u> > "Relação Escola-Comunidade e valorização da Proposta Pedagógica".

I. <u>Nível de autonomia da Escola Pública</u> > "Democratização das relações organizativas no interior da escola" (Hora, 1994).

J. <u>Nível contextual-cultural</u> > "Conexões da escola com seu contexto local, imediações e cercanias".

K. <u>Nível identitário</u> > "Vias do aprendizado pessoal-coletivo".

L. <u>Nível de reciprocidade sociocognitiva</u> > "Efeitos recíprocos e anímicos das relações bilaterais: professor, aluno, escola/comunidade, gestão escolar/gestão pedagógica, escola, pais de alunos (ou responsáveis)".

(Indicações extraídas de CARNEIRO, Moaci. *In*: Textos de Apoio à Formação Continuada de Docentes, Brasília: Enlace, 2024).

A BNCC se reveste destas multidimensões de enquadramento, no rol de fixações legais da LDB para instituição de "Conselhos Escolares e de Fóruns de Conselhos Escolares, como se pode constatar na esteira de recortes, envolvendo diretrizes e direcionamentos, em destaque, a seguir:

I. "Valorizar o protagonismo juvenil, atendendo a multiplicidade de interesses dos alunos".

II. "Permitir maior autonomia, ampliando a participação dos jovens na vida comunitária e na vida pública".

III. "Abrir canais de diálogo com as diferentes esferas sociocomunitárias e com os diversos campos de atividade humana".

IV. "Adotar a flexibilidade como princípio obrigatório no âmbito dos sistemas e escolas de todo o país, focando o perfil de saída dos alunos".

V. "Desenvolver processos criativos e colaborativos com bases em interesses dos jovens".

VI. "Garantir aos estudantes oportunidades de experienciar fazeres cada vez mais próximos das práticas da vida acadêmica, profissional, pública, cultural e pessoal e situações que demandem a articulação de conhecimentos, o planejamento de ações, a auto-organização e a negociação em relação a metas e direcionamentos."

VII. "Compreender os múltiplos aspectos que envolvem a produção de sentidos nas práticas de organização social, reconhecendo-as e vivenciando-as como formas de expressão de valores e identidades, em uma perspectiva democrática e de respeito à diversidade".

VIII. "Operar a Base Nacional Comum Curricular (BNCC) como um documento de caráter normativo que define o conjunto orgânico e progressivo de **aprendizagens essenciais** que todos os alunos devem desenvolver <u>ao longo das etapas e modalidades da Educação Básica</u>, de modo a que tenham assegurados seus direitos de aprendizagem e desenvolvimento, em conformidade com o que preceitua o Plano Nacional de Educação (PNE)". (Excertos dos documentos de diretrizes da BNCC, em dois volumes – Educação Infantil / Ensino Fundamental e Ensino Médio, Edição MEC/SEB, Brasília, 2018).

É importante destacar, ainda, que a instituição de Conselhos Escolares e de Fóruns de Conselhos Escolares constitui procedimento que exige lei específica de Estados, Municípios e do Distrito Federal, definindo normas da gestão democrática do ensino público na educação básica, de acordo com princípios demarcados na LDB e com categorização dos componentes (art. 14) sob tríplice perspectiva, na forma da lei (LDB):

I. democratização da gestão; (incluído pela Lei n. 14.644, de 2023).

II. democratização do acesso e permanência; (incluído pela Lei n. 14.644, de 2023).

III. qualidade social da educação; (incluído pela Lei n. 14.644, de 2023).

Destaque-se que esta tríade de princípios irradia-se sobre o Fórum dos Conselhos Escolares, colegiado de caráter deliberativo que tem como finalidades o fortalecimento dos Conselhos Escolares de sua circunscrição e a efetivação do processo democrático nas unidades educacionais e nas diferentes instâncias decisórias, com vistas a melhorar a qualidade da educação (LDB, art. 14, § 2º).

Qualidade que não significa que "a escola deve estar habitada pela ideologia da excelência" (Perrenoud, 1982), tampouco encarregada de uma missão de hierarquização dos indivíduos (Crahay, 2011). Tanto na LDB, quanto na BNCC, educação escolar de qualidade é aquela que disponibiliza, ao aluno, todos os meios e apoios direcionados ao seu pleno desenvolvimento, seu preparo para o exercício da cidadania, sua preparação para o trabalho e, ainda, todos os recursos essenciais para a aprendizagem social, como *construção do ser prospectivo*" (Fonséca, 2018:36).

142 Como as escolas brasileiras podem elevar o nível de desempenho dos alunos a partir de parâmetros internacionais? – Como a sua escola trata a questão da avaliação? Esta dimensão é inserida nas Agendas de Planejamento anual? – Como a sua escola analisa os resultados do Ideb e do Pisa?

O Brasil possui uma legislação adequadamente ajustada a tal direcionamento: a Lei de Diretrizes e Bases da Educação Nacional/LDB, Lei n. 9.394/1996, com 92 artigos, e a Lei n. 13.005/2014, do Plano Nacional de Educação/PNE. Esta com 14 Dispositivos, 20 Metas e 127 Estratégias. Estamos no curso de uma longa e detalhada rota de fixação de conformidades legais, visando a assegurar, ao ensino regular, um funcionamento e um desenvolvimento com padrão elevado no processo de construção de resultados. A partir daí, cabe aos sistemas de ensino e a suas respectivas escolas executarem as diretrizes da Base Nacional Comum Curricular com incidência nos níveis e modalidades de ensino. Adicionalmente, a BNCC passará a revitalizar e a redirecionar, objetivamente, o planejamento pedagógico, induzindo, em sequências articuladas, um contínuo lançar d'olhos nos resultados mais recentes do Ideb e do Pisa. Para lembrar, o Programa Internacional de Avaliação de Estudantes (Pisa), realizado a cada três anos pela Organização para a Cooperação e Desenvolvimento Econômico (Ocde) e, no Brasil, operacionalizado pelo INEP-MEC, tem como foco proceder a avaliação de desempenho de estudantes brasileiros na faixa etária de 15 anos, envolvendo conhecimentos nas áreas de Matemática, Leitura e Ciências. Esclareça-se que os pais participam também do processo por meio de questionários. 81 países estão na pauta desta avaliação.

Vejamos recortes fotográficos dos resultados do Pisa Brasil-2022:

Aplicação no Brasil	Formato digital	• 10.798 estudantes
		• 599 escolas das redes pública e privada

PERFIL DOS AVALIADOS
• 73,1% dos estudantes da rede estadual • 81,9% dos matriculados no Ensino Médio • 96,5% das escolas em área urbana • 76,4% das escolas localizadas no interior

MATEMÁTICA	Média de proficiência do Brasil (2022): 379 Média da Ocde: 472 Média de proficiência do Brasil (2018): 384 Média da Ocde: 489 Posição do Brasil no ranking (2022): entre 62º e 69º Posição do Brasil no ranking (2018): entre 69º e 72º
LEITURA	Média de proficiência do Brasil (2022): 410 Média da Ocde: 476 Média de proficiência do Brasil (2018): 413 Média da Ocde: 487 Posição do Brasil no ranking (2022): entre 44º e 57º Posição do Brasil no ranking (2018): entre 55º e 59º
CIÊNCIAS	Média de proficiência do Brasil (2022): 403 Média da Ocde: 485 Média de proficiência do Brasil (2018): 404 Média da Ocde: 489 Posição do Brasil no ranking (2022): entre 53º e 64º Posição do Brasil no ranking (2018): entre 64º e 67º

BRASIL. *Instituto Nacional de Estudos e Pesquisas Educacionais Anísio Teixeira (Inep).* Notas sobre o Brasil no Pisa, 2022. Brasília, DF.

É sempre tempo e é sempre possível para a escola empreender novas iniciativas visando à elevação do nível de desempenho de seus alunos. Eis duas rotas, ligue-se nelas!

- O princípio da ação está em nós (Aristóteles, 384-322 a.C.).
- Para atravessar o deserto é preciso dar o primeiro passo (Provérbio Árabe).

CAPÍTULO 26

Leituras complementares

À guisa de alargar a compreensão do conteúdo conceitual-operativo da BNCC, agregamos, a esta obra, 31 (trinta e um) textos com transbordamentos sobre todo corpo da BNCC. A ideia é que a leitura propicie maior e melhor visibilidade das múltiplas dobras do Dore-BNCC. Os textos foram escritos e/ou selecionados em diferentes momentos de produção da obra. Na linha do tempo, cobrem o período anterior à pandemia, o período da pandemia, ou seja, o contexto do isolamento social por que toda sociedade passou e, igualmente, as instituições de ensino. Por fim, os 12 (doze) últimos textos foram produzidos nos anos de 2022/2023; portanto, têm vinculação com as inserções mais recentes da LDB e, não menos importante, com as iniciativas programáticas e inovadoras do atual governo.

Texto 1 — A BNCC e o *novo normal*

O contexto de agudas excepcionalidades do momento, que impõe máxima atenção às condições sanitárias, tem produzido implicações negativas no cotidiano das pessoas, das instituições em geral e dos sistemas de ensino e escolas, cujo funcionamento depende de uma complexa capilaridade de alinhamentos normativos. Essa rede de articulados legais visa assegurar mecanismos de controle com foco em valores, fins e qualidade social dos resultados a colimar.

O quadro de implicações referidas poderá ter desdobramentos com gradações variadas no contexto da pós-pandemia. Por essa razão, gestores de sistemas de ensino e escolas começam a vislumbrar uma cadeia de preo-cupações desafiadoras, sob o influxo da ideia pegajosa de *novo normal*, de forte presença nos meios de comunicação social. No campo da educação escolar, o conceito parece refletir uma distorção perceptiva, ratificando a tendência de se confundir educação com escola ou, quando não, de anuviar a essência da educação como um processo de natureza fenomenológica e axiológica, posto na moldura do desenvolvimento humano, confundindo com as formas de organização da escola e dos instrumentos operacionais acionados. É inegável a refração das ideias de um conceito sobre o outro – porém, não a identidade –, embora ambos hospedem elementos comuns de convergência semântica, porque assestados para o campo do desen-volvimento cognitivo. Há uma linha fronteiriça; porém, uma vez que a educação vincula-se a processos vitais e cognitivos, enquanto *"a escola e o agir pedagógico têm uma função social específica na medida em que existem, precisa e especificamente, para criar as oportunidades básicas para a morfogênese do conhecimento"* (Assmann, 1999). Ou seja, a escola se volta para escalas de desenvolvimentos regulados, objetivando a formação para uma cida-dania produtiva e solidária. Uma centra-se na totalidade humana; outra concentra-se nos "campos de sentido" da formação regular, exigindo, por essa razão, clima organizacional, instrumentos, contextos e recorrências estáveis. Entre ambas, há questões epistemológicas que os arranjos aca-dêmicos e a plasticidade do enovelamento do binômio aprendizagem-co-nhecimento buscam resolver. E o fazem dentro de uma linha de espaço, tempo e processos de aprendizagem regulados e ordenados sistematica-mente. É precisamente nesses territórios de cruzamento entre concepção essencial e organização instrumental que a *educação escolar* (LDB, art. 1º, § 1º) ganha expressão funcional e relevância social.

Na sociedade do conhecimento, nós, educadores, precisamos perceber que as grandes mudanças educacionais não ocorrem na escola, mas fora dela. Como aponta Fava (2015, p. 106), *"é no mundo fora da escola que os jovens Y estão ensinando a si mesmos e aos outros tudo o que é importante e ver-dadeiramente útil sobre a realidade presente e futura"*.

Sob o influxo da observação de Mário de Andrade (1893-1945), para quem *o passado é para refletir, não para repetir*, cabe posicionar a questão: **Como executar a BNCC no contexto de excepcionalidade ora vivido e, logo a seguir, no retorno do cotidiano apoiado em padrões de normalidade?** A resposta é clara e direta: da mesma forma de sempre, sem qualquer exceção! Isso não significa que a escola vá permanecer sob o mesmo padrão organizativo, sobretudo no campo das práticas pedagógicas. As primeiras sinalizações são indicativas do fortalecimento da tendência de *transformação da sala de aula em Comunidade de Investigação*. Nesse sentido, a escola deverá rever seu formato organizacional, sem, no entanto, deixar de considerar a educação como conceito essencial de desenvolvimento pleno das potencialidades humanas e dos alinhamentos cognitivos, regulados pela aprendizagem **formal,** *sob a **forma** de ensino disponibilizado em instituições próprias* (LDB, art. 1º, § 1º). É precisamente esse contexto de especificidade institucional, *configurada pelos papéis, normas, rotinas e ritos próprios da escola como instituição social específica* (Candau, 2000: 65), que dá energia e identidade à chama da cultura escolar. Nesse horizonte, o *novo normal* poderá acender suas luzes; a educação, porém, em seu conceito essencial, não vai mudar repentinamente, enquanto resultante de processos de múltiplas dimensões. A ideia de "nada será como antes" é apressada e fantasiosa. E a educação, que ilumina a dimensão profunda da escolarização em cujo bojo vão-se gestando "novos sentidos da escola para os indivíduos, os grupos sociais e a sociedade como um todo" (Candau, 2000, p. 36), assim permanecerá. Haverá um novo, mas não o **novo normal** no sentido de uma nova educação. Como adequadamente posiciona Anna Maria Pessoa de Carvalho (2017, p. vii), *"a sociedade mudou e a escola se transformou – e as propostas de ensino devem acompanhar essas mudanças. Além das influências sociais, o ensino de cada uma das disciplinas escolares também sofre reformulações provenientes dos resultados das pesquisas que estão sendo desenvolvidas no ensino e na aprendizagem dessas áreas curriculares. E nesses últimos anos, quando a educação passou a ser considerada uma área essencial no desenvolvimento econômico e social das nações, muitas foram as investigações* *sobre os modos como se ensina, como se aprende e, especialmente, como se propõe a formação continuada dos professores".*

Parametrada no conceito de ensino regular, a escola se organiza sob um articulado de leis e normas que lhe impõe um tipo de enquadramento para garantir regularidade funcional e alinhamento de fins, meios e resultados esperados. A ideia de *novo normal* cria, assim, uma falsa expectativa à medida que, superada a crise sanitária, não haverá necessidade de se *reinventar a escola*, mas, sim, de algumas mudanças no seu alinhamento organizacional e de se diversificarem as rotas metodológicas de ensinar e aprender. Como esse complexo processo tem, no currículo escolar e no contexto, suas matrizes de referência indutora, a BNCC permanecerá com a função de MATRIZ-MOR para o desenvolvimento dos currículos da Educação Básica. Ou seja, não haverá como os sistemas de ensino e escolas se afastarem dos influxos normativos e direcionais da BNCC. Há, sem dúvida, uma esteira de razões para caminhar nesse entendimento, como passaremos a ver a partir da seguinte preliminar:

A educação escolar não vai mudar sua natureza intrínseca e permanecerá, portanto, com tudo aquilo que lhe garante as conformidades inerentes ao desenvolvimento do ensino em instituições próprias (LDB, art. 1°, § 1°). Todas essas conformidades estão hospedadas em ordenamentos legais estabelecidos, com vigência não revogada, cumprimento obrigatório e dever irrenunciável.

É nesse horizonte que "a elevação do direito à educação como subjetivo público confere-lhe o **status** de direito fundamental, mínimo existencial, arcando o Estado, nos limites propostos, com prestações positivas e igualitárias; cabendo a este, também, através de sua função jurisdicional, garantir-lhes a execução" (Torres, 1995, p. 151). À luz desta compreensão, o *novo normal* não desobrigará o atendimento rigoroso às conformidades essenciais da educação cuja legislação está enraizada nos valores, cultura e direitos sobre os quais cabe assentar um olhar mais detido para melhor compreensão do enfoque ora trabalhado.

A vida humana é lastreada por valores, e a vida individual e a convivência coletiva são por eles impulsionadas. São, na verdade, o corpo de fundamentos para articular as relações com o outro e as relações sociais em geral. Se é verdade que a vida é angulada por cadeias axiológicas que partem da família desde o nascimento e se estendem à vida inteira nas diversas formas de envelopagem da convivência, é importante atentar que a educação escolar é duplamente fundamental sob esse prisma. De um lado, por disponibilizar o conhecimento teórico dos valores e, de outro, por exercitá-los, através das atividades escolares de natureza prática, possibilitando aos alunos integrá-los à sua própria vida.

Os valores postam-se de forma variada dentro do curso de vida das pessoas. Ora apresentam-se sob a forma de "**valores humanos absolutos** – verdade, paz, honestidade –, ora sob a forma de **valores humanos relativos** – coragem, solidariedade, compaixão" (Pizzimenti, 2013, p. 20). Uns e outros estão contidos em nosso DNA biopsíquico, de forma latente e, além disso, estão, sob diferentes dobras, no título I da Constituição Federal – **Dos Princípios Fundamentais** – e constituem, portanto, o chão para a fecundação da cidadania brasileira. Essa é a grande moldura de enquadramento dos processos de formação escolar cujos balizamentos legais estão insculpidos no capítulo III, seção I – Da Educação – da Carta Magna (art. 205-214), na LDB (título II – Dos Princípios e Fins da Educação Nacional, art. 21), nas diretrizes do PNE (art. 2º, inc. V), no ECA (art. 53 e 54), na LBI (art. 27-30) e na copiosa legislação da Educação Superior. A educação escolar, como processo fenomenológico do desenvolvimento humano e da aprendizagem formal por via institucional, não apenas deve se pautar por esses parâmetros legais e normativos, como é responsável pela sua irradiação ao longo do itinerário de formação dos alunos.

Vencido o contexto de excepcionalidade do momento, todo esse acervo de dispositivos legais volta a ser plenamente retomado pelas instituições de ensino, na conformidade do seu funcionamento regular. Portanto, o **novo normal** não é o que virá no pós-pandemia, mas, sim, o que enseja formatos especiais da organização escolar precária do momento. Ou seja, caso se queira permanecer com a ideia, o preocupante *novo normal* é uma ilusão de ótica que mais poderá desajudar às instituições de ensino e suas respectivas esferas de gestão do que contribuir para soluções imaginosas capazes de remover as improvisações atuais. Entende-se, dessa forma, que, vencidas as inquietações da Covid-19, as escolas de todos os níveis retornarão à regularidade de funcionamento, retomando **todos os padrões legais e normativos** que garantem a essencialidade da educação tal qual ela é e tal qual deverá continuar a ser, na perspectiva do pleno desenvolvimento dos alunos. Os parâmetros de funcionamento são os que estão na legislação anteriormente referenciada e cuja vigência não foi revogada. No caso da Educação Básica, há de se continuar cumprindo o que consta do capítulo II da LDB (artigos 22 a 38) e, no caso da Educação Superior, o que consta do capítulo IV (artigos 43 a 57) da LDB.

A par de todos os ordenamentos legais enfocados, as instituições de Educação Básica não podem se afastar do cumprimento da Base Nacional Comum Curricular/BNCC, enquanto *conjunto orgânico e progressivo de aprendizagens essenciais que todos os alunos devem desenvolver ao longo das etapas e modalidades da Educação Básica*. Nesse horizonte, as escolas devem se estabelecer com foco na **educação integral** e, ainda, operar os conteúdos curriculares sob o influxo do desenvolvimento de competências. Tudo isso constitui obrigatoriedade institucional irrenunciável. Mudanças deverão ocorrer, sim, no campo dos métodos e técnicas de ensino. Ou seja, continuará a se operar o mesmo conceito de educação escolar; porém, organizando-o e trabalhando-o de forma diferente. Possivelmente haverá mais tecnologia, mais Ensino Híbrido e mais Educação a Distância, sem que isso signifique que haverá "uma outra educação".

Os métodos de ensino e aprendizagem serão multiplicados com o apoio da dimensão tecnológica no ensino. Porém, a dinâmica e praticidade dos meios, com o suporte de uma racionalidade instrumental, não dispensa, com respeito à essência da educação, "a racionalidade teórica onde se encontram os fins, os valores, as crenças que se pretendem atingir ou vivenciar. [...] *Por mais que se afirme a unidade e a autonomia da dimensão técnica do ensino, sua razão de ser e sua significação devem ser correlatas ao alu-*

no, ao professor, ao conteúdo, ao ensino, à aprendizagem, à educação, à situação sociocultural dos alunos e aos fins. Esses aspectos são certamente elementos que compõem a prática socioeducacional, cuja importância não pode ser subjugada, obscurecida ou diminuída pela dimensão técnica (Souza Araújo. "Para uma análise das representações sobre as técnicas de ensino". In: *Técnicas de ensino*: Por que não? Campinas: Papirus, 1999, p. 22).

Os métodos e os instrumentos que os viabilizam não podem obscurecer nem o conteúdo com suas pontuações axiológicas nem substituir o professor, sem o que a metodologia se transforme em ilusionismo pedagógico. Sala de aula sem professor é uma oficina de clones. O *novo normal* não descarta a BNCC, sob pena de se apagar o art. 26 da LDB, assim formulado: os currículos da Educação Infantil, do Ensino Fundamental e do Ensino Médio devem ter **base nacional comum**, a ser complementada em cada sistema de ensino e em cada estabelecimento escolar, por uma parte diversificada, exigida pelas características regionais e locais da sociedade, da cultura, da economia e dos educandos (Brasil, 1996 – **ênfase adicionada**).

Como conclusão, a diversidade de métodos de ensino a adotar, ao incidir sobre novas formas de organização da escola, pelo uso de recursos digitais, vai igualmente produzir novas formas de aprender e multiplicar os locais e contextos de aprendizagem. Nesta direção, a BNCC vai adicionalmente funcionar como rota de identificação de alinhamentos de princípios, valores e diretrizes e como empuxo para motivar o desenvolvimento de habilidades como:

(EM13LGG701) Explorar tecnologias digitais da informação e comunicação (Tdic), compreendendo seus princípios e funcionalidades, e mobilizá-las de modo ético, responsável e adequado a práticas de linguagem em diferentes contextos.

(EM13LGG702) Avaliar o impacto das tecnologias digitais da informação e comunicação (Tdic) na formação do sujeito e em suas práticas sociais, para fazer uso crítico dessa mídia em práticas de seleção, compreensão e produção de discursos em ambiente digital.

(EM13LGG703) Utilizar diferentes linguagens, mídias e ferramentas digitais em processos de produção coletiva, colaborativa e projetos autorais em ambientes digitais.

(EM13LGG704) Apropriar-se criticamente de processos de pesquisa e busca de informação por meio de ferramentas e dos novos formatos de produção e distribuição do conhecimento na cultura de rede (Brasil. BNCC-Dore, 2018, p. 489).

Há duas décadas, Castells já chamara a atenção para a influência, na educação e nas escolas, da *sociedade em rede*, sobretudo no tocante aos processos de potencialização da autoaprendizagem, ao afirmar que *"a tarefa das escolas e dos processos educativos é de desenvolver em quem está aprendendo a capacidade de aprender, em razão de exigências postas pelo volume crescente de dados acessíveis na sociedade e nas redes informacionais, da necessidade de lidar com um mundo diferente e, também, de educar a juventude em valores e ajudá-la a construir personalidades flexíveis e eticamente ancoradas"* (*A sociedade em rede*. São Paulo: Paz e Terra, 1999, p. 164).

Em contexto do *novo normal*, a BNCC verá expandida suas formas de ativação pelo uso crescente de tecnologias, mídias e metodologias, no amplo cenário da educação juvenil de massa, com marcante predomínio das gerações Y e Z. Circunstâncias que impõem ao professor compreender que, para mudar o ensino, é preciso mudar a compreensão da sala de aula, destravando os espaços e as formas diversificadas de aprendizagem. Fica, mais uma vez, evidenciada a obrigatoriedade irrenunciável de cumprimento das disposições da BNCC, mesmo que dentro de um calendário especial de reprogramação estendida temporariamente.

A Base Nacional Comum Curricular funciona, complementarmente, como um documento-passaporte para a educação escolar ingressar no mundo dos ecossistemas educacionais variados, que podem servir de dínamo para impulsionar novas formas de dinamismo da educação escolar. Há duas décadas, Candau já chamava a atenção para a necessidade dessa incursão transformadora: *Um dos desafios do momento é ampliar, reconhecer e favorecer distintos* locus, *ecossistemas educacionais, diferentes espaços de produ-*

ção da informação e do conhecimento, de criação e reconhecimento de identidades, práticas culturais e sociais. De caráter presencial e/ou virtual. De educação sistemática e assistemática. Onde diversas linguagens são trabalhadas e pluralidade de sujeitos interagem, seja de modo planejado ou com caráter mais livre e espontâneo (2000, p. 13).

Estas ideias propulsoras e inovadoras de uma escola com formas reconceituadas de funcionamento guardam inteira convergência com a matriz de ideias da Base Nacional Comum Curricular/BNCC, cujo documento de caráter normativo, definidor do conjunto orgânico e progressivo das Dez Competências Gerais da Educação Básica posiciona, em sua tela conceitual, o seguinte **compromisso com a educação integral**:

A sociedade contemporânea impõe um olhar inovador e inclusivo a questões centrais do processo educativo: o que aprender, para que aprender, como ensinar, como promover redes de aprendizagem colaborativa e como avaliar o aprendizado.

No novo cenário mundial, reconhecer-se em seu contexto histórico e cultural, comunicar-se, ser criativo, analítico-crítico, participativo, aberto ao novo, colaborativo, resiliente, produtivo e responsável requer muito mais do que o acúmulo de informações. Requer o desenvolvimento de competências para aprender a aprender, saber lidar com a informação cada vez mais disponível, atuar com discernimento e responsabilidade nos contextos das culturas digitais, aplicar conhecimentos para resolver problemas, ter autonomia para tomar decisões, ser proativo para identificar os dados de uma situação e buscar soluções, conviver e aprender com as diferenças e as diversidades (BNCC-Dore, 2018).

Nesse contexto, a BNCC afirma, de maneira explícita, o seu compromisso com a **educação integral***, reconhecendo que a Educação Básica deve visar à formação e ao desenvolvimento humano global, o que implica compreender a complexidade e a não linearidade desse desenvolvimento, rompendo com visões reducionistas que privilegiam ora a dimensão intelectual e cognitiva, ora a dimensão afetiva. E mais, assume uma visão plural, singular e integral da criança, do adolescente, do jovem e do adulto – considerando-os como sujeitos de aprendizagem – para promover uma educação voltada ao seu acolhimento, reconhecimento e desenvolvimento pleno, nas suas singularidades e diversidades.*

Independentemente da duração da jornada escolar, o conceito de educação integral com o qual a BNCC está comprometida se refere à construção intencional de processos educativos que promovam aprendizagens sintonizadas com as necessidades, as possibilidades e os interesses dos estudantes e, também, com os desafios da sociedade contemporânea. Isso supõe *considerar as diferentes infâncias e juventudes, as diversas culturas juvenis e seu potencial de criar novas formas de existir* (Brasil. *BNCC-Dore*, 2018, p. 14).

Diante deste cenário conceitual-operativo da BNCC, parece inevitável concluir que uma das formas desta dimensão epistemológica e de destravamento dos conteúdos pedagógicos à ideia de *novo normal*, em consonância com o conceito pleno e transformador de educação, é hospedar o Projeto Pedagógico Escolar e sua viga de sustentação, o currículo em movimento, na iluminada e irradiante tela da BNCC.

O *novo normal* nada mais será do que a escola aprender a "escolarizar" em um mundo diferente, a partir de contextos diferentes.

Moaci Alves Carneiro
Doutor em Educação/Paris
Texto de agosto de 2020, Brasília-DF.

| Texto 2 | A BNCC, o *novo normal* e o Ensino Híbrido |

Na sociedade do conhecimento, os conceitos se multiplicam sem tempo para um amadurecimento cultural prolongado. Surgem em escala surpreendente e, como acontece com as pessoas no turbilhão da *sociedade e da cultura no mundo líquido moderno* (Bauman, 2013), vão perdendo, na mesma velocidade, o colorido da presença física, substituída pela presença-foto do registro fugaz. A *selfie* é a ilusão do tempo-instante! Percebe-se que tudo se submete a **"um sistema de fluxo que anda à velocidade da luz"** (Pasqualato, 1999, p. 35). Os avanços da tecnologia modificam e modulam continuamente o *estado de ser* dos sujeitos e organizam tendencialmente as instituições por meio da comunicação efetiva. Nesse estuário de presenças fugíveis tudo vai se aprimorando e tornando-se semelhante, do que decorre a transformação de tempos plurais em tempos iguais. A cartografia da escola é construída de rotas que buscam a semelhança dos sujeitos aprendentes. Como posiciona Boneti (1999, p. 15), *"o procedimento da homogeneização parte do pressuposto básico de que a igualdade é associada à utilidade social"*. A automatização do viver cotidiano, superabundantemente instrumentalizado, assume o caráter ultrapassante do global e do local e deságua em uma nova articulação de dinâmicas espaçotemporais sem aparentes barreiras. *Quer dizer, estruturam-se novas formas de organização [...], onde não interessa a continuidade espacial, mas, sim, as condições necessárias. As redes passam a ser globais e a descontinuidade geográfica passa a ser uma característica, e de modo algum isso se apresenta como problema ou dificuldade para o sucesso. A distância some, não existe mais, pois tudo pode ser aproximado, se interessar.* Essa realidade desterritorializada serve de canteiro para a interlocução de redes interpenetráveis de ecossistemas educativos, com a ampliação continuada de novos espaços e de novas formas de aprendizagem. Se, de um lado, esses espaços e formas de aprender não competem com a escola, de outro, precisam com ela dialogar. Mais do que isso: a escola precisa se elastecer e passar a enxergá-los como condutores de ressignificação dos conteúdos curriculares. Para tanto, é impositivo um *remodelo de organização escolar,* com a quebra das metodologias tradicionais de ensino, algumas prevalentes há séculos e tidas como vias únicas de desenvolvimento da aprendizagem. Parece ser o contexto atual o tempo próprio para novas transfusões metodológicas, retirando a escola do seu encapsulamento histórico, fato que parece socializar uma compreensão enraizada no inconsciente coletivo de que não é razoável imaginar a possibilidade de *uma nova escola sem paredes* (Carneiro, 2012).

Por toda parte, constata-se que as escolas brasileiras têm sido pouco aderentes aos apelos dessa nova realidade. Quando muito, optam por uma adequação excessivamente lenta, traduzindo uma falta de convicção dos gestores quanto aos benefícios possíveis. Ocorre que, ao se conduzirem assim, afastam, cada vez, a tecnologia das salas de aula, pois como alerta Castells (1998, p. 81), ela é *construída de processos articulados e rápidos*; ou seja, a escola vai se distanciando cada vez mais de uma das condições de referência mais presentes na sociedade globalizada e no mundo jovem. As gerações Y e Z não são constituídas de andarilhos, mas de velocistas. E esse é, igualmente, o ritmo da sociedade do conhecimento e da globalização.

Diante dessas constatações, cabe à escola mudar de escala em seu formato organizacional, independentemente do contexto de excepcionalidade ora vivido. *"[...] Não há dúvida de que há muito a se fazer e muito o que pensar a respeito da educação, pois o espaço da escola, da aprendizagem, que interessa não é mais aquele espaço em si apenas, mas esse novo espaço de relações, de fluxos, de informação.*

Porém, na verdade não se construiu um modelo novo a ser seguido, de organização espacial das atividades e de novas formas de morar, de ter lazer, de ensinar, de estudar, de aprender, de viver, enfim. Possivelmente, o modelo novo seja não ser e não ter modelos, pois tudo depende de muitas variáveis, que ao se conjugarem na relação de uma escala social de análise que é histórica, constroem as bases de uma nova organização espacial, de uma nova distribuição geográfica dos fenômenos e da vida social. O espaço não é mais a prisão para o homem viver, no sentido de que as distâncias se colocavam como impedimento, que o acesso ao que não era estritamente o seu lugar era impeditivo. Hoje, interessa que todos tenham acesso à informação, pois só assim, o conjunto consegue avançar na velocidade que interessa ao desenvolvimento" (Callai, 1999, p. 30).

Neste amplo cenário de reverberações do *biovirtual*, o **Ensino Híbrido** se posiciona como um compacto de instrumentalidade metodológica fundamental em dimensão bifronte. Resgata o aluno como protagonista do processo de aprender e, automaticamente, alonga os efeitos positivos da aprendizagem. Resultado: ganha o aluno, ganha o professor e ganha a escola, à medida que, a todo instante, se entrecruzam os caminhos da educação sistemática com as rotas da educação assistemática. Essa é uma das trilhas da BNCC que *propõe a superação da fragmentação radicalmente disciplinar do conhecimento, o estímulo à sua aplicação na vida real, a impor-*

tância do contexto para dar sentido ao que se aprende e o protagonismo do estudante em sua aprendizagem e na construção de seu projeto de vida [...]. Afinal, muito por efeito das novas tecnologias da informação e da comunicação (Tdic), os textos e discursos atuais organizam-se de maneira híbrida e multissistemática, incorporando diferentes sistemas de semiose em sua constituição (BNCC-Dore, 2018, p. 15).

Vamos ver de que forma o ENSINO HÍBRIDO se coaduna com o caráter normativo da BNCC.

Ao se confirmar que o **Ensino Híbrido é uma abordagem pedagógica** (Valente, 2015, p. 13) está se posicionando o conceito no campo das formas e possibilidades de organização do ensino escolar, o que passa necessariamente pelo amplo estuário das metodologias de ensinar e aprender. Estas, por sua vez, terão de estar sempre vinculadas a um alinhamento de bases axiológicas, o que significa:

a) <u>**Valorização**</u> dos conteúdos disciplinares encaixados na visão sociopedagógica das competências.

b) <u>**Valorização**</u> de remodelos da organização do fazer pedagógico, enraizado no mundo concreto da realidade social do aluno.

c) <u>**Valorização**</u> do desenho da viabilidade de um projeto pedagógico em cujo foco o aluno tenha uma presença de protagonista no processo de aprender e de se autoavaliar.

d) <u>**Valorização**</u> tecnológico-pedagógica do conceito de tempo e espaço, sobretudo mediante uma compreensão de educação integral em contexto de ATUALIDADES e, portanto, de aprendizagem significativa nas recorrências presentes e futuras.

e) <u>**Valorização**</u> da escola e do professor. A primeira como *locus* específico de apropriação de saberes sistematizados e integrados, postos em uma moldura de desenvolvimento individual e de transformação e progresso social. O segundo (o professor) como presença essencial nos atos de planificação de educação formal, sem o que as sequências do desenvolvimento cognitivo (objetivação, generalização, classificação, análise, síntese, aplicação, significação, similitude, avaliação etc.) perdem o sentido de ressignificar a vida concreta na escola, e mais importante: o aluno se apropria da *compreensão de que os professores virtuais e os professores cognitivos formam uma unidade. É por isso que o tempo de escola não pode ser reduzido à contagem das horas de ficar na escola* (Assmann, 1998, p. 233).

f) <u>Valorização</u> da relação *educação-sociedade*, sempre em contexto socioepistemológico, exatamente porque a educação apartada da realidade social vivida individualmente e convivida coletivamente torna--se mero treinamento. Esta conexão (**educação-sociedade**) garante à educação a marca essencial de processo fenomenológico com impregnações socioculturais.

g) <u>Valorização</u> da educação escolar como processo sociocultural integrado ao trabalho como um dos elementos fundamentais da formação para a cidadania produtiva.

Este conjunto de patamares valorativos que se encaixam nas diferentes dobras estruturantes e conceituais da BNCC encontra rotas de interlocução pedagógica no ***Ensino Híbrido*** que, no processo de ensino-aprendizagem em organização regular-formal (Educação Escolar), VALORIZA o aluno como agente protagonista da aprendizagem com as seguintes características indissociáveis:

a) <u>Responsável</u> pela autopreparação das aulas no dia a dia;

b) <u>Responsável</u> pela contínua autoavaliação;

c) <u>Responsável</u> pela identificação de pontos fortes e fracos em cada fase da aprendizagem;

d) <u>Responsável</u> pelo compartilhamento dos saberes que vai acumulando;

e) <u>Responsável</u> pela permuta de avanços sociais com os colegas em um sistema de trocas de benefícios convivenciados.

O professor como mediador e agente indutor de estimulação, integração e progresso na aprendizagem individual e na implementação de um clima favorável à construção permanente dos processos e procedimentos do conhecimento em dimensões constatativas, implicativas e inovadoras. Para tanto, faz-se necessário:

a) Valorizar o contínuo envolvimento dos alunos no desenvolvimento dos planos de ensino, sejam quais forem as metodologias usadas.

b) Valorizar e alargar o domínio teórico das disciplinas e ideias de conhecimento, com o apoio adicional de recursos tecnológicos.

c) Valorizar os diferentes tipos de rotas pedagógicas que possam contribuir para *o aprimoramento do educando como pessoa humana, incluindo a formação ética e o desenvolvimento da autonomia intelectual e do pensamento crítico* (LDB, art. 35, inc. III).

d) Valorizar os momentos presenciais com atividades cooperativas dos grupos em cada sala de aula, sem se descuidar das necessidades individuais, cujo entendimento deve refletir a atenção especial do professor às deficiências apresentadas.

e) Valorizar o apoio e o suporte dos colegas para diminuir dúvidas individuais, a fim de que todos os alunos da turma possam ser beneficiários deste "suporte" aditivo, aproximando, assim, cada vez mais, professor e alunos. Com este procedimento, quebra-se um elo da cultura pedagógica tradicional, segundo a qual a dúvida na aprendizagem, via ensino regular, interessa somente a quem a apresenta.

Para a plena implantação da BNCC – com ou sem a adoção de mudanças na organização do ensino, incluída a utilização do Ensino Híbrido – é fundamental compreender a necessidade urgente de melhorar a formação inicial docente e de cuidar mais e melhor da formação continuada dos professores, sempre intencionados a fazer melhor o que, dentro das condições de trabalho existentes, já fazem bem.

Por que BNCC? Por que Ensino Híbrido?

Exatamente porque *"o mundo em que nossos alunos vivem está evoluindo rapidamente, e, no entanto, as escolas, em sua grande maioria, continuam inalteradas, precisamos de uma revolução de ideias, na pedagogia e na maneira pela qual falamos sobre ensinar e aprender. O motivo para essa revolução não é aumentar as notas de exames ou estimular a inclusão de alunos em classes mais avançadas. Ao contrário, é criar uma geração de alunos preparados e amplamente equipados com o conjunto de habilidades para terem êxito como cidadãos. É somente por meio dessa mudança que podemos satisfazer as necessidades dessa nova geração de alunos, fornecendo uma educação de alta qualidade e relevante para todos"* (Stumpenhorst, 2018, p. 13).

A BNCC, em consonância com a LDB, art. 23, aponta as formas diversas de organização do tempo e do espaço escolares, *sempre que o interesse do processo de aprendizagem assim o recomendar.* Por essa razão, os métodos de ensino precisam ser multirreferenciados e continuamente instrumentalizados. Como já foi destacado em outra oportunidade, este novo cenário requer o acionamento do ensino com metodologias pluriformes, a adoção de instrumentos e meios tecnológicos que sirvam de apoio à execução do planejamento pedagógico e ao descongelamento dos espaços de organização da aprendizagem, tornando a sala de aula um ambiente desfronteirado.

Moaci Alves Carneiro
Doutor em Educação/Paris
Texto de agosto de 2020, Brasília-DF.

Texto 3	A Base Nacional Comum Curricular/BNCC em contexto de distorções legais

A Base Nacional Comum Curricular/BNCC, apresentada pelo MEC de forma parcial, aterrissou no palco dos sistemas de ensino, em contexto de distorções legais, com repercussão direta no amplo cenário de *organização da educação nacional* (LDB, Título IV). É inquestionável que, em tempos recentes, o governo federal vem-se revelando infiel à vontade das leis do ensino. A LDB e o PNE são vítimas frequentes de arbitrariedades decisionistas. As metas do PNE nem são cumpridas, nem há quem se insurja contra seu descumprimento. Há uma espécie de pacto do silêncio em que MEC, Comissão de Educação do Congresso Nacional, Tribunais de Conta e Ministério Público não se posicionam com firmeza em face desta omissão. Um caso ilustrativo é o da não aprovação até hoje da Lei de Responsabilidade Educacional, voltada para assegurar padrão de qualidade à Educação Básica (PNE. Meta 20, estratégia 20.11), via aperfeiçoamento dos mecanismos de planejamento e de gestão. O relator é uma "voz que clama no deserto", argumentando para um mundo de legisladores que não querem ouvir. Não há ouvidos para ouvir o que a lei determina. Isto faz lembrar as sábias palavras do presidente francês François Mitterrand: "Lei não é utopia, é execução. Fora disso, há apenas dissimulação".

Desconsiderada a LDB e o PNE, fica caracterizada a não subordinação da administração pública ao bloco jurídico das leis da educação. Há uma óbvia agressão ao art. 214 da Constituição Federal para dizer o mínimo. Em outras palavras, *ferido* o princípio da legalidade, abre-se espaço para não ser *conferido* o do holismo educacional sistêmico. Holismo que, como observado por Boff (1999: 34), "não significa a soma das partes, mas a captação da totalidade orgânica".

No caso da BNCC, as "cambalhotas legais" do governo seguem na mesma direção. Os fatos encorpam largo inventário. Alguns deles transmitem o sentimento do agudamente destacado pelo mestre Caetano Veloso: *Surpreenderá a todos não por ser exótico, mas pelo fato de poder ter sempre estado oculto, quando terá sido óbvio*. Vamos distinguir alguns destes fatos:

Primeiro – Focada em mudanças no currículo, a Lei da Reforma do Ensino Médio (Lei n. 13.415/2017) antepôs-se à definição da BNCC, tipificando, este fato, uma daquelas situações de pôr o carro na frente dos bois! Praxe de nossa cultura no campo da gestão política: primeiro agredimos a realidade, depois..., fazemos a lei para nos proteger.

Segundo – Ao anunciar **só** a BNCC do Ensino Fundamental, deixando para um segundo momento a do Ensino Médio, como se fosse possível tratá-las de forma desatrelada e em tempos descontínuos, o MEC desenha uma cilada legal. Por trás da armadilha está a busca de induzir os sistemas de ensino a migrarem do regime seriado predominante hoje para o regime de **ciclos de aprendizagem,** com a consequente adoção da promoção automática. Pretende-se "sufocar" os índices de reprovação e evasão, sem custos e "sem necessariamente a garantia de socialização dos conteúdos curriculares..." (Cação; Mendonça, 2011, p. 220). A introdução da disseriação neste caso objetiva notificar estatisticamente supostas melhorias na qualidade do ensino, como se os números não pudessem revelar e esconder ao mesmo tempo!! Sabemos todos que reprovação e evasão, chagas de nossa Educação Básica pública, situam o Brasil na vanguarda latino--americana de países com baixa eficiência em seus sistemas de ensino. Sobretudo no Ensino Fundamental. Há mais de uma década, Schwartzmam anotava: "...o período também presenciou uma grande expansão do nosso Ensino Médio, causada pelo menos em parte pelos esforços sistemáticos de várias secretarias estaduais de educação, notadamente a de São Paulo, de reduzir drasticamente a repetência escolar no *nível fundamental* (grifo nosso) (2005, p. 33).

Terceiro – Não menos grave é que, ao oferecer a definição da BNCC em dois tempos, o governo/MEC reforça e encurta o tempo de concretizar suas intenções mudancistas no Ensino Médio. Com isso estreitam-se as portas de acesso às universidades e os jovens são induzidos a fazer a opção pela área de ensino técnico-profissional. A expectativa é criar um contingente disponível de trabalhadores para ofícios que requerem menor escolaridade, acomodando-os em patamares de atuação profissional, escalonados em um mercado de trabalho crescentemente precarizado. Trabalhadores que, oriundos de famílias pobres e de periferias, parecem "carimbados" desde sempre para ocupar espaços periféricos da sociedade excludente, uma vez que carregam, desde o berço, "a precarização da vida, da infância, adolescência e juventude popular" (Arroyo, 2011, p. 10). E chegam às escolas públicas também precarizadas. Ou seja, com as recentes decisões normativas ora enfocadas, o MEC alimenta a rota de destinos sociais já precarizados antes de chegarem à escola precária. Destinos que se perguntam: Quais as chances de um futuro digno sustentado em raízes de um passado indigno e de um presente com horizonte curto de possibilidades? Neste contexto de uma herança social maldita, as mudanças no Ensino Médio e no Enem e o "esquecimento" da LDB e do PNE por quem cabe fiscalizar seu cumprimento ajudam a tecer e ampliar o enredamento próprio para a fixação da guilhotina social de grande parte de nossa juventude.

Quarto – Nesta mesma linha, emite-se a Portaria de mudanças "no calendário de provas do Enem". Trata-se de um comando administrativo que vai muito além do enunciado na **ementa**. A referência ao calendário é apenas um detalhe, um argumento capcioso. De fato, a Portaria esmaece o bloco de finalidades do Ensino Médio, como etapa final da Educação Básica. Perdem densidade os campos de consolidação e aprofundamento dos conhecimentos adquiridos no Ensino Fundamental e do aprimoramento do aluno como pessoa humana, incluindo a formação ética e o desenvolvimento da autonomia intelectual e do pensamento crítico (LDB, art. 35, inc. I e III). E não vale contra-argumentar que estes campos cobrem responsabilidades gerais e funcionais da escola. O que ocorre, de fato, é que o Brasil vai reduzindo a **educação escolar** (LDB, art. $1°$, § $1°$) a **preparatórios** para provas e exames de avaliação. Não parece casual a expansão agressiva de cursinhos, com a grife pré-Enem, pré-vestibular e, agora também, pré-PAS. Os próprios sistemas públicos de ensino apelam a tal solução, em uma confissão clara de deficiências do ensino regular oferecido. E o fazem via financiamento específico! Esta solução termina por abreviar o tempo de duração do Ensino Médio, uma vez que o último ano é totalmente dedicado a preparatórios para o Enem e vestibular. Trata-se de esquemas de rearranjo do Ensino Médio à margem da LDB, desfigurando as multifocalidades do currículo à medida que somente se dá atenção àquilo que é exigido em provas e exames. Cenário sombrio de apequenamento da função da escola e de depauperamento da aprendizagem e do currículo, se considerarmos, na via adotada, perda de relevância social e de consistência cívica nos itinerários formativos dos alunos. É sempre bom lembrar que o Estado democrático não pode tomar iniciativas legais que contribuam para nutrir a ideia equivocada de que escola pública é sinônimo de oferta de educação de baixa qualidade. Também não pode contribuir para fazer a educação pública retroceder. Aqui prevalece o princípio do não retrocesso, sob pena de descumprimento de preceito fundamental.

Quinto – Como se não bastasse, para operar as mudanças no Enem, o MEC usa o recurso de uma Portaria, forma de aligeirar os procedimentos de estrangulamento da LDB e do PNE. Não será este formato uma agressão ao princípio da hierarquia das leis, ao princípio da legalidade e à legislação da educação? Ontem, a reforma do Ensino Médio chegava pelas asas de Medida Provisória; hoje, as mudanças na avaliação do Ensino Médio/Enem chegam por uma Portaria. Ambas as iniciativas se apoiam em uma mesma justificativa: o Brasil tem pressa! Consequência: frouxidão legal, desconexão sistêmica, encurtamento de tempos e de modos de fazer *educação escolar* (LDB, art. 1°, § 1°) e opção por avaliações tópicas e não processuais. Na educação, as apressadas produções de conteúdos legais, em decorrência de interpretações extensivas, *carentes de rigor técnico*, exponencializam as manifestações de um voluntarismo danoso a políticas educacionais adequadas e a práticas de um ensino exitoso. Como registrado por Brock e Schwartzmam (2005: 3), *a experiência internacional mostra que, sem o envolvimento das comunidades profissionais próprias do mundo da educação, é muito difícil desenvolver sistemas educacionais de qualidade.* Por outro lado, assiste-se à tipificação de uma *gincana* de tarefas a cumprir dentro de um curto espaço de tempo político, em detrimento do tempo educacional, que trabalha com processos e não com produtos.

Sexto – As competências e as habilidades a aferir na Portaria sobre o Enem privilegiam as conexões dos saberes curriculares com o mercado de trabalho/sistema produtivo, desfigurando a escola de Educação Básica da função essencial que lhe é inerente: desenvolver uma base de domínios cognitivos imprescindíveis para alicerçar e impulsionar a formação do cidadão e o desenvolvimento da cidadania. Nesta direção, a educação de qualidade para todos se impõe *como um bem comum e como um direito humano que permite às pessoas exercerem outros direitos humanos* (Unesco). Em outras palavras, a opção do MEC até o presente momento (estamos em

2017), caminha pela subvalorização das interpenetrações do Ensino Fundamental com o Ensino Médio (LDB, art. 35, inc. I) e pela limitada relevância da construção da autonomia intelectual via processos sinérgicos. Na prática, na visão do MEC, as habilidades impõem-se às competências.

Este conjunto de aspectos polêmicos, hospedados nas iniciativas legais do MEC e com características distorcidas na forma do seu encaminhamento, vai exigir, nos próximos dois anos, depois de aprovada a BNCC pelo Conselho Nacional de Educação/CNE, uma atenção redobrada dos sistemas de ensino e das escolas para evitarem o desvirtuamento das prescrições legais na condução da certificação da aprendizagem. Quanto às escolas particularmente, deverão dar atenção à estruturação dos currículos e às formas de pô-los em operação, assegurando políticas de *igualdade e de identidade*. Sem isso, como anota Candau (2000, p. 77), *não existe educação*, porque estaremos levando a escola a resvalar para o treinamento e para retornar a esquemas de educação bancária cujo formato é o da instrução e do treinamento.

A Base Nacional Comum Curricular/BNCC deve ser o espelho para os sistemas de ensino, as escolas e os alunos se enxergarem em contextos de identidades diversificadas. Para tanto, é necessário que a escola trabalhe a Educação Básica – Educação Infantil, Ensino Fundamental e Ensino Médio – como um *continuum* de conhecimentos, competências e habilidades a desenvolver e não como um feixe de retalhos de conhecimentos segmentados. É somente neste contexto de interconexões cognitivas de uma Educação Básica **inteira**, vertebrada por diálogos entre diferentes saberes e níveis de saberes, que o aluno poderá dizer na escola e depois dela: *"sim, sou eu, eu mesmo, tal qual resultei de tudo* [...]" (Fernando Pessoa).

Moaci Alves Carneiro
Doutor em Educação/Paris
Texto de 27 de abril de 2017, Brasília-DF.

Texto 4   A Educação Básica na rota de restos a pagar

No Brasil, a Educação Básica vive contida em escalas desafiadoras de restos a pagar. Na primeira infância, o débito pode ser dimensionado pelas baixas taxas de atendimento no segmento de creches. Esbarramos no limite dos 29%. Na pré-escola, a cobertura chega a 89%, patamar ainda inferior ao fixado pelo Plano Nacional de Educação/PNE para 2016. Este *gap* na distância de atendimento creche/pré-escola nos impõe um obstáculo imenso sob o ponto de vista das desconformidades no campo do desenvolvimento cognitivo de nossas crianças. Nos primeiros anos de vida, a criança deve ir à creche menos para cumprir obrigações legais de escolaridade formal (LDB, art. 30, inc. I) e mais para conviver em estruturas adequadas que disponibilizam meios e apoios teórico-práticos e modos convivenciais harmoniosos sob o olhar qualificado de equipes multiprofissionais que lhe asseguram a construção de uma base sólida no complexo mundo do desenvolvimento humano.

Nesta fase, corpo, inteligência e mecanismos institucionais de socialização interagem, apoiados por procedimentos adequados de estimulação, alimentação, saúde, higiene e ludicidade. Assim, vão ganhando, via maturação física e estímulos psíquicos e ambientais, condições para o seu desenvolvimento integral, com energias biopsíquicas harmonizadas e sincronizadas.

Fica claro, a exemplo do que fazem todos os países paradigmáticos em políticas educacionais básicas, que, sem educação infantil **para todos**, a ideia de uma escola de qualidade e eficácia social **para todos** perde-se ou se complica quando falta **educação infantil adequada** ao desenvolvimento cognitivo da criança. Na prática, significa apontar a razão por que o Brasil não consegue resolver o primeiro "tranco" da educação escolar de cunho obrigatório e universal. O horizonte neste campo parece sombrio. A Meta 1 do Plano Nacional de Educação/PNE estabelece, como dever do Estado, "universalizar" até 2016 a educação infantil na pré-escola para crianças de 4 e 5 anos de idade e ampliar a oferta de educação infantil em creches, de forma a atender, no mínimo, 50% das crianças de até 3 anos até o final da "vigência do PNE", ou seja, 2024. Desnecessário lembrar que neste tempo, daqui a 7 anos, os países que estão à nossa frente continuarão em posição de vanguarda, operando sociedades sob parâmetros de conhecimentos mais evoluídos e sob novos códigos de conduta no mundo globalizado. Eles continuarão na vanguarda e nós permaneceremos na retaguarda!...

Com esta defasagem real e sistêmica já no ponto de partida da escolaridade compulsória, a criança brasileira chega ao Ensino Fundamental, cuja cobertura, em termos de taxa líquida, atinge 97,5%, trazendo lacunas profundas no âmbito de sua estrutura cognitiva. Não surpreende por isso que esses alunos apresentem *performances* acadêmicas críticas, exibindo chocantes níveis de proficiência e baixo aprendizado. No caso de alunos do 9º ano do Fundamental, em Língua Portuguesa, somente 23,9% e, em Matemática, somente 11,3%, dos matriculados na rede pública, atingiram os níveis de proficiência adequados nas chamadas disciplinas de irradiação do currículo escolar: Português e Matemática. Situação essa que reflete o panorama geral do segmento dos anos finais de Ensino Fundamental, marcados por altos índices de reprovação, evasão, distorção idade/série e de insuficiência geral na aprendizagem. Entre o Fundamental I e o II, a escola mergulha em um oceano de dificuldades, mostrando-se "incapaz" de atender bem os estudantes que estão em transição da infância para a adolescência", como aponta pesquisa da Fundação Victor Civita (FVC, 2012).

Por todas estas razões, os alunos chegam ao Ensino Médio acumulando deformações agudas no campo do seu desenvolvimento intelectual e desvantagens comprometedoras na esteira da aprendizagem escolar. Revelam níveis sombrios de desenvolvimento de competências e de conformidade acadêmica.

Passando para outra ponta da Educação Básica, temos agora o enorme desafio da implantação da reforma do Ensino Médio. Aprovada a lei da reforma e fixados prazos a cumprir, como proceder para posicionar as escolas na "avenida" da reforma? Os sistemas de ensino, as redes de escola e as escolas de Ensino Médio estão em movimentação para fazer uma leitura adequada dos novos ordenamentos, com vista a adotar procedimentos de mobilização de seus professores, colocando a reforma em movimento. À implantação e implementação da reforma impõe-se uma linha de tempo e os sistemas de ensino precisam se planejar para a gestão adequada desse processo.

A reforma do Ensino Médio exige que se agreguem valores conceituais, organizacionais e de coordenação pedagógica central e setorial para sua viabilização. Planejamento e gestão serão instrumentos essenciais para os desafios a enfrentar, pois a reforma não funcionará no piloto-automático. É verdade que há definições relevantes ainda pendentes, como é o caso da plataforma dos conteúdos da Base Nacional Comum Curricular/BNCC em cujo bojo se formata o corpo de Direitos e Objetivos de Aprendizagem/DOAs e desenvolvimento, como previsto no PNE.

A BNCC a que o MEC dedica atenção especialíssima circunscreverá o campo destes direitos no conjunto dos três níveis da Educação Básica. No caso do Ensino Médio, o processo se encontra ainda em plena gestação. Uma vez concluído e chancelado pelo MEC, seguirá para o Conselho Nacional de Educação/CNE, a quem caberá a regulação. Nestas duas etapas, o pano de fundo será a busca de assegurar viabilidade concreta na implantação dos DOAs série a série, etapa a etapa e em cada nível de ensino. Preocupação central de uma reforma que tem como horizonte a oferta de educação escolar com relevância social para os alunos. Isso supõe, entre outras condicionalidades, tempo e conteúdos centrados nos interesses dos estudantes. Quanto ao conteúdo, é sempre importante ressaltar que o cumprimento da BNCC é o trilho sobre o qual a escola se movimentará.

Construídas estas etapas (MEC/CNE), caberá, aos sistemas de ensino dos Estados e DF, as providências normativas complementares para colocar a reforma em movimento. Tarefa nada simples, uma vez que a lei da reforma prevê um feixe de 15 iniciativas complementares, por parte dos sistemas estaduais de ensino, para a implantação da reforma harmonizada com os respectivos contextos. Trata-se do alinhamento de conformidades operacionais e de adequações sistêmicas e administrativas, à luz de critérios de relevância e de possibilidades dos respectivos sistemas, considerando, sempre, as condições objetivas do respectivo parque escolar.

A expectativa do MEC é que a implantação da reforma do Ensino Médio comece já em 2018. Possibilidade remota em face da precariedade estrutural e de pessoal das escolas públicas e remotíssima em face dos orçamentos estaduais contidos pela crise fiscal e contingenciados pela Lei do Teto de Gastos que fulmina os investimentos na área social e, agora, inexoravelmente estrangulados pela **lei de socorro aos Estados**, que exige contrapartidas draconianas. Diz ela: *os Estados terão que seguir rígido controle nas contas e não poderão conceder reajustes, criar cargos, aumentar despesas com mudança de estrutura de carreira, contratar pessoal, realizar concursos públicos, criar vantagens de remuneração ou despesas obrigatórias de caráter continuado.*

Com tantas restrições, a reforma do Ensino Médio na esfera pública paira sobre a ameaça de um descompasso incontido, com possibilidades limitadas de execução sob adequação legal. Prover vagas nas escolas, realizar busca ativa de alunos, tornar o Ensino Médio mais atraente, executando modelo que agregue valor para o estudante, tudo isso implica investimentos focais que a força da lei por si só não resolve. Ao governo e aos legisladores fica a lição de melhor compreenderem o que é uma escola de Ensino Médio e qual a musculatura da sala de aula desta escola. Decifrar o seu DNA parece ser o grande desafio da reforma. Estamos acostumados à educação refém da escola, vamos torná-la refém da vida. Por que será que 41,5% dos jovens brasileiros de 19 anos não concluem o Ensino Médio? Por que será que há 2,4 milhões de brasileiros de 4 a 17 anos que estão fora da escola? É que, muitas vezes, buscamos mais educação para permanecer no mesmo lugar. É assim que a Educação Básica permanece na rota de restos a pagar.

Moaci Alves Carneiro
Doutor em Educação/Paris
Texto de 22 de maio de 2017, Brasília-DF.

Texto 5   A escola sem paredes

A escola sem paredes é o título de um livro meu (São Paulo: Escrituras, 2002), de conteúdo tenuemente conceitual e formato singelamente poético. Ao longo do tempo, tem inspirado programas e agendas de formação continuada de professores. Está em sua introdução: *A escola sem paredes / não parece escola não / Tem vida, tem alegria / Tem até pedagogia!* Em viagem a Brasília, certa feita, o imenso mestre de todos nós educadores, Rubem Alves, me disse: "seu *A escola sem paredes*" é um sorriso pedagógico!

Estes registros iniciais têm esta direção: a escola e a sala de aula precisam ser prolongamento da vida e, não, um intervalo. O currículo só tem sentido se for vivenciado, pois sua função é ser chave de ignição da sala de aula. Neste sentido, é produzido cada dia pelo extravasamento das áreas de conhecimento, pela permeabilidade do corpo de disciplinas, pela funcionalidade dos métodos de ensino e pela dimensão vivencialmente utilitária da avaliação.

A desconformidade de uma escola que funciona de costas para a vida somente introduz silicone na paisagem mental dos alunos. Estes se comportam como ausentes-presentes no dia a dia da sala de aula. O currículo *obeso* contribui, muitas vezes, para esta situação de fluidez presencial e de ausência mental.

No Ensino Médio, esta referência situacional não é rara. O bloco de disciplinas é tão amplo que não há tempo para o aluno aprender a ressignificar a vida no ambiente escolar. Aprende-se tudo, menos a conviver e a reviver emoções vitais. O aluno está diariamente na escola, mas esta parece nunca estar em sua vida. Faltam espaço e tempo para esta viagem de construção identitária. Conclusão: a escola não educa verdadeiramente quando suas salas de aula funcionam descoladas da vida concreta dos alunos. Por isso, precisa estar mais atenta ao perfil dos alunos de hoje. São participantes da sociedade do conhecimento, mas são, igualmente, cidadãos da *sociedade líquida*. Neste cenário de fluidez constante e de pressa instalada em todos os espaços sociais, a escola é convocada a reciclar permanentemente o conceito operacional de espaço e tempo de aprendizagem. A escola precisa compreender que estamos diante de uma nova arquitetura da vida social e, portanto, de uma nova compreensão de currículo em ação.

O anacronismo dos currículos da escola brasileira começa pela visão deformada de espaço e tempo de aprendizagem dos próprios educadores. Na verdade, estes dois conceitos são prisioneiros da disponibilidade dos espaços físicos da escola. Assim, tempo vira sinônimo de horário e espaço, sinônimo de sala de aula. Tamanha deformação tem contribuído, ao longo do tempo, para obscurecer a dimensão pedagógica relevante da experiência extraescolar (LDB, art. 3º, inc. X) e, em decorrência, para tornar as disciplinas escolares e o currículo fechado dispositivos acadêmicos descolados da existência concreta dos alunos. De fato, a tradição escolar brasileira é radicalmente formal e formalizante. Importa dizer que o saber sistematizado encorpa um tipo de hegemonia de conhecimentos que beneficia só extratos restritos da sociedade, em prejuízo da coletividade ampla. Os próprios professores recebem uma formação limitadora sob o ponto de vista cultural, o que lhes dificulta o desenvolvimento da capacidade para construir interseções de saberes no bojo das disciplinas que ministram e no desenvolvimento de estratégias que identifiquem e valorizem o repertório vivencial do aluno.

É preciso compreender que o tempo físico e o espaço físico inserem-se no contexto social do qual o sujeito não apenas faz parte, mas se apropria, cotidianamente, para a construção de sua identidade. Este processo de apropriação coincide com a própria história de vida de cada um. No caso do aluno do Ensino Médio, esta história constitui o seu enredo de inquietações e perturbações, onde o vivido, quase sempre, é o permitido, mas, quase nunca, é o desejado. Ou seja, o espaço real e o tempo concreto são dispositivos de modulação do ser e, por isso, são entes plurais, são espaço e tempo nem sempre captáveis pelo relógio e pelos diversos instrumentos de medição física.

Reconceituar tempo e espaço escolares significa abrir o currículo para todo o processo de captação da modulação variada do ser humano. Neste sentido, as disciplinas, os conteúdos transversais, as práticas pedagógicas formais e não formais e, portanto, o conjunto de atividades extraescolares, tudo é currículo, porque tudo pertence às operações da vida. Operações que são criação e recriação humanas, aprendizagens do sujeito físico e do sujeito coletivo nas inter-relações com o mundo e, sobretudo, funções que são projetos de vida.

Na escola de Ensino Médio é urgente recuperar estas dimensões de espaço e de tempo, tornando as áreas de conhecimento e o correspondente currículo não **preocupações** para os alunos, mas **ocupações** para toda a comunidade escolar e para o desenvolvimento de competências para cada aluno. Nesta perspectiva, **o aluno jovem** que frequenta a escola de Ensino Médio espera encontrar, na sala de aula, respostas às inquietações de sua realidade existencial. Esse quadro de vivências muitas vezes perturbadoras hospeda-se em perguntas cruciais do aluno, como as que seguem: **Quem sou? Como sou? Quem poderei ser? O que devo fazer para ser o que desejo?**

Responder a questões tão complexas implica revolver emoções. Por isso, a alternativa é muito clara: ou a escola se abre à emoção, ou se fechará, cada vez mais, ao conhecimento.

Moaci Alves Carneiro
Doutor em Educação/Paris
Texto de 14 de junho de 2017, Brasília-DF.

Texto 6 **A escola no acostamento da sociedade do conhecimento**

Decorridos três anos de vigência do Plano Nacional de Educação/ PNE, constatamos que as vinte metas, assentadas em 254 estratégias, permanecem no volume morto das decisões do Estado brasileiro. O que há são programas em processo de apequenamento: Pronatec, Prouni, Fies,

Ciências Sem Fronteiras são alguns dos programas perdidos no nevoeiro da falta de recursos. O horizonte perceptível é apenas uma linha, mas sem sinalização concreta de terra à vista!

O Brasil vai apagando a compreensão de que o processo acelerado de globalização da economia determina a aceleração do acesso a níveis cada vez mais elevados de escolarização da sociedade em geral e, portanto, também dos trabalhadores. População Economicamente Ativa/PEA sem qualificação educacional crescente faz o país travar e perder competitividade. É que, no contexto da economia planetária integrada, vivemos todos em ambiente de totalidade tecnológica.

Faltam recursos para a educação de qualidade hoje, assim como já faltavam antes da crise fiscal. O que existe agora é que a ladeira educacional em que vivíamos virou desfiladeiro.

O **gasto** brasileiro por estudante, aquilo que nossa legislação educacional chama de Custo-Aluno Qualidade/CAQ, nos sacode para o fim da fila em um universo dos 35 primeiros países postos na vitrine da Ocde. Fechamos o *ranking*! Usando a **referência em dólares** convertidos pela paridade do poder de compra, a situação do Brasil não é um desconforto; é, sim, um desatino! À guisa de ilustração, pondo-nos ao lado dos quinze países mais bem perfilados, este é o quadro: 1) Suíça, U$ 16.090; 2) Estados Unidos, U$ 15.345; 3) Noruega, U$ 14.288; 4) Áustria, U$ 13.116; 5) Suécia, U$ 12.426; 6) Dinamarca, U$ 12.136; 7) Países Baixos, U$ 11.701; 8) Bélgica, U$ 11.585; 9) Finlândia, U$ 10.905; 10) Alemanha, U$ 10.904; 11) Irlanda, U$ 10.857; 12) Austrália, U$ 10.711; 13) Japão, U$ 10.454; 14) França, U$ 10.454; 15) Reino Unido, U$ 10.412. A média da Ocde é de U$ 9.487. E o Brasil? Bem... o Brasil aqui está: U$ 3.066!!!

A realidade é que sempre nos faltou uma visão republicana de sociedade e, por isso, os **gastos** do Estado nacional com educação escolar foram sempre baixos porque enxergados com baixa visão. Não por acaso, continuamos a confundir creche com assistência social. Equívocos como este tem raízes envergadas em nossa história. O passado se faz presente e nos recria os de sempre! Há algumas brisas soprando de vez em quando, como é o caso da definição da Base Nacional Comum Curricular/BNCC e da definição dos direitos e objetivos de aprendizagem e desenvolvimento. Mas... a brisa precisa transformar-se em vento contínuo para inflar as velas da reforma e fazer o barco singrar!

No Brasil, as escolas de Ensino Médio estão distribuídas em escalas de representação social. As de periferia são as que concentram o maior contingente de professores temporários e as que se apresentam em condições mais precárias. Significa que, em nosso país, a exclusão se dá não apenas no sentido econômico e social, mas também educacional. Basta lembrar que das 3.471 escolas públicas de Ensino Médio sem biblioteca, 80% localizam-se nos bairros populares, nas periferias das cidades e nas regiões mais pobres do país.

As escolas de Ensino Médio, sobretudo as prevalecentemente de contextos populares, precisam ampliar o conjunto dos insumos materiais e simbólicos para poder operar o currículo a partir do perfil dos jovens trabalhadores que habitam as malhas da periferia. Isto exige, dos sistemas de ensino e das escolas, uma **nova** compreensão do conceito de espaço e tempo de aprendizagem. É precisamente a partir da visão deformada deste conceito que se estabelece o anacronismo na forma de compor e operar o currículo e o próprio projeto pedagógico escolar. Na verdade, estes dois conceitos são prisioneiros da pobreza das escolas. São instituições despossuídas, sem as mínimas condições para "acolher" os que nelas trabalham e os que nelas buscam aprender. Por isso, são incapazes de operar com estratégias pedagógicas plurais. Verifica-se uma total ausência de insumos que correspondem à garantia de padrão de qualidade, um dos princípios de ministração do ensino (LDB, art. 3º, inc. IX e art. 4º, inc. IX). Legisladores e governantes fingem não saber desta situação de desconformidades. Os primeiros persistem incansáveis na produção intérmina de novas leis sobre o mesmo assunto, em vez de fiscalizarem o cumprimento das já existentes. Ou seja, para evitar leis não cumpridas no presente, passam a levitar sobre leis a cumprir no futuro! Os segundos, os governantes, costumam escolher rotas de autoengano para flutuar administrativamente. Em educação, estas rotas não levam a lugar nenhum. Para deixar o acostamento da sociedade do conhecimento e retornar ao leito das rodovias das demandas sociais concretas, o governo tem que enfrentar, com determinação republicana e vislumbre cívico, nossos indicadores educacionais críticos: 67,1% dos alunos brasileiros postam-se abaixo da linha básica de proficiência em Matemática e 49,2%, quase a metade, em Leitura. Na Ocde, a média é o nível 6. Em Matemática, estamos no nível 1 ou abaixo dele e, em Leitura, não alcançamos ainda o nível 2! Quem poderá nos salvar e como poderemos ser salvos?!

Para "chamar o feito à ordem", é urgente reimaginar a escola e refundar o currículo. Hoje é uma estrutura de operação pesada, sobrecarregada por um número excessivo de disciplinas, como se fosse um depósito de produtos estocados! Os temas transversais só aumentam: educação antidrogas, do consumidor, de trânsito, ambiental, financeira, da diversidade etc. Imagina-se que, multiplicando os conteúdos, a educação vai melhorar. É como se, para corrigir as falhas do motor, se passasse a usar vários tipos de combustível ao mesmo tempo. Ledo engano! A experiência internacional mostra que o currículo enxuto é o currículo arguto.

A sala de aula vai-se transformando em um espaço grávido de emergências temáticas, como se a escola fosse o lugar da purgação da sociedade. Isto nos faz lembrar as sábias palavras de Hannah Arendt, a lúcida filósofa política alemã: *a escola não é o mundo e não adianta insistir em o ser...* Livrar o currículo escolar de tantas adiposidades, sem impermeabilizá-lo das demandas sociais, contextualizando o saber formal, já é um passo à frente. Como anotei em *O nó do Ensino Médio*, o MEC sabe que as deficiências de nosso Ensino Médio são gravíssimas. Sabe que, neste particular, nossa Educação Básica deságua em uma educação sem base, o que nos joga de costas para os anseios do desenvolvimento tecnológico do país e do mundo. E, não menos grave, sabe que grande parte dos cidadãos brasileiros é abandonada ao risco de uma cidadania menor. Pessoas sem educação escolar básica, e, portanto, sem as precondições para um tirocínio profissional dentro das exigências da sociedade do conhecimento, têm um futuro declinante. A nossa Educação Básica está doente. Sofre de desvio de rumo e caminha às tontas no acostamento da sociedade do conhecimento.

Moaci Alves Carneiro
Doutor em Educação/Paris
Texto de 14 de junho de 2017, Brasília-DF.

Texto 7	Anéis e dobradiças na implementação da Base Nacional Comum Curricular

O novelo da reforma do Ensino Médio vai-se desenrolando, ao mesmo tempo que se torna cada vez mais visível a linha do horizonte das mudanças impostas pela lei n. 13.415/2017. Esta, aliás, aterrissou com estardalhaço nas páginas do *Diário Oficial* e se inscreve com registros variados nas TVs comerciais, revelando, mais uma vez, que a propaganda é a alma do "negócio". Porém, falta chegar às salas dos professores nas escolas, sobretudo as públicas, como sempre, despossuídas do mínimo decentemente institucional para um trabalho pedagógico capaz de assegurar o atendimento "às necessidades básicas de aprendizagem dos alunos". Os sistemas de ensino estão mobilizados, procurando os rumos da reforma possível! Aqui, dois desafios: aos gestores, cabe conduzir e esclarecer as coordenadas da reforma; e aos professores, no momento próprio, cabe orientar os alunos para a escolha dos percursos formativos. Nesse sentido, abre-se um enorme espaço para a formação docente tanto no horizonte da formação inicial quanto, já neste momento, no campo da formação continuada. Os professores precisam entender a reforma para distender o clima de apreensão que povoa as escolas e seus alunos.

Vários são os marcos fundadores do Ensino Médio reconceituado no seu funcionamento. Não diria que são inovadores, mas "novidadeiros", se considerarmos que são rebates tardios de iniciativas passadas. A bem da verdade, para operar o que a **nova** lei prescreve, a LDB já era suficiente. Não se trata, assim, de novas aplicações, senão de replicações. A lei perfila, entre outros, ordenamentos como: 1) Definição de uma Base Nacional Comum Curricular/BNCC e das correspondentes diretrizes e objetivos de aprendizagem/DOA; 2) Redefinição das áreas de conhecimento e suas conexões com as áreas de atuação profissional; 3) Reposicionamento curricular das disciplinas; 4) Fixação de disciplinas em tempo mais longo, como tentativa de remoção do baixo nível de proficiência do aluno brasileiro nos testes nacionais (Ideb) e internacionais (Pisa); 5) Autonomia do aluno para escolher seu itinerário formativo; 6) Expansão da rede de escolas de tempo integral através de uma política de fomento alimentada por repasses de recursos aos Estados, pelo MEC; e 7) Contratação de profissionais com notório saber.

Deste conjunto de ordenamentos legais do "novo" Ensino Médio, cabe, às redes de escolas, dar especial atuação ao primeiro dos marcos aqui elencados, ou seja, à implementação da Base Nacional Comum Curricular, ainda em processo de definição pelo MEC/CNE. Os prazos vão sendo engolidos pela complexidade do processo de enquadramento multipolar do tema. Agora já se vislumbra um novo limite de tempo: segundo semestre de 2018. A se confirmar, a implementação somente será iniciada entre 2019 e 2020. É preciso compreender que a BNCC somente produzirá resultados positivos no campo da aprendizagem dos alunos se **cada escola** for capaz de definir operacionalmente e a partir de sua realidade concreta, como processar essas mudanças, sobretudo no ambiente da sala de aula.

A linha cronológica da reforma, esgotado o calendário dos encontros regionais para a última etapa de discussão da BNCC, na sociedade (Manaus e Recife/julho, Florianópolis e São Paulo/agosto e Brasília/setembro), põe duas exigências à vista: da parte do MEC/CNE, agilizar as definições da BNCC, com os balizamentos conteudísticos e correspondentes direitos e objetivos da aprendizagem/DOA e, da parte de cada sistema de ensino, de cada Rede e das escolas, uma a uma, construir rotas seguras para que cada unidade escolar de Ensino Médio saia do túnel da reforma e defina direções internas de operações e estratégias das mudanças para o futuro próximo. Descartada qualquer prorrogação (não impossível!), as escolas já teriam que informar aos alunos e familiares as FORMAS DA REFOR-MA em operação para 2019. Aqui é oportuno lembrar que a implantação dos direitos e objetivos da aprendizagem vai alterar totalmente as formas da gestão escolar e da coordenação pedagógica de escolas que estacionaram no aluno de perfil único.

Vários são os desafios nesta rota mudancista. Alguns deles requerem, das escolas, especialíssima atenção e persistente empenho. Vamos nos fixar em apenas duas das providências estratégicas urgentes para a qualificação da escola na rota da implementação dos ordenamentos do Ensino Médio reformado. A **primeira** é a implantação de um Laboratório de Currículo Escolar/Lace com duas finalidades: a) avaliar, do que existe em funcionamento, o que vai permanecer, uma vez que as **áreas de conhecimento** estão definidas; e avaliar, igualmente, do portfólio de competências atuais em face de disciplinas que permanecerão, o que deverá passar por adequações, uma vez que as áreas de atuação profissional – sendo uma delas a de formação técnica e profissional, e mais as mudanças no formato do Enem (Portaria n. 468 GM/2017) – exigem mudança de foco da base teórica de impulsão do currículo do Ensino Médio, dando precedência à teoria das competências sobre a teoria crítico-social dos conteúdos e à teoria das aprendizagens significativas. Como sabido, o currículo multifocal do Ensino Médio, voltado para eixos cognitivos, conjuga tendências pedagógicas diferentes e complementares que **iluminam** o território dos cinco eixos cognitivos do Enem, a saber:

- Dominar Linguagens (DL);
- Compreender Fenômenos (CF);
- Enfrentar Situações-problema (SP);
- Construir Argumentação (CA);
- Elaborar Propostas (EP).

A **segunda** providência a ser imediatamente adotada pelos GESTORES ESCOLARES e suas equipes é desenvolver, em primeiro esforço tentativo, considerando o que existe e vai permanecer, porque declarado na Lei da Reforma, a lista de elementos de interconexão curricular com dois focos: o das conexões interséries e o das conexões interníveis/interetapas. No primeiro caso, trata-se de uma definição dos **anéis epistemológicos**/AE a acionar para ligar conteúdos curriculares de uma série/ano aos do ano/ série seguinte. Dessa forma estará garantido o equilíbrio da distribuição de conteúdos significativos referenciados na BNCC e evitar-se-ão distorções decorrentes da acumulação de conteúdos. No segundo caso, o nível de complexidade é maior. Deverá cada escola definir as **dobradiças programáticas de articulações**/DPA entre níveis/etapas de ensino a partir das demarcações legais do respectivo sistema de ensino (Base Nacional Comum + parte diversificada/LDB, art. 26). Tudo articulado com os direitos e objetivos de aprendizagem dos alunos (DOA). Isto na perspectiva da transição de um nível ou etapa de ensino para o/a seguinte. Esta preocupação, aparentemente distante do visor dos gestores educacionais, corresponde ao que determina a LDB:

• Art. 12 – As escolas têm a incumbência de: I – elaborar e executar a proposta pedagógica.

• Art. 13 – Os docentes incumbir-se-ão de: I – participar da elaboração da proposta pedagógica do estabelecimento de ensino; II – elaborar e cumprir plano de trabalho, segundo a proposta pedagógica do estabelecimento de ensino; III – **zelar pela aprendizagem** dos alunos (grifo nosso).

Na prática, importa dizer que a implementação da reforma do Ensino Médio começará em 2019, para os alunos, mas já começou para os professores! A sua escola sabe disso? Se a resposta for SIM... ótimo! Mas... se for NÃO, ela está atrasada. Diz a lei: as escolas deverão orientar os alunos no processo de escolha das áreas de conhecimento ou de atuação profissional... (art. 63, § 12). Os professores, por isso, precisam de qualificação prévia neste sentido. Se a resposta for não, repito, peça ao seu gestor para preparar o plano de voo, verificando se o radar da escola está em regular funcionamento. *As rotas de deslocamento da nave da reforma vão encontrar nuvens pesadas pela frente. E... navegar é preciso!*

Moaci Alves Carneiro
Doutor em Educação/Paris
Texto de 2 de outubro de 2017, Brasília-DF.

Texto 8 — Base Nacional Comum Curricular/BNCC: ensaio geral para o clique de sua implementação

Em termos operacionais, a quem cabe dar o **clique** para colocar a BNCC na praça da apoteose da escola, a sala de aula? Quem é a comissão de frente para introduzir a BNCC no mapa do planejamento escolar, desentranhando-a do corpo **cascudo** do texto normativo (Parecer CNE/CP n. 15/2017) e hospedando-a no currículo em ação? Aqui, vale lembrar que, à luz do entendimento compacto de Educação Básica, a BNCC continua inconclusa, em face de o Ensino Médio permanecer órfão, ou seja, ainda sem BNCC (estamos em janeiro de 2018). Estas questões se impõem como inadiáveis. Para respondê-las, porém, é necessário navegar mais profundamente no amplo oceano da organização do ensino e da aprendizagem dos alunos. Nada impede, no entanto, de roteirizar um alinhamento de reflexões-ação que poderão servir de sinalização para desenhar respostas e apontar direcionamentos ao que se convencionou chamar de **o estado da questão**, sobretudo nas tradicionais aulas de filosofia. Lancemos, então, um olhar mais penetrante sobre a questão.

Para mudar a educação é necessário refundar a escola e, para fazê-lo, é imprescindível reinventar a sala de aula. Por isso, não se deve pedir à escola nada que a sala de aula não possa fazer. Este aspecto é inerente ao conceito fundante de educação escolar. A moldura da escola está na qualidade de sua gestão e nas conexões e coerência de seu planejamento. A da sala de aula firma-se na capacidade de os professores se comunicarem com a realidade, insumo para **lubrificar** o diálogo continuado professor/aluno, e confirma-se nos resultados acadêmicos alcançados. Na verdade, não existe um cânone da teoria geral da sala de aula. Existe, sim, um direcionamento para explicitar sua relevância como laboratório de projetos de vida, seja para indivíduos, seja para a sociedade. A escola não é o mundo e não adianta insistir que o seja, lembrava Hanna Arendt. Mas, por outro lado, a escola está na rota da sociedade do conhecimento e, sem ela, a informação nada será além de *nuvem passageira*.

As escolas, sem nenhum demérito para sua concepção mais transcendental, são, na prática, **unidades de pronto atendimento** no caminho das demandas sociais por educação como direito de todos e na execução do processamento sistemático da memória cultural da humanidade. Ajudam as sociedades a transformarem o jogo social das utopias em utopias concretas. Por isso, Nelson Mandela afirmava que a *educação é a arma mais poderosa que você pode usar para mudar o mundo*.

A introdução da Base Nacional Comum Curricular em toda rede escolar poderá ajudar a alentar o processo de redução das desigualdades sociais e, em decorrência, a alargar as chances de emancipação das populações. A instituição escolar, no entanto, somente desempenha adequadamente suas funções quando revestida da dimensão de totalidade orgânica no campo da Educação Básica. E é precisamente aqui que a BNCC poderá ganhar maior envergadura e maior reluzente significação. Sobretudo, **gestores, coordenadores pedagógicos e professores** precisam reacender a chama de suas atenções para este enfoque. A eles cabe alargar os espaços para multiplicar as formas de articulação pedagógica, travadas, muitas vezes, pela visão equivocada de mandonismo burocrático: cada um quer operar o seu latifúndio! Não por acaso, dizia um ex-reitor da Universidade Federal do Rio de Janeiro: *Em educação é cada um por si e os demais contra!* Educação Escolar não se faz com partes, mas com participação. A escola não é uma mera construção física, mas uma rede de canais e processos de aprendizagem sistematizada. Na sala de aula, além de indivíduos, há também uma *inteligência coletiva* (Pierre Lévy). Portanto, mais do que uma porção de sujeitos agrupados, há uma composição de mentes em processos interativos mediados pelo professor. Por esta razão é tão importante ser professor e ter professores qualificados. Ensinar não é prender, mas desprender!

Postas em convergência estas ideias, parece óbvio que a imposição legal da adoção da Base Nacional Comum Curricular por todas as escolas, públicas e privadas, requer, dos sistemas de ensino e respectivas redes, o redirecionamento da condução do planejamento escolar. Dos **gestores**, espera-se não a compreensão da escola como uma *totalidade feita* (Sartre), mas em processo. Dos **coordenadores pedagógicos**, espera-se uma visão reconceituada da dinâmica articulada das formas de organizar conteúdos, de ministrá-los e de um novo enredamento relacional professores/alunos/familiares. Dos **professores**, espera-se transcenderem conteúdos programáticos que, à luz da BNCC, façam-se carregados de transfusão **inter/intradisciplinar**, assim que os direitos e objetivos de aprendizagens dos alunos estejam presentes como uma seiva germinadora de competências e habilidades processualmente adquiridas, via currículo em ação. Neste horizonte, **a atividade supervisora dos coordenadores pedagógicos** deverá ser menos extensiva no acompanhamento das formas explícitas do processo de ensinar/aprender/avaliar e mais intensiva, enquanto concentrada nos *direitos e objetivos de aprendizagem e desenvolvimento* (PNE, Meta 2, estratégia 2.7 e Meta 3, estratégia 3.3).

Na escola da BNCC, o enfoque permanente será não apenas a educação integral, sua viga de sustentação, mas também o ensino integrado, sob o primado dos princípios da igualdade, equidade e qualidade.

No plano das políticas públicas, este trinômio é a plataforma de sustentação extensiva de toda a BNCC e, portanto, de toda a Educação Básica. Emoldura os compromissos do Estado Nacional com a sociedade no campo da educação, *direito de todos* e dever do Estado e da família (CF, art. 205). Convém lembrar que estes princípios se apresentam de forma deslinear nas escolas públicas, e de forma diluída nas escolas privadas. Há, por isso, necessidade de resgatá-los e realinhá-los na busca de novas colorações e tonalidades dos saberes. Aqui, o currículo não será uma camisa de força, mas um estuário de conhecimentos a potencializarem a aquisição de valores, competências e habilidades, construindo e desatando processos subjetivos e coletivos de emancipação individual e social.

No plano pedagógico, a BNCC aponta para dois horizontes. De um lado, ao adotar o conceito de competência, território de convergência com as finalidades gerais do Ensino Fundamental e do Ensino Médio, na conformidade dos artigos 32 e 35 da LDB. De outro, ao pôr-se em sintonia com a visão universal, razoavelmente consensuada, no campo dos processos de aferição de conhecimentos, em avaliações nacionais (Ideb) e internacionais (Pisa). Os balizadores de avaliação referenciados impõem, aos gestores escolares, coordenadores pedagógicos, professores e equipes multiprofissionais complementares, o pleno conhecimento das dez competências a serem focadas na Educação Básica e constantes da resolução de implantação da BNCC. Este feixe de competências aludidas guarda sintonia com os cinco eixos cognitivos do Enem. Trata-se de preocupação do legislador em resgatar o Ensino Médio como etapa de culminância da Educação Básica. A consequência desta intercomplementaridade é a necessidade de mudar a natureza do planejamento escolar que passará a ser executado desvestido de qualquer racionalidade autocrática. Até porque a obrigação de a escola não se afastar dos direitos e objetivos da aprendizagem lhe impõe a contextualização dos conteúdos curriculares e o uso de estratégias para apresentá-los, ao lado da convocação de situações práticas e de procedimentos pedagógicos que motivem e envolvam os alunos com enfoque nas aprendizagens significativas.

O que tem a BNCC com tudo isso? Na prática, importa dizer que a BNCC vai balizar o currículo escolar para, pela mediação dos **professores e acompanhamento dos coordenadores pedagógicos**, não descartar as temporalidades da práxis político-pedagógica, enraizadas não só na sociedade do conhecimento, mas também no contexto social da escola, levando em conta: a) As necessidades dos alunos; b) As possibilidades dos alunos; c) Os interesses dos alunos; e, por fim, d) Os desafios da sociedade em suas várias dobras. Na retaguarda destes contextos de referência, é possível enxergar traços da percepção de JOHN DEWEY: *A finalidade da educação não é preparar para o futuro, mas assegurar formas de o cidadão viver o presente.*

A Base Nacional Comum Curricular/BNCC hospeda riscos e vantagens. No campo dos riscos, há de se cuidar para não confundi-la com a adoção de um caráter unificador do currículo, vazado em esquemas perversos de padronização alienante e suprimindo-se *as vozes e as histórias dos diferentes*. No campo das vantagens, a BNCC poderá ensejar às escolas oportunidades de lapidar as relações gestores escolares/coordenadores pedagógicos/coletivos docentes/alunos e familiares. Todos estes atores terão que ficar atentos ao respeito aos direitos e objetivos da aprendizagem e desenvolvimento, plantados em novas matrizes curriculares e no projeto pedagógico escolar reconceituado.

O texto da resolução que institui e orienta a implantação da BNCC dispõe que:

Art. 15 – As instituições ou redes de ensino podem, de imediato, alinhar seus currículos e propostas pedagógicas à BNCC.

Parágrafo Único: A adequação dos currículos à BNCC deve ser efetivada preferencialmente até 2019 e, no máximo, até o início do ano letivo de 2020.

Independentemente da opção feita, 2018 apresenta-se como o ano do **clique** para colocar a Base Nacional Comum Curricular em movimento. Como em toda viagem, aqui há riscos também! Mas como lembra Goethe: *Não se viaja para chegar. Chega-se enquanto se viaja!*

Moaci Alves Carneiro
Doutor em Educação/Paris
Texto de 22 de janeiro de 2018, Brasília-DF.

Texto 9	A BNCC do Ensino Médio e o desfronteiramento dos currículos da Educação Básica: O que cabe às escolas fazer e por onde começar?

A Rede de Escolas de Ensino Médio cobre um amplo lastro de instituições multidimensionais. Em uma visão geral, podem ser classificadas em categorias multifaces, independentemente de sua natureza administrativa, com previsão constitucional da coexistência de estabelecimentos públicos e privados de ensino. O revestimento acadêmico-organizacional e os correspondentes traços de singularidade institucional circunscrevem a feição exterior das escolas sob tipologias como de tempo parcial, de tempo integral, escolas confessionais com raízes em valores humanos e cristãos e a Rede de Escolas impropriamente chamadas de internacionais, com currículo binacional, sistema bilíngue de ensino e mensalidades nas alturas. Estas tipologias possuem características móveis, com mutações programáticas e atravessamento de feições entre si. Com a implementação da BNCC do Ensino Médio, este cenário de escolas multiformes, que operam currículos por vezes congelados, deverá investir em uma nova cultura pedagógica, menos "curricularizada", com padrão fixo de conhecimentos, e mais vivencial e polifocal, desgradeando disciplinas como porções de conteúdos fechados em si mesmos e orientando-se por uma visão sistêmica e por uma prática interdisciplinar de todo o currículo da Educação Básica. A expectativa é que surgirão espaços diversificados de sala de aula. Não haverá disciplinas confinadas, uma vez que a BNCC, como bússola de proposta de operacionalização flexível, destravará o currículo. Neste cenário de mutações em processo, a questão posta é: Como desterrar o padrão curricular fixo sob o influxo de um pensamento pedagógico menos "contemplativo" e mais vivencial, sob a forma de rotas de projetos de vida, sem que isto signifique o expatriamento da Educação Escolar, do seu território concentrado: o currículo e a sala de aula?

Paira no ar uma percepção equivocada, sobretudo das escolas com funcionamento em tempo integral e fecundadas pelo conceito, às vezes genérico e com baixa densidade operativa, de educação integral, de que não há mudanças significativas a fazer para a implementação da BNCC do Ensino Médio, senão tênues ajustes!... Como não, se a legislação federal mudou em intensidade e a legislação estadual está em processo de mudanças em extensão?! Alega-se que o currículo destas escolas já se enquadra nos novos dispositivos legais e que a organização das áreas e dos programas das disciplinas acha-se "praticamente" em sintonia com os parâmetros da Lei da Reforma do Ensino Médio e seus desdobramentos. Ao que tudo indica, estamos diante de uma avaliação confusa, fruto de ilusão de ótica. Em primeiro lugar, porque, na Educação Básica, os professores da Educação Infantil, do Ensino Fundamental e do Ensino Médio trabalham de costas uns para os outros, sem interlocução visível e necessária no campo das interconexões epistemológicas dos programas de ensino. Em segundo lugar, porque o eixo **áreas de conhecimento/ setores de formação/itinerários formativos plurais** muda não apenas a face organizativa do formato do Ensino Médio, mas principalmente condiciona a **dinâmica operacional do currículo** que, na moldura dos novos ordenamentos, trata-se, de fato, **dos currículos.** É que, por força da diversidade dos itinerários formativos, passa-se a configurar um cotidiano escolar curricular multifacetado. Neste sentido, pode-se prever que cada escola funcionará como um laboratório permanente de currículos.

A prevalecer essa visão equivocada de que os currículos já estão prontos, parece posicionar-se uma ameaça corrosiva à evolução da pauta da Reforma do Ensino Médio. A constatação é que se projeta a tendência histórica de um **fazer educação escolar** com base no investir na aparência e no desvestir-se da essência. Não menos grave, a constatação implica falta de acuidade com os processos e diretrizes da reforma, além de uma certa despreocupação com a busca de resultados finais compatíveis com o que prevê o Plano Nacional de Educação/PNE e o que prescreve o novo formato conceitual-operativo do Enem. Sob o entendimento enviesado de uma reforma sem mudanças, abre-se espaço para a multiplicação de soluções pedagógicas postiças, voltadas à ambientação de uma reforma posta na lei, mas apenas suposta na realidade.

A escola da BNCC não é a escola de provas, mas a escola de processos. Não é a escola de eventos, mas a escola de procedimentos. Não é a escola de novidades, mas a escola de inovação. Não é a escola de conceitos abstratos, mas a escola de conceitos operativos. Nesta perspectiva, os gestores e docentes são convocados a mudar **o ver** e as formas de **locomover-se,** a redirecionar o operar e as formas de cooperar. Obviamente, tudo isso produz reflexos imediatos nos modos de reconceituar, objetivamente, a gestão escolar, a coordenação pedagógica e o trabalho docente. Este novo cenário requer o acionamento do ensino com metodologias pluriformes, a adoção de material de apoio pedagógico híbrido e o descongelamento dos espaços de organização da aprendizagem, tornando a sala de aula um ambiente desfronteirado.

É preciso compreender que a Educação Escolar (LDB, art. 1°, § 1°) é um sistema orgânico e progressivo, com encadeamentos epistemológicos sintonizados com as estruturas do desenvolvimento cognitivo dos alunos e, portanto, sob a influência marcante do fluxo de tensões biopsíquicas e socioculturais presentes na vida das crianças e dos jovens. Este é o chão concreto sobre o qual o currículo deve ser operado, qualquer que seja sua formatação. Em face deste entendimento, o que deverá mudar na Escola de Ensino Médio para a implementação com êxito da BNCC? Vejamos!

A BNCC encorpa-se em um alinhamento de continuidade do proposto para a Educação Infantil e para o Ensino Fundamental, por via de um eixo que canaliza o desenvolvimento de competências sob o influxo do princípio da Educação Integral. As **competências gerais** fixadas para a Educação Básica constituem a fonte alimentadora, permanente e precedente, do corpo de direitos de aprendizagem e de desenvolvimento, referenciados ano a ano, como estabelece o PNE, para todos os cidadãos. A pedagogia das competências, foco da Lei da Reforma do Ensino Médio, corre sobre o trilho dos seus desdobramentos em habilidades epistemológicas, socioemocionais e técnico-culturais com ritmos oscilantes e aproximativos, sob o influxo da ideia da complexidade dos saberes cuja fácies projetiva, conceitualmente mais pautável, pode ser captada, sob a forma de síntese, na obra de Morin (2000) **Os sete saberes necessários à educação do futuro**. Ali, está em destaque: *"Existe um problema capital, sempre ignorado, que é o da necessidade de promover o conhecimento capaz de apreender problemas globais e fundamentais para neles inserir os conhecimentos parciais e locais. [...] O ser humano é a um só tempo físico, biológico, psíquico, cultural,* *social, histórico. Esta unidade complexa da natureza humana é totalmente desintegrada na educação por meio das disciplinas, tendo-se tornado impossível aprender o que significa ser humano. É preciso restaurá-lo, de modo que cada um, onde quer que se encontre, tome conhecimento e consciência, ao mesmo tempo, de sua identidade complexa e de sua identidade comum a todos os outros humanos".*

As Escolas de Ensino Médio precisam estar atentas a alguns pontos inafastáveis para a implementação, com êxito organizacional e acadêmico, da BNCC. Destacando alguns deles: 1°) As áreas de conhecimento devem manter uma conexão simbiótica com as áreas de formação. 2°) O currículo permanecerá com disciplinas. Ou seja, a ideia de eliminá-las é irreal. Seja porque a Lei da Reforma já traz, em seu corpo normativo, algumas disciplinas obrigatórias, inclusive com extensão temporal de oferta mais ampla (Português, Matemática e Inglês), seja porque as competências definidas por área desdobram-se em habilidades específicas por disciplinas e não por "conteúdos" difusos, dispersos e imprecisos, entranhados no conceito genérico e disfarçado de **componentes curriculares**. 3°) As **competências gerais** da Educação Básica se irradiam por via de um processo de entranhamento epistemológico e operativo, seja no compacto das **aprendizagens essenciais** asseguradas pela BNCC em geral, seja no compacto dos itinerários formativos disponibilizados, sob normatização específica, pelos sistemas de ensino e respectivas redes de escolas, com foco no Ensino Médio. 4°) No cotidiano da cultura escolar consolidada, os conteúdos são veiculados no corpo das disciplinas cuja força de elasticidade epistemológica depende do transbordamento de cada uma pelo processo da interdisciplinaridade e da contextualização. Como aponta o documento do MEC sobre a BNCC do Ensino Médio, referindo-se à normatização do modelo anterior, na formulação do Parecer CNE/CP n. 11/2009, a organização da BNCC deste nível de ensino, formatada por áreas de conhecimento, "não exclui necessariamente as disciplinas com suas especificidades e saberes próprios historicamente construídos, mas, sim, implica o fortalecimento das relações entre elas e a sua contextualização para apreensão e intervenção na realidade, requerendo trabalho conjugado e cooperativo dos seus professores no planejamento e na execução dos planos de ensino". 5°) A BNCC, mais do que um documento programático com o alinhamento de conteúdos sócio-historicamente construídos, é um espelho cartográfico que a escola deve disponibilizar aos alunos sob a forma do currículo em ação. Portanto, não se trata de uma grade de conhecimentos, mas de um estuário de saberes com ilimitado poder de fecundação a depender do "projeto pedagógico escolar", do nível de formação dos professores e da liberdade de ensinar/aprender, como um dos princípios de operacionalidade da sala de aula. 6°) A escola é convidada a abrir-se a processos de elasticidade em sua organização, substituindo critérios de linearidade e rigidez dos tempos escolares e dos procedimentos da condição do ensino pela ideia condutora de politemporalidades em cujo bojo se situam práticas pedagógicas emancipadoras, voltadas para os direitos e objetivos da aprendizagem e desenvolvimento. 7°) Nesta perspectiva, devem-se colocar, em formato articulado, os níveis e etapas de ensino, as séries (ano a ano), as áreas de conhecimento na relação com os percursos formativos e, ainda, as habilidades específicas de cada disciplina ao longo dos três (ou mais) anos do Ensino Médio. 8°) Este novo sistema de engrenagem curricular rebate diretamente no perfil de saída dos alunos, passando pela organização pedagógica, pelas formas de avaliar e pela pertinência maior ou menor do material de apoio à aprendizagem. 9°) Uma compreensão clara e resolutiva dos **campos de atuação social**, com focos múltiplos, envolvendo: a) Construção da identidade; b) Direcionamento dos projetos de vida; c) Resgate de trajetórias; d) Ampliação de autorreferências; e) Desenvolvimento de experiências culturais vazadas em interesses pessoais; f) Escolhas de estilos de vida saudáveis e sustentáveis; g) Domínio de habilidades para intervir na realidade e; h) Processamento da tecnologia digital.

No horizonte carregado de dúvidas das escolas de Ensino Médio, a implementação da BNCC requer a construção de uma plataforma organo-funcional, cobrindo áreas e campos vitais de cada instituição, tais como: a) **Na gestão:** níveis de comando flexíveis e abertos ao que os franceses costumam chamar de *ordem dialógica* (*l'ordre dialogique*); b) **No planeja-**

mento: níveis de espaçamento organizacional e de conexões mutacionais, com possibilidades de contínuas adequações; c) **No comando pedagógico:** níveis multiplicados de graduação perceptiva do projeto político--pedagógico, alargando os canais de participação docente; d) **Na interlocução docente:** níveis consistentes de diálogos focais (cada disciplina) e transversais (temas de agregação social), convocando, em tempo e processo contínuos, os conceitos operativos de interdisciplinaridade, multidisciplinaridade e transdisciplinaridade. Sem isso, cada professor permanecerá cuidando de **sua** disciplina e não do currículo do Ensino Médio, irradiado pelos fluxos epistemológicos de toda a Educação Básica; e) **Nas práticas pedagógicas:** níveis permanentemente acionados de rotas de ensinar/aprender, agregando, às metodologias, objetos de conhecimento, dando, assim, um revestimento pedagógico ao uso das tecnologias e inseminando todo ambiente escolar com o *bios virtual*; f) **No ambiente organizacional:** níveis permeáveis de ajustamento e adequação espaçotemporal, substituindo a tradicional tendência à linearidade da Educação Escolar pela flexibilidade (princípio obrigatório da Lei da Reforma), seja das estruturas materiais, seja das estruturas curriculares, em atenção à proposição de itinerários formativos; g) **No manejo curricular:** níveis de conhecimentos enraizados em diversos contextos contemporâneos, trazendo os espaços-tempos dos alunos para dentro do currículo, explicitando novos insumos de sensibilidades pedagógicas e transformando cada aluno em *sujeito ativo afirmativo* (Arroyo) e em vivente de um protagonismo conhecido e reconhecido no aprender-se de cada um; h) **Nos procedimentos de avaliação:** níveis elásticos de desenho e captação dos campos de atuação social, possibilitando investimentos pessoais e emocionais dos alunos para uma compreensão ressignificada "das condições que cercam a vida contemporânea, a condição juvenil no Brasil e no mundo e sobre temas e questões que afetam os jovens (BNCC/ Ensino Médio, MEC, 2018).

Para estabilizar a oferta do Ensino Médio em reforma é necessário qualificar as escolas e seus professores e não os abandonar em processos de angústia e intranquilidade pessoal e profissional. É imperioso definir institucionalmente uma plataforma de agenda de formação continuada de toda a equipe escolar. É inafastável induzir investimentos para dar crescente visibilidade a cenários de mudanças, assim que todos e cada um do coletivo institucional alcancem a amplitude epistemológica da Base Nacional Comum Curricular/BNCC, não apenas a referenciada ao Ensino Médio, mas a toda Educação Básica. O zelo por este procedimento institucional contribuirá para afastar a ilusão sempre presente de que multifacetar o currículo por via da inclusão de mais e mais disciplinas viabilizará a reforma. Isto poderá ampliar o horário escolar, mas não necessariamente enraizar, nas paisagens mentais dos alunos, as competências a serem desenvolvidas.

Por tudo quanto foi aqui refletido, é urgente a cada escola criar novas rotas de polifonia para o currículo, liberando a organização da escola, das formas de clausura e enquistamento de uma tradição pedagógica que precisa ser **refontizada**. Como é sabido, o currículo não se viabiliza por uma forma única, mas por formas plurais. Se gestores e professores do Ensino Médio não compreenderem isto, a BNCC servirá apenas a ensaios para a escola simular novos **deslocamentos** e continuar no mesmo **lugar**. Em síntese: a questão não é a reforma chegar à escola, mas à sala de aula, espaço onde a BNCC terá que pousar, sem repousar!

Moaci Alves Carneiro
Doutor em Educação/Paris
Texto de 13 de abril de 2018, Brasília-DF.

Texto 10   Aprendendo a ser professor

A aprendizagem sistematizada, viabilizada através da educação escolar, é um complexo processo que envolve atores múltiplos, tais como: professores, alunos e familiares, educadores, psicólogos, pediatras, assistentes sociais, neurocientistas, terapeutas, sociólogos, filósofos, historiadores, antropólogos, consultores e tantos outros especialistas. Neste amplo palco de interações e cooperações, estabelece-se a forte conexão entre o desenvolvimento cognitivo dos alunos e o processo de ensino-aprendizagem vivido e convivido nas salas de aula das escolas do mundo inteiro. É neste planejado espaço que se desenvolve a atuação docente como atividade profissional específica. Neste caso, estamos diante de um percurso ocupacional em construção permanente, que se situa em uma linha de evolução, cobrindo etapas diversas e intercomplementares, assim vislumbradas: instrutor, professor, pesquisador, acadêmico, cientista e, por fim, intelectual pleno. Cada uma dessas etapas corresponde a um ambiente diferenciado e inovador da educação, da escola, do currículo, do aluno, da avaliação e, não menos importante, da relevância do contexto e da interdisciplinaridade como referentes de formas de germinação da aprendizagem.

O caleidoscópio da evolução docente vale para todos os níveis de ensino, importando dizer que, na perspectiva evolutivo-profissional do professor, as exigências postas não hierarquizam horizontes de sua atuação, qualificando escolas com maior ou menor importância. Em outras palavras, a Educação Infantil não é menos importante do que o Ensino Médio, tampouco a Educação Básica é menos relevante do que a Educação Superior.

O desenvolvimento cognitivo e o processo de ensino-aprendizagem, independentemente da visão da teoria pedagógica em que se apoiem, devem ser marcados por uma cuidadosa escolha dos instrumentos culturais que docentes qualificados utilizam para trabalhar na sala de aula e para operar o currículo. Isto ganha nova envergadura agora com a exigência de cumprimento de uma Base Nacional Comum Curricular/BNCC. A questão essencial a responder é: De que forma a BNCC de cada nível de ensino da Educação Básica deverá se conectar à BNCC da etapa seguinte?

De fato, há teorias de aprendizagem **mais** adequadas a fazerem germinar **mais** positivamente as áreas promissoras do aprender de cada aluno, sobretudo quando a cognição é vista, percebida, compreendida e trabalhada como um percurso ascendente de organização mental, expressão social, socialização e de comunicação. As abordagens teórico-elucidativas de VYGOTSKY e de PAULO FREIRE são exemplos ilustrativos do que afirmamos.

No contexto da Reforma do Ensino Médio sobretudo, concomitantemente com o ordenamento legal para a implementação da Base Nacional Comum Curricular/BNCC para todo o conjunto da Educação Básica (infantil, fundamental e médio), convém reforçar o entendimento de que a educação escolar vai se cristalizando por via de um tenso e intenso processo de modificabilidade cognitiva, enraizado este processo em fluxos e refluxos de transmissão cultural, envolvendo identidades inseparáveis no palco da sala de aula: **quem ensina** e **quem aprende**. Estamos diante de um alinhamento de vias de coconstrução cognitiva, baseada em intérminas e compartilhadas interações.

O percurso da evolução profissional do professor e, em consequência, da própria escola onde cada professor trabalha, requer o enraizamento de algumas convicções humano-sócio-pedagógicas assentadas na dinâmica de processos do fazer escolar e da rota do ensinar/aprender. No contexto amplo e complexo da escola **climatizada** em ambiente de totalidade tecnológica, há de se rever continuamente a organização dos programas de cada disciplina e, igualmente, há de se reformatar a própria organização dos planos de ensino, sobre o influxo da BNCC para toda a Educação Básica. Por isso, destaco dez **convicções pedagógicas** como fonte de inseminação do portfólio do processo de ensinar:

Convicção 01 – A cultura circunscrita a sujeitos aprendentes é apreendida através de outros sujeitos. Neste sentido, professores e alunos são todos intencionalmente dependentes culturais.

Convicção 02 – Em contato com os outros, esta cultura é permanentemente modificada e, portanto, ressignificada.

Convicção 03 – Aprender é decorrência das necessidades que cada um traz em sua matriz genética, e estas necessidades estão inseminadas na nossa herança neurobiológica.

Convicção 04 – O cérebro não é apenas um mecanismo biológico, mas também social, e é desta dupla face que procede a cognição enquanto processo holístico e sistêmico em funcionamento.

Convicção 05 – Em cada indivíduo os componentes de natureza biológica e social estão entranhados no componente cultural. Esta tríade opera em permanente interpenetração, configurando uma realidade total, única e evolutiva, posta em interação contínua com os chamados *ecossistemas envolventes*. Tal interação gera um "sistema cognitivo transcendente", responsável pelo desenvolvimento humano integral.

Convicção 06 – A escola, para cumprir adequadamente sua relevante função social, tem que ser um enorme laboratório de operação de ferramentas culturais.

Convicção 07 – À sala de aula cabe não apenas dar a conhecer, aos alunos, o sentido dos **sinais, signos e símbolos,** mas também prepará--los para adequadamente usarem os sistemas simbólicos adotados pela sociedade. Complementarmente, cabe, a cada professor, qualificar o aluno, sob o ponto de vista crítico-intelectual, para ressignificar a linguagem simbólica no variável e evolutivo processo de comunicação da sociedade e mais objetivamente no contexto dos seus projetos de vida.

Convicção 08 – Cada indivíduo traz, em sua herança genética, dispositivo neurobiológico de autorregulação que enseja incorporar conhecimentos por via de processos de cooperação compartilhada. Neste caso, a função da escola é focalmente potencializar e alargar estes processos, objetivando multiplicar as oportunidades de uso dos instrumentos culturais de cada época e, ao mesmo tempo, possibilitando formas flexíveis de adaptação aos novos cenários da evolução humano-cultural.

Convicção 09 – A sala de aula deve ser um ambiente aberto e arejado sob o ponto de vista da **transição** e da **transação** das ideias e, por isso, totalmente permeável à presença de tecnologias e de inovação. Somente assim as funções cognitivas essenciais, como atenção, percepção, memória, articulação, inferência, resolução de problemas e tantas outras decorrentes de interação intersubjetiva poderão ir além do ordenamento legal-curricular da aquisição de competências e habilidades com único enfoque mercantil-laboral-lucrativo e contribuir para posicionar e reposicionar cada aluno em perspectiva de aprimoramento humano e de cidadania criativa, crítica, responsável e participativa.

Convicção 10 – As funções mentais, as funções cognitivas superiores e as *interações complexas* (Meltzer, 2007) desenham o sucesso na aprendizagem escolar. Daí a grande importância de os professores terem uma ideia precisa dos processos de metacognição, considerando principalmente a necessidade de trabalharem profissionalmente com clareza aspectos como: 1) Compreensão e operação dos conteúdos curriculares; 2) Perfil dos alunos (aspectos pessoais e comunitário-culturais); 3) Dimensões motivacionais e disposição volitiva dos alunos; 4) Estratégias metodológicas a adotar; e, por fim, 5) Compreensão clara sobre a operacionalidade dos conceitos adotados, relevância dos conteúdos apresentados e conhecimento dos contextos de vivência dos alunos.

A função da escola vai além da execução do currículo e da Base Nacional Comum Curricular/BNCC. Desdobra-se na construção de identidades equilibradas e em consequência, na contribuição para transformar indivíduos em pessoas e a existência em vida. É sempre bom lembrar: *muitos fazem da vida uma existência, como se existir fosse VIVER!*

Moaci Alves Carneiro
Doutor em Educação/Paris
Texto de 14 de maio de 2018, Brasília-DF.

Texto 11 — Educação Física, Arte, Sociologia e Filosofia nas entranhas do currículo do Ensino Médio

A decisão do governo de fazer a reforma do Ensino Médio em ritmo aligeirado, a começar pelo uso de Medida Provisória, produziu uma esteira de apreensões em toda a sociedade e nas escolas. O desencontro de informações gerou um denso nevoeiro de preocupações até hoje não dissipado. A informação da exclusão de disciplinas, antes da definição da Base Nacional Comum Curricular/BNCC, contribuiu para ampliar a baixa visibilidade de todo o processo. Foi neste painel de desconformidades que se percebeu, já de partida, a tentativa de exclusão de disciplinas como História, Geografia, Educação Física, Arte, Sociologia e Filosofia, ficando diluídas em um currículo com faces epistemológicas sombreadas. Ficava clara a tendência danosa de hierarquizar conhecimentos curriculares, subtraindo-se, dos conteúdos sócio-humanísticos, o princípio da igualdade de relevância com os demais. Uma decisão calculada para transformar as escolas em fábricas de robôs.

Sem uma base humanística na escola não há como se falar em **formação humana integral**, conceito que é uma espécie de frontispício do documento das diretrizes da Base Nacional Comum Curricular/BNCC. Os alunos – sobretudo os das escolas públicas – estariam sendo treinados para o exercício laboral da servidão humana! Um crime patrocinado pelo Estado!!! Com as reações em cadeia da sociedade e dos educadores, o Congresso recuou e cedeu ao apelo geral da não aprovação do desatino da proposta inicial e reconsiderou a inclusão obrigatória das disciplinas referenciadas. Em sucessivo, os "conteúdos" de Educação Física, Arte, Sociologia e Filosofia mereceram um novo tratamento de oferta subposicionada no currículo, sob a forma de **estudos** e **práticas**. Significa que estão no currículo, mas... não são disciplinas? Não é bem assim, como veremos adiante. Transportando os dois termos do dicionário para a escola, a primeira providência é fazê-los trocar de roupa e vesti-los com indumentária da transdisciplinaridade, que foca a organização didático-pedagógica dos conhecimentos em que **temas**, **estudos** e **práticas** são integrados às disciplinas tradicionais do currículo.

A partir de agora, é com os Sistemas de Ensino e com as escolas decidirem em que espaço da tela curricular vão posicionar o ensino de Educação Física, Arte, Sociologia e Filosofia na conformidade do ordenamento legal. Há considerações de âmbito pedagógico a fazer e decisões de âmbito operacional a tomar. O fato é que estes conteúdos, descaracterizados equivocadamente pela lei, da feição de disciplinas, não podem ser tratados pela gestão pedagógica das escolas como penduricalhos na escala do planejamento do ensino, indiferenciando-se conceitos espontâneos e conceitos científicos, reflexo de uma teoria do conhecimento com baixa densidade e que, por isso, não faz a indispensável distinção entre "generalização das coisas" e "generalização do pensamento". Vejamos, antes, um pouco sobre o conceito legal e técnico-pedagógico de currículo e de currículo pleno.

O currículo é uma espécie de árvore com alto potencial germinativo. As disciplinas são os galhos desta planta generosa e o sucesso de aprendizagem de cada aluno são os frutos a colher. Nesse processo de fecundação da dinâmica curricular há vias e desvios, dependendo da postura organizativa da escola. Na conta dos desvios, são visíveis os desacertos de uma oferta de Educação Infantil **descolada** orgânica e epistemologicamente dos níveis posteriores da aprendizagem e de um Ensino Fundamental **descolado** do Ensino Médio, tornando este nível de ensino esvaziado em suas funções e condenado a ser um depósito de alunos para os cursinhos pré-vestibulares e para os **preparatórios** para o Enem. Uma distorção funcional semelhante a usar o forno micro-ondas para aquecer as mãos! Com a Base Nacional Comum Curricular/BNCC e a Lei da Reforma do Ensino Médio, pretende-se um novo patamar para as operações epistemológicas das etapas de toda Educação Básica. A articulação concreta entre as áreas de conhecimento e as dimensões estruturadoras da integração curricular, por via dos eixos **trabalho, cultura, ciência, tecnologia** e **organização social**, realça a necessidade de um trabalho com metodologias diversificadas, com a valorização da contextualização, da interdisciplinaridade e mesmo de outras formas de interação, conectando os diferentes níveis do ensino e os diversos campos de conhecimento.

As salas de aula com enlevo pedagógico requerem procedimentos dinâmicos e interativos de aprendizagem, o que importa em reconvocar o aluno para o centro do processo de operação do currículo em ação. Mas esta processualística de reposicionamento dos protagonistas começa já na Educação Infantil, prossegue em ritmo de fortalecimento no Ensino Fundamental e culmina no Ensino Médio. Neste, abre-se um largo estuário para a movimentação de conteúdos curriculares veiculados além do formato configurado em disciplinas tradicionais. Não se trata de subvalorizar a sua especificidade sistêmica endógena, mas de potencializar as rotas de seu transbordamento, desocultando caminhos diferenciados para a aprendizagem. Ou seja, as disciplinas permanecem, mas passam a contar com a associação de alternativas de apoio ao aprofundamento dos saberes escolares, como é o caso de **estudos** e **práticas**. Esta rota didática de dupla-face tem uma dimensão-foco circunscrita às aprendizagens essenciais de cada conteúdo. São conceitos diferenciados de **atividades** em sentido genérico. Estas não se subordinam a conteúdo programático formal, com amplitude prefixada. Aqueles, sim, à medida que guardam nexo epistemológico com disciplina(s) específica(s), embora possam assumir, eventualmente, maior abrangência de enfoques, pela integração a duas ou mais disciplinas. Para ilustrar esta compreensão, vale recordar que a BNCC da Educação Infantil trabalha com a ideia de campos de experiências onde predominam **atividades** com intencionalidade educativa, que *consiste na organização e proposição, pelo educador, de experiências que permitam às crianças conhecer a si e ao outro e de conhecer e compreender as relações com a natureza, com a cultura e com a produção científica, que se traduzem nas práticas de cuidados pessoais (alimentar-se, vestir-se, higienizar-se), nas brincadeiras, nas experimentações com materiais variados, na aproximação com a literatura e no encontro com as pessoas* (MEC-CNE, BNCC da Educação Infantil e do Ensino Fundamental/2018).

Estudos, **práticas**, **atividades**, oficinas, projetos, laboratórios e formas outras de aprendizagem experiencial e de dinâmica intersubjetiva e intergrupal dos alunos são expressões concretas de um horizonte pedagógico de lutas para implementar o princípio da organização não rígida dos conhecimentos escolares e da não hierarquização dos saberes com a consequente visão equivocada da inferiorização das aprendizagens. Este processo de elevada qualificação do Projeto Pedagógico Escolar ressalta a relação teoria/prática e, ainda, valoriza a construção do currículo pelo "resgate da cultura de que o aluno é portador e não pela distribuição do conhecimento, que se reveste de caráter prescritivo e limita o professor à condição de meio" (Saviani, 1994, p. 67). A expectativa é que surgirão variações de meios para alargar as chances de o aluno aprender. Não haverá disciplinas confinadas, uma vez que a Lei da Reforma, como bússola de proposta de operacionalização flexível, destravará o currículo. Neste cenário de mutações em processo, a questão posta é: Como desterrar o padrão curricular fixo sob o influxo de um pensamento pedagógico menos "contemplativo" e mais vivencial e sob a forma de rotas de **estudos** e **práticas**, sem que isto signifique o expatriamento, no âmbito do Ensino Médio, do seu território concentrado nas disciplinas que compõem? A inclusão na BNCC de Educação Física, Arte, Sociologia e Filosofia, sob a forma de **estudos** e **práticas** (Art. 35-A, § 2º), apaga a possibilidade de sua eliminação do currículo como inicialmente cogitado e, ao mesmo tempo, introduz uma via indutora de variações das formas de organizar a aprendizagem. Este ordenamento não constitui novidade em nossa tradição escolar. O que de fato altera é o grau de reforço que os dois conceitos operativos ganham no cotidiano escolar, deixando de ser alternativas eventuais de procedimentos para adoção organizativa obrigatória na fácies do novo currículo do Ensino Médio. Esta é uma mudança de significação relativa, pois se a escola decidir oferecer estes conteúdos sob a forma de disciplinas confinadas, nada a impede de o fazer no exercício de sua autonomia, enriquecendo o tratamento disciplinar com variação metodológica de **estudos** e **práticas**, em harmonia com normas do respectivo sistema de ensino.

Como a escola deve entender a inclusão obrigatória dos quatro conteúdos referidos e a organização de sua oferta na forma de estudos e práticas? Em primeiro lugar, atentar que se trata de uma linguagem dúbia do legislador. Tem cara de subterfúgio semântico-metodológico na forma de a escola tratá-los. Na verdade, os estabelecimentos de ensino, comprometidos com a qualidade do seu ofício, há muito trabalham com metodologias diferenciadas para atender a diversidade dos alunos. Este enfoque tem a ver com estratégias de ensino centradas nas necessidades básicas de aprendizagem dos estudantes. A ideia de currículo multifuncional e aberto visa a possibilitar flexibilidade em sua execução. **Em segundo lugar,** perceber que a variação metodológica adotada para efeito da condução de aprendizagem dos alunos – **estudos e práticas** – abre "o currículo para todo o processo de captação da modulação do ser humano. Neste sentido, as disciplinas, os conteúdos, os estudos, as práticas pedagógicas formais ou não e, portanto, também o conjunto de atividades extraescolares, tudo é currículo, porque tudo pertence às operações da vida, operações que são criação e recriação humanas, aprendizagens do sujeito social na sua relação com mundo e, sobretudo, funções que são projetos de vida. Na Escola de Ensino Médio, é urgente recuperar todas estas dimensões, tornando as disciplinas não preocupações para os alunos, mas ocupações para toda a comunidade escolar e desenvolvimento de competências para cada aluno" (Alves Carneiro, 2001, p. 145). **Em terceiro lugar**, aproveitar a oportunidade de estimular a integração contínua professor/aluno para a seleção qualificada dos **estudos** e das **práticas**. Trata-se de acionar o aspecto relevantemente positivo do resgate da aprendizagem cooperativa, precondição do "ensino explícito como valor agregado do professor e da arquitetura cognitiva da evolução do aluno" (Gauthier; Bissonnett; Richard, 2014, p. 11). **Em quarto lugar**, reposicionar a criatividade profissional dos professores. Na verdade, terão de mudar a condução do ensino pela agregação de novas competências funcionais e pela ampliação do espaço didático-pedagógico, através das formas diferentes de agir. Como lembra PERRENOUD (2001, p. 14), "sob o ponto de vista da Sociologia do Trabalho, o ensino pertence às profissões que lidam cotidianamente com situações". E **estudos e práticas** são situações pedagógicas típicas! Neste caso, "há de mudar o saber ensinar, porém preserva-se a responsabilidade dos saberes a ensinar" (2001, p. 14). Em concreto, significa dizer que o professor de cada campo de conhecimento (no caso, de Educação Física, Arte, Sociologia e Filosofia) não terá as responsabilidades funcionais nem reduzidas ou ampliadas nem substituídas. De fato, diversificar o uso de metodologias, de procedimentos didáticos e de técnicas de ensino, "...recorrendo à escolha deliberada e intencional de determinadas formas, em detrimento de outras, significa que o professor está, na verdade, tomando decisões relativas à organização e execução do processo de ensino, vinculadas às finalidades sociopolíticas da educação"

(Veiga, 1999, p. 131). E mais: age dentro de autonomia conferida à escola e a ele por lei (LDB, art. 12, inc. I e art. 13, inc. I e II) de elaborar e executar a Proposta Pedagógica. Desta forma, adotar rota metodológica de **estudos e práticas** no lugar de disciplina(s) não implica deixar os correspondentes conteúdos soltos e indefinidos, sem balizamento dos conhecimentos específicos, sem tratamento metodológico apropriado e sem procedimentos didáticos de integração com outras disciplinas, mas, ao contrário, implica não abandoná-los a uma abordagem unidirecional, na tradição metodológica de natureza exclusivamente expositiva. Portanto, quando a lei estabelece a oferta de saberes curriculares não sob a forma de disciplinas, mas de **estudos e práticas**, não está descartando o ensino específico da(s) disciplina(s), mas apenas flexibilizando o tratamento metodológico a ser dado na organização e ministração do correspondente conteúdo, em conexão com o que estabelece o art. 206, inc. I e II, da Constituição Federal, com desdobramento no art. 3º, inc. II e III, da LDB. Sob forma indicativa e reforçativa, ambos os textos incluem, dentre os princípios de ministração do ensino, a liberdade de ensinar e de aprender e a pluralidade de ideias e de concepções pedagógicas. As formas variadas de organizar o currículo e de usar metodologias diferenciadas para o encaixe de conteúdos na programação escolar são explicitações possíveis do enfoque das pedagogias multirreferenciadas, a par de representarem uma busca da adesão ao não diretivismo da organização escolar cujas expressões mais visíveis são o currículo fixo, métodos e processos padronizados e linearidade do fazer docente, incluindo formas homogêneas de avaliação.

A esta altura, põe-se a questão central direcionada a firmar o planejamento estratégico da escola, no duplo enfoque epistemológico-curricular e de gestão pedagógica: **Com a prevalência do ordenamento legal de oferta destes conteúdos na forma definida de estudos e práticas, que providências as escolas deverão tomar para ajustar e operar seus currículos?** Os conteúdos referidos devem ser trabalhados – cada um no âmbito do respectivo objeto de conhecimento – com ênfase no princípio da **interdisciplinaridade** e com relevo da abordagem metodológica da **transversalidade**. Para tanto, é necessária a definição formal, como ocorre com todos os demais conteúdos obrigatórios, de um programa de ensino com rotas de conhecimentos ajustadas e concentradas nos objetivos que se pretende para prévia ciência (informação/compartilhamento) de todos os professores e alunos e com clara sinalização dos centros de interesse possíveis, da adoção de unidades didáticas na perspectiva de uma consistente linha de aprendizagem participativa. Nesse sentido, convém revisitar as Diretrizes Gerais para a Educação Básica (Resolução MEC- -CNE n. 4/2010), que apontam, com clareza, desde sempre, direções a seguir para revitalizar o AGIR DA ESCOLA, em resposta à questão colocada, como se pode ver:

*Art. 13º, § 1º – O currículo deve difundir os valores fundamentais do interesse social [...], considerando [...] a promoção de **práticas** educativas formais e não formais pela escolha da abordagem didático-pedagógica disciplinar, pluridisciplinar, interdisciplinar e transdisciplinar que oriente o projeto político-pedagógico e resulte de pacto estabelecido entre os profissionais da escola [...], subsidiando a organização da matriz curricular, entendida como propulsora de movimento, a definição de eixos temáticos, a constituição de redes de aprendizagem, entendida como um conjunto de ações didático-pedagógicas, com foco na aprendizagem e no gosto de aprender, subsidiada pela consciência de que o processo de comunicação entre estudantes e professores é efetivado por meio de **práticas** e recursos diversos.* Com base nesta compreensão pedagógica, convém assinalar que trabalhar no campo do desenvolvimento da aprendizagem, viabilizando a metodologia de **estudos** e **práticas**, implica definir conteúdos, planejar operações intelectuais e programar categorias de conhecimento. E tudo isso está ligado ao princípio do alinhamento curricular. Fora deste esquema, só haverá digressões, improvisações e perda de foco em relação aos processos cognitivos acionados.

Por fim, cabe ressaltar que **estudos e práticas** têm uma dimensão- -foco circunscrita às aprendizagens essenciais de cada conteúdo. São conceitos diferenciados de **atividades** em sentido genérico. Estas não se subordinam a conteúdo programático formal, com amplitude prefixada. Aqueles, sim, à medida que guardam relação epistemológica com disciplina(s) específica(s), embora possam assumir, eventualmente, maior abrangência de enfoques, pela integração a duas ou mais disciplinas. Áreas de conhecimento, disciplinas, **estudos, práticas** e, ainda, atividades, constituem o **currículo pleno da escola**. Uma espécie de "cardápio" de saberes formatados em função de direitos e objetivos de aprendizagem e desenvolvimento dos alunos, perfilados na moldura de uma proposta de educação integral. Para um entendimento adequado do ordenamento legal aqui referido, convém não perder de vista que **componente curricular** pode designar a forma de organização do conteúdo do ensino (em nível, etapa, série) ou referir-se a uma disciplina científica (Geografia, Física, Química etc.). *Em alguns casos, a denominação sugere a organização do conteúdo de várias disciplinas científicas em áreas afins (ciências físicas e biológicas, ciências "experimentais" ou "exatas"/estudos sociais, ciências sociais ou "humanas" etc.). Em outros casos, compreende a organização de atividades em torno de campos mais amplos (integração social, comunicação e expressão, programas de saúde etc.)* (Saviani, 1994, p. 142).

O currículo não se reduz a conteúdos pautados pela escola, envolvendo conhecimentos, métodos e técnicas, mas tudo que para ela contribui no cumprimento de sua tarefa específica: **o ensino**. Neste amplo estuário estão as áreas de conhecimento, as disciplinas, os estudos, as práticas e as atividades, enfim, tudo que concorre para o domínio dos conhecimentos formais/não formais, sistematizados e programados pela escola e hospedados no Projeto Pedagógico.

Em síntese, pode-se dizer que houve da parte do MEC uma tentativa de esmaecer a importância das disciplinas em tela, no currículo do Ensino Médio? De alguma forma pretendeu-se "aligeirar" o currículo, imprimindo-lhe uma feição mais de percurso para treinamento e com foco em atender às demandas do setor produtivo. Mas o afrouxamento da ideia prevalecente do legislador não produz forma dissimulada de exclusão de Educação Física, Arte, Sociologia e Filosofia do currículo escolar. Primeiro, porque são conteúdos referenciados na BNCC, e segundo, porque, como componentes de ensino obrigatório, devem fazer parte dos programas escolares, com explicitação dos direitos e objetivos da aprendizagem (definição de competências e habilidades), devem constar do tempo escolar e da grade horária, devem ser incluídos como conteúdos de avaliação e, ainda, exigem presença obrigatória dos alunos nas aulas (tempos e espaços diversificados de aprendizagem) em que sejam tratados, trabalhados e vivencialmente processados. Ou seja, como *round* final, do que o governo e o MEC pretendiam inicialmente, prevaleceu a sábia colocação de Jean-Paul Sartre: *"O importante não é o que eles fizeram com a gente, mas o que a gente vai fazer daquilo que eles quiseram fazer com a gente!"*

Moaci Alves Carneiro
Doutor em Educação/Paris
Texto de 24 de agosto de 2018, Brasília-DF.

Texto 12 O papel do professor na sociedade do conhecimento

15 de outubro, Dia do Professor, convoca a sociedade brasileira para uma reflexão com foco na Educação Escolar. Ela foi a solução encontrada na evolução dos marcos civilizatórios para assegurar o desenvolvimento cognitivo das crianças e jovens a fim de que se tornem adultos adequadamente situados nos diferentes contextos sociais e econômicos em que possam se encontrar. Na verdade, o desenvolvimento intelectual, assentado nos fundamentos do conhecimento sistematizado, precisa da escola e do professor para uma evolução qualificada da cidadania. Necessidade tanto maior quando posta na moldura de uma sociedade denominada sob o ponto sociocultural e produtivo de *sociedade do conhecimento*. Não por acaso, os países mais desenvolvidos põem as políticas educacionais no rol das chamadas políticas precedentes. Percebem que todo o processo de evolução de suas sociedades depende crucialmente da educação oferecida às crianças e aos jovens inicialmente e, depois, aos adultos dentro de uma mística social de educação permanente.

O Brasil tem muito a aprender na direção ora apontada. Estamos em posição de desvantagem em todos os *rankings* de avaliação internacional. De fato, avaliamos, mas não sabemos o que fazer com as avaliações. Como sair desta encruzilhada? No primeiro turno das eleições presidenciais, os candidatos em geral apresentaram pautas genéricas para a educação, esquecendo-se de que o grande desafio da educação atual não é a expansão de redes e a multiplicação de matrículas, mas a qualificação da aprendizagem. E isto começa com uma visão reconceituada do Estado brasileiro sobre o professor e sua relevância na escola. O fato constatado é que os governantes não planejam a expansão das redes de escola a partir de uma visão de qualidade do ensino, mas, sim, de uma visão de quantidade de alunos. Tanto é assim que se põe em segundo plano a carreira do magistério, incluindo o salário docente. Estados e Municípios estão povoados de professores temporários, inclusive aqueles situados nas regiões mais desenvolvidas do país. Este fato favorece os governantes para não cuidarem da formação continuada de seus professores. Tudo se reduz a agendas de planejamento no início de cada semestre.

Pesquisas que se sucedem apontam que o magistério recebe grande parte dos seus professores de alunos do Ensino Médio, portadores de agudas deficiências em sua formação intelectual. Aqui, o grande desafio do Brasil: para melhorar a qualificação dos professores é imperioso melhorar a qualidade de toda a Educação Básica. E, para tanto, é inadiável a fixação de novos parâmetros para a definição do salário docente. O campo de atuação docente é balizado por um conjunto de conhecimentos, habilidades, competências e qualificações que caracterizam o saber específico de **ser professor**. A carreira docente é a esteira de um conjunto de fatores que exercem a atração profissional e solidifica a estabilidade ocupacional para a docência. Professor malremunerado e não estável não possui motivação intrínseca para programas de capacitação continuada. Na verdade, tudo que ele deseja é não permanecer onde está!

É curioso observar como as questões que envolvem os chamados meios ativos, diretos e indiretos, da pauta de ensino/aprendizagem, sobretudo no campo da Educação Básica, são tratados hoje por jornalistas, advogados, economistas, administradores de empresas, cientistas sociais, engenheiros, arquitetos, pessoal de TI etc., ficando de fora os professores. Falta-lhes espaço na mídia para falar e tudo tende a piorar à medida que as redes de escolas vão sendo **envelopadas** pelos mecanismos de fusão. Adicionalmente, o processo de mercantilização da educação brasileira passa a ganhar novas formas dissimuladas de seu encorpamento, com a tendência de expansão, despossuída de padrões de qualidade, do uso de educação a distância na Educação Básica, como se a solução de uma educação de baixa qualidade fosse afastar, cada vez mais, o professor da sala de aula, e entregar esta à operação de equipamentos eletrônicos. Em nenhum país sério do mundo pensa-se em substituir educação presencial por ensino a distância. Este tem apenas uma função complementar.

O Brasil precisa indagar, nesta data, quanto custa e quanto deve efetivamente custar um professor para atuar em uma escola com a função de plataforma de alavancagem para o desenvolvimento humano e cognitivo das crianças e dos jovens. A longa história da escola brasileira com professores subsalariados parece explicar a presença reduzida de talentos nesta atividade profissional e a baixa atração que ela exerce. Temos que reconhecer que o piso salarial nacional do professor continua sendo um parâmetro conceitual, porém não é por enquanto um **parâmetro valorativo**. Deixamos de perceber que há uma relação direta entre evasão escolar e evasão docente, notadamente de professores jovens, que estão abandonando a escola para se "aventurarem" em outras áreas de atuação profissional. O próprio público feminino, fonte permanente de talentos para o magistério, vai dele ganhando distância, em decorrência das mudanças de comportamento da mulher na sociedade andante. O psicólogo americano JEFFREY ARNETT, da Universidade de Clark, identifica uma nova condição no homem e na mulher, que ele chama de *adultos emergentes*. Trata-se de um período entre 18 e 25 anos – podendo durar mais ou menos, dependendo da pessoa – fortemente enraizado na sociedade de consumo e nos padrões globalizados de vida, em que se buscam três fatores articulados, a saber: Investimentos nos estudos para se construir uma carreira profissional sólida, garantia dos meios de uma estabilidade financeira e alargamento das alternativas profissionais. No Brasil, cada vez mais, a realidade atual do magistério das escolas de Educação Básica, sobretudo da rede pública, não sinaliza nesta direção, ou seja, distancia-se desta escala de bônus social e profissional. Diz o psicólogo americano que os *adultos emergentes e, sobretudo, as mulheres querem: a) mais escolaridade; b) mais renda; c) mais oportunidades; d) mais autonomia; e) mais liberdade; f) mais independência financeira e g) mais equilíbrio entre vida pessoal e profissional.* Convém lembrar que há uma escala em ascendência de público feminino para as atividades de magistério, porém de nível superior e para atividades de pesquisa.

A situação de um salário profissionalmente desqualificante do professor de Educação Básica é, muitas vezes, respondida com dois argumentos falaciosos. O primeiro é que, em nenhum país do mundo desenvolvido, o salário do professor está entre os mais altos. Esta é uma meia-verdade, pois se não está entre os salários profissionais mais elevados, também não está entre os mais baixos. O segundo argumento é que não há evidência de relação positiva entre salários docentes elevados, *performance* dos alunos, excelência na aprendizagem, desempenho da escola e resultados em avaliações internas e externas. Esta visão é igualmente equivocada. Deixando de lado experiências internacionais e olhando só o que ocorre no Brasil, basta verificar o desempenho dos alunos dos Institutos Federais, dos Colégios Universitários, das Escolas de Aplicação, dos Colégios Militares e das cem escolas privadas com os salários docentes mais altos do Brasil. As análises do Pisa são diretas e elucidativas: *sem professores motivados não há saída para a educação. E motivar professores inclui necessariamente carreira docente atraente, melhores salários, condições de trabalho adequadas e estrutura escolar com estrutura compatível com o conceito legal e operativo de escola e ensino de qualidade.* O Brasil não pode continuar a postular uma escola com qualidade social, confundindo professores profissionais com profissionais

311

professores. Hoje é o Dia do Professor Profissional! E dele a sociedade do conhecimento precisa cada vez mais.

Moaci Alves Carneiro
Doutor em Educação/Paris
Texto de 12 de outubro de 2018, Brasília-DF.

Texto 13   BNCC: um trem fora dos trilhos

Os desafios da implementação da Base Nacional Comum Curricular (BNCC) são de dupla natureza. Vencidas as etapas de sua polêmica formulação, cabe ao MEC: a) Fazer o acompanhamento de sua implementação, na condição de instância coordenadora de políticas nacionais de educação junto aos sistemas de ensino (LDB, art. 8º, § 1º), "disponibilizando, inclusive, apoio técnico e financeiro aos Estados, ao Distrito Federal e aos Municípios para o desenvolvimento de seus sistemas de ensino e o atendimento prioritário à escolaridade obrigatória (LDB, art. 9º, inc. III). No caso, a Educação Básica, território de irradiação normativa da BNCC; e b) Cooperar sistematicamente em quatro direções convergentes: 1) Fomentar estudos e pesquisas sobre currículos e temas afins; 2) Apoiar experiências curriculares inovadoras; 3) Disseminar casos de sucesso no campo do currículo reconceituado, e ainda, 4) Criar oportunidades de acesso a conhecimentos e experiências de outros países.

Estas sinalizações de alcance sistêmico-operacional estão previstas no documento normativo de Diretrizes da BNCC. Mas... a previsão continua com baixa visão! É promissor que o MEC tenha programado uma sequência de agendas regionais, de orientação aos Sistemas de Ensino, visando à preparação de equipes de multiplicadores. A primeira, em Brasília, alcançou 300 professores e gestores de 14 Estados. São Paulo sediará a próxima.

Sob o título de **Encontro Formativo de Programa de Apoio à Implementação da Base Nacional Comum Curricular** (BNCC), as agendas têm como objetivo "que os profissionais aprendam ferramentas que possam contribuir para a implementação da Base Curricular no país a partir de 2020". Espera-se que, em sucessivo, sejam formadas equipes regionais, municipais e nas escolas "que ofereçam informações sobre novos currículos e também ajudem na elaboração de projetos político-pedagógicos". Causam preocupação as expressões "aprender ferramentas" e "oferecer informações sobre os novos currículos..." Trata-se de visão meramente instrumental que pode atender a roupagem externa da BNCC, mas, não, ao revestimento epistemológico de uma nova mentalidade operativa de gestores, professores e equipes escolares em geral, de quem a BNCC exige uma reeducação funcional a partir da qual deve ser alcançado todo arco de suas diretrizes e normas, que encorpam "um documento de caráter normativo que define o conjunto orgânico e progressivo de **aprendizagens essenciais** que todos os alunos devem desenvolver ao longo das etapas e modalidades da Educação Básica, de modo a que tenham assegurados seus direitos de aprendizagem e desenvolvimento, em conformidade com o que preceitua o Plano Nacional de Educação (PNE). Este documento normativo aplica-se exclusivamente à educação escolar, tal como a define o § 1º do Artigo 1º, da Lei de Diretrizes e Bases da Educação Nacional (*LDB*. Lei n. 9.394/1996), e está orientado pelos princípios éticos, políticos e estéticos que visam à formação humana integral e à construção de uma sociedade justa, democrática e inclusiva, com fundamento nas Diretrizes Curriculares Nacionais da Educação Básica (DCN)" (BRASIL, 2018). Estamos diante de uma concepção enraizada em uma filosofia pedagógica de teor transformador e irradiante, que sinaliza a busca de um novo perfil de gestores e professores, com base na ativação de uma inteligência escolar geral, em favor de uma formação humana integral, socialmente integrada e politicamente vinculada às 10 Diretrizes, 20 Metas e 254 Estratégias do Plano Nacional de Educação (PNE).

Ao incluir, em seu corpo semântico-conceitual, as expressões **aprendizagens essenciais, direitos de aprendizagem e desenvolvimento, princípios éticos, políticos e estéticos** e, ainda, **formação humana integral**, a BNCC sinaliza que seu objetivo é funcionar como um GPS, alinhado aos currículos escolares (e não uniformizando!), transformando a sala de aula em laboratório de contextualização, interdisciplinaridade e transdisciplinaridade dos conhecimentos e, ainda, revelando vias inovadoras no campo do desenvolvimento cognitivo e de um processo de ensino-aprendizagem consequencial. Tanto é assim que os fundamentos pedagógicos que lhe dão sustentação se bifurcam em duas rotas epistemológicas e operativas: a primeira, a educação integral posta na moldura da Educação Básica enraizada na formação cidadã e no desenvolvimento humano; a segunda, os conteúdos curriculares a serviço do desenvolvimento de competências. Ou seja, o conhecimento mobilizado, operado e aplicado em situações concretas. Deste duplo direcionamento normativo conclui-se que, na sociedade do conhecimento e da economia do conhecimento, a escola é convocada a organizar e a operar um currículo aberto, capaz de desenvolver as funções cognitivas plenas dos alunos e, mais, capaz de dotar estes alunos de funções cognitivas superiores, o que significa que *"...vão necessitar de educabilidade cognitiva em sua educação de base e em sua formação profissional para melhorar o seu pensamento crítico e sua metacognição", [...] três componentes interligados entre si, que compõem uma base fundamental ao sucesso na escola e na vida.* A BNCC induz a aprendizagem escolar a buscar mais uso e aplicabilidade dos recursos cognitivos "seminados" em um currículo flexível. Vai além: sinaliza que a tradição escolar brasileira, estribada quase somente em aulas e aprendizagens coladas a provas e exames, transformou a escola em um ambiente de **cursos preparatórios**, reduzindo a atividade docente a apenas atos transmissores de ensinamentos. Como consequência: *"Os professores muitas vezes acham difícil combinar o currículo normal com os processos de pensamento. Eles precisam aprender a lidar com o pensamento como palavra de conteúdo em si. É preciso saber, por exemplo, como parar no meio de uma aula de literatura e dizer: 'Agora, faremos uma análise de símbolos e diferentes operações de pensamento'. Além disso, para permitir que pupilos adquiram processos de pensamento, professores devem expô-los à realização de tarefas baseadas nesse processo. Porém, professores – como consequência de seu treinamento e as demandas de currículo da escola – muitas vezes não podem criar tal currículo e raramente têm tempo e interesse em buscar isto. Portanto, devemos considerar dois outros tipos de transformações – o professor deve ser treinado e encorajado a utilizar abordagens baseadas na recuperação de processos de pensamento do mundo do conteúdo do currículo típico – mudando o currículo e o professor"* (Feuerstein et al., 2014, p. 192).

A BNCC propõe uma reversão deste procedimento pedagógico adverso. Não é por acaso que, em suas diretrizes, assenta claramente as abordagens de Piaget e Vygotsky sobre os processos de aprendizagem humana e suas estratégias interativas. Portanto, vale insistir nos aspectos de refundação das razões epistemológicas estruturantes do currículo com todas as implicações conceituais e operativas possíveis da BNCC. Qualquer percepção reducionista em contrário retira, da sala de aula, a compreensão pedagógica plena da evolução cognitiva que *"não caminha para o estabelecimento de conhecimentos cada vez mais abstratos, mas, ao contrário, para sua contextualização"* (Claude Bastien, 1979). Esta é fonte de eficácia do funcionamento cognitivo e princípio recorrente para a "religação dos saberes" e para a articulação dos conhecimentos curriculares, ambos processos dinâmicos no desenvolvimento progressivo da aprendizagem formal. Isto considerado, é necessário descartar procedimentos de ensino desprovidos de conotação e revestidos apenas de rigidez didática. A aula não pode ser usada pelo professor para encher a cabeça dos alunos de silicone, ou seja, de **material estranho aos conhecimentos essenciais**. Portanto, não cabe, aos docentes, o direito de usar procedimentos despossuídos de sentido epistemológico e pedagógico. Ao contrário, cabe-lhes o dever de concentrar – na aula como ato pedagógico – toda a atenção para "a garantia do padrão de qualidade social dos conteúdos ensinados", um dos 12 (doze) princípios de ministração do ensino (LDB, art. 3º, inc. IX). Fora deste balizamento legal, *"as funções sociais da aprendizagem escolar se transformam em ficções sociais"* (Bourdieu. *Leçon sur la leçon*, 1982, p. 49).

Nestes últimos dias, realizamos um balanço do evento de Brasília, usando a internet. Os participantes consultados mostraram-se pouco entusiasmados com o que viram e ouviram: pouca clareza conceitual e muita insegurança operativa. A ideia-foco era centrada na roupagem do "currículo remontado", portanto, em uma visão apenas cosmética da aparência externa do tratamento da questão. São voos rasantes sobre os pontos cruciais das mudanças propostas. Ou seja, nada além de um borboletear sobre os fundamentos epistemológicos e pedagógicos que devem nortear o currículo em gestação, entendido agora como uma plataforma flexível de conhecimentos indutores de aprendizagem operada e perfilada em dupla escala: de um lado, as competências gerais da Educação Básica e, de outro, as unidades temáticas, os objetivos de conhecimento e as habilidades específicas.

A visão aprofundada dos constituintes epistemológicos e axiológicos da BNCC indica que a questão não é simplesmente **mexer nos currículos nem remexer os currículos,** mas, sim, desenvolver uma nova inteligência funcional sobre os constituintes curriculares em ação na sala de aula, sobre o dinamismo dos conhecimentos infusos em cada disciplina e sobre suas articulações e funções socioculturais no contexto complexo da aprendizagem sistematizada. A realidade escolar mostra que os professores da Educação Básica estão só medianamente preparados para uma educação focada nesta nova compreensão, mas não o estão para uma compreensão plena desta nova educação. **É neste ponto que a implementação da BNCC pode se transformar em um trem fora do trilho pela agenda com foco e alcance subdimensionados para um país plural e de extensão continental.** O Brasil conta com 184,1 mil escolas de Educação Básica. Com 48,6 milhões de matriculados, 2/3 destas escolas concentram-se na rede municipal (112,9 mil). 71,5% ofertam Ensino Fundamental e apenas 15,5% ministram Ensino Médio. Quanto às etapas de ensino: 116,5 mil escolas são de Educação Infantil e matriculam 8,5 milhões de alunos (bebês de 0 a 1 ano e 6 meses e crianças pequenas de 1 ano e 7 meses a 3 anos e 11 meses em creches e crianças de 4 a 5 anos e 11 meses em pré-escolas). 71,5% são da rede municipal. Nestas, estão matriculados 6,07 milhões de alunos. Quanto ao Ensino Fundamental, 131,6 mil escolas ofertam alguma etapa deste nível de ensino (64,0%) e matriculam 27,3 milhões de alunos. O Ensino Médio é oferecido por 228,5 mil escolas e matriculam 7,9 milhões de alunos. 68,2% delas vinculam-se à rede estadual. A rede privada de ensino, quase sempre fora da luneta de supervisão das instâncias do Estado com responsabilidade de acompanhá-las, participa com 21,7% do total de escolas de Educação Básica e matriculam 18,3% dos alunos. Este amplo cenário de matrículas na Educação Básica – território de referência normativa da BNCC – conta com um contingente de 2,2 milhões de professores, assim distribuídos: na Educação Infantil: 557,5 mil, no Ensino Fundamental: 761,7 mil e no Ensino Médio: 509,8 mil. Neste último caso, 77,7% com atuação na rede estadual de educação. Embora a maioria dos docentes tenha formação superior (Licenciatura), conforme aponta o Indicador de Adequação de Formação Docente do Inep em sua última edição, há três constatações preocupantes: a) O alto número de docentes que ministram disciplinas fora de sua área de formação; b) Baixo nível de professores com dedicação exclusiva à escola em que lecionam, e, por fim, c) A inexistência, no conjunto dos Estados e Municípios, de uma política consolidada, permanente e avaliada com rigor, no campo da formação continuada, dos professores, sobretudo com foco no entrelaçamento das disciplinas curriculares e, não, apenas no conteúdo específico da(s) disciplina(s) que cada professor ministra. O que resulta desta constatação? Estamos diante de uma proposta de agendas de implementação da BNCC insuficiente no alcance, deficiente nos conteúdos abordados e impertinente pela desconformidade entre o que está sendo agendado e o que é normatizado pela BNCC. A sensação que se tem enquadra-se perfeitamente naquele sentimento expresso lapidarmente por Stumpenhorst, em seu *A nova revolução do professor* (2018: 13): *"Eu gostaria de ter sabido, quando era professor no meu primeiro ano, da oportunidade incrível que eu tinha de mudar o ensino público desde o começo como parte de uma nova revolução de professores. Sim, **revolução** tem uma forte conotação, mas é aquilo de que precisamos como educadores se quisermos aperfeiçoar a prática de ensinar e melhorar o aprendizado para todos os alunos. Muitas gerações da prática da educação em escolas se assemelharam muito às que vieram antes delas. O mundo em que nossos alunos vivem está evoluindo rapidamente, e, no entanto, as escolas, na sua grande maioria, continuam inalteradas. Precisamos de uma revolução de ideias, da pedagogia e da maneira pela qual falamos sobre ensinar e aprender. O motivo para essa revolução não é aumentar as notas de exames ou estimular a inclusão de alunos em classes mais avançadas. Ao contrário, é criar uma geração de alunos preparados e amplamente equipados com o conjunto de habilidades para terem êxito como cidadãos. É somente por meio dessa mudança que podemos sa-*

tisfazer as necessidades dessa nova geração de alunos, fornecendo uma educação de alta qualidade e relevante para todos".

O palco executivo da BNCC, via currículo reconceituado, não abrirá suas cortinas se as capacitações ficarem restritas a treinar gestores e professores "para o manuseio de ferramentas que possam contribuir para sua implementação". O processo é mais exigente e mais complexo: tanto para escolas públicas como para escolas privadas. Propostas de empacotamento gerencial com itens e procedimentos voltados para a adesão a dimensões principiológicas, epistemológicas e metodológicas no campo da educação escolar costumam travar pela inércia institucional e costumam não prosperar pela indisposição mental dos gestores institucionais em posição de comando. Assim, quando se fala em reconstituir o Projeto Pedagógico Escolar, atualizando-o normativamente, no caso, à luz da BNCC, é necessário considerar que "cada escola tem um papel diferente nesta viagem". Tardif chama a atenção para a complexidade do ofício docente quando se trata de reconstituir o currículo: *"...o professor não é cientista nem um técnico. O cientista e o técnico trabalham a partir de modelos e seus condicionantes resultam da aplicação ou da elaboração desses modelos. Com o docente é diferente. No exercício cotidiano de sua função, os condicionantes aparecem relacionados a situações concretas que não são passíveis de definições acabadas e que exigem improvisação e habilidade pessoal, bem como a capacidade de enfrentar situações mais ou menos transitórias e variáveis"* (2014, p. 49). É precisamente nesta perspectiva que Perrenoud (2001) define ensinar como "agir na urgência e decidir na incerteza". A **religação dos saberes** (Morin) é o influxo epistemológico e metodológico da BNCC, e a contextualização o chão de germinação de seus insumos normativos. Por isso, sua implementação **passa por processos diferenciados de políticas inovadoras de formação inicial e continuada dos professores de todas as etapas de ensino**. Os gestores precisam se reciclar sobre os processos formativos escolares, o que supõe substituir a gestão da estrutura física e organofuncional da escola pela gestão das condições "do aprender a aprender e do saber pensar" (Demo, 1996, p. 30). Dos professores, por sua vez, a viabilidade da BNCC exige mais do que **remontar o currículo**, o que seria fácil através de um modelo instrumental. Neste caso, encontros com informação de orientação para implementação da BNCC seriam suficientes. A reconstituição do currículo, porém, tem que ser concebida pela reforma do pensamento pedagógico com base em inovação "das práticas pedagógicas para uma nova geração de alunos" (Stumpenhorst, 2018). Mas esta reforma é paradigmática e não programática, nem, muito menos, episódica. Por isso, constitui-se na questão fundamental da Educação Básica Brasileira no momento à medida *que se refere à nossa aptidão para organizar o conhecimento. Com esse problema universal, confronta-se a educação do futuro, pois existe inadequação cada vez mais ampla, profunda e grave entre, de um lado, os saberes desunidos, divididos, compartimentados e, de outro, as realidades ou problemas cada vez mais multidisciplinares, transversais, multidimensionais, transnacionais, globais e planetários* (Morin, 2000, p. 36).

A BNCC somente chegará implementada às salas de aula se os saberes docentes e a formação dos professores forem reposicionados axiológica, epistemológica e metodologicamente. Neste sentido, cabe lembrar o papel estratégico que as instituições formadoras – universidades federais e privadas, institutos federais, universidades estaduais e faculdades municipais podem desempenhar no processo de implementação da BNCC. No caso específico das 38 universidades estaduais, este papel ganha relevância ímpar: elas atuam em um extenso e intenso programa de formação continuada de professores, com foco nas diretrizes da BNCC e na dinâmica de sua implementação, em vista da conexão político-administrativa e da interface geoeducacional com Estados e Municípios. Em decorrência de ordenamento constitucional, suas redes de escolas são hegemônicas na oferta de Educação Básica. Esta alternativa pontual apresenta-se como argumento propulsor para o MEC dar sentido relevante ao pacto interfederativo programado pela Legislação da Educação e, no contexto da BNCC, fixado como precondição para sua implementação. Por conseguinte e por imperativo de urgência, cabe ao Governo Federal, na condição de responsável pela Coordenação da Política Nacional de Educação (LDB, art. 8º, § 1º) e pelo Processo Nacional de Avaliação de Rendimento Escolar...

(LDB, art. 9º, inc. VI), tomar iniciativas propositivas para responder a problemas cujas soluções não podem prescindir de aportes agregadores ao regime de colaboração (LDB, art. 8º), sobretudo quando se trata de "assegurar a formação básica comum" (LDB, art. 8º, inc. IV). Há de se reconhecer que os últimos governos do país não deram importância para o sentido de *"acesso à Educação Básica como direito público subjetivo"*, **revestido de qualidade** (LDB, art. 5º) e para as implicações da *"pactuação entre União, Estados, Distrito Federal e Municípios [...] para a implantação dos direitos e objetivos de aprendizagem e desenvolvimento que configurarão a Base Nacional Comum Curricular..."* (PNE. Meta 2, estratégia 2.2; Meta 3, estratégia 3.3). Sem uma compreensão precisa dos níveis de complexidade das coordenadas estruturantes da BNCC, ela se poderá tornar uma espécie de "camisa de força" para as novas formações curriculares, o que representará um lamentável desvio de rota.

A aeronave da BNCC precisa de uma pista segura para decolar. Falta, porém, ainda um plano de voo para a viagem e para poder chegar, com segurança, ao seu destino: as escolas. Pilotos e comissários (gestores e professores) continuam na expectativa de autorização da **torre de comando** para a partida. No ar, muitas rotas se cruzam. Na aprendizagem, é assim: não há linhas retas! Também, este é o percurso da BNCC: caminhos tortuosos, mas mapeados para assegurar as aprendizagens essenciais dos alunos. Os professores, por sua vez, sabem que, sem agenda de bordo, não será possível chegar, o que representaria reduzir a BNCC a um documento normativo de ficção pedagógica. E as escolas? Bem, as escolas sabem muito bem que a sala de aula não é lugar de aspirantes a aprender; é, sim, lugar de aprendentes. Os alunos têm um projeto de vida. O MEC, os sistemas de ensino e as escolas devem ter clareza quanto à programação para dar sentido a este projeto.

O currículo escolar como *selfie* da BNCC passa a ser um estuário de conhecimentos para fecundar a imaginação dos alunos e para fazer germinar ideias propulsoras de uma aprendizagem contextualizada e articulada com as dimensões da vida. Cabe, assim, ativar os Sistemas de Ensino para usarem adequadamente o esquadro pedagógico do processo e, mais do que isto, para colocarem à disposição das escolas públicas e privadas a chave da ignição dos procedimentos a serem adotados. A BNCC não é uma fôrma, são formas!

Moaci Alves Carneiro
Doutor em Educação/Paris
Texto de 13 de setembro de 2019, Brasília-DF.

Texto 14 Para refletir

O que pode ocorrer ao exercer-se uma análise crítica e reflexiva sobre a realidade, sobre suas contradições, é que se percebe a impossibilidade imediata de uma forma determinada de ação ou a sua inadequacidade ao momento.

(Paulo Freire, 1978, p. 150)

O dever solidário da União, dos Estados e dos Municípios no cumprimento dessa obrigação constitucional prioritária de oferecer educação a todos os brasileiros não se pode cumprir sem conjugação entre si dos esforços de cada participante, de modo que alguma forma de entendimento se há de estabelecer para a satisfação plena e bastante do aludido dever.

(Anísio Teixeira, 1977, p. 188)

Cabe-nos impedir que o passado se prolongue e se reproduza no presente e faça do futuro uma reprodução ampliada (e renovada) do passado.

(Florestan Fernandes, 1986, p. 12)

A educação é a arma mais poderosa que você pode usar para mudar o mundo.

(Nelson Mandela, 1990, p. 29)

Qualquer sociedade moderna precisa planejar sua educação, reconhecendo nela a mais fecunda instrumentalidade para o projeto de seu desenvolvimento.

(Durmeval Trigueiro Mendes, 2006, p. 36)

A educação opera com discursos e a escola, com recursos; ou seja, sem ideias e sem mediações não há escola nem educação.

(Moaci Alves Carneiro, 2015, p. 74)

Texto 15 — Os influxos da BNCC nas especificidades da idade jovem

O Dore-BNCC/Ensino Médio destaca que, "no Ensino Médio, os jovens intensificam o conhecimento sobre seus sentimentos, interesses, capacidades intelectuais e expressivas; ampliam e aprofundam vínculos sociais e afetivos; e refletem sobre a vida e o trabalho que gostariam de ter. Encontram-se diante de questionamentos sobre si próprios e seus projetos de vida, vivendo **juventudes** marcadas por contextos culturais e sociais diversos" (2019: 473).

Na evolução civilizatória, a organização da sociedade humana vai-se operando no trânsito de Natureza à Cultura. Em etapas e ritmos diversos, os avanços são conquistas instaladas em legalidades, proibições e prescrições. Este conjunto garante estrutura e sobrevivência aos membros de uma comunidade.

Os regulamentos normativos asseguram a sustentação cultural. Como diz Taber (2000, p. 191), *"sem lei não há estrutura da cultura e sem cultura não há sujeito"*. Evidentemente, as leis são respeitadas ou transgredidas, mas são elas que definem a categoria de cidadão à medida que tipificam o "sujeito jurídico" e conferem a este sujeito um estatuto jurídico e ético.

No caso do cidadão adolescente, o processo de evolução deste estatuto foi submetido a alinhamentos de compassamento diverso, dentro de um esquema de gradualidade que durou quase vinte séculos até que, afinal, tivesse o reconhecimento de sua dimensão cidadã. Mudou o conjunto de parâmetros culturais, mudou a visão de mundo e mudou o estatuto do corpo. Mais do que tempo do despertar sexual, a adolescência passou, enfim, a ser vista como uma fase valiosa de busca de construção de identidade.

É precisamente esta trajetória da reconstituição do eu real em contraponto ao eu ideal, que passamos a examinar, mesmo que da maneira rápida, na ótica do indivíduo adolescente.

Na cultura grega, o ingresso na idade era confirmado por ritos de iniciação. Mais tarde, em Roma, jovens se organizavam em instituições privadas (*colegia juvenium*) para prática de esportes e, muitas vezes, para se protegerem de punições pelas desordens públicas que costumavam praticar. Na Idade Média, o controle absoluto dos pais sobre os filhos (*paterna potestas*) punha estes à disposição total daqueles. Era aos pais que os filhos deviam servir. No ambiente renascentista, a dependência total dos pais continua para os adolescentes e filhos em geral, com a diferença, agora, da disciplina para os adolescentes e filhos em geral, com a diferença, agora, da disciplina severa imposta pelos colégios religiosos, onde os jovens recebiam orientação moral, religiosa e intelectual. No século XVIII, alunos de idades variadas se reuniam na mesma classe, o que terminava por produzir cenas de violência, com os mais velhos castigando os mais jovens. Daí surgiu a necessidade de se distribuírem os alunos em classes homogêneas. Aparecem os castigos corporais como forma de se estabelecer uma relação de dependência entre o aluno jovem e o mestre. No século seguinte, punições físicas continuam; porém, agora as famílias transmitiam, às escolas, regras que gostariam que fossem utilizadas para a manutenção da disciplina dos seus filhos. Nessa época, surgem estudos de várias áreas profissionais, com predominância da área médica, sobre a adolescência e a puberdade. Considerada uma "fase crítica", a adolescência passa a ser objeto de preocupações para médicos que prescrevem, inclusive, remédios para que os jovens se mantenham serenos e mais obedientes. No século XIX, a fase adolescente ganha nova e deformada reputação: passa a ser encarada como um período de grandes riscos para o indivíduo e para a sociedade e, à sexualidade emergente, atribui-se a comportamento violento dos jovens. Multiplicam-se os internatos para moças e rapazes *"com a incumbência de ensinar aos jovens não só as ciências necessárias, mas, também, a arte de conviver em sociedade"* (Áries; Duby, 1990).

Mas é somente no século XX que a questão da adolescência passa a ter enfoque valorativo. Os próprios adolescentes aceitam cada vez menos esquemas institucionais que lhes restrinjam o modo de vida e as condições de lazer e de uso do tempo livre. Como necessidade social, aceitam a escola, mas não admitem ceder espaços de autonomia. Com a ampliação da relevância da escolarização e com a progressiva entrada da mulher no mercado de trabalho, vai-se reduzindo, significativamente, o chamado "pátrio poder". A racionalidade das mudanças, porém, ocorre a partir da década de 1960, com a revolução sexual e a crescente despadronização da organização familiar. Aos poucos foi-se retirando, da paternidade, o poder de fundar a organização social do ponto de vista político, religioso e familiar.

Por esta breve visão diacrônica da percepção histórica da adolescência pode-se concluir que, hoje, já não se percebe como uma questão de interesse restrito da Medicina, da Sociologia, da Psicologia, da Antropologia ou de qualquer outro campo específico do conhecimento humano. Nestes diferentes campos científicos abundam entendimentos de que a adolescência é "adaptação imaginária a novas condições". Como ensina Rassial, *"a adolescência é concebida como um momento, certamente segundo, mas não secundário, de identificação conforme as três dimensões do real, do imaginário e do simbólico [...]. A adolescência, como conceito, circunscreve uma realidade dos processos psíquicos mais ampla do que a adolescência como período e nos informa sobre a própria construção do sujeito"* (Rassial, 2000, p. 44).

Como visto, ao longo do tempo o conceito de adolescência foi mudando. Esta evolução, sendo importante como objeto de estudo à medida que representa um avanço na compreensão de que o adolescente não é, necessariamente, um portador de patologias, e, portanto, um delinquente potencial, não constitui ponto de atenção prioritária neste estudo. No caso, o essencial é que a gestão escolar ofereça condições de resposta institucional às questões:

a) Como preparar a escola de Ensino Médio para que ela seja do aluno adolescente, isto é, uma escola jovem e do jovem?

b) Quais as estruturas que devem ser refeitas para que se viabilize, na sala de aula e em todos os espaços escolares, a ideia de uma educação para a realidade sócio-psíquico-cultural do aluno, de tal maneira que, sob "*esta condição, o saber possa se converter em 'desejo de saber' e os mestres da escola sustentem, desde uma cena social e simbólica, o valor do conhecimento e da cultura*" (Almeida, 2000, p. 74-75).

c) Como trabalhar o conhecimento e a prática educativa na perspectiva do possível e do realizável, considerando que haverá, sempre "*...um algo ineducável do sujeito, no coração mesmo da civilização, há um isso que será sempre sem educação*" (Pereira, 1998, p. 191).

O aluno adolescente convida o educador, a cada momento, ao *imprevisível do ato educativo e a um encontro inevitável com a sua própria face* (Almeida, 2000, p. 77). Por isso, é fundamental que a escola abra a cortina do mundo adolescente e compreenda que, nesse palco, há sonhos e fantasias, projetos e frustrações, projeções imaginosas e desejos irrealizados e – por que esconder? – *razões de amor, de ódio e de violências que não dizem seu nome* (Cifali, 1987, referenciada em Pereira, 1998, p. 175).

Aqui, caberia tentar construir uma moldura – será possível? – para recolher os traços básicos deste adolescente estudante. Este exercício é fundamental para uma construtiva e saudável relação entre adultos e jovens estudantes. Sem isto, não "pinta o clima". O aprendizado cooperativo supõe o conhecimento recíproco. Na escola jovem, professores e alunos precisam aprender a trabalhar juntos. Desta forma, pela *multidimensionalidade desta relação* (Morales, 1998, p. 49), libertos de imagens e aprisionados de si mesmos, eles têm a possibilidade de construir, juntos, notas permanentes de reconhecimento mútuo e, desta forma, resgatar, no ato educativo, a sua extraordinária força virtual, capaz de, segundo Garcia (1998, p. 11), *modificar a relação do sujeito frente ao real.*

A face mais visível do adolescente são as transformações do eu corporal. Embora a alteridade instaurada na realidade corporal do sujeito revele-se a imagem prevalecente, as transformações ocorrentes e ocorridas aninham-se, também, no âmago do instituinte subjetivo e, portanto, *encontram inevitavelmente correlato no registro imaginário* (Nanclares, 2000, p. 25).

Estas mudanças na essencialidade do sujeito adolescente produzem uma mobilização dos significantes e, em consequência, geram uma certa desestruturação, ou, como dizem os psicanalistas, uma *desorganização do imaginário*. Esta é a origem da conduta rebelde do jovem. Na verdade, ele é possuído de uma certa ambivalência, dado que angustiado por um radical questionamento interior.

Os círculos de rejeição que se instalam nele, adolescente, empurram-no para fora de casa, da família, dos parentes e o fazem construtor de situações fantasiosas, buscando novas inserções sociais. Toda esta circunstância dramática é acompanhada de processos ora breves, ora mais alongados, do que os especialistas chamam de *vicissitudes melancólicas*. Estas etapas geram instabilidades, volubilidades, irritação e, sobretudo, fortes impulsões de questionamento, ao próprio nome, à família, ao grupo a que possa estar agregado e ao complexo conjunto de valores prevalecentes. Até porque ele se enxerga *menorizado* por interditos culturais. Assim, pode-se dizer que a exterioridade adolescente, como regra geral, não pode ser vista pelo educador como uma sintomatologia de desregramento, mas como uma conduta individual de afirmações. Daí a rebeldia e o confronto geracional como armas frequentes. Estados que exigem uma visão de profunda compreensão educativa.

Em geral, o estudante adolescente agudiza este quadro de vida à medida que a família e a escola buscam enquadrá-lo na perspectiva da ordem social, reduzindo-o à condição de portador de desejos proibidos. Interpelado pelo seu corpo, pela sua sexualidade, por um mundo de sonhos e desejos, o jovem não aceita as coordenadas que a sociedade lhe apresenta e que funcionam como limitantes de sua existência humana.

O desafio da escola, a partir deste momento, é imenso. Na verdade, o jovem adolescente não conta com estruturas sociais acolhedoras para que ele possa exercitar a sua linguagem e, portanto, selar a pertinência subjetiva do seu discurso.

Se faltam, ao adolescente, estruturas sociais por onde ele possa transitar, convém indagar, das estruturas disponíveis, qual a que pode, por missão e compromisso, revendo o seu desempenho, reintroduzir o jovem, a partir de sua emergência real, no âmbito do seu dimensionamento verdadeiro? A resposta é uma só: a escola! Nela, o individual, o social, o simbólico e o imaginário podem constituir dimensões adequadamente apropriadas, em favor da localização pedagógica com binômio adolescente/cidadania. Localização que ...*funciona como ideia mediadora entre a subjetividade, implicada na palavra "adolescente" e o sujeito jurídico, o cidadão, com direitos e capaz de assumir livremente obrigações,* como assinala Taber, para concluir: *os dispositivos pedagógicos, processuais, sociais etc., precisam ser repensados de acordo com esses fundamentos* (Taber, 2000, p. 186).

A partir deste quadro amplo da circunstância adolescente, parece conveniente buscar um mapa-síntese do universo complexo do jovem, focando, fundamentalmente, as particularidades da idade jovem numa perspectiva de ampliação da visão, de entendimento e de verbalização do adolescente como sujeito social. Este apanhado assume relevância para a educação e para a Escola de Ensino Médio, sobretudo à medida que constitui plataforma de referência à prática docente centrada em currículo aberto e no qual cada jovem possa evoluir em sua individualidade, relacionando-se construtivamente com os outros e com o coletivo social. Sempre, a partir de sua própria identidade, pois... *quem busca a sua identidade fora de si está condenado a viver na ausência de si mesmo, movido pelas opiniões e desejos dos demais, "não estará nem aí"* (Maturana; Rezepka, 2000, p. 10).

Vamos mapear, sucintamente, estas particularidades:

a) *Fase de transição* – O jovem vai-se descolando do circuito familiar. Embora não assuma, ainda, inteiramente, os papéis que a sociedade confia aos adultos, ele já não aceita os padrões de conformidade da vida de criança e, por isso, mergulha em um processo de "despadronização" de valores, conduta e formas de comunicação. A este período de autonomia/rebeldia que separa a idade infantojuvenil da juvenil propriamente dita, convencionou-se chamar de moratória. Trata-se, na verdade, de um tempo de espera e preparação para a vida adulta plena.

b) *Fase de espaço centrado na preparação para o trabalho* – O jovem descobre a necessidade de trabalhar, mas descobre, igualmente, que, a cada trabalho, corresponde um conjunto de responsabilidades. Em decorrência, sente-se motivado a desenvolver competências e habilidades individuais que, de um lado, lhe assegurem autonomia de movimentos e, de outro, meios de se afirmar socialmente.

As nossas escolas desprezam este momento tão importante da vida do adolescente e estudante. Com ênfase quase sempre no que deve ser ensinado e não em quem aprende, a sala de aula se organiza a partir da pedagogia dos programas e não a partir da pedagogia dos objetivos. Os estudos de psicologia hoje dão grande ênfase à dimensão situacional das habilidades sociais. Os estudos de Argyle et al. (1981) e de Carteledge (1996) ratificam a importância da compreensão profunda dos sistemas de comportamento grupal e, mais do que isto, apontam a relevância do entendimento de aspectos críticos de culturas grupais e subgrupais para o *desenvolvimento de um repertório social competente* (Del Prette, 1999, p. 31).

Nesta fase de concentrada preparação para o trabalho, o jovem supervaloriza a sua competência social, entendida esta como a capacidade individual de exibir um desempenho que assegure, concomitantemente: i) O alcance de objetivos no âmbito de situações interpessoais; ii) A manutenção e gradual elevação do relacionamento com os seus pares; iii) A manutenção e gradual elevação da autoestima; iv) O envolvimento de mecanismos de automonitoria capazes de responder adequadamente às demandas interpessoais de situação.

Da parte da escola, é fundamental captar a importância deste momento para a vida do estudante jovem. Inicialmente, ela (escola) deve compreender que já não detém o monopólio do conhecimento. Depois, deve abrir e plantar o projeto escolar no chão da realidade dos alunos com suas contradições, limitações e potencialidades. Da parte dos professores é essencial internalizar que eles (professores) já não são a única referência de aprendizagem para os alunos, embora estes os vejam, muitas vezes, como tal. Por isso, convém valorizar o acervo de conhecimento e de "identificações" que acompanha o aluno fora e dentro da sala de aula.

c) **Fases de intencionalidades difusas** – O jovem pauta seu comportamento por critérios de assimetria no modo de ser. Ora há o predomínio da dimensão formal, séria, normatizada, ora deixa-se levar pela dimensão descontraída, lúdica, despadronizada e emotiva. Esta deslinearidade de comportamento choca-se, muitas vezes, com o formato rígido, hierarquizado e pasteurizado da organização escolar. Organização que tende a sufocar esta conduta instável e emotiva pelos mecanismos do que Freire chama de "uma educação bancária", ou seja, repetitiva, despossuída de sentimentos e inibidora de criatividade (1983, p. 14).

Pode-se dizer que, ao não fazer uma leitura adequada desta fase de intencionalidades difusas, a escola investe na pedagogia do desperdício e termina por excluir o aluno do acesso aos diferentes conteúdos trabalhados em sala de aula. Isto ocorre porque todo o aparato do ensino está montado para chancelar a aprendizagem através de ritos formais com base na norma culta e na linguagem acadêmica. A comunicação verbal de padrão refinado, por exemplo, impõe-se como exclusiva, desconsiderando o universo rico e provocativo da linguagem coloquial, da gestualidade e dos movimentos do corpo. Como lembra Wundt (1973), a comunicação gestual é *um espelho fiel do homem na totalidade de suas aquisições psíquicas* (1973, p. 43). Nesta direção diz o Dore-BNCC/Ensino Médio (2018, p. 473): "*No Ensino Médio, os jovens intensificam o conhecimento sobre seus sentimentos, interesses, capacidades intelectuais e expressivas; ampliam e aprofundam vínculos sociais e afetivos; e refletem sobre a vida e o trabalho que gostariam de ter. Encontram-se diante de questionamentos sobre si próprios e seus projetos de vida, vivendo **juventudes** marcadas por contextos culturais e sociais diversos*".

Por outro lado, a ocupação do espaço na sala de aula – com as carteiras simetricamente distribuídas – agride a espontaneidade e a postura lúdica do estudante. Aqui, vale a pena lembrar que o estudo da distância e da proximidade nas relações humanas é tão fundamental que ensejou o surgimento de uma nova ciência, a **proxêmica**, conceituada por Hall (1977, p. 171) como "*o estudo da estruturação insciente do microespaço humano*". Na verdade, cada pessoa cria, ao seu redor, um espaço imaginário que passa a construir o circuito de sua comunicação íntima e pessoal. Espaço que aos poucos assume o papel de passarela de comunicação entre indivíduos e grupos específicos e que ganha tamanha importância no cotidiano que se cristaliza em expressões do tipo: **Cada macaco no seu galho; No meu terreiro, quem canta de galo sou eu; Por favor, não invada meu pedaço; Eu faço porque essa é minha praia; Opa! Aqui é meu lugar!... Em poleiro ocupado, o mexido é com cuidado!**

Todas estas expressões, de uma riqueza ímpar da linguagem informal, indicam que é no âmbito da proximidade que devem ser entendidos os papéis sociais experimentados por cada um e por cada grupo, seja nos aspectos formais, seja nos aspectos informais e lúdicos.

Esta fase de hesitação de conduta do adolescente precisa ser considerada pela escola no sentido de que ela é mais caracterizada pela realidade **do ser jovem** do que pela motivação **do ser estudante**. Assim, toda aprendizagem deve ser marcada não pelas respostas, mas pelas perguntas. Há muito, a psicologia destaca a relevância da habilidade de perguntar no processo de interações sociais. Os jovens vivem angustiados para fazer perguntas sobre o que desejam aprender. A maioria deles, porém, carrega um alto déficit deste componente ou tem dificuldade de utilizá-lo adequadamente. O estudante jovem e jovem adulto tem o direito intransferível de obter informações para sua vida.

Em algumas áreas a habilidade de perguntar é essencial. O magistério em todos os níveis é uma delas. Como apontam Peterson, Kromrey, Borg e Lewis (1990) e Jegede e Olajide (1995), é precisamente a maior ou menor habilidade que o professor possui na forma de perguntar que possibilita acender a curiosidade do aluno, acordar seu raciocínio e, por fim, encorajá-lo a se expressar. Zilda e Almir Del Prette (1997) realizaram estudo com um grupo de professores e constataram que eles, quase sempre, faziam perguntas aos alunos, porém não aguardavam respostas ou, não menos grave, deixavam de adequar o nível de complexidade das questões ao ritmo de aprendizagem dos estudantes. A seguir, os professores foram orientados a aguardar as respostas e, quando elaborassem perguntas mais complexas, a reinterpretá-las em outras de formulação mais simples, de acordo com o nível de apreensão e as necessidades dos alunos. O testemunho dos professores e as filmagens de aula revelaram que a aquisição dessas habilidades produziram uma elevação do padrão de interação dos alunos e estes apresentaram um crescente envolvimento. Ou seja, reduziu-se, significativamente, a distância entre o formal e o lúdico. Este encurtamento de distância, aliás, constitui dimensão essencial do processo educativo cujo único chão adequado é o do diálogo na acepção freireana de *ato de liberdade*. A propósito, o texto *Por uma pedagogia da pergunta*, de Paulo Freire e Antônio Favnaez (Paz e Terra, 1985), constitui um belo exemplo de como se pode transformar a espontaneidade da experiência cotidiana em uma comunicação germinadora de aprendizagem nascida da gestação pergunta/resposta.

Estas diferentes fases que se entrecruzam e se completam num movimento de tempo contínuo esgotam-se enquanto percurso das particularidades do jovem, no momento em que ele constitui família e assume um emprego.

A par das particularidades aqui destacadas, existem várias dimensões constituintes do contorno da cultura juvenil que exigem maior e melhor visibilidade da parte da escola. Pelo menos, cinco destas dimensões são intrínsecas à condição "do ser jovem". As demais vinculam-se à própria condição da forma de atuação da escola. Vejamos cada uma de *per si*.

a) O processo de socialização

Tradicionalmente, uma das funções sociais da escola tem sido a da transmissão dos padrões da cultura estabelecida aos mais jovens pelos adultos. Como a adolescência se define como a fase de cristalização da visão do mundo, surgem dificuldades de compartilhamento social decorrentes do choque inevitável entre valores explícitos e valores implícitos.

Agrava-se este fato nos setores urbano-populares, por duas razões: de um lado, pelas dificuldades de socialização pela família, em decorrência do esgarçamento da estrutura familiar. De fato, o desemprego e a ausência de padrões salariais mínimos são responsáveis diretos por tal desestruturação; de outro, pela distância cultural entre as gerações, aprofundada cada vez mais pela crescente importância dos meios de comunicação e pela invasão das tecnologias da informação.

b) Grupos de pares

Expressão de uso consagrado em documentos da Ocde, como é o caso do texto *Innovation dans l'enseignement secondaire* – Le premier cycle de l'enseignment secondaire: problémes et perspectives (Ceru; Ocde. Paris, 1978, p. 22-28).

Denomina-se grupo de pares a constituição de grupos de jovens formados no vácuo da família. Sem referência a valores, atitudes e condutas enraizados, os componentes destes grupos atraem-se, primeiro, porque se sentem excluídos; depois, porque descobrem afinidades; e, por fim, porque sentem a necessidade de ter uma identidade reconhecida.

A grande questão é como estes grupos fazem parte da escola, dos programas de ensino, do currículo em curso e das modalidades de avaliação? O que aprendem e o que deveriam aprender? O que são como alunos e o que gostariam de ser como cidadãos? De que forma o programa de cada disciplina pode ser reprogramado por eles? Como as preocupações intelectuais do professor podem convergir ou até coincidir com as ocupações mentais deles, alunos? Como suas vidas se engrenam na cultura escolar? Que tal se a escola se interessasse em saber quantas horas o aluno do Ensino Médio vê TV e ouve rádio a cada dia?... Quais são as revistas e jornais que lê e a que filmes assiste? Qual o seu estuário preferencial de mídias sociais?

c) Identidade geracional

É importante anotar que o termo geração se reporta à semelhança que indivíduos de uma mesma faixa etária guardam *"quanto a uma localização comum na dimensão histórica do processo social"* (abramo, 1994, p. 47). Sempre que a questão do jovem e da adolescência retorna sob a forma de debate, reflexão ou mesmo de reposicionamento da educação diante de tema tão empolgante quanto polêmico, a semântica do conceito de geração reaparece.

Sendo a adolescência um processo duplamente histórico, seja como etapa interposta entre o universo infantil e o mundo adulto, seja como reformulação de conceitos a partir de um sujeito que se questiona visceralmente enquanto ente em processo de mudança, o confronto de gerações ganha, neste momento da vida, uma dimensão aguda. Na verdade, os embates e confrontos entre filhos e pais, aliados à assunção de "outros" compromissos, constituem a matéria-prima do conflito de gerações. A linha afirmação/oposição ganha robustez neste caso pela busca de ideias, muitas vezes desfocadas e que terminam por submeter o jovem à avaliação equivocada de rebelde ou alienado. Sob esta perspectiva, como destaca Matheus (2000, p. 150), *"a adolescência se mostra como uma problemática que extrapola o campo psicanalítico [...], fazendo instaurar, dada a complexidade da questão, um campo interdisciplinar para tratar o tema".*

O conflito de gerações é um recorrente tema debatido pelas Ciências Sociais (Psicologia, Sociologia, Antropologia, História, Comunicação, Semiótica, Linguística e Ciências da Educação). No âmbito da escola, tem sido minimamente considerado, sobretudo no campo das metodologias e das práticas pedagógicas. Via de regra, a sala de aula é considerada um espaço plano, de constituintes homogêneos e com restrito interesse nas expectativas e crenças, nos valores e identificações e nos planos e metas dos alunos. Uma das razões para tanto é a formação limitada dos professores que, mesmo conhecendo muito bem o conteúdo das disciplinas, nem sempre conhecem os recursos psicopedagógicos que lhes possibilitem uma leitura adequada do ambiente sociocultural dos estudantes jovens. As estratégias e habilidades de processamento desta leitura supõem acolher e processar, convenientemente, os chamados estímulos relevantes para a aprendizagem e que, neste caso, devem ser estímulos interpessoais.

A diversidade geracional tem seu fundamento nas diferenças de ser e de enxergar o mundo, o mundo dos grupos e das faixas etárias. Por outro lado, a identidade geracional requer, neste processo, a auto-observação, que exerce papel relevantíssimo no chamado desempenho social competente à medida que ela se explicita na capacidade de cada um compreender e descrever a si mesmo em termos de pensamento, sentimento e ações.

Diferentemente da escola que ignora, no currículo, a importância da identidade geracional para a construção do processo de aprendizagem, o setor empresarial e a mídia valorizam-na. Não por acaso, há um rico, robusto e variado "mercado jovem", explicitado nas roupas, nos calçados, nos perfumes, nos alimentos, nos programas de TV, nos filmes, nos esportes e nos programas culturais e *mega-shows*.

O fundamental para a escola é compreender, de um lado, que a identidade geracional coexiste com a diversidade de jovens e de seus grupos e, de outro, que "...*a contradição não se encontra estritamente no adolescente, nem somente no olhar do adulto que procura lhe dar escuta, mas pode ser vista na multideterminação do sistema que se produz no conflito de gerações, sendo os ideais um deles*" (Matheus, 1999, p. 151).

d) Limitado autoconceito

O autoconceito nada mais é do que a forma como o indivíduo se define a si mesmo. Portanto, trata-se de algo vinculado à experiência individual.

Para construir o autoconceito, cada pessoa lança mão de dois processos cognitivo-afetivos intercomplementares: a autoimagem e a autoestima. A primeira diz respeito à modalidade de avaliação através de valores dicotômicos do tipo: bonito/feio, rico/pobre, sadio/doente, simpático/antipático, tímido/comunicativo, aceito/rejeitado, inteligente/burro, sortudo/azarento, alto/baixo, endinheirado/liso etc. A segunda indica o sentimento decorrente destas avaliações e preponderante ao longo da sequência de aspectos carregados de estereótipos preconceituosos.

O jovem de camadas populares carrega, com muita intensidade, a marca do fracasso ou, como diz Weinstein (1999), *"o sentimento de autoculpabilidade pelo fracasso escolar"*. Na verdade, o que ocorre é que ele entra na escola, mas a escola não entra em sua vida. Daí advém a sensação de desigualdade em relação a outros grupos e a baixa autoestima. É comum ouvir um jovem dizer: *"Não tenho cabeça para estudar"*.

A internalização do fracasso termina por impor um sentimento de resignação e um estado de desconfiança e desamparo. Seligman (1990) afirma que *"indivíduos confiantes são persistentes e acabam criando mais ocasiões de obterem consequências positivas para seus comportamentos"*. E acrescenta: *"Isto fortalece a persistência e aumenta a resistência à frustração"*. Por outro lado, o desamparo, anota, ainda, Seligman, constitui *"um estado em que a pessoa não acredita na chance de seu comportamento gerar algum efeito desejável, e por isso desiste do comportamento e entrega-se a um desempenho insatisfatório"* (1990, p. 23).

e) Elevado conceito de escola

A psicanálise diz que *não é possível pensar o humano fora do campo da cultura*. Os educadores, por sua vez, proclamam que é inimaginável conceber a educação fora da moldura cultural. A convergência destas assertivas nos conduz a resgatar a questão da ordem simbólica responsável pelas relações de parentesco e pelas relações sociais.

Uma das explicitações da ordem simbólica é a identificação do aluno com os seus professores. Em cada professor, o adolescente enxerga *a idealização primitiva de seu próprio pai* (Almeida, 1999, p. 45), estabelecendo-se, assim, uma espécie de *relação transferencial*.

Este sentimento de reapropriação de identidade pode abrir um espaçamento de construção de um outro saber: aquele inscrito no âmbito do conhecimento curricular e da ambiência cultural. Aqui, retorna a perspectiva freudiana de uma educação para a realidade (psíquica e cultural) e que, à luz desta concepção, *"o saber individual (pulsão, desejos, experiências, projetos, vivências etc.) poderá transformar-se em desejo de saber"* à medida que a escola e os professores, valorizando as relações sociais e simbólicas do jovem, desocultem o valor do conhecimento e da cultura.

Existe, no adolescente, a menos que ele esteja submetido a alguma circunstância patológica, uma predisposição para a valorização da educação, da escola e do professor. Ou seja, via de regra, a escola goza de conceito positivo junto ao jovem, embora, muitas vezes, ela, escola, se confunda com um quartel e trate o jovem com a preocupação de enquadrá-lo e não de valorizá-lo. Por isso, com frequência, dá tanta ênfase à disciplina, ao controle, ao comportamento padronizado e à homogeneidade de conduta e de respostas etc.

Paradoxalmente à forma como a escola trata o jovem dos setores urbanos populares, ele identifica, na escola, um instrumento de ascensão social. Nada parece expressar melhor esta visão do que a observação tão comum: "Estudo porque quero ser alguém na vida!" Decorrem, deste sentimento, alguns fatores positivos, tais como, para destacar apenas dois:

I – O jovem de classe popular valoriza o professor porque, segundo Weinstein (1999), *enxerga-o como alguém que está a seu serviço.*

II – Em consequência, exibe sempre um juízo positivo sobre o professor responsável e, contrariamente, censura aquele professor que não impõe a autoridade legítima do saber organizado. Este tipo de juízo (ou de reação) repousa na lógica instrucional (o aluno gosta do professor que sabe ensinar) e na lógica relacional (o aluno de escola pública identifica no professor – este muitas vezes também oriundo de classe popular – alguém com quem poderá encurtar a distância e conversar).

Dentre as formas reducionistas e estereotipadas de avaliar os alunos jovens de classes populares, merece destaque aquela como os professores acolhem, tratam, analisam e enxergam estes alunos. O contorno desta visão é o do *estereótipo* no conceito de Tajfeel (1982, p. 160); "*imagem mental hipersimplificada de uma determinada categoria de indivíduos, instituição ou acontecimento*".

Autores como Abarca e Hydalgo (1989), Bradley (1991), Aron e Milicic (1994) e Taber, Zernig e Rassial (1999) têm uma convergência de visão sobre aspectos envolvidos nesta geografia do problema, também destacada por Weinstein (1999). Vamos viajar sobre alguns destes aspectos que,

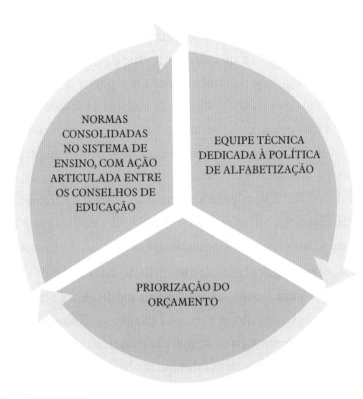

(Fonte: MEC/Governo Federal – 2023).

6. Pode-se afirmar que o Compromisso Nacional Criança Alfabetizada é uma solução com base no foco da **BOA POLÍTICA EDUCACIONAL**, recuperando aspectos, às vezes sombreados da BNCC, em cujo conteúdo direcional vale aqui destacar e reflexivamente pontuar:

Ponto 01

Nos dois primeiros anos do Ensino Fundamental, a ação pedagógica deve ter como foco a alfabetização, a fim de garantir amplas oportunidades para que os alunos se apropriem do sistema de escrita alfabética de modo articulado ao desenvolvimento de outras habilidades de leitura e de escrita e ao seu envolvimento em práticas diversificadas de letramentos. Como aponta o Parecer CNE/CEB n. 11/2010, "os conteúdos dos diversos componentes curriculares [...], ao descortinarem às crianças o conhecimento do mundo por meio de novos olhares, lhes oferecem oportunidades de exercitar a leitura e a escrita de um modo mais significativo" (Brasil, 2010).

para cada aluno; E) Apoio à individualização de percursos, cuidando, ao mesmo tempo, para que nenhum aluno se isole em sua singularidade; F) Integração de conhecimentos a partir de uma diferenciação no interior de situações didáticas abertas e variadas, *"confrontado cada aluno com aquilo que é obstáculo para ele na construção dos saberes"* (Perrenoud, 1977). Destaque-se que muitas destas angulações estão contidas na Resolução CNE/CP n. 2, 2019, que define as Diretrizes Curriculares Nacionais para a Formação Inicial de Professores para Educação Básica e institui a Base Nacional Comum para Formação Inicial de Professores da Educação Básica (BNC-Formação).

A BNCC oferece um extenso repertório de visões sociais e de cosmovisão pedagógica para alentar mudanças no modo de a Escola do Ensino Médio trabalhar o Currículo, o Projeto Pedagógico Escolar, os Planos de Ensino, as metodologias e os enfoques de avaliação, levando em conta a identidade juvenil em sua essencialidade multifocal.

Moaci Alves Carneiro
Doutor em Educação/Paris
Texto de janeiro de 2020, Brasília-DF.

Texto 16 — Os limites temporais no processo de implementação da BNCC

A tradição brasileira no campo do cumprimento de tempos-limite para a implementação de determinações legais e de ordenamentos normativos voltados para a Educação Escolar é de inteira negligência. Não é por acaso que jamais conseguimos cumprir as metas dos vários Planos Nacionais de Educação. O atual caminha na mesma direção. Suas 20 Metas e 254 Estratégias permanecem em processo de estado de lassidão em relação aos limites temporais datados. Em certa oportunidade, ouvi de um sociólogo francês (Henry Desroche), em visita ao nosso país, que o Brasil não é afeito a cronogramas. Esse estigma cultural parece responder pela fragilidade de nossas peças de planejamento. Estamos acostumados a viver de resultados apenas parciais. No caso específico das rotas de Implementação da Base Nacional Comum Curricular/BNCC, há prazos e tempos datados a cumprir. As várias Resoluções do Conselho Nacional de Educação com foco na BNCC registram diversos *calendários*. As responsabilidades são divididas entre os vários sistemas de ensino. Eis alguns desses alinhamentos de indicações cronológicas:

Resolução CNE/CP n. 2, de 22 de dezembro de 2017

Institui e orienta a implantação da Base Nacional Comum Curricular, a ser respeitada obrigatoriamente ao longo das etapas e respectivas modalidades no âmbito da Educação Básica.

[...]

Capítulo V – Das Disposições Finais e Transitórias

Art. 15. As instituições ou redes de ensino podem, de imediato, alinhar seus currículos e propostas pedagógicas à BNCC. Parágrafo único: A adequação dos currículos à BNCC deve ser efetivada preferencialmente até 2019 e, no máximo, até início do ano letivo de 2020.

Art. 16. Em relação à Educação Básica, as matrizes de referência das avaliações e dos exames, em larga escala, devem ser alinhadas à BNCC, no prazo de 1 (um) ano a partir da sua publicação.

Art. 17. Na perspectiva de valorização do professor e da sua formação inicial e continuada, as normas, os currículos dos cursos e programas a eles destinados devem adequar-se à BNCC, nos termos do § 8º do Art. 61 da LDB, devendo ser implementados no prazo de dois anos, contados da publicação da BNCC, de acordo com Art. 11 da Lei n. 13.415/2017. § 1º: A adequação dos cursos e programas destinados à formação continuada de professores pode ter início a partir da publicação da BNCC. § 2º: Para a adequação da ação docente à BNCC, o MEC deve proporcionar ferramentas tecnológicas que propiciem a formação pertinente, no prazo de até 1 (um) ano, a ser desenvolvida em colaboração com os sistemas de ensino.

Art. 18. O ciclo de avaliação do Exame Nacional de Desempenho dos Estudantes (Enade), seguinte à publicação da BNCC, deve observar as determinações aqui expostas em sua matriz de referência.

Art. 19. Os programas e projetos pertinentes ao MEC devem ser alinhados à BNCC, em até 1 (um) ano após sua publicação.

[...]

Art. 21. A BNCC deverá ser revista após 5 (cinco) anos do prazo de efetivação indicado no Art. 15.

[...]

Art. 25. No prazo de 30 dias a contar da publicação da presente Resolução, o Ministério de Educação editará documento técnico complementar contendo a forma final da BNCC, nos termos das concepções, definições e diretrizes estabelecidas na presente norma.

Art. 26. Esta Resolução entra em vigor na data de sua publicação, revogadas as disposições em contrário.

Resolução CNE n. 3, de 21 de novembro de 2018

Norma Federal – Publicado no DO em 22 de novembro de 2018

Atualiza as Diretrizes Curriculares Nacionais para o Ensino Médio.

[...]

Art. 33. O Ministério da Educação deve estabelecer os Referenciais para a Elaboração dos Itinerários Formativos no prazo de até 90 (noventa) dias a contar da data de publicação desta Resolução.

[...]

Art. 35. A implementação das Diretrizes Curriculares Nacionais dispostas nesta Resolução obedecerá aos procedimentos e cronograma definidos nos termos do art. 12 da Lei n. 13.415, de 16 de fevereiro de 2017.

[...]

Art. 36. É assegurado aos alunos matriculados no Ensino Médio em data anterior ao início da implementação das Diretrizes Curriculares Nacionais dispostas na presente Resolução o direito de concluírem seus estudos segundo organização curricular orientada pela <u>Resolução CNE/CEB n. 2, de 30 de janeiro de 2012</u>, ou de migração para nova organização curricular, garantido o aproveitamento integral dos estudos anteriormente realizados e vedado o alongamento do período de duração dessa etapa da Educação Básica.

Art. 37. A <u>Resolução CNE/CEB n. 2, de 30 de janeiro de 2012</u>, permanecerá em vigor até o ano de início de implementação do disposto na presente Resolução.

Art. 38. Esta Resolução entra em vigor na data de sua publicação, revogando-se as disposições em contrário.

Resolução CNE n. 4, de 17 de dezembro de 2018

Conselho Nacional de Educação – Etapa Final da Educação Básica – Base Nacional Comum Curricular na Etapa do Ensino Médio – Instituição

Institui a Base Nacional Comum Curricular na Etapa do Ensino Médio (BNCC-EM), como etapa final da Educação Básica, nos termos do Art. 35 da LDB, completando o conjunto constituído pela BNCC da Educação Infantil e do Ensino Fundamental, com base na Resolução CNE/CP n. 2/2017, fundamentada no Parecer CNE/CP n. 15/2017.

[...]

Capítulo V

Das Disposições Finais e Transitórias

Art. 12. As instituições ou redes escolares podem, de imediato, alinhar seus currículos e propostas pedagógicas à BNCC-EM, nos termos desta Resolução e das Diretrizes Curriculares Nacionais do Ensino Médio definidas pela Resolução CNE/CEB n. 3/2018.

Parágrafo único: A adequação dos currículos à BNCC-EM deve estar concluída até início do ano letivo de 2020, para a completa implantação no ano de 2022.

Art. 13. As matrizes de referência das avaliações e dos exames, em larga escala relativas ao Ensino Médio, devem ser alinhadas à BNCC-EM, no prazo máximo de 4 (quatro) anos a partir da publicação desta.

Art. 14. Na perspectiva de valorização do professor e da sua formação inicial e continuada, as normas, os currículos dos cursos e os programas a eles destinados devem adequar-se à BNCC-EM, nos termos do § 8º do Art. 62 da LDB, devendo ser implementados no prazo de 2 (dois) anos, contados da publicação da BNCC-EM, de acordo com Art. 11. da Lei n. 13.415/2017.

§ 1º: A adequação dos cursos e programas destinados à formação continuada de professores pode ter início a partir da publicação da BNCC-EM.

§ 2º: Para a adequação da ação docente à BNCC-EM o MEC deve proporcionar ferramentas tecnológicas que propiciem a formação pertinente, no prazo de até 1 (um) ano, a ser desenvolvida em colaboração com os sistemas de ensino.

Art. 15. O ciclo de avaliação do Exame Nacional de Desempenho dos Estudantes (Enade), seguinte à publicação da BNCC-EM, deve observar em sua matriz de referência as determinações aqui expostas.

Art. 16. Os programas e projetos pertinentes ao MEC devem ser alinhados à BNCC-EM em até 1 (um) ano após sua publicação.

[...]

Art. 19. A BNCC-EM deverá ser revista após 3 (três) anos do prazo da completa implantação indicado no Parágrafo único do Art. 12.

[...]

Art. 21. No prazo de até 10 (dez) dias a contar da publicação da presente Resolução, o Ministério de Educação editará documento técnico contendo a forma final da BNCC da Educação Básica, nos termos das concepções, definições e diretrizes estabelecidas na presente norma.

Art. 22. Esta Resolução entra em vigor na data de sua publicação, revogadas as disposições em contrário.

Resolução n. 2, de 20 de dezembro de 2019

Define as Diretrizes Curriculares Nacionais para a Formação Inicial de Professores para a Educação Básica e institui a Base Nacional Comum para a Formação Inicial de Professores da Educação Básica (BNC-Formação).

Art. 25. Caberá ao Instituto Nacional de Estudos e Pesquisas Educacionais Anísio Teixeira (Inep) elaborar um instrumento de avaliação in loco dos cursos de formação de professores, que considere o disposto nesta Resolução. Parágrafo único: O Inep deverá aplicar o novo instrumento de avaliação in loco dos cursos de formação de professores em até 2 (dois) anos a partir da publicação desta Resolução.

Art. 26. Caberá ao Instituto Nacional de Estudos e Pesquisas Educacionais Anísio Teixeira (Inep) elaborar o novo formato avaliativo do Exame Nacional de Desempenho dos Estudantes para os cursos de formação de professores, em consonância ao que dispõe esta Resolução. Parágrafo único: O Inep deverá aplicar o novo formato avaliativo do Exame Nacional de Desempenho dos Estudantes para os cursos de formação de professores, em até 2 (dois) anos a partir da publicação desta Resolução.

Capítulo IX

Das Disposições Transitórias e Finais

Art. 27. Fica fixado o prazo-limite de até 2 (dois) anos, a partir da publicação desta Resolução, para a implantação, por parte das Instituições de Ensino Superior (IES), das Diretrizes Curriculares Nacionais para a Formação Inicial de Professores para a Educação Básica e da BNC-Formação, definidas e instituídas pela presente Resolução.

Parágrafo único: As IES que já implementaram o previsto na Resolução CNE/CP n. 2, de 1º de julho de 2015, terão o prazo-limite de 3 (três) anos, a partir da publicação desta Resolução, para adequação das competências profissionais docentes previstas nesta Resolução.

Art. 28. Os licenciandos que iniciaram seus estudos na vigência da Resolução CNE/CP n. 2/2015 terão o direito assegurado de concluí-los sob a mesma orientação curricular.

Art. 30. Esta Resolução entrará em vigor na data de sua publicação, ficando revogada a Resolução CNE/CP n. 2, de 1º de julho de 2015.

Todo o processo de implementação da BNCC passa por uma esteira de oportunidades dentro destas balizas temporais. A expectativa é que haja e se multipliquem canais de indução direcionados a uma **outra** compreensão da organização e da dinâmica curricular. A ideia central é retirar do ambiente escolar a visão instintiva e mecânica com que muitas vezes são percebidos os conteúdos, tratadas as disciplinas e realizadas as formas de apresentação. A BNCC implementada não se fará perceber pela simples remontagem do currículo, mas, sim, pelo reposicionamento de professores e gestores em face da compreensão reconceituada do processo de construção do ato de pensar, de adquirir conhecimentos e de abrir as hierarquias conceituais à realidade das aprendizagens significativas. Estas estarão sempre postas na moldura do que a BNCC denomina de aprendizagens essenciais, coincidentes com os Direitos e Objetivos de Aprendizagem e Desenvolvimento dos Alunos. O influxo de tudo isso estará sob o empuxo da pedagogia das competências, com a iluminação do conceito concreto e germinador de Educação Integral. O êxito das diretrizes da BNCC ficará na dependência de a sala de aula trabalhar movida pela energia indutora da concepção do conhecimento curricular contextualizado.

No horizonte proposto, os programas de ensino balizarão o que os alunos devem "saber", mas também o que devem "saber fazer". Esses dois enfoques requerem a promoção de redes de aprendizagens colaborativas e a expansão de teias de avaliação de um aprendizado para a vida. Assim, a escola deverá sair do circuito da linearidade do desenvolvimento só intelectual para ingressar na esfera do desenvolvimento humano global. No âmbito do currículo escolar enraizado na BNCC, o espaço escolar vai se recompor como ambiente estratégico de construção intencional de processos educativos que "promovam aprendizagens sintonizadas com as necessidades, as possibilidades e os interesses dos estudantes e, também, com os desafios da sociedade contemporânea. Isso supõe considerar as diferentes infâncias e juventudes, as diversas culturas juvenis e seu potencial de criar novas formas de existir (BNCC)".

Moaci Alves Carneiro
Doutor em Educação/Paris
Texto de janeiro de 2020, Brasília-DF.

A – Textos para todos os contextos. Modo: FRAGMENTOS

Texto 17 Fragmento 01: A significação do educar, do educar-se e da vida: Anísio Teixeira

A única finalidade da vida é mais vida.

Se me perguntarem o que é essa vida,

eu lhes direi que é mais liberdade e mais felicidade.

São vagos os termos.

Mas nem por isso eles deixam de ter sentido para cada um de nós.

À medida que formos mais livres,

que abrangermos em nosso coração e em nossa inteligência mais coisas,

que ganharmos critérios mais finos de compreensão,

nessa medida, nos sentiremos maiores e mais felizes.

A finalidade da educação se confunde com a finalidade da vida. (1934)

Anísio Teixeira

Texto 18 Fragmento 02: Educação não é privilégio: Anísio Teixeira

Não se pode conseguir essa formação em uma escola por sessões, com os curtos períodos letivos que hoje tem a escola brasileira. Precisamos restituir-lhe o dia integral, enriquecer-lhes o programa com atividades práticas, dar-lhes amplas oportunidades de formação de hábitos de vida, organizando a escola como miniatura da comunidade, com toda a gama de suas atividades de trabalho, de estudo, de recreação e de arte.

Anísio Teixeira,

in Educação não é privilégio. Atualidades pedagógicas

volume 130, 1953.

Texto 19 Fragmento 03: Pactuação e convergências: Moaci Alves Carneiro

Em 2014, a Lei n. 13.005/2014 promulgou o Plano Nacional de Educação (PNE), que reitera a necessidade de estabelecer e implantar, mediante pactuação interfederativa (União, Estados, Distrito Federal e Municipal), diretrizes pedagógicas para a Educação Básica e a base nacional comum dos currículos, com direitos e objetivos de aprendizagem e desenvolvimento dos(as) alunos(as) para cada ano do Ensino Fundamental e Médio, respeitando as diversidades regional, estadual e local (Brasil, 2014). Percebe-se claramente que, por uma questão de coerência, o legislador mantém uma confluência de ideias norteadoras de conceitos operacionais e de respeito socioantropológico às formulações prescritivas da LDB, do PNE, da BNCC e da DCN, em respeito à unidade da diversidade.

Moaci Alves Carneiro,

In: LDB Fácil, edição 2023: 42.

Texto 20	Prelúdio Pedagógico: Canto 1: Eu quero uma escola: Moaci Alves Carneiro

Eu quero
Uma escola-relicário
Com joias do imaginário.

Eu quero
Uma escola-alegoria
Com sentido de harmonia.

Eu quero
Uma escola com enredo
Cheia de sonho e aconchego

Eu quero
Uma escola-expressão
Da vida, sem restrição.

Eu quero
Uma escola mais real
Menos una, mais plural.

Eu quero
Uma escola com mais ócio
Onde viver é o negócio.

Eu quero
Uma escola pluriforme
Sem forma que me deforme.

Eu quero
Uma escola onde o "normal"
É não querer ser igual.

Eu quero
Uma escola onde a mensagem
Tem visão e tem imagem.

Eu quero
Uma escola que não engana
Ao tratar da vida humana.

Eu quero
Uma escola parecida
Com meu jeito, minha vida.

Eu quero
Uma escola-criatura
Humana, com mais ternura.

Eu quero
Uma escola da História
Dos pobres, dos sem-memória.

Eu quero
Uma escola da Geografia
Do espaço em harmonia.

Eu quero
Cantar a Física em verso
Na dança do universo.

Eu quero
Estudar em Biologia
A vida sem anestesia.

Eu quero
Uma Química ativa
Que a vida é mistura viva

Eu quero
Uma escola onde a Matemática
Seduza, seja simpática.

Eu quero
Uma escola onde o Português
Dê a todos voz e vez.

Eu quero
Estudar Filosofia
Pra refletir com alegria.

Eu quero
Uma Educação Física contente
Que cultive o corpo e a mente.

Eu quero
Uma escola onde o computador
Seja escravo, e eu, senhor!

Eu quero
Uma escola que irradia
A busca da autonomia.

Eu quero
Uma escola-estandarte
Da vida e de toda a arte.

E que seja, ao mesmo tempo
Respeitável e bem menina
Como Cora Coralina.

Moaci Alves Carneiro,
In: Textos de Apoio à Formação
Continuada de Docentes,
Brasília, Ed. Enlace, 2023

Texto 21 — Prelúdio Pedagógico: Canto 2: Ensino Médio: a reforma REpensada: Moaci Alves Carneiro

A escola de Ensino Médio
Haverá, sim, de mudar.
Retirar muito do tédio
Que prevalece por lá.

Os passos não são a jato
O ritmo é devagar:
Planejar ato por ato,
Sem pressa para chegar.

Mobilizar os atores
Em escala gradual.
Sobretudo, professores
A quem cabe o afinal.

Entrar na legislação
Compreender as mudanças,
Buscar sinalização
Nas rotas da temperança.

O currículo é o eixo
Das mudanças anotadas.
Por isso já não me queixo
De caminhar nesta estrada.

O aluno agora tem
Rota motivacional:
Escolher o que convém
Em sua vida real.

Tem a Base Nacional,
Chão do currículo escolar.
E itinerário plural
Para cada um chegar.

Mas... chegar não é chegar!
Ilusão e ledo engano!
Cada aluno pra avançar
Tem que ir e vai chegando.

A educação é processo
E a mudança, também!
A pressa é retrocesso
Correr aqui não convém!

Moaci Alves Carneiro
In: Textos de Apoio à Formação
Continuada de Docentes,
Brasília-DF, Ed. Enlace, 2023

Texto 22 — Prelúdio Pedagógico: Canto 3: Essas e outras palavras: Moaci Alves Carneiro

Palavra,
O teu sacrário?
– Lugar seguro:
O dicionário.

Palavra,
Se tens horário,
Entra, mansinho,
Em meu glossário.

Palavra,
Quem tu és?
Te busco sempre
Em meus papéis.

Palavra,
Onde é que estás?
Eu te procuro
Cada vez mais.

Palavra,
Para onde vais?
Eu te hospedo
Em meus murais.

Palavra,
De onde vens?
Fala comigo,
Te quero bem!

Palavra,
Já queres ir?
Só um instantinho!
Não sou sem ti...

Palavra,
Como será
Tua face oculta
Que ouso achar?

Palavra,
Te vejo antiga.
Mas, desde sempre,
Tu és amiga.

Palavra,
Tu tens mil faces,
Agora, entendo
Os teus disfarces.

Palavra,
Como te achar,
Sem antes ver
O teu lugar?

Palavra,
Se tens mais dobras,
Dá-me só uma:
A que me sobra.

Palavra,
Em mim te sentes?
Fala baixinho:
Nós somos gente!...

Palavra,
Te ouvi mal?
– É que, também,
Eu sou plural!

Palavra,
Se te procuro...
Estou perdido,
Meio no escuro.

Palavra,
Na internet,
Vais muito além
Do "jet set".

Palavra,
Formas plurais.
Te reconheço
Em meu "wi-fi"

Palavra,
És minha amiga.
Tens o sabor
De minha vida.

Palavra,
Mais do que isso:
És companhia
No compromisso.

Palavra,
Tens sentimento!
A tua rota:
Divertimento.

Palavra,
Multicanais,
Tv-palavras
Universais.

Palavra,
– Terceira idade?!?
Sim, e por que não?
Ludicidade!

Palavra,

Vamos em frente,

Brincar... brincar...

Continuamente!

Moaci Alves Carneiro
In: Textos de Apoio à Formação
Continuada de Docentes,
Brasília-DF, Ed. Enlace, 2023

Texto 23 Prelúdio Pedagógico: Canto 4: Para apender

Para aprender,

Preciso de liberdade.

Para ser livre,

Preciso poder sonhar.

Para sonhar,

Preciso crer no impossível.

Para acreditar,

Preciso enxergar portas.

Para passar,

Preciso sair de mim.

Para me transportar,

Preciso ir com firmeza.

Para me afirmar,

Preciso de alguém me ouvindo.

Para me ouvir,

Preciso poder dizer,

Para dizer,

Preciso de autonomia.

Para aprender...

Moaci Alves Carneiro
In: Textos de Apoio à Formação
Continuada de Docentes,
Brasília-DF, Ed. Enlace, 2023

Texto 24 — Prelúdio Pedagógico: Canto 5: A escola sem paredes: Moaci Alves Carneiro

A escola sem paredes
Não parece escola, não.
Trabalha com arte e ofício
Como na voz de Vinicius:

Era uma casa
Muito engraçada
Não tinha teto
Não tinha nada.

A escola sem paredes
Não parece escola, não.
Tem vida, tem alegria
Tem boa pedagogia!

A escola sem paredes
Não parece escola, não.
Investe no encantamento
Que a vida é sentimento.

A escola sem paredes
Não parece escola, não.
Tem razão, tem poesia
Tem canto, tem melodia.

A escola sem paredes
Não parece escola, não.
Seu tijolo: a alegria
Seu trabalho: a criação.

A escola sem paredes
Não parece escola, não.
Tem teto: o experimento
Tem vigas: a emoção.

A escola sem paredes
Não parece escola, não.
O cimento é a semente
Do sonho feito lição.

A escola sem paredes
Não parece escola, não.
O giz é a alegria
Nas asas da fantasia.

A escola sem paredes
Não parece escola, não.
A casa, reconstruída
É do tamanho da vida.

A escola sem paredes
Não parece escola, não.
Em lugar de ter janelas
Tem cores de aquarela.

A escola sem paredes
Não parece escola, não.
Em asa delta, o aluno
Voa livre e tem visão.

A escola sem paredes
Não parece escola, não.
Não tem forma nem tamanho
Sua partitura: o sonho.

A escola sem paredes
Não parece escola, não.
Os conteúdos diários
Navegam no imaginário.

A escola sem paredes
Não parece escola, não.
O mestre vai pilotar
Ensina e aprende a voar.

A escola sem paredes
Não parece escola, não.
O professor, comandante,
É também iniciante.

A escola sem paredes
Não parece escola, não.
Aqui, quem "dá" a lição
Dá significação.

A escola sem paredes
Não parece escola, não.
Constrói a proficiência
Nas linguagens, na ciência.

A escola sem paredes
Não parece escola, não.
Tem vida, tem poesia
Tem mais que pedagogia.

A escola sem paredes
Não parece escola, não.
A competência querida
Alimenta-se da vida.

A escola sem paredes
Não parece escola, não.
Quem surfa é o raciocínio
Na prancha do tirocínio.

A escola sem paredes
Não parece escola, não.
Cada lição ensinada
É vida, vivenciada.

A escola sem paredes
Não parece escola, não.
Cada lição aprendida
É repertório pra vida.

A escola sem paredes
Não parece escola, não.
O tempo e o espaço
São molduras do compasso.

A escola sem paredes
Não parece escola, não.
Valoriza inovações
Mas bem respeita os padrões.

A escola sem paredes
Não parece escola, não.
A criação é plural
Transcende o convencional.

A escola sem paredes
Não parece escola, não.
O aluno, em vez de medo,
Anima seu enredo.

A escola sem paredes
Não parece escola, não.
Há vida em cada instante
Tudo é interessante.

A escola sem paredes
Não parece escola, não.
Cada um faz seu caminho
Sem rotas em desalinho.

A escola sem paredes
Não parece escola, não.
As vias são sempre abertas
Com os sinais em alerta.

A escola sem paredes
Não parece escola, não.
Uma via sem fronteira
Como é a vida inteira.

A escola sem paredes
Não parece escola, não.
Nela, tudo, como a gente
É único, é diferente.

A escola sem paredes
Não parece escola, não.
A lição é como a vida
Um valor tão sem medida!

A escola sem paredes
Não parece escola, não.
Seu currículo é integrado
Sem grades nem cadeado.

A escola sem paredes
Não parece escola, não.
O aluno, desde cedo,
Já se sente cidadão.

A escola sem paredes
Não parece escola, não.
Tem arte, tem ousadia
Ao longo de todo dia.

A escola sem paredes
Não parece escola, não.
A biblioteca inspira
Alimentando a ação.

A escola sem paredes
Não parece escola, não.
Seu teto é infinito
Sua voz é mais que um grito.

A escola sem paredes
Parece a vida da gente
Fluindo na amplidão
Cada dia diferente

Na escola sem paredes
O que seduz e fascina
É que o bom, o normal
É não buscar ser igual.

Os mestres são como antenas
Captando vibrações,
Esquadrinhando os problemas,
Criando as soluções.

Em cada laboratório
A lição assimilada
Integra o repertório
Da vida reencontrada.

As aulas já não precisam
De salas, o espaço é aberto,
Adequando-se à escala,
Não há nem longe, nem perto.

Tem tudo que uma escola
Oferece de verdade
Mas sem correntes ou peias
Só lições de liberdade.

Casa de livros e livres,
Fonte de cidadania,
A escola sem paredes
Constrói a democracia.

Escola, minha escola,
Com prazer e sedução
De ti o sonho decola
A vida é a lição.

Moaci Alves Carneiro. In: Textos de Apoio à Formação
Continuada de Docentes, Brasília-DF, Ed. Enlace, 2023

B – Textos para todos os contextos. Modo: ENSAIOS

Texto 25 — Educação Básica e Base Nacional Comum Curricular/BNCC: prolongamentos sociopedagógicos

Na legislação educacional brasileira, não há Educação Básica divorciada de uma base nacional comum curricular. Assim como não há navegação aérea segura sem plano de voo, navegação marítima orientada sem agenda de bordo nem deslocamento de trens sem o apoio de trilhos, não há como assegurar **oferta regular de Educação Básica sem uma base comum curricular** capaz de direcionar o funcionamento planejado do ensino regular. Este tipo de ensino que a LDB disciplina, como estabelecido no art. 1º, § 1º, do seu corpo de dispositivos.

Como direito fundamental, a educação escolar básica pressupõe direito à igualdade de oportunidades, eliminando-se qualquer tipo de privilégio hereditário ou socioeconômico-cultural. Ela integra o conceito de **mínimo social, mínimo existencial** e, mais, a lei impõe que tenha a substância da eficácia de prestação positiva. Como esclarece o prof. JOSÉ Afonso da Silva (1996, p. 97), "não há norma constitucional destituída de eficácia, muito embora certas normas estejam limitadas na sua efetividade à complementação legislativa ordinária".

No horizonte deslindado, o direito à Educação Básica de qualidade reveste-se das seguintes características marcantes:

a) Vincula-se à circunstância específica e necessária que atribui, ao indivíduo, o direito de buscar oportunidades educacionais em igualdade de condições com todos os outros concidadãos.

b) O direito à igualdade, neste caso, pressupõe a correção das desigualdades tão gritantes na oferta educacional e no funcionamento das escolas.

c) A interpretação do direito à Educação Básica como um direito fundamental ultrapassa à compreensão de direito fundamental social e o situa, na moldura constitucional, em categoria exponencial de DIREITO PÚBLICO SUBJETIVO.

d) Sem a BNCC, sem o embasamento em um corpo de diretrizes que direcione, dê consistência e qualifique a disposição funcional e a organização pedagógica da escola e, ainda, seus delineamentos articulados e integrados, no esquema de ensino regular, ter-se-á apenas aparências de escolas e aparência e salas de aula, uma vez que formatadas em "modo" simulações.

Este conjunto de aspectos aqui evidenciados revela não apenas o alto grau de responsabilidades do Estado na continuidade, em ritmo mais acelerado, de implementação da BASE NACIONAL COMUM CURRICULAR/BNCC, mas também convoca toda a sociedade e, sobretudo, Estados e Municípios para uma maior atenção ao sentido legal-social da BNCC, como instrumento institucional escolar da garantia de padrão de qualidades do ensino (LDB, art. 3º, inc. IX), pano de fundo do "interesse coletivo, com síntese de interesses individuais". É sempre conveniente relembrar: ou a escola **serve para cada um,** ou não servirá para todos.

A experiência do dia a dia tem revelado que a implementação pedagogicamente cuidadosa da BASE NACIONAL COMUM CURRICULAR/BNCC contribuiu exponencialmente para:

- **Ressignificar** o PLANEJAMENTO ESCOLAR E OS PLANOS DE ENSINO.

- **Dinamizar** o ritmo de transfusão epistemológica e pedagógica das áreas de conhecimento.

- **Diversificar** os contextos dos componentes curriculares, revitalizando os formatos programáticos.

- **Revigorar** as áreas de conhecimento.

- **Atualizar** os contextos dos componentes curriculares, revitalizando os formatos programáticos.

- **Redesenhar** continuamente, o Projeto Político-pedagógico.

- **Revigorar** o movimento participativo, com consistente envolvimento de:
  - ✓ Gestores
  - ✓ Professores
  - ✓ Pais e alunos
  - ✓ Equipe Interprofissional Escolar
  - ✓ Servidores da escola
  - ✓ Comunidade e grupos sociais
  - ✓ Segmento empresarial

- **Adensar** as formas de expressão da gestão democrática escolar.

- **Destacar** a especificidade do trabalho docente e sua relevância para a sociedade.

- **Compartilhar** o "pensamento sistêmico".

- **Ativar** o conhecimento em rede.

- **Oferecer** em regime de "auto-organização recursiva" (Morin, 1996, p. 47).

- **Construir, propor e experimentar** rotas de mediação.

- **Substituir** controle por negociação.

- **Interconectar** problemas e conciliar encaminhamentos de solução aos desafios escolares.

- **Criar** escalas para a aferição do aprimoramento de procedimentos.

- **Reposicionar** agendas de formação continuada.

- **Realizar** trocas de experiências de grupos de professores de gerações diferenciadas.

- **Analisar** e comparar resultados alcançados.

- **Entrosar,** em processo comum, gestão escola e gestão pedagógica.

- **Proceder,** sempre que necessário, a reajustes da estrutura organizacional escolar, assim que, nas unidades de trabalhos, nos núcleos de atividades interdisciplinares e nos comitês (grupos) setoriais de programação, a rigidez hierárquica não bloqueie os canais de comunicação pedagógica e de interlocução na área de formação docente.

• **Transformar** os ambientes da escola em áreas funcionais de agregação **criativa** e encantamento profissional, assim que as departamentalizações existentes não funcionem como vinculação à recriação de espaços físicos e psicológicos permeáveis para toda a Equipe Escolar operar, de forma articulada e integrada, no horizonte dos objetivos propostos de formação integral.

Estados e Municípios, sistemas de ensino e redes de escolas e, ainda, gestores e professores precisam compreender que, em cada estabelecimento de ensino, há necessidade de um redesenho contínuo da modelagem pedagógica em execução.

Em síntese, a BNCC não é uma bula de cunho educativo, mas uma política pública sob formato de direcionamentos institucional-formativos voltados para a construção de resultados sociopedagógicos e para o desenvolvimento de direitos e objetivos de aprendizagem e desenvolvimento do cidadão/da cidadã. A cidadania não é uma ficção: tem nome, tem documento de identidade, tem CPF e tem projeto de vida, assentado em direitos, deveres e responsabilidades pessoais e sociais.

Texto 26	**LDB, BNCC, Educação Digital e Ensino Híbrido: da sintonia à sincronia com a "escola do futuro"**

Toda boa legislação precisa impregnar-se do tempo presente. No caso da legislação da educação, a exigência é maior, uma vez que, sintonizada com projetos de vida, tem compromisso com o futuro. Neste horizonte, a LDB e a BNCC passam a falar, com o mesmo sotaque, pela inserção da Educação Digital e do Ensino Híbrido em seus respectivos horizontes prescritivo-formativos.

Nas primeiras décadas do século XXI, o processo de ensino-aprendizagem não pode ficar alheio aos mecanismos e plataformas de comunicação. Sobretudo em uma fase de transmissão, envolvendo imigrantes digitais e nativos digitais, com a existência, em muitos casos, do trânsito entre o analógico e o digital. Em síntese: "A escola não pode ficar indiferente a um contexto em que o vetor digital transformou a sociedade de forma radical" (Cecchettioni, 2011, p. 3). Impõe-se o conhecimento de "outros estilos de aprendizagem". Nesta direção, é importante a compreensão das equipes pedagógicas e dos gestores educacionais de que "...os alunos de hoje não são as mesmas pessoas para as quais o sistema educacional foi criado para ensinar" (Prensky, 2011, p. 9). Em face disto, impõe-se, no âmbito do DEVER DE EDUCAR, **à escola de qualquer nível,** a garantia de: a) Conexão à internet, com velocidade adequada para uso pedagógico; b) Desenvolvimento de competências voltadas ao letramento digital; c) Criação e introdução de conteúdos digitais, envolvendo processos de comunicação e colaboração, segurança e solução de problemas. Aqui, vale considerar a observação oportuna e relevante do professor da UFRJ, Muniz Sodré: "...é errado pensar que a interatividade e o "digitalismo" são propriedades da máquina. E é assim que os professores pensam".

Evidentemente, a educação digital inclui o ensino híbrido, uma prática pedagógica que associa atividades presenciais e atividades desenvolvidas por intermédio das tecnologias digitais de informação e comunicação (Tdic). Os pontos positivos desta abordagem metodológica são:

1. O aluno tem prévio conhecimento do conteúdo a ser tratado em sala de aula.

2. O aluno pode aprofundar seus conhecimentos, sendo o material navegável, via apoio de recursos tecnológicos do tipo: animação, simulação, laboratório virtual, dentre tantos. Ainda, se gravado em vídeos, o estudante pode ver e rever o conteúdo quantas vezes desejar.

> **XII** – A adição ao art. 4º, da LDB, deste inciso XII, voltado à educação digital, é uma **evolução oportuníssima** da legislação da educação escolar, por três razões necessariamente articuladas:

A. Integra a escola, as salas de aula e os professores e alunos aos ritmos de interconectividade da sociedade nacional e da sociedade planetária.

B. Convoca as práticas pedagógicas para a interlocução permanente com a tecnologia e importa, para o ambiente de execução do Projeto Pedagógico, a internet com o seu aparato tecnológico.

C. Ressignifica ensinar e aprender e reposiciona professor e aluno pela multiplicação dos espaços coletivos de mútuo desenvolvimento, ampliando os ecossistemas de alcance "dos direitos e objetivos da aprendizagem" (BNCC), por via da "indispensável instrumentação técnica". Este novo "projeto do ESPAÇO DO SABER, incita a reinventar o laço social em torno do aprendizado recíproco, da sinergia das competências, da imaginação e da inteligência coletiva, distribuída esta última por toda parte e, ainda, incessantemente valorizada, coordenada e mobilizada em tempo real" (Lévy[2], 1994, p. 26-27).

Entenda-se que a CF, a LDB, o PNE e a BNCC são "selfies" de um tempo presente e, também, de um tempo futuro em processo de contínua construção. Este é, igualmente, o palco da escola!...

Com a BNCC em movimento, sob o influxo da LDB, sente-se o clima de mais aprendizagem e a escola fica mais parecida com o aluno e com o mundo lá fora. As salas de aula se transformam em PONTES AÉREAS!

O extraescolar penetra as entranhas do cotidiano e com ele se identifica. Nelas, há saberes não escolares, mas indutores, em grande parte das identidades que somos. Este cotidiano é o próprio tecido do extraescolar que nos tem guiado na leitura do mundo. O *escolar* chegou depois. Por

---

2. Filósofo e professor no Departamento Hypermédia da Universidade Paris VIII, em Saint-Denis. Na obra *A inteligência coletiva*, o autor destaca o impacto das tecnologias/técnicas sobre a sociedade e realça a função dos novos meios de comunicação, permitindo, "aos grupos humanos, pôr em comum seu saber e seu imaginário! A seu ver, "O projeto de inteligê ncia coletiva situa-se em uma perspectiva antropológica de longa graduação".

isso, é muito importante identificar pontos de cruzamentos entre os dois, como forma de desocultar e compreender "[...] a vertigem do mundo, onde diferentes lógicas operam diferentes saberes, onde nossas perguntas precisam ser refeitas, onde nossas respostas não servem a todos os sujeitos, a todos os *espaços-tempos*" (Serpa, 2011, p. 43). O extraescolar é o contexto e o cotidiano postos e propostos como material didático-pedagógico para a fecundação da aprendizagem, na linha do que dispõe a Resolução CNE/CEB 4/2010, ao centrar *as formas de organização curricular.*

Moaci Alves Carneiro,
In: LDB Fácil, edição 2023: 42.

Texto 27 — O Programa Escola em Tempo Integral a bordo da BNCC/Educação Básica

O Governo Federal, através de lúcida, edificante e objetiva iniciativa do MEC, deu um passo gigantesco para a aceleração do ritmo de implementação da BNCC através **do Programa Escola em Tempo Integral/ETI-PRO.**

Olhando o tempo mais distante, a ideia de funcionamento da escola, no formato Tempo Integral, ganha dimensão política no Brasil, com a iniciativa de Anísio Teixeira (1900-1971), de implantação de ESCOLAS-PARQUE no início da década de 1950. Primeiro, em Salvador e, mais tarde, "adotadas" como modelo para o plano educacional de Brasília. Décadas adiante, portanto, em tempo menos longínquo, a ideia seria retomada sob o impulso do brilhantismo das "utopias praticadas" de Darcy Ribeiro, com a implantação dos Centros Integrados de Ensino Público – Cieps. Estes dois legados, de imensa transcendência, permanecem como legados imorredouros, na história e memória da educação do país. Tal energia germinadora continuaria a PULSAR em diferentes momentos de nossa história educacional referenciada, de forma diluída, em diversos momentos da legislação em movimento.

A retomada da ideia, agora, sob a roupagem de uma nova política para a Educação Básica, não tem rastros de impregnações pedagógicas "de volta ao passado", uma vez que comprometida com um cenário educacional de futuro pleno e generalizado: Enraizamento das orientações-norma da BNCC, sendo esta uma espécie de bolsa de valores da Educação Básica reconceituada, que exige um ritmo acelerado de implementação de corpo inteiro, cobrindo, de forma articulada, todo o território da Educação Básica em funcionamento. Daí, por que o ETI-PRO/GOV.BR/MEC reveste-se de um alinhamento de inovações e de soluções criativas à medida que adota definições normativas e políticas de angulações variadas e de altíssimo teor estratégico no campo das políticas públicas em educação.

Pode-se dizer que a perspectiva político-pedagógica do ETI-PRO é a da **construção**, em ritmo de equilíbrio processual, do FUTURO-HOJE(!) da Educação Básica em TODO O PAÍS, a partir do alinhamento de **objetivos, resultados esperados** e **estrutura,** como se pode ver no documento do MEC: Escola em Tempo Integral (referência: gov.br/mec-2023):

São objetivos do **Programa Escola em Tempo Integral**

I. Fomentar a oferta de matrículas em tempo integral, em observância à meta 6 estabelecida pela Lei 13.005/14 que instituiu o Plano Nacional de Educação;

II. Elaborar, implantar, monitorar e avaliar a Política Nacional de Educação Integral em tempo integral na Educação Básica;

III. Promover a equalização de oportunidades de acesso e permanência na oferta de jornada de tempo integral;

IV. Melhorar a qualidade da educação pública, elevando os resultados de aprendizagem e desenvolvimento integral de bebês, crianças e adolescentes; e

V. Fortalecer a colaboração da União com Estados, Municípios e o Distrito Federal para o cumprimento da meta 6 do Plano Nacional de Educação.

Resultados esperados

• Melhorar indicadores de aprendizagem e desenvolvimento integral dos estudantes de toda a Educação Básica;

• Avançar na qualidade social da educação brasileira;

• Possibilitar maior proteção e inclusão social aos estudantes mais vulnerabilizados.

Estrutura

> *São muitas as frentes que devem ser observadas para que o recurso financeiro contribua com a qualidade da Educação Básica e corresponda ao direito de todo bebê, criança e adolescente a uma educação integral, inclusiva e democrática.*
>
> *Com esse fim, o Programa Escola em Tempo Integral foi estruturado em eixos que apoiarão o alcance da meta 6 do PNE com a qualidade almejada. Os eixos surgiram a partir de avaliações, escutas, diálogos com redes de ensino, pesquisadores(as) do campo, fóruns de Conselhos de Educação, organizações da sociedade civil, bem como na revisão de estudos e pesquisas já realizados sobre programas nacionais ou subnacionais de ampliação da jornada escolar. São eixos posicionados pelo PROGRAMA: Ampliar, Formar, Fomentar, Entrelaçar e Acompanhar.*

Dentre as angulações anteriormente referidas, cabe distinguir e reforçar as seguintes características distintivas fundamentais, assentadas em uma perspectiva de planejamento com o direcionamento de decisões para ações germinadoras de resultados.

• PROGRAMA ESCOLA EM TEMPO INTEGRAL e suas angulações

I. Programa estratégico do Governo Federal, com enraizamento na META 6 do Plano Nacional de Educação 2014-2024 (Lei n. 13.005/2014).

II. Base de referência do objetivo: Política de Estado construída pela sociedade e aprovada pelo PARLAMENTO BRASILEIRO.

III. Finalidade: dar suporte, em contexto de alinhamento temporal, nas áreas de assistência técnica e financeira, com objetivos posicionados em cinco patamares operativos:

a) Expandir a oferta de novas matrículas em tempo integral (1 milhão de novas matrículas na primeira pactuação e 4 bilhões de investimento).

b) Buscar que esta expansão se realize de forma sincronizada em todos os níveis e modalidades da Educação Básica.

c) Retomar a Educação Integral como um dos fundamentos da Base Nacional Comum Curricular/BNCC.

d) Revitalizar, sob o ponto de vista prático e direcionado, o princípio da cooperação intersistêmica entre as três esferas de governo, visando à equalização progressiva de oportunidades educacionais.

e) Assegurar a qualidade e a equidade na oferta de ESCOLAS DE TEMPO INTEGRAL considerando duplo enfoque:

A. Elasticidade da carga horária diária e presencial igual ou superior a sete horas diárias ou 35 semanais... Como?

i. Com a participação da comunidade escolar e com o...
ii. Direcionamento de perspectivas assim visualizadas:

B. Ampliação das possibilidades de garantia de oferta de educação integral, alinhada à BNCC, a partir de:

a. Um currículo intencional que amplia e articula diferentes experiências educativas, sociais, culturais e esportivas...
b. Em espaços dentro e fora da escola...
c. Como **virtualidade** assumida pelos diferentes sistemas de ensino e, como já destacado anteriormente, com o PROGRAMA estruturado e operado em 5 eixos: AMPLIAR, FORMAR, FOMENTAR, ENTRELAÇAR E ACOMPANHAR, *"articulando uma série de ações estratégicas, disponibilizadas a todos os entes federados"*.

Este extenso painel de recuperação qualitativa da Educação Básica, envolvendo políticas, programações e apoio técnico e financeiro à reorganização do funcionamento das escolas públicas de Estados e Municípios, ao lado da retomada dos percursos para assegurar a implementação da BNCC, é fundamental para que a sociedade como um todo e os agentes políticos e educacionais tenham conhecimento, clareza e compromisso com o seguinte núcleo de posições do documento MEC/SEB:

• BASE NACIONAL COMUM CURRICULAR - EDUCAÇÃO é a BASE:

• Posição 01:

Embora a implementação seja prerrogativa dos sistemas e das redes de ensino, a dimensão e a complexidade da tarefa vão exigir que União, Estados,

Distrito Federal e Municípios somem esforços. Nesse regime de colaboração, as responsabilidades dos entes federados serão diferentes e complementares, e a União continuará a exercer seu papel de coordenação do processo e de correção das desigualdades.

• Posição 02:

A primeira tarefa de responsabilidade direta da União será a revisão da formação inicial e continuada dos professores para alinhá-las à BNCC. A ação nacional será crucial nessa iniciativa, já que se trata da esfera que responde pela regulação do Ensino Superior, nível no qual se prepara grande parte desses profissionais. Diante das evidências sobre a relevância dos professores e demais membros da equipe escolar para o sucesso dos alunos, essa é uma ação fundamental para a implementação eficaz da BNCC.

• Posição 03:

Compete, ainda, à União, como anteriormente anunciado, promover e coordenar ações e políticas em âmbito federal, estadual e municipal, referentes à avaliação, à elaboração de materiais pedagógicos e aos critérios para a oferta de infraestrutura adequada para o pleno desenvolvimento da educação.

• Posição 04:

Por se constituir em uma política nacional, a implementação da BNCC requer, ainda, o monitoramento pelo MEC em colaboração com os organismos nacionais da área – CNE, Consed e Undime. Em um país com a dimensão e a desigualdade do Brasil, a permanência e a sustentabilidade de um projeto como a BNCC dependem da criação e do fortalecimento de instâncias técnico- -pedagógicas nas redes de ensino, priorizando aqueles com menores recursos, tanto técnicos quanto financeiros. Essa função deverá ser exercida pelo MEC, em parceria com o Consed e a Undime, respeitada a autonomia dos entes federados.

• Posição 05:

A atuação do MEC, além do apoio técnico e financeiro, deve incluir também o fomento a inovações e a disseminação de casos de sucesso; o apoio a experiências curriculares inovadoras; a criação de oportunidades de acesso a conhecimentos e experiências de outros países; e, ainda, o fomento de estudos e pesquisas sobre currículos e temas afins.

Não paira dúvida de que o Programa Escola em Tempo Integral/MEC-2023 será um instrumento indutor de avanço monitorado (exige metas) nas operações de governo para:

A. Restabelecer o sentido social das conexões educação e desenvolvimento.

B. Reduzir as desigualdades educacionais.

C. Diminuir as disparidades regionais.

D. Elevar os níveis de qualidade da Educação Básica.

E. Realizar políticas de formação inicial e continuada de professores.

F. Permeabilizar, epistemologicamente, o currículo escolar.

G. Corrigir distorções do fluxo escolar.

H. Elevar o padrão das aprendizagens dos alunos.

I. Requalificar o conceito legal-pedagógico das APRENDIZAGENS ESSENCIAIS.

J. Reposicionar a educação escolar com "pluralidade pública essencial e como fator de coesão social".

K. Reconceituar, de forma socialmente mais relevante, a percepção de ativos educacionais de alta qualidade.

L. Investir em uma cultura escolar que impulsione a superação das desigualdades, assumir a não discriminação e potencializar os mecanismos de inclusão.

M. Constituir grupos de interlocução pedagógica interescolares.

N. Motivar e direcionar condutores técnico-didáticos que suscitem a adesão dos alunos pelos conhecimentos curriculares, contextuais e científicos.

O. Criar, na escola e nas salas de aula, uma atmosfera aprazível, na qual gestores, professores, alunos e servidores de apoio gostem de ESTAR.

P. Operar uma "rede de suportes para alvos comuns".

Q. Tratar a educação digital não como "outra educação", mas como parte das aprendizagens essenciais.

R. Cuidar, planejada e sequencialmente, da formação inicial e continuada dos professores.

S. Trabalhar com a metodologia de projetos, alinhados a uma base de "domínio específico de conhecimentos", que abrigam três características:

1. Possuam visibilidade valorativa.

2. Possam ser acompanhados e revistos.

3. Os resultados sejam compartilhados com todos os segmentos da escola.

T. Atentar, rotineiramente, para "as condições de estudo dos alunos e condições de trabalho dos professores".

U. Considerar, objetivamente, a especificidade do trabalho docente, evitando desvio de função

V. Apoiar os professores no sentido da aquisição de uma maior clareza sobre o que devem ensinar no contexto objetivo do desenvolvimento de seus alunos.

W. Contribuir para que os professores ampliem seus conhecimentos sobre: a) **inter** e **trans**disciplinaridade; b) Contextualização; c) transversalidade; d) diversidade e; e) inclusão[3].

X. Sondar, em processo contínuo, a significação de identidade, posicionando que *"[...] a identidade nada mais é que o resultado a um só tempo estável e provisório, individual e coletivo, subjetivo e objetivo, biográfico e estrutural, dos diversos processos de socialização que, conjuntamente, constroem os indivíduos e definem as instituições"* (Claude Dubal).

Y. Realçar a dimensão pedagógica e convivencial do tempo escolar, enquanto tempo de verticalização do processo socializador humano e cidadão.

---

3. Para saber mais, recomenda-se: GATTI, Bernadete (org.). Textos e conclusões do Seminário Internacional "Construindo caminhos para o sucesso escolar". MEC-Inep, Unesco, Consed e Undime, Brasília, 2008.

Z. Reabilitar o ofício docente, precarizado crescentemente, enquanto confundido com a noção de tarefeiro.

Esta esteira de ações pedagogicamente interlocutórias e coletivamente impulsionadoras de espações institucionais de negociação assume, ainda, uma significação impulsiva para exponencializar o sentido do "direito à educação *como um instrumento para o desenvolvimento dos cidadãos e do país, na perspectiva de que ele enseja a própria condição de desenvolvimento da personalidade humana. Trabalha sob a perspectiva do que o seu conteúdo é inseparável do chamado "mínimo existencial" e encontra-se protegido por princípios constitucionais (dignidade da pessoa humana, solidariedade, igualdade, proibição do retrocesso social)* (Sousa, 2010, p. 15).

Texto 28   Alfabetização: o começo do começo

A alfabetização é a chave de ignição de todo o percurso de escolarização do(a) aluno(a), posicionado(a) no alinhamento do ensino regular. Na prática, significa que o alcance pleno dos princípios e fins da educação (LDB, art. 2º), das finalidades e objetivos precípuos da Educação Básica (LDB, art. 22, art. 22, § único) tem, como antessala de viabilidade epistemológica, a alfabetização. Sem esquecer que ler constitui, também, requisito imprescindível para o atingimento das finalidades articuladas do Ensino Médio com o posicionamento, em vitrine pedagógica, do art. 35, inc. I, da LDB: "a consolidação e o aprofundamento dos conhecimentos adquiridos no Ensino Fundamental". Enfim, sem esta percepção, a escola torna-se um ambiente desconfortável para a criança, em vista da dificuldade de proceder, de forma adequada, a execução da "religação dos saberes" (Morin, 1999) e, não menos grave, de perceber "as conexões ocultas" (Capra, 2002) na vida, na mente e na vida social.

A legislação referenciada à educação "assina" esta visão, como podemos constatar:

I. Constituição Federal

Art. 214. A lei estabelecerá o plano nacional de educação, de duração decenal, com o objetivo de articular o sistema nacional de educação em regime de colaboração e definir diretrizes, objetivos, metas e estratégias de implementação para assegurar a manutenção e desenvolvimento do ensino em seus diversos níveis, etapas e modalidades por meio de ações integradas dos poderes públicos das diferentes esferas federativas que conduzam a (redação dada pela Emenda Constitucional n. 59, de 2009):

I - erradicação do analfabetismo;

II - universalização do atendimento escolar;

III - melhoria da qualidade do ensino;

IV - formação para o trabalho;

V - promoção humanística, científica e tecnológica do país.

VI - estabelecimento de meta de aplicação de recursos públicos em educação como proporção do Produto Interno Bruto (incluído pela Emenda Constitucional n. 59, de 2009).

II. LDB

CAPÍTULO II – DA EDUCAÇÃO BÁSICA

Seção I

Das Disposições Gerais

Art. 22. A Educação Básica tem por finalidades desenvolver o educando, assegurar-lhe a formação comum indispensável para o exercício da cidadania e fornecer-lhe meios para progredir no trabalho e em estudos posteriores.

Parágrafo único. São objetivos precípuos da Educação Básica a alfabetização plena e a formação de leitores, como requisitos essenciais para o cumprimento das finalidades constantes do caput deste artigo (incluído pela Lei n. 14.407, de 2022).

III. PNE

LEI N. 13.005, de 25 de junho de 2014

A PRESIDENTA DA REPÚBLICA faço saber que o Congresso Nacional decreta e eu sanciono a seguinte Lei:

Art. 1º. É aprovado o Plano Nacional de Educação – PNE, com vigência por 10 (dez) anos, a contar da publicação desta Lei, na forma do Anexo, com vistas ao cumprimento do disposto no art. 214 da Constituição Federal.

Art. 2º. São diretrizes do PNE:

I - erradicação do analfabetismo;

(...)

IV. BNCC

Escuta, fala, pensamento e imaginação – Desde o nascimento, as crianças participam de situações comunicativas cotidianas com as pessoas com as quais interagem. As primeiras formas de interação do bebê são os movimentos do seu corpo, o olhar, a postura corporal, o sorriso, o choro e outros recursos vocais, que ganham sentido com a interpretação do outro. Progressivamente, as crianças vão ampliando e enriquecendo seu vocabulário e demais recursos de expressão e de compreensão, apropriando-se da língua materna – que se torna, pouco a pouco, seu veículo privilegiado de interação.

(...)

Desde cedo, a criança manifesta curiosidade com relação à cultura escrita: ao ouvir e acompanhar a leitura de textos, ao observar os muitos textos que circulam no contexto familiar, comunitário e escolar, ela vai construindo sua concepção de língua escrita, reconhecendo diferentes usos sociais da escrita, dos gêneros, suportes e portadores. Na Educação Infantil, a imersão na cultura escrita deve partir do que as crianças conhecem e das curiosidades que deixam transparecer. As experiências com a literatura infantil, propostas pelo educador, mediador entre os textos e as crianças, contribuem para o desenvolvimento do gosto pela leitura, do estímulo à imaginação e da ampliação do conhecimento de mundo. Além disso, o contato com histórias, contos, fábulas, *poemas, cordéis etc. propicia a familiaridade com livros, com diferentes gêneros literários, a diferenciação entre ilustrações e escrita, a aprendizagem da direção da escrita e as formas corretas de manipulação de livros. Nesse convívio com textos escritos, as crianças vão construindo hipóteses sobre a escrita que se revelam, inicialmente, em rabiscos e garatujas e, à medida que vão conhecendo letras, em escritas espontâneas, não convencionais, mas já indicativas da compreensão da escrita como sistema de representação da língua.*

Estes MARCOS da legislação são de uma importância capital para a escola conduzir adequadamente a aprendizagem do(a) aluno(a) no contexto do processo de alfabetização. Como destaca David Wood, *"os estudos de linguagem, comunicação e letramento não podem ficar entregues aos alunos, uma vez que eles vão para escola, buscando tornarem-se letrados e (...), muitas vezes, lhes falta a base necessária para aprender como 'codificar' símbolos escritos em sons de fala"*. *"Há correspondências complexas entre linguagem falada e linguagem escrita"* (2003, p. 209).

Este cenário de ideias aqui postas alarga a compreensão da importância da iniciativa política do MEC com a apresentação do documento COMPROMISSO NACIONAL CRIANÇA ALFABETIZADA/2023, objeto de considerações do próximo e último texto deste BNCC Fácil, em edição atualizada.

Texto 29 Dobras de relevância da legislação da educação escolar

Como primeira consideração, vale destacar que os textos 27, 28 e 29 devem ser lidos, estudados e pedagogicamente considerados em conjunto, ou seja, de forma integrada. Nesta moldura, ganha relevância o... Compromisso Nacional Criança Alfabetizada.

• MEC / Governo Federal (2023)

1. Objetivos: subsidiar ações concretas dos Estados, Municípios e do Distrito Federal para a promoção da alfabetização de todas as crianças do país.

2. Argumentos legais predeterminantes:

a) A alfabetização é responsabilidade direta dos municípios e corresponsabilidade dos governos estaduais e do DF. Os primeiros enfrentam desafios técnicos e orçamentários para o cumprimento desta incumbência e os segundos desviam a atenção para a garantia deste direito.

b) O MEC, por sua vez, faz deslizar sua responsabilidade nesta área, comportamento que tipifica crime de omissão de responsabilidade por ausentar-se de seu "papel intransferível de indução, coordenação e assistência técnica e financeira".

3. O estado da questão:

Uma radiografia das condições da alfabetização da população infantojuvenil, em nosso país, revela urgência de o Estado Nacional "chamar o feito à ordem", como se pode constatar:

a) 2,8 milhões de crianças brasileira concluíram o 2º ano do Ensino Fundamental, **em 2021**.

b) Deste contingente, 56,4% dos alunos foram considerados não alfabetizados no **Saeb 2021**.

c) O que isto significa na prática? A resposta deve ser posicionada em sete patamares:

I. Sob o ponto de vista constitucional: O Estado não respeita o princípio da isonomia de tratamento.

II. Sob o ponto de vista da LDB: As finalidades da Educação Básica ficam distantes de ser alcançadas.

III. Sob o ponto de vista do PNE: Metas e Estratégias estão no acostamento da legislação.

IV. Sob o ponto de vista da BNCC: Não há como falar-se em Educação Integral, em currículo integrado e em aprendizagem de conhecimentos articulados pela total desintegração entre os níveis de ensino.

V. Sob o ponto de vista da gestão: É óbvio que a gestão pedagógica não cumpre suas funções.

VI. Sob o ponto de vista funcional: Manifesta-se claro que a organização e o funcionamento da engrenagem escolar possuem lacunas comprometedoras no que tange diretamente aos direitos e objetivos de aprendizagem e o desenvolvimento dos(as) alunos(as).

VII. Sob o ponto de vista social: Alimenta-se uma base para a expansão e aprofundamento das desigualdades sociais e para o aprofundamento das dobras de precarização no contexto das relações entre educação, desenvolvimento e sociedade.

4. Quais são as modalidades de apoio do MEC?

O Compromisso Nacional Criança Alfabetizada/MEC-2023 alinha quatro modalidades de apoio político-sistêmico-institucional, a saber:

a) Na área de GESTÃO E GOVERNANÇA:

✓ Programa de BOLSAS PARA ARTICULADORES.

b) Na área de FORMAÇÃO:

✓ Recursos para o desenvolvimento de programação de FORMAÇÕES LOCAIS.

c) Na área de INFRAESTRUTURA FÍSICA E PEDAGÓGICA:

✓ Recursos financeiros para a elaboração, impressão ou distribuição de materiais didáticos complementares e pedagógicos.

d) Na área de RECONHECIMENTO DE BOAS PRÁTICAS:

✓ *Prêmio para gestores públicos comprometidos com o desenvolvimento de políticas públicas efetivas para o avanço da alfabetização e que atuam, intencionalmente, para diminuir desigualdades educacionais, sociais e raciais* (Fonte: MEC/Governo Federal – 2023).

e) Na área dos SISTEMAS DE AVALIAÇÃO:

✓ *Aplicação do Saeb Alfabetização. Produção de parâmetros técnicos que permitam a comparabilidade das avaliações estaduais e nacional.*

Assistência técnica para aplicação e correção de avaliações disponibilizadas para uso do professor e das redes de ensino (Fonte: MEC/Governo Federal – 2023).

5. O compromisso ora enfocado ilumina ETAPAS, fator que recupera as irradiações da BNCC na organização pedagógica do ensino e nas dobras de adensamento da aprendizagem nas faixas etárias alcançadas, como exibe a proposta do MEC:

(Fonte: MEC/Governo Federal – 2023).

Para a viabilidade da proposta de política de educação no campo da alfabetização, o MEC aponta três elementos de institucionalização do compromisso, sob a seguinte formulação:

ELEMENTOS DE INSTITUCIONALIZAÇÃO DO COMPROMISSO
Progressivamente, esperamos que os sistemas de ensino possam avançar e estruturar três pilares para a sustentabilidade e institucionalização do Compromisso:

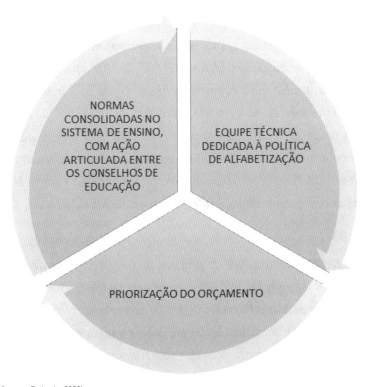

(Fonte: MEC/Governo Federal – 2023).

6. Pode-se afirmar que o Compromisso Nacional Criança Alfabetizada é uma solução com base no foco da BOA POLÍTICA EDUCACIONAL, recuperando aspectos, às vezes sombreados da BNCC, em cujo conteúdo direcional vale aqui destacar e reflexivamente pontuar:

Ponto 01

Nos dois primeiros anos do Ensino Fundamental, a ação pedagógica deve ter como foco a alfabetização, a fim de garantir amplas oportunidades para que os alunos se apropriem do sistema de escrita alfabética de modo articulado ao desenvolvimento de outras habilidades de leitura e de escrita e ao seu envolvimento em práticas diversificadas de letramentos. Como aponta o Parecer CNE/CEB n. 11/2010, "os conteúdos dos diversos componentes curriculares [...], ao descortinarem às crianças o conhecimento do mundo por meio de novos olhares, lhes oferecem oportunidades de exercitar a leitura e a escrita de um modo mais significativo" (Brasil, 2010).

Ponto 02

No Ensino Fundamental – Anos iniciais, os componentes curriculares, tematizam diversas práticas, considerando especialmente aquelas relativas às culturas infantis tradicionais e contemporâneas. Nesse conjunto de práticas, nos dois primeiros anos desse segmento, o processo de alfabetização deve ser o foco da ação pedagógica. Afinal, aprender a ler e escrever oferece aos estudantes algo novo e surpreendente: amplia suas possibilidades de construir conhecimentos nos diferentes componentes, por sua inserção na cultura letrada, e de participar com maior autonomia e protagonismo na vida social.

Ponto 03

O Eixo Leitura compreende as práticas de linguagem que decorrem da interação ativa do leitor/ouvinte/espectador com os textos escritos, orais e multissemióticos e de sua interpretação, sendo exemplos as leituras para: fruição estética de textos e obras literárias; pesquisa e embasamento de trabalhos escolares e acadêmicos; realização de procedimentos; conhecimento, discussão e debate sobre temas sociais relevantes; sustentar a reivindicação de algo no contexto de atuação da vida pública; ter mais conhecimento que permita o desenvolvimento de projetos pessoais, dentre outras possibilidades.

Ponto 04

Leitura no contexto da BNCC é tomada em um sentido mais amplo, dizendo respeito não somente ao texto escrito, mas também a imagens estáticas (foto, pintura, desenho, esquema, gráfico, diagrama) ou em movimento (filmes, vídeos etc.) e ao som (música), que acompanha e cossignifca em muitos gêneros digitais.

O tratamento das práticas leitoras compreende dimensões inter-relacionadas às práticas de uso e reflexão (...).

Ponto 05

A demanda cognitiva das atividades de leitura deve aumentar progressivamente desde os anos iniciais do Ensino Fundamental até o Ensino Médio. Esta complexidade se expressa pela articulação:

• *da diversidade dos gêneros textuais escolhidos e das práticas consideradas em cada campo;*

• *da complexidade textual que se concretiza pela temática, estruturação sintática, vocabulário, recursos estilísticos utilizados, orquestração de vozes e linguagens presentes no texto;*

• *do uso de habilidades de leitura que exigem processos mentais necessários e progressivamente mais demandantes, passando de processos de recuperação de informação (identificação, reconhecimento, organização) a processos de compreensão (comparação, distinção, estabelecimento de relações e inferência) e de reflexão sobre o texto (justificação, análise, articulação, apreciação e valorações estéticas, éticas, políticas e ideológicas);*

• *da consideração da cultura digital e das TDIC;*

• *da consideração da diversidade cultural, de maneira a abranger produções e formas de expressão diversas, a literatura infantil e juvenil, o cânone, o culto, o popular, a cultura de massa, a cultura das mídias, as culturas juvenis etc., de forma a garantir ampliação de repertório, além de interação e trato com o diferente.*

Ponto 06

Da mesma forma que na leitura, não se deve conceber que as habilidades de produção sejam desenvolvidas de forma genérica e descontextualizadas, mas por meio de situações efetivas de produção de textos pertencentes a gêneros que circulam nos diversos campos de atividade humana. Os mesmos princípios de organização e progressão curricular valem aqui, resguardadas a mudança de papel assumido frente às práticas discursivas em questão, com crescente aumento da informatividade e sustentação argumentativa, do uso de recursos estilísticos e coesivos e da autonomia para planejar, produzir e revisar/editar as produções realizadas.

Ponto 07

Aqui, também, a escrita de um texto argumentativo no 7º ano, em função da mobilização frente ao tema ou de outras circunstâncias, pode envolver análise e uso de diferentes tipos de argumentos e movimentos argumentativos, que podem estar previstos para o 9º ano. Da mesma forma, o manuseio de uma ferramenta ou a produção de um tipo de vídeo proposto para uma apresentação oral no 9º ano pode se dar no 6º ou 7º anos, em função de um interesse que possa ter mobilizado os alunos para tanto. Nesse sentido, o manuseio de diferentes ferramentas – de edição de texto, de vídeo, áudio etc. – requerido pela situação e proposto ao longo dos diferentes anos pode se dar a qualquer momento, mas é preciso garantir a diversidade sugerida ao longo dos anos.

Ponto 08

COMPETÊNCIAS ESPECÍFICAS DE LÍNGUA PORTUGUESA PARA O ENSINO FUNDAMENTAL

1. Compreender a língua como fenômeno cultural, histórico, social, variável, heterogêneo e sensível aos contextos de uso, reconhecendo-a como meio de construção de identidades de seus usuários e da comunidade

a que pertencem.

2. Apropriar-se da linguagem escrita, reconhecendo-a como forma de interação nos diferentes campos de atuação da vida social e utilizando-a para ampliar suas possibilidades de participar da cultura letrada, de

construir conhecimentos (inclusive escolares) e de se envolver com maior autonomia e protagonismo na vida social.

3. Ler, escutar e produzir textos orais, escritos e multissemióticos que circulam em diferentes campos de atuação e mídias, com compreensão, autonomia, fluência e criticidade, de modo a se expressar e partilhar

informações, experiências, ideias e sentimentos, e continuar aprendendo.

Ponto 09

O processo de alfabetização

Embora, desde que nasce e na Educação Infantil, a criança esteja cercada e participe de diferentes práticas letradas, é nos anos iniciais (1º e 2º anos) do Ensino Fundamental que se espera que ela se alfabetize.

Isso significa que a alfabetização deve ser o foco da ação pedagógica.

Nesse processo, é preciso que os estudantes conheçam o alfabeto e a mecânica da escrita/leitura – processos que visam a que alguém (se) torne alfabetizado, ou seja, consiga "codificar e decodificar" os sons da língua (fonemas) em material gráfico (grafemas ou letras), o que envolve o desenvolvimento de uma consciência fonológica (dos fonemas do português do Brasil e de sua organização em segmentos sonoros maiores como sílabas e palavras) e o conhecimento do alfabeto do português do Brasil em seus vários formatos (letras imprensa e cursiva, maiúsculas e minúsculas), além do estabelecimento de relações grafofônicas entre esses dois sistemas de materialização da língua.

Ponto 10

Pesquisas sobre a construção da língua escrita pela criança mostram que, nesse processo, é preciso:

- *diferenciar desenhos/grafismos (símbolos) de grafemas/letras (signos);*
- *desenvolver a capacidade de reconhecimento global de palavras (que chamamos de leitura "incidental", como é o caso da leitura de logomarcas em rótulos), que será depois responsável pela fluência na leitura;*
- *construir o conhecimento do alfabeto da língua em questão;*
- *perceber quais sons se deve representar na escrita e como;*
- *construir a relação fonema-grafema: a percepção de que as letras estão representando certos sons da fala em contextos precisos;*
- *perceber a sílaba em sua variedade como contexto fonológico desta representação;*
- *até, finalmente, compreender o modo de relação entre fonemas e grafemas, em uma língua específica.*

Fonte: MEC-SEB/Doc. BNCC

Texto 30   A contextualização da aprendizagem no Eixo LDB-BNCC

Ao se reportar à escola comum, aquela voltada para todos, o mestre Anísio Teixeira disse que "ela teve de lutar para fugir aos métodos já consagrados da escola antiga, que, sendo especial e especializante, especializara os seus processos e fizera da cultura escolar uma cultura peculiar e segregada". Esta observação reflete muito bem o que se espera da escola atual em termos da formação comum do indivíduo. A escola democrática não é, apenas, aquela que abre suas portas a todos indistintamente, mas, sobretudo, aquela que confere aos seus programas uma dimensão ecológica, um conteúdo que corresponda exatamente à realidade circundante e ao conjunto das aspirações da comunidade. Em outras palavras, a democracia escolar começa pela permeabilidade do currículo e pela flexibilidade dos processos avaliativos. Assim como a circulação sanguínea condiciona a saúde total do organismo humano, assim também a funcionalidade do currículo revela a saúde total do organismo escolar. Por isso, sua eficiência se estriba, concretamente, no processo de aprendizagem.

A aprendizagem não é uma abstração, tampouco alguma coisa imponderável. Ela possui uma dimensão concreta em dupla direção: seja porque se realiza no aprendiz, seja porque este aprendiz é um ser coletivo, isto é, contextualizado.

Sob este prisma, há de se considerar a aprendizagem dentro de uma moldura espaçotemporal que envolve três variáveis:

I – A singularidade de quem aprende.

II – A realidade ambiente de onde se aprende.

III – A pluralidade do que se aprende.

Examinemos cada um destes aspectos *de per si*.

I – *A singularidade de quem aprende* – A nossa escola, via de regra, tende a generalizar o processo de aprendizagem a partir de um tratamento igualitário aos alunos de uma mesma turma. Assim, a classe é enxergada como se fosse um todo compacto, onde a uniformidade de procedimento docente se apresenta como condição *sine que non* para se alcançar a homogeneidade dos resultados. Esta forma de percepção educativa, tão generalizada na prática administrativo-docente de nossas escolas, padece de uma miopia inegável. A começar pelo descumprimento da legislação básica do ensino brasileiro que preconiza a necessidade de um irrestrito respeito às diferenças individuais dos alunos. Depois, um tratamento psicopedagógico único dispensado a alunos de nível sócio-econômico-cultural diferente significa aplicar uma terapia idêntica a portadores de males diversos.

O legislador não esqueceu de explicitar a inafastável conveniência de se salvaguardar o aspecto da individualidade. O texto legal é inequívoco, senão vejamos: "Os currículos da educação básica terão um núcleo comum, obrigatório em âmbito nacional, e uma parte diversificada para atender, conforme as necessidades e possibilidades concretas, às peculiaridades locais, aos planos dos estabelecimentos e *às diferenças individuais dos alunos*" (grifo nosso).

No caso do Ensino Profissional, o problema das diferenças individuais ganha maior relevo ainda, visto que as pessoas que o procuram se encontram na faixa etária da adolescência ou na idade adulta. Portanto, trata-se de alguém que tem consciência de sua unidade como indivíduo e de sua diversidade como pessoa. É precisamente esta consciência que estabelece a distinção entre os dois processos de aprendizagem. A propósito desta distinção, diz Mac Carthy: "Não se trata mais, como no ensino das crianças e dos adolescentes, de adquirir conhecimento e mecanismos intelectuais. O ensino por dar aos adultos, além desta ampla contribuição, supõe uma contribuição de atitudes novas, que poderiam ser descritas como a abertura do espírito, a aceitação (ou, melhor, a procura) da mudança".

Além do que acabamos de observar, as proposições didáticas para a faixa etária do adulto devem estar respaldadas em uma proposta de ensino baseada no concreto, a partir, invariavelmente, de experiências e não de dados teóricos, bem como devem estar voltadas para uma formação global que contemple, simultaneamente, o conteúdo profissional e o equilíbrio da personalidade.

Mas o aspecto da *singularidade de quem aprende* envolve diretamente a questão psicopedagógica dos ritmos individuais. De fato, cada indivíduo tem seu ritmo e seu compasso biopsíquico. Estes dois elementos condicionam o projeto de aprendizagem de cada um, cristalizando-se nas formulações individuais.

A aprendizagem, por outro lado, só ocorre verdadeiramente quando as formulações individuais encontram por parte da agência que ministra o ensino – chame-se ela escola ou não – sensibilidade institucional. Quando isto acontece, a aprendizagem se transforma, autenticamente, em fenômeno educativo. Sim, porque, de um lado, a instituição deixa espaço para criar e, de outro, o aluno cria à proporção que tem liberdade para aprender.

Somente neste clima podem ser estabelecidas as condições ideais para uma efetiva transação educativa.

II – *A realidade ambiente de onde se aprende* – Já destacamos, nesta obra, a importância do compromisso social da escola. No caso do Brasil, o casamento da escola como realidade circundante é um imperativo prioritário para que os investimentos educacionais não permaneçam sem gerar resultados sociais. Somos um país gigantesco. Tão grande quanto nosso território é a gama de problemas a resolver. Possuímos uma geografia humana marcada por desigualdades sociais enormes, disparidades que vão desde o tipo de povoamento até a configuração social dos grupos humanos. Ou seja, o componente histórico contribui enormemente para a tessitura de um cenário onde diferentes estruturas sociais, diferentes formas de produção e uma frágil articulação regional ensejassem o desencadeamento de profundas disparidades. Tudo isto agravado, evidentemente, pela extensão territorial do país. Um outro fator que concorre grandemente para a pobreza regional é o expressivo número de municípios existentes no país, sem que a isto corresponda uma consciência de solidariedade intermunicipal, como ocorre nos países europeus. Esta multiplicação excessiva de municípios representa não apenas uma pulverização de recursos destinados às atividades de gerência municipal; também, contribui para o desenvolvimento de esforços concorrentes, sobretudo em áreas básicas, como saúde, educação, abastecimento e agricultura. Sem as mínimas condições de autonomia, esta proliferação de sedes municipais tem concorrido, igualmente, para agravar, ainda mais, o problema do êxodo rural, como o consequente e crescente aviltamento das condições da vida urbana.

Assentados estes dois pressupostos como obstáculos ao nosso desenvolvimento em ritmo mais acelerado – as disparidades regionais e a fragmentação municipal –, entendemos que a escola brasileira deve desenvolver uma ação educativa inteiramente respaldada nestas duas realidades socialmente tangíveis: a região e o município. Desta forma, a concretude dos programas escolares e a coerência de uma ação verdadeiramente educativa por parte daqueles que labutam nas escolas dependem, essencialmente, da sincronização dos currículos escolares com esta realidade ambiente local e regional. Isto sob o ponto de vista de uma educação técnica tem uma significação ímpar, à medida que concentra a atenção e o interesse dos estudantes em profissões contextualizadas.

Por outro lado, a ação educativa da escola se cristaliza numa fecunda e próxima dimensão social, capaz de abrandar o formalismo estéril de um currículo que asfixia a criatividade individual. É a isto que chamamos de educação internalizada, cuja expressão maior é uma consciência social e comunitária personificada numa escola que se faz estuário da concepção de mundo daquele que aprende. Nesta escola, as formas cultuais e culturais do aprendiz, seu ritmo e seu *modus essendi* constituem o próprio fenômeno educativo.

A contextualização da aprendizagem inclui, portanto, uma metamorfose institucional e esta se realizará através de um percurso em três etapas.

A primeira etapa deve ser uma releitura do fenômeno educativo como processo liberador, integrador e comunitário. O processo liberador diz respeito à educação do indivíduo como expressão espontânea, criadora e original; o processo integrador reporta à função social da escola como matriz de desenvolvimento socioeconômico e vetor propiciador de equilíbrio regional; o processo comunitário converge para o saber e a cultura coletivos, como elementos de refontização da ação educativa. Na ótica apontada, porém, este tríplice caráter se refere a um indivíduo localizado histórica e geograficamente: o jovem que vive nas diferentes regiões brasileiras. Há de se pensar, portanto, em uma escola e um currículo escolar que contemplem esta realidade multifacetária regional. Com efeito, *"...in-*

tegrando empresas e administrações, lugares de trabalho, escolas e universidades, lugares de escolaridade, o território tem sido definido como um lugar de educação permanente, integrado e participante" (Comunidade Econômica Europeia).

A segunda etapa supõe uma reconceituação de saber escolar. Importa dizer que, qualquer que seja o nível de preocupação de ensino, a Escola, independentemente de sua localização – rural ou urbana –, deve imprimir, ao esforço pedagógico que empreende, um caráter socialmente prático, objetivado na constatação de que "o conhecimento está a serviço da necessidade de viver e, primariamente, a serviço do instinto de conservação pessoal". Instituição pública por definição, a escola fundamental pertence ao público e a ele deve servir. Por isso, jamais pode restringir a ação de ensinar exclusivamente às exigências e aos rituais internos da instituição.

A terceira e última etapa aponta para a necessidade de a escola recuperar, por uma presença educativamente questionante, o conceito sociopolítico de região. Para tanto, mister se faz que ela abra espaço à participação comunitária nas suas decisões educativas e, em decorrência, fomente as prerrogativas culturais da comunidade. De fato, não há processo de ascensão social autossustentado se os beneficiários não se fazem construtores deste processo. O Estado e as Instituições Sociais nada mais devem ser do que estimuladores. Do contrário, aumenta-se a possibilidade de marginalização, dependência e descompromisso social.

Em suma, a contextualização da aprendizagem significa que a escola deve possuir uma coloração tópica e uma essência regional, pois que "...*a região é o espaço de serviços e o espaço político. Os sentimentos de vizinhança e de comunidade devem misturar-se aos critérios mais racionais de interdependência e homogeneidade. A região aparece como um quadro de vida"* (Comunidade Econômica Europeia).

Fora desta perspectiva, a escola brasileira continuará sendo uma instituição pouco fecunda e, na área de uma educação para o trabalho, quase estéril, descontextualizada e, em consequência, de existência socialmente questionável. Uma instituição que verdadeiramente não educa, porque, ao invés de comunicação, faz comunicados.

III – *A pluralidade do que se aprende* – Nos últimos tempos, tem-se dito, com muita frequência, que a função primordial da escola é ensinar o aluno a *aprender a aprender*. Essa postura filosófico-pedagógica recente tem contribuído para condicionar o estudante a realizar percursos pedagógicos mais curtos, dentro de um quadro de aprendizagem mais aberto em que os efeitos imputáveis à idade, às experiencias vividas e às diferenças interindividuais sejam contemplados.

No caso de uma educação para a produtividade, a questão da pluralidade do que se aprende está vinculada à natureza das áreas ocupacionais e à própria escolha da profissão. Esta última determina praticamente o estilo de vida do indivíduo, sua educação, o relacionamento interpessoal e o seu ajustamento no trabalho e na comunidade. É neste sentido que se costuma dizer que "um erro na escolha da profissão equivale a um erro de vida". De fato, a escolha profissional contribui para a realização da comunidade a que o indivíduo pertence.

Para os economistas a profissão é o fator primordial da produtividade. Os sociólogos enxergam-na como fator básico da estrutura das relações de um grupo humano. Os educadores reputam-na a variável determinante mais adequada para promover as oportunidades de realização dos indivíduos. Qualquer que seja a ótica, porém, o fato é que a escolha profissional significa a grande possibilidade de o indivíduo afirmar-se como pessoa e conquistar seu lugar na sociedade.

Por outro lado, se a escolha profissional é decisão importante, mais difícil vai se tornando dentro do crescente leque de possibilidades. Com efeito, o rápido desenvolvimento técnico e econômico diversifica as alternativas ocupacionais e estas, concomitantemente, geram incertezas quanto à melhor direção a tomar.

A experiência tem mostrado que a escolha consciente da profissão deve orientar-se por uma preparação realista, fundamentada em informações objetivas que incluem, necessariamente, os seguintes aspectos:

a) Informação individual – Significa dizer o conhecimento das próprias características de personalidade, de seus interesses, necessidades, potencialidades e limitações.

b) Informação ocupacional – Significa dizer o preparo, as atividades e o desempenho de cada profissional.

c) Informação sobre o mercado de trabalho – Significa dizer o campo de ação profissional.

De outra forma, os fatores básicos da escolha profissional devem incluir os seguintes ângulos:

A – *Significado do trabalho na vida das pessoas:* é preciso compreender que o trabalho é, prioritariamente, fonte de recursos econômicos. Assim, é através dele que as pessoas atendem às suas necessidades e ganham posição dentro do grupo social. Por conseguinte, a atividade profissional se transforma no principal instrumento de que se dispõe para travar contatos sociais. Afinal, é no ambiente laboral que as pessoas fazem novas amizades, adquirem o reconhecimento dos vários grupos, desenvolvem atividades de companheirismo, sentem-se reconhecidas em seu esforço de produção e, consequentemente, fortalecem o sentimento de autoestima.

B – *Estrutura das ocupações:* convém estar alerta para o fato de que transformações fantásticas vêm-se operando em todos os setores e o número de ocupações profissionais amplia-se, criando-se novas chances para os que se destinam ao trabalho. O desenvolvimento da indústria e a introdução de sistemas automáticos de controle de produção têm gerado grandes metamorfoses no mundo do trabalho e um consequente desacerto na área da educação profissional; pois, enquanto existe uma procura excessiva em certas profissões clássicas, diversos setores profissionais emergentes estão à espera de profissionais capacitados. Ora, aqui parece residir uma das novas funções da escola: articular-se com o mundo empresarial, a fim de descobrir estas novas avenidas profissionais, sem cujo conhecimento a sociedade brasileira e as comunidades locais continuarão a assistir ao desperdício de capacidades jovens pelo seu inaproveitamento em setores ocupacionais em processo de surgimento.

No aspecto, ainda, da estrutura das ocupações, é conveniente não esquecer que o conhecimento das áreas profissionais é facilitado pela reunião das profissões por aproximação de tarefa e semelhança de interesse, como podemos ver:

- Grupamento por matéria – O profissional trabalha com pessoas, com objetos (instrumentos) ou com ideias.

- Grupamento por ocupação central de cada profissão – Aprovada pela Organização Internacional do Trabalho (OIT), esta subdivisão distribui as profissões nos seguintes setores:

  1. Trabalhos profissionais, técnicos e similares.

  2. Administração, gerência e chefia.

  3. Trabalho de vendas.

  4. Agricultura, caça e pesca.

  5. Mineração e trabalhos correlatos.

  6. Transportes e comunicações.

  7. Artesanato e outros trabalhos de produção.

  8. Prestação de serviços, transportes e diversões.

  9. Outros tipos.

- Grupamento por áreas específicas:

  - Área mecânica: gosto pelo trabalho manual, manejo de ferramentas e máquinas.

  - Área de ciências: prazer invertido, curiosidade voltada para a descoberta de fatos, preocupação com a etiologia de fenômenos, gosto pela observação e experimentação e disposição permanente para aceitar desafios voltados para a solução de problemas.

  - Área de persuasão: inclinação para o trato com pessoas e seu convencimento.

  - Área de serviço social: satisfação em ajudar e apoiar os outros.

- *Área de cálculos:* preferência por atividades ligadas a números e estimativas.

- *Área de literatura:* gosto pela leitura e escrita.

- *Área de música:* gosto em ouvir, tocar, cantar e compor.

- *Área de artes plásticas:* prazer pelo trabalho criador com linhas, cores e composições.

- *Área de serviços burocráticos:* interesse para lidar com documentos e papéis.

- *Área de ar livre:* inclinação por atividades desempenhadas ao ar livre.

- *Área de artes dramáticas:* gosto por atividades que envolvem teatro, cinema, rádio, televisão etc.

- *Área de Serviço Pessoal:* gosto pelo trato com pessoas ou grupos (aeromoça, intérprete, atendente de hotel etc.).

- *Área de Alta demanda:* tecnologia da informação, gestão financeira, *marketing, compliance,* agronegócio, gastronomia, turismo, meio ambiente, medicina, direito e administração.

C – *Teorias relativas à escolha profissional:* fatores existem na vida das pessoas que exercem uma influência determinante no seu comportamento. E isto é verdadeiro sobretudo no que concerne à escolha profissional.

Atualmente, três teorias parecem resumir o conjunto de variáveis que interferem na escolha da profissão:

1. Teorias não psicológicas – Veem, na escolha profissional, influências extraindivíduo, como:

- Fatores ambientais.

- Fatores casuais como as leis da oferta e da procura, a natureza dos "empregos" normalmente oferecidos por instituições sociais de maior relevância etc.

2. Teorias psicológicas – Centram a decisão profissional no indivíduo. As características individuais estão no fundamento da escolha. Enquadram-se aqui:

- *Teorias evolutivas:* de acordo com estas teorias, a tendência para uma determinada área profissional tem sua gênese na formação de pautas de interesse na infância e na adolescência. Trata-se, portanto, de um processo com origem na infância e que se prolonga na vida adulta, até o pleno ajustamento profissional. Nesta direção, estão as teorias de Carter, Ginzberg, Tiedman e outros.

- *Teorias centradas nas decisões:* de acordo com estas teorias, o indivíduo toma uma decisão somente após analisar diferentes alternativas. O processo de escolha está, portanto, conceptualizado em modelos decisórios.

- *Teorias centradas nas necessidades:* de acordo com estas teorias, a escolha profissional está respaldada em uma hierarquia de necessidades.

Como se vê, a pluralidade do que se aprende deve ser colocada, invariavelmente, na perspectiva de uma satisfação a necessidades humanas básicas. Ora o desconhecimento das necessidades próprias, bem como das aptidões e dos interesses pessoais, ao lado ainda de uma desinformação ocupacional, podem ser responsáveis por um desvio de aprendizagem, pelo desestímulo de estudos na área de capacitação pessoal, quando não por uma escolha profissional malfeita, com repercussões para a vida inteira. Sem dúvida, a adequação profissional depende de uma conveniente preparação e de uma boa escolha, condicionantes do equilíbrio da estrutura ocupacional. Na verdade, a divisão do trabalho sustenta a estrutura de nossa sociedade e, portanto, a racionalização desta divisão está na dependência do funcionamento desta estrutura, como destaca o Professor Pondé: *"É necessário que os quadros humanos de cada profissão tenham tido, desde os primeiros momentos da escolha, plena consciência de seu próprio papel como agentes de trabalho, como peça num processo de interação e de convergência de esforços dentro da comunidade"*.

Esta ampla moldura da contextualização da aprendizagem exponencializa a conexão irrevogável LDB – BNCC e, no caso desta (BNCC), os fundamentos pedagógicos com foco no desenvolvimento de habilidades e competências.

Texto 31 Percurso de uma educação para o trabalho à luz da BNCC

O problema da Educação para o Trabalho Produtivo envolve diversas variáveis e, ainda, muda de acordo com o nível de desenvolvimento econômico de cada país. Ademais, a compreensão precisa deste conjunto de variáveis tem sido um desafio contínuo da chamada Idade Pós-Industrial. De fato, a *super*-industrialização gera contínuos desacertos nas chamadas políticas de formação profissional. Este problema assume tal envergadura, hoje, que a Comunidade Econômica Europeia vem desenvolvendo um esforço conjunto significativo para o controle destas variáveis, embora os resultados, até o momento, sejam considerados insatisfatórios. No fundo, a questão que se impõe é a da identificação de formas concretas de aproximação entre educação e desenvolvimento, com ênfase no desenvolvimento regional.

De qualquer forma, quer se esteja num contexto de país industrializado, quer se esteja na esfera de país em vias de desenvolvimento, existem algumas variáveis convergentes ao problema de uma educação para o trabalho, tais como:

1. A busca constante e generalizada de um certo equilíbrio ou de certa correspondência entre sistema produtivo e sistema educativo.

2. A constatação de que o sistema escolar não tem sido capaz de superar o obstáculo da oferta indiferenciada de qualificação profissional.

3. A planificação do Ensino Profissional se apresenta, invariável, numa *oferta global de empregos*.

4. O sistema escolar, que tem sido incapaz de bem educar para o trabalho, tem sido, igualmente, incapaz de contribuir positivamente para a reconversão das qualificações exigidas pela reconversão industrial.

Mas, em nível de preocupação inicial, qualquer tentativa consequente de uma educação para o trabalho deve envolver, obrigatoriamente, quatro instâncias, a nosso ver inseparáveis na abordagem da questão:

I. A família;

II. A escola;

III. As empresas;

IV. A comunidade.

Tracemos um percurso da responsabilidade social de cada uma isoladamente:

I. A família – A responsabilidade da família decorre do fato de ser ela a célula-máter da sociedade, o núcleo fecundador e sustentador das gerações nascentes e o primeiro elemento condicionador da plasmação do caráter individual. Com efeito, é na família que se estabelecem os primeiros *padrões de conduta*, e do meio familiar depende a integração do jovem à vida, à história de sua gente, ao meio físico e social da região e do país e aos compromissos superiores com a própria humanidade. Ainda, no círculo familiar, centra-se a primeira visão da realidade (círculos de representação), que se vai expandindo, com o deslisar do tempo, em círculos cada vez mais amplos e abrangentes.

Ora, como a preparação para o trabalho, longe de ser algo adstrito ao currículo escolar, é algo que pertence à formação lenta de uma consciência que deságua num compromisso social do indivíduo e dos grupos com a construção do país comum, infere-se que o passo inicial desta etapa formativa do cidadão útil deve ser dado no âmbito da família e desde tenra idade.

Há que se considerar, porém, no conjunto das estratégias, as características correspondentes às faixas etárias, dentro do processo de evolução psicológica do educando.

II. A escola – A *ação da escola,* tendo em vista uma educação para o trabalho produtivo, começa pelo seu compromisso com o meio físico e social onde está inserida, dado que ela é o receptáculo da experiência social. Desta forma, a estratégia escolar deve cobrir um conjunto de seis estratégias básicas:

1. Deixar de supervalorizar o atual sistema de coação da aprendizagem, representado por *notas e exames,* e dar lugar ao desenvol-

vimento de atitudes ativas em relação à formação do estudante. Em outros termos, cabe à escola desenvolver a autonomia do aluno e exercer a sua avaliação em cima deste aspecto tão primordial.

2. Aumentar a educabilidade do aluno. Ao invés de insistir sobre o ensino de conhecimento específicos em diferentes domínios, deve, antes, desenvolver mecanismos de aprendizagem. Na escola, o aluno deve aprender o hábito de utilizar diversas estratégias de atividades. Aprender a observar, escutar, exprimir-se e questionar. A escola deve apoiar o aluno no sentido de ele tornar-se capaz de identificar suas necessidades em matéria de educação e de planejar, conduzir e avaliar seus estudos. A escola deve equipar-se não apenas para transmitir o saber, mas, principalmente, *para exercitar o saber-fazer*. Neste caso, o aluno substitui a aprendizagem de conhecimentos específicos pela aprendizagem de tarefas a cumprir.

3. Praticar a aprendizagem aberta. Trata-se de levar o aluno a adquirir uma base tão vasta quanto capaz de lhe oferecer possibilidades de opções para atualização ou prosseguimento de estudos. Para tanto, é mister que a escola o familiarize com a natureza e a estrutura das diferentes disciplinas e não com um excesso de conteúdos aprofundados, porém, descontextualizados. Desta forma, o aluno se apropriará dos instrumentos de aprendizagem indispensáveis para poder avançar nos diferentes domínios e, assim, identificar seus próprios interesses.

4. Evitar o enciclopedismo. Isto significa, na prática, substituir a *pedagogia dos conteúdos* pela *pedagogia dos objetivos*. É precisamente nesta substituição que se cria espaço para que as experiências extraescolares se transformem em experiências escolares.

5. No caso específico do Ensino Médio, ampliar o tempo de permanência na escola. No momento, os jovens despendem apenas 1/6 do dia, durante 2/3 do ano, nos estabelecimentos de ensino.

É preciso atribuir a estes jovens, como requisito educativo, o cumprimento de tarefas comunitárias.

6. Incluir o cumprimento de um estágio prático, já ao fim do primeiro ano do Ensino Médio. Esta exigência acadêmica seria cumprida também em trabalhos comunitários.

III. As empresas – A *ação da empresa* na direção de uma educação para o trabalho é, no mundo atual, simplesmente insubstituível. De fato, a empresa representa, como laboratório permanente de trabalho, uma força educacional fantástica. Com uma população economicamente ativa que cresce à taxa de 5,4% por ano, o Brasil precisa criar 1,5 milhão de empregos anuais para poder responder a esta incontida demanda. Por outro lado, o planejamento da economia, o planejamento da educação e o planejamento do trabalho encontram na empresa uma única realidade. A contribuição concreta da empresa pode se cristalizar por via de ações compartilhadas, como:

1. Colocar à disposição do sistema escolar informações que o orientem no redirecionamento das políticas de formação de recursos humanos.

2. Subsidiar a escola na construção do perfil profissional de áreas ocupacionais emergentes.

3. Oferecer informações que orientem o sistema escolar para a desativação de programas de formação profissional considerados em processo de obsolescência.

4. Testar e aplicar os avanços técnico-científicos gerados nos laboratórios escolares, a começar por aqueles que dizem respeito à cultura da organização.

5. Receber alunos-estagiários para complementação de sua formação escolar, em nível de estágio fundamental, estágio profissional, curso integrado, pesquisas etc.

A importância da empresa no setor educativo pode, enfim, ser dimensionada pelo fato de que "a produtividade não é somente um problema de quantidade e qualidade de equipamentos, mas muito mais de recursos humanos, formados segundo as necessidades da empresa e de sua política de reinvestimento para a expansão futura".

IV. A comunidade – A *ação da comunidade*, tendo em vista a educação para o trabalho, é inspirada na circunstância segundo a qual é a própria comunidade que educa as gerações. A escola é tão somente "um ordenador de informação".

Para um país de população jovem como o Brasil, esta ação ganha extraordinário relevo, dado que, sem ela, os jovens tendem a perder-se pelos caminhos da vida e, fatalmente, engrossarão o exército dos inúteis, socialmente falando. Para evitar que isto possa ocorrer, a comunidade deverá criar instrumentos canalizadores de motivação da energia juvenil. Estes instrumentos devem atuar de forma sincronizada, a fim de que se "evite a duplicação de meios para fins idênticos". Vislumbramos, como exequível, o seguinte feixe de ações comunitárias:

1. Criação de um Centro de Apoio Comunitário (CENÁRIO), a quem caberá fixar as linhas gerais de uma integração escola/comunidade.

2. Instalação de oficinas comunitárias, para realização de tarefas ligadas a uma preparação para o trabalho.

3. Manutenção de núcleos de orientação ocupacional, de modo que os jovens saibam como ocupar-se fora do horário escolar.

4. Criação de comitês socioprofissionais. Estes comitês cuidariam do acompanhamento dos jovens nas Oficinas Comunitárias, bem como das diligências respeitantes à aquisição, pelo jovem, do seu *primeiro emprego.*

5. Contatos com empresas e instituições comunitárias para saber a tendência do mercado de trabalho e a existência de profissões e áreas ocupacionais emergentes.

A conjugação destas quatro instâncias – família, escola, empresas e comunidade – poderá representar um passo importante, um alento decisivo na direção da preparação do jovem para o trabalho produtivo, no combate à intransparência do mercado de trabalho, na atenuação do desvio ocupacional de profissionais, na estimulação do jovem para um preparo mais aplicado tendo em vista o primeiro emprego. Poderá, enfim, ser um diálogo mais consistente entre as principais forças sociais comprometidas com a construção sólida do país.

É sempre oportuno relembrar que, em contextos sistêmico-educacionais e, portanto, escolares e socioformativos, o *conceito de* **competência**, *adotado pela BNCC, marca a discussão pedagógica e social das últimas décadas e pode ser inferido no texto da LDB, especialmente quando se estabelecem as finalidades gerais do Ensino Fundamental e do Ensino Médio (Artigos 32 e 35).*

Além disso, desde as décadas finais do século XX e ao longo deste início do século XXI, o foco no desenvolvimento de competências tem orientado a maioria dos Estados e Municípios brasileiros e diferentes países na construção de seus currículos. É esse também o enfoque adotado nas avaliações internacionais da Organização para a Cooperação e Desenvolvimento Econômico (Ocde), que coordena o Programa Internacional de Avaliação de Alunos (Pisa, na sigla em inglês), e da Organização das Nações Unidas para a Educação, a Ciência e a Cultura (Unesco, na sigla em inglês), que instituiu o Laboratório Latino-americano de Avaliação da Qualidade da Educação para a América Latina (LLECE, na sigla em espanhol).

Na prática, o que isto significa? Sem dúvida, aponta, de forma incisiva e peremptória, que ao *adotar esse enfoque, a BNCC indica que as decisões pedagógicas devem estar orientadas para o desenvolvimento de competências. Por meio da indicação clara do que os alunos devem "saber" (considerando a constituição de conhecimentos, habilidades, atitudes e valores) e, sobretudo, do que devem "saber fazer" (considerando a mobilização desses conhecimentos, habilidades, atitudes e valores para resolver demandas complexas da vida cotidiana, do pleno exercício da cidadania e do mundo do trabalho). A explicitação das competências oferece referências para o fortalecimento de ações que assegurem as aprendizagens essenciais definidas na BNCC.*

Para tanto, cabe a cada estabelecimento de ensino *selecionar e aplicar metodologias e estratégias didático-pedagógicas diversificadas, recorrendo a ritmos diferenciados e a conteúdos complementares, se necessário, para trabalhar com as necessidades de diferentes grupos de alunos, suas famílias e cultura de origem, suas comunidades, seus grupos de socialização etc. (Documentos de Referência da BNCC)*.

Este alinhamento inclui as diversas formações/dobras da FÁCIES CONFIGURATIVA da sociedade, tais como empresas, indústrias, associações, sindicatos, clubes de serviço, igrejas e respectivas instituições de engajamento social, parques industriais e tecnológicos, universidades. O eixo indutor é: todos pela educação uma vez que ela beneficia a todos. De fato, FAMÍLIA, ESCOLA, EMPRESAS e COMUNIDADE, formam o grande arco-íris da sociedade estabelecida EM MOVIMENTO. São componentes fundantes e vetores de potência estratégica de altíssimo poder de radiação (emissão de energia) e de irradiação (difusão) formativo-cultural com atuação no campo da construção de identidades socialmente produtivas.

Referências

Como autor, sinto-me no dever de apresentar o seguinte esclarecimento:

O campo curricular, área de incidência direta da BNCC, é complexo. E este grau de complexidade amplia-se nas rotas de cruzamento dos currículos quando os professores buscam tornar **o currículo de sua escola** uma espécie de *"selfie"* da sociedade do conhecimento plantada em redes interativas abertas.

Por isso, as referências ora apresentadas cobrem autores, obras citadas e também fontes bibliográficas estendidas, "visitadas" ao longo da elaboração da obra, objetivando fecundar a mente dos educadores e lhes propiciar crescente motivação para perceberem, a cada momento, novas rotas de expansão compreensiva da BNCC.

ABMP. *Todos pela Educação*. São Paulo: Saraiva, 2013.

BDLOU, H. *L'éducation, de l'apprentissage et de l'école publique*. In: Cahiers de concepts centrais et périphériques, FECI. Paris, 2022.

ADORNO, T.W. *Educação e emancipação*. Rio de Janeiro: Paz e Terra, 2003.

ALVES, U.K.; FINGER, C. *Alfabetização em contextos na monolíngue e bilíngue*. Petrópolis: Vozes, 2023.

ANDRÉ, S.; COSTA, A.C. *Educação para o desenvolvimento humano*. São Paulo: Saraiva/Instituto Airton Sena, 2004.

APARICI, R.; GARCÍA MATILLA, A.; VALDIVIA SANTIAGO, M. *La imagen*. Madri: Universidad Nacional de Educación a Distancia – Uned, 1992.

ARROYO, M.G. Condição docente, trabalho e formação. In: SOUZA, J.V.A. (org.). *Formação de professores para a educação básica*: 10 anos de LDB. Belo Horizonte: Autêntica, 2007.

ASSMANN, H. *Reencantar a Educação rumo à sociedade aprendente*. Petrópolis: Vozes, 1998.

BACHELARD, G. *A epistemologia*. Lisboa: Ed. 70, 2006.

BACHELARD, G. *A formação do espírito científico* – Contribuições para uma psicanálise do conhecimento. Rio de Janeiro: Contraponto, 1996.

BADIA, E. *Disposições e composições na legislação da educação, roteiro hermenêutico para uso em agendas de formação continuada de professores*. Brasília: Enlace, 2023.

BANCO MUNDIAL; KELLAGHAN, T.; GREANEY, V. *Avaliação dos níveis de desempenho educacional*. 1. vol. Rio de Janeiro: Elsevier, 2011.

BARTHES, R. *A câmara clara*. Rio de Janeiro: Nova Fronteira, 2015.

BAUMAN, Z. *A cultura no mundo líquido moderno*. Rio de Janeiro: Zahar, 2013.

BORDENAVE, J.D.; PEREIRA, A.M. *Estratégias de ensino-aprendizagem*. 13. ed. Petrópolis: Vozes, 1993.

BRASIL. Relatório do 4º Ciclo de Monitoramento das Metas do Plano Nacional de Educação, Inep, 2022.

BRASIL. *Lei n. 14.040/2020*. Brasília.

BRASIL. *Base Nacional Comum Curricular/Educação é a Base* – Apresenta a estrutura da BNCC para o Ensino Médio, 2019. Brasília: MEC [Parceria com Conselho Nacional de Secretários de Educação – Consed e União Nacional dos Dirigentes Municipais de Educação – Undime].

BRASIL. *Constituição da República Federativa do Brasil*. Brasília: Senado Federal, 2023.

BRASIL. *Resolução CNE/CF n. 2, 12/2019* – Define as Diretrizes Curriculares Nacionais para a Formação Inicial de Professores para a Educação Básica e institui a Base Nacional Comum Curricular para a Formação Inicial de Professores da Educação Básica (BNC-Formação).

BRASIL. *Base Nacional Comum Curricular/Educação é a Base* – Apresenta a estrutura da BNCC para as etapas da Educação Infantil e do Ensino Fundamental. Brasília, MEC, 2018 [Parceria com Conselho Nacional de Secretários de Educação – Consed e União Nacional dos Dirigentes Municipais de Educação – Undime].

BRASIL; GF; MEC. *Documento Compromisso Nacional Criança Alfabetizada*. Alfabetização: UM DIREITO HUMANO. Brasília: MEC, 2023.

BRASIL. *Lei n. 13.146*, de 3 de julho de 2015 – Assegura e promove os direitos da pessoa com deficiência, visando à sua inclusão social e cidadania. Brasília: Câmara dos Deputados, 2015.

BRASIL. *Lei n. 13.005*, de 25 de junho de 2014 – Aprova Plano Nacional de Educação – PNE. Brasília: MEC, 2015.

BRASIL. *Lei n. 9.394*, de 20 de dezembro de 1996 – Estabelece as diretrizes e bases da educação nacional. Brasília: Câmara dos Deputados, 2015.

BRASIL. *Portaria n. 1.210*, de 20 de novembro de 2018 – Homologa Parecer CNE/CEB, do CNE, atualizando as Diretrizes Curriculares Nacionais para o Ensino Médio [S.N.T.].

BRASIL. *Lei n. 13.415*, de 16 de fevereiro de 2017 – Altera 51 dispositivos da LDB com foco na Reforma de Ensino Médio [S.N.T.].

BRASIL. *Lei n. 11.645*, de 10 de março de 2008 – Altera a LDB; Inclui a obrigatoriedade de oferta curricular de História e Cultura Afro-brasileira e Indígena [S.N.T.].

BRASIL; GF; MEC. *Documento Escola em Tempo Integral*. Brasília, 2023.

BRASIL. *Lei n. 8.069*, de 13 de julho de 1990 – Dispõe sobre o Estatuto da Criança e do Adolescente [S.N.T.].

BRASIL/CNE. *Resolução n. 3 CNE/CP, 11/2018*: Atualiza as Diretrizes Curriculares Nacionais para o Ensino Médio [S.N.T.].

BRASIL. *Resolução n. 4 CNE/CP, 12/2018*: Institui a BNCC na etapa do Ensino Médio, completando conjunto constituído pela BNCC da Educação Infantil e do Ensino Fundamental [S.N.T.].

BRASIL. *Resolução n. 2 CNE/CP, 12/2017*: Institui e orienta a implantação da BNCC a ser respeitada obrigatoriamente ao longo das etapas e respectivas modalidades no âmbito da Educação Básica [S.N.T.].

BRASIL. *Resolução n. 2/2012*: Define Diretrizes Curriculares Nacionais para o Ensino Médio [S.N.T.].

BRASIL. *Resolução n. 6/2012*: Define as Diretrizes Curriculares Nacionais para a Educação Profissional Técnica de Nível Médio [S.N.T.].

BRASIL. *Parecer n. 11/2011*: Diretrizes Curriculares Nacionais para o Ensino Fundamental de 9 (nove) anos [S.N.T.].

BRASIL. *Resolução n. 4/2010*: Define Diretrizes Curriculares Nacionais Gerais para a Educação Básica [S.N.T.].

BRASIL. *Parecer n. 7/2010*: Diretrizes Curriculares Nacionais Gerais para a Educação Básica [S.N.T.].

BRASIL. *Resolução n. 5/2009*: Diretrizes Curriculares Nacionais para a Educação Infantil [S.N.T.].

BRASIL. *Parecer n. 11/2009*: Considera e avalia a Proposta de Experiência Curricular Inovadora do Ensino Médio [S.N.T.].

BRASIL. *Resolução n. 1/2004*: Institui Diretrizes Curriculares Nacionais para a Educação das Relações Étnico-raciais e para o Ensino de História e Cultura Afro-Brasileira e Africana [S.N.T.].

BRASIL. *Diretrizes Curriculares Nacionais para o Ensino Médio (Dcnem) e Parâmetros Curriculares Nacionais – Ensino Médio (PCN)*, 1999 [S.N.T.].

BRASIL/INEP/MEC. Docência universitária. In: *Em Aberto*, n. 197, 2016. Brasília [Org. de Jacques Therrien e Ana Maria Iório Dias].

BRASIL. *Melhores práticas em escolas de Ensino Médio no Brasil*. Brasília: Instituto Nacional de Estudos e Pesquisas Educacionais Anísio Teixeira. Inep, 2010.

BRASIL. *Relatório do 4º Ciclo de Monitoramento das Metas do Plano Nacional de Educação*, Inep, Brasil, 2022.

BRASIL. Senado Federal. *A Educação e a Sociedade Civil. Disposições Constitucionais Pertinentes*. Lei de Diretrizes e Bases da Educação. Índice temático. Brasília: Senado Federal, 2013.

BUSQUETS, M.D. et al. *Temas transversais do Ensino Médio – Educação: bases para uma formação integral*. São Paulo: Ática, 1997.

CALLAI, H.C. "O espaço e a pesquisa em Educação". In: CALLAI, H.C. (org.). *Os conceitos de espaço e tempo na pesquuisa em Educação*. Ijuí: Inijuí, 1999.

CANDAU, V.M. (org.). *A didática em questão*. Petrópolis: Vozes, 2014.

CANDAU, V.M. *Reinventar a escola*. Petrópolis: Vozes, 2000.

CANDAU, V.M.; MOREIRA, A.F. *Currículos, disciplinas escolares e culturas*. Petrópolis: Vozes, 2014.

CARNEIRO, M.A. *LDB Fácil* – Leitura crítico-compreensiva artigo a artigo. 25 ed. 2. tiragem. Petrópolis: Vozes, 2024.

CARNEIRO, M.A. Textos de Apoio à Formação Continuada de Docentes, Cadernos I, II, III e IV. Brasília: Enlace, 2023.

CARNEIRO, M.A. *PNE* – Fios e desafios do Plano Nacional de Educação. 2. ed. Brasília: Direcional, 2019.

CARNEIRO, M.A. *O nó do Ensino Médio.* 3. ed. Petrópolis: Vozes, 2014.

CARNEIRO, M.A. *A escola sem paredes.* São Paulo: Escrituras, 2014.

CARNEIRO, M.A. *Competências transversais, educação profissional para a nova indústria.* 8. vol. Brasília: CNI-Senai, 2005.

CARNEIRO, M.A. *Educação comunitária:* faces e formas. Petrópolis: Vozes, 1985.

CARNEIRO, M.A.; UCHOA CARNEIRO, M.S.S. *Coleção Brasil Plural* – O cidadão negro e o índio como protagonistas de nossa história. 12. vol. Brasília: ABC Cultural, 2019.

CARVALHO, A.M.P (org.). *Formação Continuada de Professores:* uma releitura das áreas do cotidiano, 2. ed. São Paulo: Cengage Learning, 2017.

CASTELS, M. *La era de la información, economia, sociedade y cultura.* 3. vol. Madri: Aliança, 1998.

DEL PRETTE, A.; DEL PRETTE, Z.A.P. *Competência Social e Habilidades Sociais* – Manual teórico-prático. Petrópolis: Vozes, 2017.

DEMO, P. *Formação permanente e tecnologias educacionais.* Petrópolis: Vozes, 2006.

DEMO, P. *Conhecimento moderno* – Sobre ética e intervenção do conhecimento. Petrópolis: Vozes, 1997.

DEMO, P. *Educação e qualidade.* 3. ed. São Paulo: Papirus, 1996.

DEWEY, J. *Experiências e educação.* 3. ed. São Paulo: Companhia Editora Nacional, 1979.

FAVA, R. *Educação 3.0* – Aplicando o PDCA nas instituições de ensino. São Paulo: Saraiva, 2013.

FERRETTI, C.J. et al. *Novas tecnologias, trabalho e educação* – Um debate multidisciplinar. Petrópolis: Vozes, 1994.

FEUERSTEIN, R. et al. *Além da inteligência* – Aprendizagem mediada e a capacidade de mudança do cérebro. Petrópolis: Vozes, 2014.

FONSECA, V. *Cognição, neuropsicologia e aprendizagem* – Abordagem neuropsicológica e psicopedagógica. Petrópolis: Vozes, 2007.

FONSECA, V. *Desenvolvimento cognitivo e processo de ensino-aprendizagem* – Abordagem psicopedagógica à luz de Vygotsky. Petrópolis: Vozes, 2018.

FREIRE, P. *Pedagogia da autonomia* – Saberes necessários à prática educativa. São Paulo: Paz e Terra, 2005.

FREIRE, P. *A importância do ato de ler em três artigos que se completam.* São Paulo: Editora Autores Associados/Cartaz Editora, 1983.

FÜHRER, M.C.A; FÜHRER, M.R.E. *Resumo de Direito Constitucional.* 11. ed. Coleção 10 Resumos dos Maximilianos. São Paulo: Malheiros, 2006.

FUSARI, J.C.; CHEDE, R.F.; PIMENTA, S.G. (orgs.). *Supervisão de ensino.* São Paulo: Cortez, 2022.

GANDIN, D.; GANDIN, L.A. *Temas para um projeto pedagógico*. 9. ed. Petrópolis: Vozes, 2008.

GAUTHIER, C.; BISSONNETTE, S.; RICHARD, M. *Ensino explícito e desempenho dos alunos* – A gestão dos aprendizados. Petrópolis: Vozes, 2014.

GIMENO SACRISTÁN, J. *Poderes instáveis em educação*. Porto Alegre: Artes Médicas, 1999.

GRANVILLE, M.A. (org.). *Currículos, sistemas de avaliação e práticas educativas*. Campinas: Papirus, 2011.

HABERMAS, J. *Teoría de la acción comunicativa*: complementos y estudios prévios. Madri: Cátedra, 1997.

HATTIE, J. *Aprendizagem visível para professores* – Como maximizar o impacto da aprendizagem. Porto Alegre: Penso, 2017.

LEFEVRE, F.; LEFEVRE, A.M.C. Discurso do sujeito coletivo: representações sociais e intervenções comunicativas. In: *Texto & Contexto Enfermagem*, vol. 23, n. 2, abr.-jun./2014, p. 502-507. Florianópolis.

LESSARD, C.; CARPENTIER, A. *Políticas educativas* – A aplicação na prática. Petrópolis: Vozes, 2016.

LOIOLA, F.A.; THERRIEN, J. Experiência e competência no ensino – O diálogo do conhecimento pessoal com a ação na construção do saber ensinar. In: *Educação em Debate*, n. 45, 2003, p. 96-106. Fortaleza [Disponível em http://www.repositorio.ufc.br/handle/riufc/15170].

LOPES, A.C.; MACEDO, E. (orgs.). *Currículo*: debates contemporâneos. São Paulo: Cortez, 2002.

LÜCK, H. *Pedagogia interdisciplinar* – Fundamentos teórico-metodológicos. 9. ed. Petrópolis: Vozes, 2001.

LUCKESI, C.C. *Ludicidade e atividades lúdicas na prática educativa* – Compreensões conceituais e proposições. São Paulo: Cortez, 2022.

MARTINAZZO, C.J. *Pedagogia do entendimento intersubjetivo*: razões e perspectivas para uma racionalidade comunicativa na pedagogia. Ijuí: Unijuí, 2005.

MENDES, D.T. *O planejamento educacional no Brasil*. Rio de Janeiro: Uerj, 2000.

MENEGOLLA, M.; SANT'ANA, I.M. *Por que planejar!? Como planejar?* Currículo. Área. Aula. 22. ed. Petrópolis: Vozes, 2014.

MODER, M. *Reflexões de apoio para o desenvolvimento curricular no Brasil* – Guia para gestores educacionais. Brasília: Undime, 2017.

MODERADO, S. *Dessafios da escola rural*: a BNCC chega lá?! Brasília: Enlace, 2023.

MONARCHA, C. *Anísio Teixeira* – A obra de uma vida. Rio de Janeiro: DP&A, 2001.

MOREIRA, A.F.; CANDAU, V.M. (orgs.). *Currículos, disciplinas escolares e culturas*. Petrópolis: Vozes, 2014.

MOREIRA, A.F.B. *Currículo e programas no Brasil*. Campinas: Papirus, 1990.

MORIN, E. *A religação dos saberes* – O desafio do século XXI/Jornadas temáticas dirigidas por Edgar Morin. Rio de Janeiro: Bertrand Brasil, 2001.

MORIN, E. *Os sete saberes necessários à educação do futuro*. São Paulo/Brasília: Cortez/Unesco, 2000.

MORETTO, V.P. *Planejamento* – Planejando a educação para o desenvolvimento de competências. 10. ed. Petrópolis: Vozes, 2014.

NAUDEAU, S. et al. *Como investir na primeira infância* – Um guia para a discussão de políticas e a preparação de projetos de desenvolvimento da primeira infância. Washington, DC/São Paulo: The World Bank/Singular, 2011.

NÓVOA, A. *Os professores e a sua formação.* 2. ed. Lisboa: Dom Quixote, 1995.

OCDE. *L'enseignement et le développement regional* – Rapport Général. 1. vol. Paris: Ocde, 1979.

ORGANIZAÇÃO DAS NAÇÕES UNIDAS (ONU). *Transformando nosso mundo* – A Agenda 2030 para o Desenvolvimento Sustentável, 2015 [Disponível em https://nacoesunidas.org/pos2015/agenda2030/2015 – Acesso em 17/11/2023].

ORGANISATION FOR ECONOMIC COOPERATION AND DEVELOPMENT (OECD). *Internationalising the curriculum in higher education.* Paris: Oecd, 1996.

PEDRA, J.A. *Currículo:* 16 conhecimentos e suas representações. São Paulo: Papirus, 1997.

PETITO, S. *Projetos de trabalho em informática* – Desenvolvendo Competências, Campinas: Papirus, 2003.

PIAGET, J. *O nascimento da inteligência na criança.* 4. ed. Rio de Janeiro: LTC, 1982.

PIAGET, J. *Biologie et connaissance.* Paris: Gallimard, 1967.

PIAZZI, P. *Aprendendo inteligência* – Manual de instruções do cérebro para alunos em geral. Vol. 1. 4. ed. São Paulo: Aleph, 2007 [Coleção Neuro-pedagógica].

PIRES, M.F.C. Multidisciplinaridade, interdisciplinaridade e transdisciplinaridade no ensino. In: *Interface Comunicação, Saúde, Educação*, vol. 2, n. 2, 1998, p. 173-182. Botucatu.

PIZZIMENTI, C. *Trabalhando valores em sala de aula* – História para rodas de conversas: Educação Infantil, Ensino Fundamental I e II, Ensino Médio. Petrópolis: Vozes, 2013.

POMBO, O. Interdisciplinaridade e integração dos saberes. In: *Liinc em Revista*, vol. 1, n. 1, 2005, p. 3-15. Rio de Janeiro.

REY, B. *As competências transversais em questão.* Porto Alegre: Artmed, 2002.

SANTOS, B.S. Para além do pensamento abissal: das linhas globais a uma ecologia de saberes. In: *Revista Crítica de Ciências Sociais*, n. 78, 2007, p. 3-46. Coimbra.

SANTOS, B.S. Para uma sociologia das ausências e uma sociologia das emergências. In: SANTOS, B.S. (org.). *Conhecimento prudente para uma vida decente* – "Um discurso sobre as ciências" revisitado. São Paulo: Cortez, 2004.

SANTOS, B.S. *A crítica da razão indolente* – Contra o desperdício da experiência. São Paulo: Cortez, 2000.

SANTOS, B.S. *Um discurso sobre a ciência.* Porto: Afrontamento, 1988.

SILVA, M.R. *Currículo e competência* – A formação administrada. São Paulo: Cortez, 2008.

SILVA, S.A.I. *Valores em Educação* – O problema da compreensão e da operacionalização dos valores na prática educativa. Petrópolis: Vozes, 1986.

SILVA, T.T. *Documentos de identidade* – Uma introdução às teorias do currículo. Belo Horizonte: Autêntica, 2016.

SILVA, S. *Práticas de leitura* – 150 ideias para despertar o interesse nos alunos. Petrópolis: Vozes, 2018.

SOBRÉ, M. *A ciência do comum* – Notas para o método comunicacional. Petrópolis: Vozes, 2014.

SOBRÉ, M. *Reinventando a educação* – Diversidade, descolonização e redes. Petrópolis: Vozes, 2012.

SOUSA, E.F. *Direito à Educação* – Requisito para o desenvolvimento do país. São Paulo: Saraiva, 2010.

STUMPENHORST, J. *A nova revolução do professor* – Práticas pedagógicas para uma nova geração de alunos. Petrópolis: Vozes, 2018.

TARDIF, M. *Saberes docentes e formação profissional.* 17. ed. Petrópolis: Vozes, 2014.

TARDIF, M.; GAUTHIER, C. (dirs.). *A pedagogia*: teorias e práticas da Antiguidade aos nossos dias. Petrópolis: Vozes, 2010.

TARDIF, M.; LESSARD, C. (orgs.). *O ofício de professor*: história, perspectivas e desafios internacionais. Petrópolis: Vozes, 2013.

TARDIF, M.; LESSARD, C. (orgs.). *O trabalho docente:* elementos para uma teoria da docência como profissão de interações humanas. 5. ed. Petrópolis: Vozes, 2009.

TESCAROLO, R. *A escola como sistema complexo* – A ação, o poder e o sagrado. São Paulo: Escrituras, 2005 [Coleção Ensaios Transversais, 29].

TORRES, R.M. *Que (e como) é necessário aprender?* São Paulo: Papirus, 1995.

UCHOA CARNEIRO, M.S.S. *Escola ativa* – Vivendo e construindo o conhecimento. Brasília: Enlace, 2016.

UCHOA CARNEIRO, M.S.S. *A LDB em mudança: para onde?* Sinalizações reflexivas. Material textual para uso em agendas de formação continuada de professores. Brasília: Enlace, 2023.

UNESCO. *Educação para a cidadania global* – Preparando alunos para os desafios do século XXI. Brasília: Unesco, 2015.

UNESCO. *Ensino Médio no século XXI.* Brasília: Unesco [Série Educação, vol. 9], 2003.

UNESCO. *Fundamentos da nova educação.* Brasília: Unesco, 2000 [Cadernos Unesco Brasil. Série Educação, vol. 5].

UNESCO. *Educação*: um tesouro a descobrir. São Paulo: Cortez/Unesco/MEC, 2000 [Relatório para a Unesco da Comissão Internacional sobre Educação para o século XXI].

UNESCO. *Declaração mundial sobre educação superior no século XXI*: visão e ação. Paris: Unesco, 1998.

UNESCO/OREALC. *Educação de qualidade para todos* – Um assunto de direitos humanos. Brasília: Unesco/Orealc, 2017.

VALENTE, J.A. "Prefácio". In: BACICH, L.; NETO, A.T. & TREVISANI, F.M. (org.). *Ensino Híbrido* – Personalização e tecnologia da Educação. Porto Alegre: Penso, 2015.

VEIGA, I.P.A. (2004). *Educação básica e educação superior*: projeto político-pedagógico. Campinas: Papirus, 2004.

VEIGA, I.P.A.; SANTOS, J.S. (orgs.). *Formação de professores para a educação básica.* Petrópolis: Vozes, 2022.

VELOSO, F. et al. (orgs.). *Educação básica no Brasil* – Construindo o país do futuro. São Paulo: Elsevier, 2009.

VYGOTSKY, L.S. *Pensamento e linguagem*. 6. ed. São Paulo: Martins Fontes, 2004.

WELLER, W.; GAUCHE, R. (orgs.). *Ensino Médio em debate*: currículo, avaliação e formação integral. Brasília: UnB, 2017.

ZAGURY, T. *Pensando educação com os pés no chão* – Reflexões de meio século de sala de aula. Rio de Janeiro: Bicicleta Amarela, 2018.

ZANTEN, A. (coord.). *Dicionário da Educação*. Petrópolis: Vozes, 2011.

Conecte-se conosco:

facebook.com/editoravozes

@editoravozes

@editora_vozes

youtube.com/editoravozes

+55 24 2233-9033

www.vozes.com.br

Conheça nossas lojas:

www.livrariavozes.com.br

Belo Horizonte – Brasília – Campinas – Cuiabá – Curitiba
Fortaleza – Juiz de Fora – Petrópolis – Recife – São Paulo

  Vozes de Bolso

EDITORA VOZES LTDA.
Rua Frei Luís, 100 – Centro – Cep 25689-900 – Petrópolis, RJ
Tel.: (24) 2233-9000 – E-mail: vendas@vozes.com.br